혁명

REVOLUTION

3.0

혁명 3.0

발행일	2018년 8월 17일

지은이	최재형		
펴낸이	손형국		
펴낸곳	(주)북랩		
편집인	선일영	편집	오경진, 권혁신, 최예은, 최승헌, 김경무
디자인	이현수, 김민하, 한수희, 김윤주, 허지혜	제작	박기성, 황동현, 구성우, 정성배
마케팅	김회란, 박진관		
출판등록	2004. 12. 1(제2012-000051호)		
주소	서울시 금천구 가산디지털 1로 168, 우림라이온스밸리 B동 B113, 114호		
홈페이지	www.book.co.kr		
전화번호	(02)2026-5777	팩스	(02)2026-5747

ISBN   979-11-6299-287-6 03320 (종이책)   979-11-6299-288-3 05320 (전자책)

이 도서의 국립중앙도서관 출판예정도서목록(CIP)은 서지정보유통지원시스템 홈페이지(http://seoji.nl.go.kr)와
국가자료공동목록시스템(http://www.nl.go.kr/kolisnet)에서 이용하실 수 있습니다.
(CIP제어번호 : CIP2018025406)

(주)북랩 성공출판의 파트너

북랩 홈페이지와 패밀리 사이트에서 다양한 출판 솔루션을 만나 보세요!

홈페이지 book.co.kr • **블로그** blog.naver.com/essaybook • **원고모집** book@book.co.kr

한국 사회를 뒤흔드는 32가지 논점에 대해 명쾌한 대안을 제시하다!

혁명
REVOLUTION

3.0

최재형 지음

국회 폐지

동적 계층형
민주주의

1인 1표제
폐지

화폐의
전자화폐화

온라인
법정

부동산
국유화

북랩 book Lab

차례

01
민주주의民主主義

'민주'는 '군주'에 상대되는 개념으로 적절히 선택된 단어일 뿐이다.

'Democracy'는 'Demos(민중)'와 'Kratia(통치)'의 합성어로, '왕에 의한 통치'에 상대되는 개념으로써 '일반인들에 의한 통치'를 의미한다.

왕이 통치하든 민중이 통치하든 그 자체로 목적일 수는 없을 것이다. 뭔가 어떤 원하는 바가 있고, 그것을 이루려는데 어떤 제도는 나쁘고 또 어떤 제도는 좋은지, 그런 방법에 대한 논의일 뿐이다.

왕이 통치하는 것이 절대적으로 옳은 방법일 수 없었던 만큼, 민주주의 역시 절대적일 수는 없을 것이다.

민주주의라는 단어 자체를 신성시하는 오늘날 정치인의 모습과 종묘사직을 부르짖으며 망해간 조선의 관료들이 무슨 차이가 있을까?

심지어, 민주주의는 국민이 주인이라는 뜻이기에, 자기도 국민이니 자기가 곧 주인이라며 멋대로 주인 행세를 하는 몰염치들도 넘쳐난다.

민주주의는 인류 사회의 목표 지점이 아니며, 때와 장소에 따라 적절히 바뀌어야 할 통치제도의 하나일 뿐, 수없이 많은 모순을 안고 사람들을 괴롭혔던 기존의 통치제도들을 물리쳐 낸 역사의 위업을 영광으로 삼고, 이제 더욱 좋은 제도를 낳고 사라질 수도 있는 것이다.

다수결

오늘날 거의 모든 국가가 투표라는 방식을 통해서 지도자를 선출한다. 투표는 최선의 의사결정이라기보다 가장 보편적인 방법일 뿐이다.

다수결로 의사결정을 하는 경우는 '좋으냐, 싫으냐?' 정도의 생각을 물을 때나 유효한 것이지, '맞냐, 틀리냐?'를 결정하는 방법은 아니다.

지도자의 선택뿐 아니라 우리 삶에 영향을 미치는 온갖 정책들을 결정하는 것도 모두 '맞냐, 틀리냐?'의 문제이지 '좋으냐, 싫으냐?'의 문제가 아니다. 그럼에도 우리는 달리 방도가 없다는 것처럼 모든 것을 다수결로 묻고 있다.

'맞냐, 틀리냐?'를 묻기 위해서는 해당 지식을 가졌는지가 전제되어야 하는데 그런 것 없이 그냥 묻는다.

다수가 동의했기에 옳은 결정이라고 우겨 보지만, 해당 지식 없이 답한 경우가 많기에 수없이 많은 틀린 결정들이 혼재되어 있다. 그것을 모두가 아니까 다수결로 결정되었다고 한들 권위를 갖지 못하고, 따르지 않을 결정은 분쟁의 씨앗일 뿐이다.

다수결은 비효율적이다. 그래서 대부분의 의사결정을 맡기려고 왕을 뽑는다. 군주정치의 모순을 다시 가져다 쓰는 것이다.

다수결은 때로 악하기도 하다. 나쁜 짓에 정당성을 부여하려는 목적으로도 자주 이용된다.

선거

우리가 선거할 때 후보자들에 대한 지식은 사실상 전무할 뿐 아니라, 후보자들로부터 생산된 거짓을 지식으로 아는 경우도 빈번하다.

더욱 어려운 것은 후보자에 대해 무엇을 알아야 하는지에 대한 것조차 분명히 하고 있지 않다는 점이다. 착한 사람? 진실된 사람? 능력 있는 사람? 어떤 분야에 대한 능력?

아무도 아무것도 분명하지 않으니까, 선거는 늘 막연하게 도덕적인 결함 찾기, 가난한 척하기, 착한 척하기, 멋진 외모와 말투의 경연대회가 되어 저질스러울 뿐이다.

거시적인 관점에서 국가방위, 경제성장, 복지확대, 치안 등등에 유능한 역할을 할 수 있는 자였으면 좋겠다고 막연히 생각하기도 하지만, 대개의 유권자는 해당 분야의 능력을 판단할 수 있을 만한 지식도, 경험도 없다.

미시적인 관점에서는 내가 종사하는 업계의 불합리를 없애거나 효율을 개선해 줄 수 있는 역할을 할 수 있는 자였으면 좋겠다고 생각하나, 대개의 후보자는 내가 종사하는 분야를 판단할 수 있을만한 지식도, 경험도 없다. 당연하게도 말이다.

결국, 모르겠는 일에, 모르겠는 사람들이, 모르겠는 사람들을, 뽑고 있는 것이다.

정치인

이 세상의 복잡다단함은 인간들의 몇 가지 격언에 꿰어 맞춰지지 않는다. 권선징악은 바람일 뿐, 실제로는 악이 번성하는 경우가 너무도 많다.

때로는 제도적으로 혹은 논리적으로 나쁜 것이 번성할 수밖에 없기도 하다. 그런 예를 몇 가지 보자.

악화(惡貨)가 양화(良貨)를 구축(驅逐)한다는 말이 있다. 어찌어찌해서 인류는 금화를 화폐로 사용하기 시작했다. 순금 10g으로 금화 한 닢을 만드는데, 살짝 구석이 닳아서 9.9g이 되었어도 역시 한 닢으로 쳐주니까, 개

중에는 일부러 돈을 갈아서 미량의 금가루를 취하는 사람이 생긴다. 이렇게 되면, 멀쩡한 10g짜리 새 돈(양화)을 갖게 되면 누구라도 0.1g은 갈아서 취하려 할 것이다. 그렇다면 시중에 유통되는 금화는 9.9g이 기준이 되어버리고, 다시 9.8g이 인정을 받으면서 또 갈고, 이것이 반복되며, 점점 순금 함량이 줄어든 나쁜 돈(악화)이 된다.

생사를 가르는 상황에서 자신을 희생하여 다른 이를 구하는 사람을 좋은 사람이라 하고, 비겁할지라도 자신만을 지키려 애쓰는 사람이 보통의 사람, 남을 희생시켜가며 자신을 지키는 사람을 나쁜 사람이라 구분하여도 딱히 무리는 없을 것이다. 이 중에서 살아남을 확률은 누가 가장 높은가? 좋은 사람들의 도움으로 살아남고, 보통 사람들을 희생시켜가며 살아남고, 그렇게 나쁜 사람들은 잘도 살아남는다.

모든 사업은 성공과 실패의 확률이 공존한다. 투자를 호소함에 있어서 성실한 사업가, 즉 좋은 사업가는 투자를 받아야 하는 입장과 동반되는 위험을 알려야 하는 양심 사이에서 적정선을 찾느라 다소 얼버무리거나 머뭇거리는 모양새가 연출되기 마련이다. 그러나 사기꾼, 즉 나쁜 사업가는 마냥 확신에 찬 어조로 투자의 성공만을 주장한다. 그럴 경우 대부분 투자자의 마음은 나쁜 사업가 쪽으로 향하게 된다.

"나쁜 것이 유리하다."는 것이 아니다. "나쁜 것이 유리할 수도 있다."는 것이다.

이제 제도적으로 나쁜 사람이 정치인으로서 번성하게 되는 이유를 몇 가지로 나누어 살펴보자.

보통의 건전한 사람들은 자기 직업이 있고 책임져야 할 가족이 있는 경우가 대부분이다. 그들이 통상적으로 받는 급여는 생활비로도 빠듯한 것이 보통이고, 일을 멈추면 즉시 생활에 어려움을 겪을 수밖에 없다.

정치는 가치를 생산하는 일이 아니기에 정치에 종사하는 이들이 그들의 직업으로부터 직접적인 보수를 얻을 수는 없다. 결국, 노동을 하지 않고도 생계에 지장이 없는 부류들이 정치에 참여하기 매우 유리한 구조다.

노동을 하지 않고 소득을 얻기란, 물려받거나, 빼앗거나, 속여 얻거나, 빌어 얻는 등 자랑스러울 수 없는 경우들이 대부분이다.

지킬 것을 염두에 두고 하는 신중한 약속보다는 허풍이 매력적이다. "최선을 다하겠습니다."보다는 "무조건 해내겠습니다."가 더 잘 들리기 마련이다. 어차피 양쪽 다 자세히 모르는 상황이라면, 책임 따위는 신경도 안 쓰는 몰염치한 자의 확고한 주장이 더 매력적으로 들린다.

진실을 말하기 위해서는 알아보고 공부하는 시간과 노력이 필요하지만, 아무렇게나 말하기는 매우 쉽다. 뻔뻔하거나 무식하다면 아무렇게나 말하기란 더더욱 쉽다. 어차피 진실은 모르겠고, 뻔뻔한 자의 즉각적이고 당당한 말투에 믿음이 갈 뿐이다.

전문적인 지식으로 얘기하는 것은 지루하지만, 얕고 자극적인 소재는 재밌다. 재미는 관심을 끌고, 사실상 미디어가 결정짓는 지금의 선거 체제에서 관심은 무엇보다도 중요하다. 법학자의 강의는 지루하고 어렵지만, 코미디언의 법 강의는 명쾌하고 재밌다. 가볍고 저속할수록 정치인으로서의 인기는 더해 간다.

원칙, 공정, 정의를 얘기하는 것은 지루하고, 일탈은 재밌다. "열심히 일해라."는 지루하지만, '일하지 않고 부자 되는 법'은 일단 들어 보게 만든다.

관심은 선거에서 가장 중요하다. 공과 사를 분명히 해서야 주변의 몇몇 사람밖에 모으지 못한다. 어떻게든 사람들을 불러모으고 공금을 펑펑 쓰며 비싼 식사를 접대하는 파렴치한 정치인의 주변에는 늘 사람이 북적대기 마련이다. 그들은 관심을 끈다.

선거라는 행사에는 돈이 든다. 양심과 준법보다는 어떻게든 챙기고 쓰는 자가 유리하다. 돈으로 사람을 더 부릴 수 있으며, 더 많은 홍보를 할 수 있다. 이것이 불공평하다고 갖은 법을 만들어 보지만, 지키려는 착한 자들을 옥죌 뿐, 애당초 규칙 따위를 무시하던 자들에게는 더욱 유리한 환경이 조성된다.

시대를 관통하는 통찰보다는 흐르는 유행 의식을 잘 파악하는 것이 유리하다. 선거는 옳고 그름에 대한 판단이 아니다. 어차피 무지한 사람끼리 좋고 싫음에 대해 투표를 하는 것이다. 든든한 제조업 기반의 경제를 논하기보다 실체가 불분명한 '4차 산업혁명' 따위를 읊조리는 것이 더 경제적으로 보인다.

다수가 곧 정의가 되기에 개별적인 시시비비를 가리는 혜안보다 편싸움에 능한 쪽이 유리하다. 조목조목 따지는 것을 들어줄 사람은 어차피 없다. 선거 이후까지 관심을 둘 사람도 어차피 없다. 나쁜 짓이 폭로되면 사죄하기보다 상대방의 중상모략이라고 핏대를 세울 수 있어야 한다. 그런 뻔뻔함이 가능하려면 양심이 부족해야 하고, 그래야 정치인으로서 클 수 있다.

선거라는 제도를 통해 공공의 의사결정을 대리할 인물을 뽑는다는 것이 다른 제도보다 나쁘다는 것은 아니다.

엄연히 독재적인 의사결정 체계가 가질 수 있는 극단적 위험을 방지한다는 역사적 당위가 있다.

다만, 선거민주주의가 인간 사회가 가질 수 있는 제도적 완성일 수는 없다는 것이다.

게다가 그 내용이 점점 악화되어 갈 수도 있다는 것을 안 이상, 더 이상 보고만 있을 수는 없다.

대의민주주의

대리인들에 의한 의사결정 과정 역시 선거와 마찬가지로 논리적 결함을 갖고 있다.

무엇인가를 좋게 혹은 올바르게 결정하기 위해서는 그 대상에 대한 충분한 지식과 목적에 대한 동감이 전제되어야 함에도, 그러한 최소한의 전제조차 충족하지 못하는 의논과 결정들이 난무한다.

지식이 충분하지 못한 이유는, 의사결정에 참여하는 주체들이 모든 분야에 관한 지식을 갖는 것이 논리적으로 불가능하기 때문이다.

목적에 대한 동감이 어려운 이유는, 모든 개인이 추구하는 바가 각각 다르기 때문이기도 하고, 이해 당사자와 의사결정권자가 동일하지 않기 때문이기도 하고, 논의의 대상이 다른 논의들과 서로 영향을 미치기 때문이기도 하다.

예를 들어, 비정규직 일자리에 대해 논의한다고 가정해 보자.

비정규직 근로자와 비정규직 고용자는 당연히 그 입장이 다르므로 추구하는바 역시 다르다. 한쪽은 고용안정을 목적으로 의견을 내고, 다른 한쪽은 고용 자유를 목적으로 의견을 낼 것이다. 이렇게 되면, 더 좋은 방향에 대한 논의가 아니라 승리와 패배가 구분되는 '싸움'이 된다.

이런 싸움을 정치인들이 대리하여 행한다. 정치인들의 목적은 고용안정도 아니고, 고용자유도 아니고, 표의 획득이다.

대의민주주의, 즉 'Representative democracy' 체계에서는 모든 의사결정과 논제생성에 압도적으로 중요한 요소는 바로 표의 개수가 된다.

논의의 본질적 이해관계는 차치되고, 표의 개수가 이해의 중심으로 자리 잡으면서, 다수의 단편적인 이해를 충족시키는 방향으로 결정이 난다. 이를 흔히 '포퓰리즘(Populism)'이라고 말한다.

대부분의 논의는 그 자체로 끝나지 않고 다른 논의에 영향을 준다. 비정규직 문제만 해도, 국가 경제, 인권, 차별, 공정 등 수없이 많은 다른 논의와 충돌하게 된다. 고용안정을 노리고 정규직화를 요구하며 제도화시켜 보지만, 아예 비정규직으로서의 일자리조차 사라지고 마는 모순이 발생한다. 이런 고용의 상관관계를 이해하고 주장을 펴는지, 모르고 악만 쓰는지, 논의의 결과는 큰 차이가 날 것이다.

　정치인들의 사회적·경제적 지위는 일반인의 평균을 크게 웃돌기 마련이다. 그러다 보니 상대적으로 고령이다. 우리 선거제도가 가진 특성상 돈이 많아야 유리하고, 홍보물에 나열할 사회경력이 필요한데, 그런 돈과 경력은 나이가 들어서야 얻을 수 있기 때문이다.

　평균을 웃도는 상황의 정치인들이 평균의 삶을 논의하는 것에는 당연히 어려움이 있다. 그들은 평균의 것들에 대한 이해와 관심이 부족할 수밖에 없기 때문이다.

　기사가 운전해 주는 승용차로 다니는 사람은 자가운전자가 느끼는 도로규칙의 개선점을 찾기 어렵고, 버스와 전철이 어떻게 사람을 답답하게 하는지 모른다.

　고령자들이 젊은이들의 고충을 잘 모르는 이유는, 개구리가 올챙이 때 생각을 못 하는 것이 반, 시대가 바뀌어 많은 것이 달라졌음에도 이에 대한 이해 부족이 반이다.

　정치인들은 상황을 잘 모를 뿐만 아니라, 문제에 대한 근본적 이해조차 잘 갖지 못한다.

　나의 군대 시절 얘기다. 소대 전체가 휴가를 나오며 사단 휴양소에서 1박 및 회식의 특혜를 받은 적이 있다. 대부분의 일·이등병들이 공중전화 앞에 줄을 서며 모처럼의 휴식시간을 낭비하고 있기에 안쓰러워, 어차피 우리 소대밖에 없으니 줄 서지 말고 방에서 편하게 있다가 교대로 사용하라고 했다. 우매한 그들에게 시스템을 제공해 더 좋게 한 것으로 믿었다.

나중에 곰곰이 생각해 보니, 그들의 목적은 내일이면 어차피 쓰게 될 전화가 아니라, 그냥 선임들과 함께 있는 자체가 싫었던 것이라는 생각이 들었다. 본심은 어차피 모른다. "선임들과 있는 게 불편하냐?"고 물어봐야 대답은 모두 아니라고 할 게 뻔하다. 잘못은 정책의 입안자와 대상자가 달랐다는 데 있다. 병장이었던 나는 일·이등병 때의 느낌을 잊어버렸고 이해하지 못했다.

직접민주주의

우리가 직접민주주의, 즉 'Direct democracy'를 못 하는 이유는, 단순히 한자리에 모일 공간의 부족이라든가, 빈번히 발생하는 사안들을 일일이 따져 볼 시간의 부족이라든가 등의 그런 물리적인 한계 때문만은 아니다.

사안에 대해 의논할 수 있을 만큼의 지식이 없다는 것이나, 목적에 대한 동감이 안 된다는 대리민주주의의 한계를 직접민주주의도 똑같이 가지며, 몇 가지 치명적인 결함을 더 가진다.

첫째, 목소리 큰 사람의 의견에 가중이 생기거나, 여린 사람의 의견이 무시되고는 한다.

대리인들은 어차피 목소리 큰 자들끼리 모인 것이고, 누군가를 대리한다는 책임도 있고 해서, 큰 소리를 내는 상대에 대해 주눅이 든다거나, 귀찮으니 그냥 양보한다던가 하지 않는다. 이는 개인들끼리의 의사결정에는 꽤 영향을 미치는 요소다.

둘째, 사람들은 말하는 것과 생각하는 것이 꽤 다르기도 하다.

미국 대통령 도널드 트럼프의 대통령 선거에서 크게 이슈가 되었던 용어인 'Political correctness'가 그런 것 중 하나다. 이를 한국말로 옮기면

'착한 척'이라는 표현이 적절할 것이다.

생각하는 것이나 원하는 것을 그대로 얘기하면 질타를 받거나 가벼운 논쟁을 겪어야 하는 등 피곤함을 수반할 수 있는데, 대충 정해진 정답을 서로 얘기하면, 그 자리와 시간을 무난하게 보낼 수 있다.

누군가와 마주 보고 매력적인가를 물어보면 대체로 그렇다고 답하지만, 실제로 매력적인 사람을 마주하기란 무척 드문 일이다.

말한 대로 해 줘도 불평이라는 남자의 푸념과 뭘 원하는지 모른다며 답답해하는 여자의 짜증은 영원히 평행선을 그릴 것이다.

당사자가 직접 한 말이라도 실제와는 다른 경우가 많다.

셋째, 사람들은 자기 생각을 사실 잘 모르는 경우도 많다.

영화 〈바람과 함께 사라지다〉에서, 주인공 스칼릿은 사경을 헤매던 무의식 속에서는 래트 버틀러를 찾지만, 제정신일 때는 애슐리를 좋아한다고 여기며 집착한다.

한적한 전원생활을 동경하지만, 실은 도시의 편의를 한순간도 놓칠 수 없는 사람들이 대부분이다.

땀 흘리며 노력하는 모습을 멋지다고 생각하지만, 그늘에 시원하게 누워 자는 것을 추구한다.

동문 간의 끈끈한 우정을 원한다고 생각했는데, 미모의 동문이 졸업하자 참석하기 귀찮아진다.

혼자 있고 싶은 것인지, 같이 있고 싶은 것인지도 잘 모르겠는 경우가 많다.

자신의 일을 혼자서 결정하고도 수없이 크고 작은 후회로 가득하다. 그래서 그냥 누군가가 이끌어 줬으면 하기도 한다.

사람들은 고집을 부리고, 자존심을 지키려 애쓰며, 측은한 마음을 갖는다. 감정을 가졌기에 올바른 결정을 못 하는 경우가 많다.

독신을 주장하며 이성을 만날 기회를 자꾸만 거절하는 사람이 있다. 그는 이성을 싫어하는 것일까? 알 수 없다. 아니, 아니기 쉽다. 자신의 주장에 대한 고집일 수도 있고, 스스로 매력적이지 않다고 생각하며 거절당하기 전에 거절하여 자존심을 지키려는 것일 수도 있다. 소개하는 사람의 안목이 못 미더운 것일 수도 있고, 운명적인 만남을 꿈꾸는 중일지도 모른다. 분명한 것은 독신을 주장했다고 해서 그가 독신주의자라 결론을 낼 수는 없다는 것이다.

넷째, 직접적인 의견 수렴은 다수보다 소수의 입장을 대변하기도 한다.

전철 차량의 실내온도를 몇 도로 맞추는 것이 좋을까? 대부분 사람들은 20~25도 사이의 온도에서 그럭저럭 불만 없이 있을 수 있다. 그렇다면 23도 정도에 맞추기만 하면 된다. 그런데 여기에 승객들의 의견을 직접 반영하겠다고 정책을 바꾸니까, 특별히 더위를 잘 타는 소수의 사람과 특별히 추위를 잘 타는 소수의 사람이 꾸준히 불만을 제기하며 강냉방과 강난방이 반복된다. 다수는 그럭저럭 있을 수는 있지만, 늘 살짝 덥거나 추운 불쾌감을 느껴야 한다.

독재

독재는 흔히 폭정을 연상시키는데 이 두 개념은 구분할 필요가 있다.

독재란 의사결정을 함에 있어 나름 일장일단을 가진 방법의 하나일 뿐, 그 자체로 선악을 논할 대상은 아니다. 물론, 폭정은 그 자체로 악이다.

다수가 의견을 모아 무엇을 결정하고자 하면 아무런 결정을 못 하는 것을 자주 목격하는 반면에 독재는 그렇지 않다.

대부분 회사 조직은 독재 체계지만, 아무도 회사 조직이 국가 조직에 비해 나쁘다고는 하지 못할 것이다.

하지만, 독재가 나쁜 결정을 할 가능성이 많은 것은 사실이다. 나쁜 결정보다는 우유부단한 것이 낫다고 여긴다면 그것은 그것대로 가치판단의 문제이지, 옳고 그름을 논할 거리는 아니다.

여러 사람과 논의를 했는지의 여부가 목적이 될 수는 없다. 적절한 제도를 가지고 논의의 과정을 거치는 이유는, 무언가 나쁘지 않은 결정을 내려 더 좋은 상황으로 나아가기 위함일 뿐이다.

그 근본적인 목적을 잘 이룰 수 있는지가 정치 제도 선택의 기준이 되어야 한다.

초등학교 교실에서는 선생님이 독재를 하는 것이 옳고, 대학교의 연구실에서는 구성원이 다 함께 의논하는 것이 옳을 것이다.

현명하고 착하며 정의로운 지도자를 가려낼 방법만 있다면, 그런 지도자에 의한 독재통치가 의회민주주의보다 바람직할 수도 있다.

02

정치

정치와 관련한 여러 주제를 두서없이 떠올려 적어 본다.

전쟁

며칠 전 중학교 1학년인 딸과 나눈 대화다.

"사람들은 왜 전쟁을 하지?"

"안 하면?"

"말로 하면 되잖아."

"말로 해서 안 들으면?"

"그럼 포기해야지."

"포기할 만한 것이 아니라면?"

"그래도 사람을 죽이면서까지 무언가를 이루어야 할까?"

"두 그룹이 있다 치자. 하나는 농사를 잘 지어서 겨울에 먹을 게 있고, 하나는 놀다 보니 겨울에 먹을 게 없어. 이른바 '먹없' 쪽은 어차피 겨울에 죽게 생겼는데, 그냥 죽을까?"

"'농잘' 쪽에 좀 빌려 달라고 하면 되잖아?"

"'농잘'이 빌려줄 게 없어. 빌려주면 자기들도 먹을게 모자라게 돼. 그리고 자기들이 열심히 일할 때 '먹없'들은 놀기만 했는데, 개들 살리자고 내가 굶을 수는 없다고 생각해."

"…이제 알겠어. 전쟁을 할 수밖에 없구나."

정의正義

'정의(正義)란 무엇인가?'라는 화두를 놓고 수없이 많은 사상가가 이런저런 말들을 쏟아 냈지만, 그들이 말하는 정의는 대체로 '착한 척'에 지나지 않을지도 모른다. 그들은 대체로 옳거나 공정함을 논하는 데 있어 타인의 입장을 많이 고려하는 편이었다.

내가 정의하는 정의란 '나 자신의 생존과 번영'이다.

인류 사회의 질서는 그런 이기적인 정의를 중심축에 놓고 정리되어 왔고, 앞으로도 그렇게 갈 것이다.

많은 사람이 이에 이의를 제기할 것으로 본다. 막연하게 우리가 느끼던 '옳음'이란 것은 대체로 이타적이고 자기희생적이거나 최소한 공정해야만 하는 것이기 때문이다.

하지만 그 이타와 자기희생과 공정 역시도 '나의 생존과 번영'을 위한 타협일 뿐이라고 나는 정의한다.

여기서 '나'라는 것은 나와 내 자식을 동일체로 보는 것이고, 그렇게 생물학적 필요와 사회적 질서는 결국 같은 맥락이다.

흔히 정의를 논하는 데 있어 대표적인 사상가를 꼽으려면 존 롤스를 들 수 있다. 그는 케이크를 나누는 상황을 예로 들었는데, 칼을 든 자가 마지막 조각을 먹기로 한다면 공평하게 나눌 수밖에 없을 것이라고 하였다.

그는 사회제도를 구성원 간의 계약으로 보았는데, 나는 그 계약과 규칙이라는 것이 서로가 각자의 생존과 번영을 추구할 때 생기는 충돌에 대한 타협점일 뿐이라고 생각한다. 똑같이 나누는 것이 옳아서가 아니라, 똑같이 나누지 않으면 공격당할 것이기 때문에 똑같이 나누게 되는 것이다.

케이크가 아사 직전의 두 명에게 남은 유일한 식량이고, 이것을 나누면 두 사람 모두 죽고, 한 사람이 온전히 다 먹는다면 그 사람은 살 것이라 가정해 보자. 무엇이 정의인가? 똑같이 반씩 나누어 먹고 같이 죽는 것이 정의인가? 두 사람이라니까 답이 애매한가? 두 가족으로 해 보자. 두 가족이 쌀 한 가마니를 놓고 생존을 건 분배를 한다고 치자. 무엇이 정의인가? 반씩 나누어서 두 가족 모두 죽는 게 정의인가? 그렇게 나만 착하자고 내 아이를 죽이는 것이 부모로서 옳은가?

또한 '똑같이'라는 것은 어떻게 하는 것인가? 내 가족 구성원은 여덟 명이고 저 가족은 네 명이다. 그렇다면 반으로 나누는 것이 '똑같이'인가? 아니면 인원수대로 나누면 '똑같이'인가? 내 가족은 유아가 6명이고, 저쪽은 청소년이 2명이라면? 모두의 몸무게를 재어 비율대로 나누면 되나? 생과 사의 갈림길에서 어린 우리 아이들이 죽을 것이 뻔한데, 상대방의 유난히 뚱뚱한 몸무게에 더 할당하자는 결정에 동의할 수 있을까? 똑같이 나눈다는 것은 불가능하다.

결국, 완력이 되었든, 인원수가 되었든, 무기가 되었든, 묘책이 되었든, 한쪽이 어떻게든 살고 나머지는 죽게 되는 것이 우리가 목격하는 인간의 역사이고 질서의 형성이다.

아무래도 "나 자신의 생존과 번영이 곧 정의다."라는 것에 반감이 드는가?

전쟁에서 희생하는 수없이 많은 영웅은 무엇이냐고? 만약 '나의 죽음과 쇠퇴'를 목적으로 한다거나, 100%의 확률로 죽는다거나, 가족마저 남을 위해 희생해야 한다거나, 돌아와서 비난을 받는다거나 하는 그런 전쟁이 있다면 희생일지도 모르겠지만 그런 경우란 없다.

남을 위한 희생 역시 '나의 생존과 번영'을 전제로 하며, 생존과 번영에는 물질적인 것뿐 아니라 자존감, 명예, 성취 같은 정신적인 것도 포함된다.

영화의 많은 전투 장면에서 남을 위해 대신 희생하는 경우를 보게 되는데, 그것은 누군가의 희생이 없을 경우 어차피 죽게 되는 마지막 상황에서 전개되며, 이는 곧 물질적 생존과 번영 모두를 잃을 상황에서 정신적 번영을 최대화한 선택이라고도 볼 수 있다.

불편해도, 정의란 결국 '나 자신의 생존과 번영'이다.

이기적인 것 혹은 나를 중심으로 생각하는 것은, 설령 그것이 생물학적 본질과 일치한다고는 해도, 다른 사람에게 드러내기에는 꺼림칙하다. 그것은 아마도 나의 생존과 번영을 위해 남의 희생에 가치를 두는 이념 작업을 수천 년 동안 해 왔기 때문일지도 모른다.

나 역시 누구나와 비슷한 환경에서 비슷한 교육을 받고 비슷한 문화를 누리며 살아온 이상, 느끼는 것은 비슷할 수밖에 없다. 선악에 대한 가치관도 대충 비슷할 수밖에 없다.

내가 남아공에서 비즈니스를 할 때의 일이다. 아프리카에서 오래도록 비즈니스를 했던 한국 사람들로부터 "저는 여기 사람들을 사람으로 보지 않습니다."라는 얘기를 자주 들었다. 처음 그런 얘기를 들었을 때는 그 이야기가 저질스러운 인종차별이라고 생각해서 상당한 반감을 품었지만, 몇 건의 도난사건을 겪으면서 나도 그 의견에 올라타게 되었다. 여기에서 반감이나 동감은 특별할 것 없이 그냥 집단의 보편적인 의식에 내 의식을 맞췄다는 이야기다.

남아공 요하네스버그의 도심에는 빈둥거리며 훔칠 거리, 구걸 거리를 찾거나 시비를 걸어 물건을 뺏을 궁리를 하는 사람들이 드물지 않다. 잠깐 트럭에 있는 짐을 좀 옮겨 달라고 길거리에서 4명을 얼마씩 주기로 하고 임시로 고용했는데, 다 옮기고 나니 몇 가지 물건이 없어졌다. 그때 거리의 누군가가 나타나 짐 옮기던 인부 중 누구랑 누가 물건을 빼돌리는 것을 봤다고 이르면서 이를 알려준 값을 요구한다.

대단한 것은 아니지만 그런 식이다. 가장 기초적인 윤리상식이 없거나 다르다는 것. 사실 이런 부류의 사람들은 그곳에만 있는 것은 아니고 소위 선진국의 거리에서도 노숙자나 범죄자의 형태로 존재한다. 어느 사회에 어느 정도의 비율로 그런 사람들이 존재하는지까지는 알 수 없어도, 어디에나 여하튼 있다.

그런 사람들을 곰곰이 생각해 보니 이건 사실 사람이라고 할 수 없는 것이 맞다. '오로지 먹기 위해 존재한다면 바퀴벌레와 다를 것이 무엇인가?'라고 생각하는 순간, 퍼뜩 '무엇이 옳은 것인가?'라는 철학적 의문이 생겼다.

그들은 먹기 위해 최선을 다했을 뿐이다. 그들이 평생 훔쳐 봐야 내 취미비용도 안 될 정도이거늘, 배고픔을 모르는 곳에서 자란 내가 지금 그들의 윤리를 논하고 있었구나 하는 그런 느낌이었다.

굶었다면, 먹는 것에만 집중했다고 해도 비난받아야 할 이유는 없다. 그들은 훔치든, 빼앗든 그들의 생존을 위해 뭔가를 해야만 한다.

물론, 나는 나의 생존과 번영을 위해 그들로부터 내 것을 지키기 위해 뭔가를 해야만 한다. 그것이 정의다.

집단
·········

나는 나의 생존과 번영을 위해 애쓰는 한편, 다른 이들은 각각 그들의 생존과 번영을 위해 최선을 다한다.

원시 생명체였던 시기에 개체 간의 생존 법칙은 동종(同種) 간이든 이종(異種) 간이든 상관없이 어디까지나 강자가 약자를 잡아먹는 방식이었을 것이다. 여기에는 아무런 윤리개념도 존재하지 않고 딱히 규칙과 법이 필요하지도 않다. 단세포 세균이 살기 위해 다른 세균을 잡아먹는 장면을 보고 선악을 논하는 사람이 있나? 그런 사람은 아무도 없을 것이다.

아무런 감정 없이 서로가 먹고 먹히는 상태에서, 차츰 약한 종을 먹기는 쉽다는 것을 알게 되고, 강한 종에게는 먹히기 쉽다는 것도 알게 되며, 동종 간에는 서로 먹거나 먹히기도 어려운 균형 상태가 있음을 깨달았을 것이다. 그래서 약한 종을 보면 쫓아가고 강한 종을 보면 도망가지만, 동종을 보면 굳이 쫓을 이유도, 도망갈 이유도 없는 편안한 상태가 반복되었을 것이다. 그렇게 모여있다 보면 강한 종들이 달려오기를 꺼린다는 것도 알았을 것이다.

그렇게 무리 짓기는 시작되었을 것이고, 지금까지도 대부분 개체는 어딘가 집단에 속해 있으면서 보호를 받고, 힘을 갖고, 편안함을 느낀다.

법

집단의 크기가 곧 힘을 의미하게 되면서 개체 수의 보전은 곧 생사를 가름하는 중요한 사안이 되었을 것이다. 그래서 새끼를 소중하게 여긴다든지 혹은 집단 내의 싸움을 피하게 된다든지 하는 기초적인 제한사항이 생겨났을 것이다.

시간이 흘러 일상이 반복되면서 점점 정교한 의사소통이 가능해지게 되었을 것이고, 좀 더 세밀하게 규칙들을 정하는 것도 가능해 졌을 것이다.

인간 사회가 가족 단위를 넘어 촌락을 형성하며 살게 되면서, 그 관계 역시 개체 간의 관계에서 끝나지 않고, 가족 간, 직종 간, 세대 간, 성별 간 등 다양하게 교차하며 관계가 복잡해지니, 그로부터 쏟아져 나오는 수많은 오해와 갈등을 해결하기 위해 더욱 많은 규칙의 제정이 필요해졌을 것이다.

경제적으로는 분업으로 인해 여분의 생산물이 생기게 되었고, 여분의 생산물은 부의 축적을 가능하게 해 주었고, 축적된 부를 가지고 남의 노동을 살 수 있게 되면서 종속 관계가 형성되며 계층을 형성하게 되었을 것이다.

계층은 또 다른 관계의 교차를 사회에 형성시키면서 새로운 규칙의 필요를 가져왔고, 축적된 부는 그 보전을 위해 또 수없이 많은 제도적 보완을 필요로 하게 되었을 것이다.

정치

정치의 근간은 각자가 가지고 있는 '나의 생존과 번영'에 대한 응답이다.

역사상 그 어느 국가, 그 어느 조그마한 집단이라도 예외 없이, 그 응답을 잘하는가의 여부로 흥망성쇠가 정해진다.

거짓말로라도 그에 대한 응답을 잘해야만 존속할 수 있는 것이 정치의 주체, 즉 정권인 것이다.

정권의 형태가 왕이 되었건, 민주주의 표로 선출이 되었건, 싸움으로 올라간 두목이 되었건 간에 상관없이 모든 정권은 그 구성원들에게 '생존과 번영'을 약속해야만 하고, 그렇게 하거나 최소한 그렇게 하는 것처럼 보이기라도 해야 한다.

정쟁은 크고 작은 각각의 이념들이 서로 부딪치는 것이고, 그 이념들이 향하는 곳은 진실이든, 거짓이든 곧바로 '구성원 각자의 생존과 번영'으로 연결된다.

거짓이든 진실이든 그것이 중요한 것이 아니라, 구성원의 생존과 번영이라는 목적에 대한 응답이 얼마나 뚜렷한지, 그 정도에 따라 각 이념에 대한 지지가 달라진다.

이 지지의 여부가 정치 주체들에게는 그들의 '생존과 번영'이기에, 이념 다툼은 단순한 아이디어 제시의 차원을 넘어서 생사를 건 싸움이 된다.

정정당당함에서 얻는 정신적 번영보다 승리에서 얻는 물질적 생존이 더 큰 가치라 여겨진다면 싸움은 쉽게 지저분해지고, 이것이 바로 우리가 현실에서 목격하는 정치의 모습이 그토록 더러운 이유다.

정치인

집단이 커지면서, 굳이 생산적인 일에 종사하지 않아도 생계를 유지할 수 있는 소수의 존재가 가능하게 되었다. 한 명이 한 명을 먹여 살리는 것은 어려우나, 99명이 한 명을 먹여 살리는 것은 쉽다.

소수의 집단에서는 쉽게 합의가 이루어지므로 리더의 필요성이 크지 않았지만, 다수의 집단에서는 많은 문제가 발생하고 의견의 일치는 어려워 리더의 역할이 필요한 상황이 되었다. 셋이 모여 의논할 때는 각자 얘기할 수 있고 즉흥적으로 공정한 의사결정도 내릴 수 있지만, 수십 명만 모여도 적절하게 회의를 관리할 인원이 없으면 아무런 결론도 못 내고 난장판이 되기가 십상이다.

누군가는 힘, 나이, 재산, 지혜 등의 부분에서 우월함을 통해 다양한 이해를 가진 다수를 통제할 수 있는 능력을 지니게 된다. 그렇게 직업이 정치인 사람들이 생겨난다.

직업이 정치인 사람들의 관심은 직업이 농부인 사람들의 관심과 다르다.

농부의 관심은 생산물의 양이다. 이것은 노력으로만 얻어지는 것이다. 반면 정치인의 관심은 농부의 마음이고 이것은 혀와 속임수로도 얻어지는 것이다.

정치인의 생존과 번영은 궁극적으로는 농부의 생존과 번영 위에 가능한 것이지만, 현실적으로는 누구라도 자신들의 직접적인 생존과 번영에만 관심이 있을 뿐, 그 원천을 따져 볼 이유도 없고 여력도 없다.

내년의 풍요를 설계하며 농부에게 오늘의 고생을 설득하기보다, 술과 잔치로 당장의 마음을 빼앗아 생존하는 것이 더 급하다. 그렇게 정치인들은 전체의 번영을 방해한다.

또한, 정치인 집단은 크기가 곧 힘이자 생존과 번영의 조건이기에 계속해서 규모를 키우려 한다. 농부는 스스로 벌어먹기에 그 규모를 키울수록 좋지만, 정치인은 농부로부터 거둬 먹을 수밖에 없으니, 규모를 키울수록 농부들의 몫은 줄어들고, 농부들의 줄어든 몫은 다음 해의 생산을 감소시킨다. 그들은 그렇게 또 전체의 번영을 방해한다.

어느 순간부터 생산집단과 정치집단은 생존을 위한 경쟁 관계가 되며 파멸의 수순을 밟게 되는데, 이를 빠져나올 방법이 없다.

자유

정치는 기본적으로 '공공의 이익을 위하여 개인의 자유를 얼마만큼 제한하는가?'에 대한 풀이다.

자유를 마냥 제한한다고 해서 공공의 이익이 마냥 증가하는 것은 아니며, 그 반대의 경우도 상관관계가 성립하는 것은 아니다.

도로에 신호와 선들이 없으면 차들이 서로 엉켜 오도 가도 못 하게 되지만, 그렇다고 신호와 선들을 너무 많이 두면 역시 늦을 수밖에 없게 된다.

적절한 정도로 개인의 자유를 제한하는 것은 분명 전체에 이로울 수 있고, 전체에 이로우면 당연히 개개인들에게도 이로울 수 있다.

적절한 통제는 각 개인에게 울타리 안에서의 안정감 같은 것을 주기도 한다.

통제된 스케줄대로 움직이는 소위 패키지여행은 마음대로 정하고 움직이는 자유여행에 비해 편안한 부분이 있다. 아무 생각 없이 시키는 대로 따르기만 하면 대략 원하는 것이 저절로 얻어지는 편안함이 있기도 하고, '차를 놓치면 어떡하나?', '위험한 사람을 만나면 어떡하나?', '괜히 바가지를 당하지 않을까?' 등의 막연한 불안으로부터 보호받는 느낌이 들기도 한다.

자유라는 개념이 아무리 좋아도 그 자체가 목적일 수는 없다. 우리는 억압과 외면 사이의 적절한 지점을 찾아내기 위해 끊임없이 애써야 할 것이다.

좌우

프랑스 혁명 당시 국사를 논하는 회의(The Estates general, 삼부회) 자리에서는 누가 정해준 것도 아닌데 대체로 성향이 비슷한 사람들끼리 모여 앉게 되었다고 한다. 의장의 왼쪽에 앉은 사람들은 주로 행동하기를 주장했고, 오른쪽에 앉은 사람들은 주로 질서를 주장했는데, 그 장면을 전하는 언론이 편의상 좌익, 우익으로 표현하기 시작한 것이 오늘날 해당 용어의 유래라고 한다.

보수주의(Conservatism)와 진보주의(Progressivism)로 표현하는 이념 구분도, 한쪽은 체제의 유지 즉, 질서를 주장하고 다른 쪽은 체제의 개혁을 주장하는데, 이는 좌우의 개념과 마찬가지다.

이 두 가지 정치적 성격은 이념으로 구분된 것이 아니고, 정치를 움직이는 가장 큰 동력원인 '편 먹기'를 위해서 올려지는 청·백기와 같다. 그 편은 무작위로 형성되는 것이 아니라 사람들의 성향에 따라 지어지는 것이다.

좌파는 대체로 젊고, 똑똑하며, 민첩하고, 건강하고, 도전적이며 따뜻하지만, 논리와 경험, 축적된 자산이나 조심성이 부족한 편이다.

우파는 대체로 점잖고, 지혜로우며, 냉정하고, 조심스럽지만, 고집스럽고 안주하려는 편이다.

이 개별적인 특징들은 서로 인과관계로 묶여 있어서 대체로 일관되게 묶음 형태의 성향을 가진다. 즉, 젊으니까 건강하고, 건강하니까 도전적이지만, 젊으니까 경험이 부족하고, 경험이 없으니까 논리적 판단이 어리숙하다.

둘 사이에 무엇이 옳은가를 따지는 것은 무의미하다. 누구에게나 두 성향은 동시에 존재하고, 상황과 여건에 따라 지속해서 변하는 것이다.

생뚱맞지만, 앞서 언급했던 '나의 생존과 번영'에서, 보수는 생존을, 진보는 번영에 조금 더 중점을 두는 것이라고 해석할 수도 있다.

이 둘 사이의 균형이라는 것은 자동차의 브레이크와 액셀러레이터의 관계와 같다. 둘이 동시에 작용하며 이루어지는 것이 아니고 번갈아 작용하기 때문에 언뜻 서로를 방해하는 존재로 보일 수 있으나, 실은 브레이크 없이 가속할 수 없고, 가속 없이 브레이크는 의미가 없는 그런 상호 의존 관계다.

번영하지 않을 것이면 무엇 때문에 생존하는지 의미를 찾기 어렵고, 생존 없이 번영은 존재할 수 없다.

프랑스 혁명 당시 부르주아(Bourgeois, 도시에 사는 사람들)는 그 시대의 진보세력이었으나, 불과 수십 년 후 프롤레타리아(Proletariat, 무일푼)가 혁명을 부르짖는 시대가 오자 보수세력이 되었고, 현대사의 진보세력을 상징하는 공산주의 역시 그 혁명이 이루어졌던 곳에서 다시금 변화의 물결이 몰아닥칠 때는 보수라 불렸다.

좌파의 깃발을 들고 사람을 모아 달려왔으나, 시간이 흘러 어느새 보수 집단이 되어 있을 수도 있고, 새로운 진보세력이 새로운 보수세력의 반대 진영에 서려고 우파의 깃발을 들어 올릴 수도 있어서, 이 깃발을 이념으로 이해하면 때때로 혼란스럽다.

좌우의 균형이란 서로를 이해하며 함께 가는 것이 아니라, 서로의 투쟁과 쟁취의 교차 반복으로 이루어진다.

액셀러레이터가 짜증 낼까 봐 브레이크를 살살 밟는다던가, 브레이크가 힘들까 봐 애초에 천천히 달린다던가 하는 식으로 균형을 잡는 것이 아니다. 각자가 자기 차례에 최대한 달리고 최대한 세우며 앞으로 나아가는 것이다.

이념

이념이란 좁게는 무슨 무슨 주의, 이를테면 '~ism', 'ideology'고, 넓게는 세계관, 가치관, 성향, 기질 같은 개념들이다.

이념이 같은 사람들끼리 뭉치고, 다른 사람들 간에는 싸우는 것이 정치의 한 모습이고, 나의 이념, 우리 편의 이념을 세상에 관철하려 하는 것이 진정한 정치 활동일 것이다.

하지만 현실 정치에서 이념이 뚜렷하게 정립되어 다투는 경우는 역사상으로도 드물게 있는 경우고, 대개는 편 먹기 싸움에 쓸 용도로 이념을 들먹거리는 것이 보통이다.

재밌는 것은 이념의 차이라는 것도 사실은 판단 근거의 차이인 경우가 대부분이라는 것이다.

생각의 인풋이 같은데 아웃풋이 달라 다투는 것이 아니라, 인풋 자체가 다른 것이다.

20세기의 대부분을 차지했던 대립으로 공산주의와 반공주의의 이념 대립이 있었다. 그런데 공산주의 옹호론자들이 공평함을 지지할 때, 반공주의자들이 불공평을 주장했던 것이 아니다. 누군가 복지를 외칠 때 반대론자들이 어렵게 살자고 주장한 것이 아니고, 누군가 평화를 외칠 때 반대자들이 전쟁을 아름답다고 했던 것도 아니다.

평등, 복지, 평화 등은 누구나가 공감하는 공통의 선이고, 이런 가치를 어떻게 구현할 것인가 하는 방법에서 이견이 있는 것이다. 그 방법을 논하는 지적·경험적 배경에 차이가 있을 뿐이다.

거리에서 엎드려 구걸하는 자에게 약간의 자비를 베풀 것인가 혹은 그러지 않을 것인가는 언뜻 논쟁거리가 될 것처럼 보여도, 그 거지의 실소득이라든가 거지가 된 배경까지 알고 나면 대부분이 같은 의견을 내놓는다. 사형제도가 필요한가 아닌가는 언뜻 논쟁거리가 될 것처럼 보여도, 막상 개별 범죄를 놓고 논하면 대체로 같은 의견을 내놓는다.

결국, 사실관계에 대해 동일하게 인지하고 있고, 동일한 경험을 겪은 사람이라면 대체로 판단도 비슷하다.

프랑스 혁명을 전후한 보수와 진보의 논쟁, 즉 질서가 우선하는지 혹은 변화가 우선하는지에 대한 논쟁 역시 추상적인 구호 차원에서는 각기 주장하는 바가 다를 수 있지만, 사안별로 세세하게 따질 때는 대체로 같은 의견을 내놓는다.

변화를 주장하는 자도 누군가 무법자가 자신을 해하는 상황까지 용인하는 것은 아니며, 질서를 주장하는 자도 악당들이 만들어 놓은 질서 속에서 핍박받고 싶어 하는 것은 아니다.

남의 것을 빼앗아 나에게 준다는 데 반대할 사람 없고, 내 것을 빼앗아

남에게 준다는 데 찬성할 사람 없다. 똑같이 나누자는 말에 누구는 빼앗기는 것을 생각하고, 누구는 얻는 것을 기대했을 뿐이다.

이념의 차이란 별로 없다. 각기 아는 게 다르고 겪은 게 다를 뿐이다. 다른 생각을 하는 사람들을 충분히 같은 생각을 하도록 할 수 있다. 어려운 것은 편 너머에 있는 그들에게 다가가는 것이다.

03

동적 계층형 민주주의

   만약 새로운 정치 제도를 만든다면 다음과 같은 사항들이 필요하리라 여겨진다.

1. 여하간에 결정할 수 있어야 할 것이다.
2. 나와 관련된 일에는 나도 의논과 결정에 참여하고 싶다.
3. 해당 사안에 대해 잘 아는 사람끼리 의논하는 것이 바람직하다.
4. 상충하는 이해관계끼리 합리적으로 절충되어야 한다.
5. 논의하고 결정하는 데 지식과 경험이 비중 있게 반영되어야 한다.
6. 논의와 결정의 과정이 신속할수록 좋다.
7. 모든 시시콜콜한 사안까지 다 다룰 수 있었으면 좋겠다.
8. 비용이 안 들었으면 좋겠다.
9. 결정된 사안에 대한 권위가 강해서 아무도 제도 밖에서 이의를 제기할 수 없어야 한다.

국회를 없애자
....

국회의원을 구성하는 사람들의 질적 저하는 필연이고, 이미 지적으로나, 도덕적으로나, 사회 기여적으로나 최악인 사람들로 꽉 차 있다.

정작 우리 사회의 중심이 되어야 할 생산적인 노동에 종사했던 사람은 그곳에 없다.

그들은 처음부터 정치 활동만 했던 사람들이거나, 직업을 가졌었더라도 기껏해야 법조계, 언론인 출신이 대부분이다. 그들의 경력이 공적 논의에 더 유능해서가 아니라, 정치 체계가 그런 직업군에 유리하게 작용하기 때문이며, 특정 부류의 사람들끼리 모이다 보니 형성된 그들만의 집단화가 그들끼리 끌고 당기며 굳어진 것이다. 정치로 시작해 정치로 끝나는 인생들이 사회에 끼치는 해악은 따로 논할 것도 없고(이들은 노동자, 사업가, 군인, 관료의 모습을 하고 있는 경우도 많다.), 법조인과 언론인들이 중심이 되어 국가를 경영토록 하는 것도 무척 답답한 것이다.

법조인들의 지적 역량이란 것은 어릴 때는 대체로 우수했으나, 곧 세상과 단절되어 골방에서 불과 몇 권의 책에만 매달리게 되니, 어려운 것은 그것들을 쓸데없이 모두 외우느라 어려운 것일 뿐, 이 세상의 방대한 지식을 폭넓게 이해하는 것과는 거리가 있다. 법조인들은 직업적 특성상 절박한 사람들의 필요에 대응하며 소소한 힘을 맛보게 되고, 법체계의 권위를 위해 국가가 부여한 장치들이 그들 개인을 일반인의 위에 설 수 있게 했으니, 사법고시의 통과와 함께 그들이 골방에서 나와 처음 맞이하는 세상은 오랜 세월에 걸쳐 쌓이는 남들의 성취와는 다르게 하루아침에 높은 지위에서 내려보는 것이다. 그런 구조적인 차이로 그들의 상식은 일반의 것과 동떨어지기 쉽고, 직업적 특성상 범죄, 패륜, 일탈을 늘 접하니 윤리의식 역시 일반의 것과 다르다. 직업으로서야 우리 사회에 당연히 필요하고, 국가 체계의 근간인 만큼 존경받아 마땅하지만, 그들이 세상의 일들을 결정하는 데 주도적으로 되어서는 안 된다. 그들은 세상을 잘못 이해하고 있을 수밖에 없는 사람들이기 때문이다.

언론인들 역시 법조인이 갖는 특권과 지적 한계를 고스란히 가진다. 그에 더해 글이 팔려야 먹고살 수 있는 직업적 특성상 흥미를 좇아 세상을 바라보다 보니 이 세상을 움직이는 조용한 노동자들의 근면과 검약은 심심해서 관심을 두지 않고, 날라리들의 신기루 같은 성취와 사기꾼들의 장황한 비전을 추켜세운다. 과거에 대부분 국민들이 교육을 받지 못했던 시절에는 글을 알고 쓸 수 있던 그들에게 세상에 대한 식견은 더 많았을 것이고, 어느 정도 사회 리더로서의 역할을 할 수밖에 없었을 것이다. 하지만 지금 시대는 각 직무 분야에 종사하는 모두가 하나같이 높은 수준의 지식을 갖고 있고, 각각의 분야에 전문성과 깊은 이해와 관심이 있는 시대다. 그러므로 수박 겉핥기 식의 지식을 갖고 있을 뿐인 그들의 식견은 별로 도움이 안 된다. 물론, 그들 역시 한 개의 직업으로서는 충분히 존경받을 만하지만, 그들 역시 세상의 일들을 결정하는 데 주도적으로 되어서는 안 된다.

국회에 권위를 부여하기 위해 제공된 모든 형태의 하드웨어적·소프트웨어적 형식이 구성원들의 저질성으로 인해 어느 새부터인가 천박하게 거들먹거리기 위한 개인적인 자랑거리로 전락하고 말았다. 거대한 건물, 높은 보수, 과도한 의전, 거느리는 보좌관들 등. 아마도 처음에는 워낙 세계 속에서 국가의 규모가 보잘것없던 터라 국가 체계의 권위를 확보하기 위해서 그런 과도한 권위 갖추기가 필요했었는지도 모른다. 아니면 과거 계급사회 시절, 민중과 격리되어 대접받고자 하는 나쁜 습관이 아직 제거되지 못했을 뿐인지도 모르겠다. 여하간, 볼품없고 추한 인상의 늙은 남녀들이 잔뜩 모여 앉아 거들먹거리는 꼴은 무척 보기 싫고 촌스럽다. 그들이 그들 돈으로 촌스럽다면야 할 말이 없겠지마는 그들이 쓰는 돈은 국민들, 즉 주인들로부터 거두어들인 돈이다. 허리를 굽히고 겨우 살아도 감지덕지해야 할 사람들이 오히려 거들먹거리고 있으니, 민주주의의 아이러니이다.

과거 군주제에서 관료들의 높은 지위와 거들먹거림은 그들이 지배하는 입장이었기에 논리적으로는 이상할 것이 없었다. 하지만 현대 사회의 민주주의라는 정치 제도는 기본적으로 모든 구성원이 동등한 위치에 서 있음을 전제로 한다. 행정 수반에게는 리더의 역할을 기대할 뿐이고, 의회의 의원들에게는 대리인의 역할을 기대할 뿐, 그들이 일반인 앞에서 우쭐할 아무런 이유도 없다.

지금까지 의회의 역할이라면 입법과 행정감시일 것이다. 하지만 반복해서 지적하다시피, 그들에게는 새로운 법안을 판단할 해당 분야에 대한 최소한의 지식도 없다. 새로운 법을 세우는 과정은 어디까지나 그들끼리 편 가르기 싸움을 하는 용도로만 의미가 있는지도 모르겠다.

각 분야에 종사하는 사람들의 의견을 모으는 과정이 있다면 괜찮겠지만, 사실상 대부분의 법률은 행정관료들과 의회 밖의 정치집단 그리고 목소리 큰 지역 주민들에 의해 생성되고 있을 뿐이다. 그 결과 지극히 행정 편의를 위할 뿐, 국민의 자유 범위를 점점 제한하기만 하는 법안, 남의 돈으로 착한 척하는 것들 등의 선심성 법안들만 생산되고 있고, 이는 국가의 생산성에 기여하지 못하고 오히려 방해하는 요소들로 작용한다.

또한, 입법의 과정은 충돌하는 이해관계끼리 적절한 합의점을 찾아가는 과정일 것인데, 왠지 국회는 갈등을 증폭시키기만 한다. 그들은 이해관계의 직접 당사자가 아니기에 본질적 해결에 관심이 없고, 오로지 그들끼리의 편싸움에 더욱 관심이 있기 때문일 것이다.

아무런 역할도 못 하고, 인간적으로도 악하고, 돈도 많이 들고, 거들먹거리기까지 하니, 국회는 없애는 것이 좋다.

아는 사람끼리

　서너 명이 모여 있다고 해 보자. 친구도 좋고, 동료도 좋고, 가족도 좋다. 그중에서 한 사람의 대표를 뽑기는 매우 쉽다. 그 대표는 똑똑해서 뽑힌 것일 수도 있고, 착해서 뽑힌 것일 수도 있고, 나머지 구성원들이 그냥 귀찮아해서 뽑힌 것일 수도 있다. 그 대표는 그냥 그 서너 명의 이해만 대변하고, 언제든지 다른 사람으로 대체될 수 있다. 그리고 그 서너 명은 서로를 꽤 잘 안다.

　대표를 선정하고 바꾸는 것은 단순한 친목 모임에서 심부름할 총무를 뽑는 것처럼 매우 쉽다. 투표할 필요도 없고, 그냥 모인 사람들끼리 알아서 뽑으면 되는 것이다.

　그 서너 명은 가족이어도 좋고, 친구여도 좋고, 이웃이어도 좋고, 직장 동료여도 좋고, 취미 동호회 회원이어도 좋고, 교회 신자여도 좋고, 학부모 모임이어도 좋다. 가족이라면 집안일을 논할 것이고, 친구라면 추억과 유흥을 논할 것이고, 이웃이라면 마을의 대소사를 논할 것이고, 직장이라면 업계의 이익을 논할 것이고, 취미라면 취미를, 교회라면 종교를, 학부모라면 교육을 논할 것이다.

　대체로 그들은 자신들의 관심 깊은 사안을 매개로 모여 있으므로, 그 나누는 논의도 상당한 수준의 지식을 가지고 구체적인 사항과 실용적인 대안들을 논할 것이다.

동적 계층형 민주주의
Dynamically Hierarchical Democracy

이름이 어렵다. 'Hierarchy'가 핵심인데, 한국어로는 계층이라고밖에 할 말이 없고, 계층은 'Class'나 'Order'의 의미로 이미 굳어진 터라, 자칫 옛날 계급사회의 끔찍함을 떠올릴 것 같다. 하지만, 'Hierarchy'는 다단계, 피라미드, 계층, 트리 구조 등의 개념이고, 컴퓨터 파일 시스템의 디렉터리 (Directory) 구조이기도 하다. 예를 들어, '지구'라는 폴더에 들어가면 그 안에는 '육지', '바다'라는 두 개의 하위 폴더가 있고, '육지' 안에는 '아시아', '유럽', '북미', '남미', '아프리카', '오세아니아'라는 6개의 하위 폴더가 있다. 이런 식으로 우리가 사는 동네, 읍·면·동까지 모두 포함할 수 있는 그런 단계 구조를 바로 'Hierarchy'라고 한다. 다단계라고 하면 더 정확하겠지만, 그 역시 매우 부정적인 의미라서 명칭으로 쓰기는 어렵다.

현재 국회의원을 선출하는 체계는, 전국을 대략 200여 개로 쪼개어 각각 대략 10만여 명의 주민들이 처음 보는 몇몇 정치인의 시끄러운 소음을 듣거나 말거나 하면서 어차피 지지 정당에서 지목한 후보에게 투표하는 구조다. 그래서 선출된 200여 명의 정치인은 국가의 대소사를 논하는 척하며 자기들도 잘 모르는 일에 고액의 보수를 받아 가며 진흙탕 싸움질을 하는 체계다.

반면, 동적 계층형 민주주의는 전 국민이 각각의 의회에 속해 있고, 각 의회는 원하는 상위 의회에 다시 구성원으로 속하며, 최상위 의회까지 6~7단계의 계층을 갖는 체계다. 동적 계층형이라고 칭한 이유는, 그 계층 구조가 고정된 것이 아니라, 각각의 의회들이 자유롭게 상위 의회를 선택할 수 있고 하위 의회를 모집할 수 있어서, 빈번하게 유기적으로 그 노드 (Node)와 라인이 변하기 때문이다.

그림을 참고하지 않을 수 없겠다.

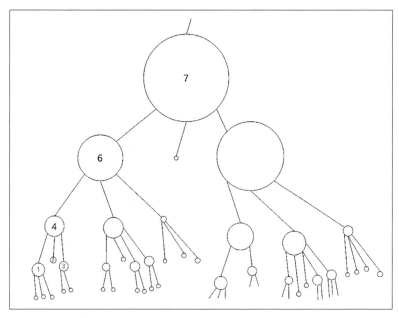

[그림 1]

각각의 선은 관계를 나타낸다. 동그라미 중에 아래로 선이 없는 것은 한 명의 사람을 의미하고, 나머지 동그라미들은 의회를 의미한다. 의회를 구성하는 것은 개인 혹은 하위 의회들이다.

[그림 1]에서 의회 4번은 하위 의회 1번의 대표자와 개인인 2번 그리고 하위 의회 3번의 대표자, 이렇게 3명이 모여 있는 의회다. 마찬가지로 6번 의회도 3명이 모여 있고, 7번 의회도 3명이 모여 있다. 7번 의회도 위로 선이 있는 것으로 보아 대표자를 선출해서 어딘가 상위 의회에 참가 중이다.

4번 의회에 3명이 모여 앉아 있다고는 해도, 실제로는 6명에 의해 구성된 의회이며, 1번 대표가 3인분의 지분을 갖고 의논하는 형태다. 2번이 1인분, 3번이 2인분의 지분을 가지고 의논하며 결정한다. 이처럼 해서 6번 의회는 총 16인분의 지분을 가지고 상위 의회에 참여하게 된다.

4번 의회가 꼭 6번 의회에 참여해야 하는 것은 아니며, 어떤 동그라미를 상위 의회로 할지는 각각이 알아서 정하면 된다. 다시 말해서 1번 의회의 경우, 4번이 아니라 3번의 아래로 들어갈 수도 있다. 그 판단과 결정은 각자가 알아서 하면 된다. 다만, 의회가 개인의 하위가 될 수는 없다.

최상위 의회의 정족수는 10여 명 정도로 정한다. 인원수로 상위 10개 의회가 자동으로 최상위 의회를 구성하는 것으로 하면 되겠다. 10명이라 한 이유는 서로서로 어느 정도 알 수 있고, 서로 교차하며 대화를 할 수 있는 물리적인 최대치인 듯 느껴서 그렇다. 딱히 이론적인 근거는 없다.

선과 동그라미의 크기는 동적으로 변하며, 각 의회의 대표자들도 언제든 바뀔 수 있다.

대표자 누구도 대표성 이외의 권위를 갖지는 못한다.

최상위 의회에 참여하는 대표자라고 하더라도 그 하위 어느 단계에서든 탄핵당할 수 있다.

그 인물이 탄핵당하면 그 인물을 대표로 보냈던 차상위 의회에서 다른 인물을 대표로 뽑아 최상위 의회에 파견하면 될 뿐이니, 최상위 의회의 기능에는 잠시도 공백이 발생하지 않는다.

그 탄핵당한 인물이 속했던 차차 상위 의회 및 그 아랫단의 모든 의회는 졸지에 최상위 의회에 대표자를 파견했던 영향력 있는 의회에서 일반 의회로 전락하는 손해를 감수해야 한다. 상위 의회에 훌륭한 인물을 대표로 보낼수록 하위 의회들의 의견들이 보다 윗선의 의사결정에 직접 접근할 수 있다는 면에서 매우 이롭기 때문에, 하위 의회가 함부로 자신들의 대표를 탄핵하려 하지는 않게 된다.

각 대표자와 그 대표자가 속한 단계별 의회들은 서로 견제와 이익이 교차하는 균형을 이루게 된다.

1번 의회의 대표가 매우 훌륭하여 4번 의회에서도 대표가 되고 6번과 7번에서도 되어 그렇게 최상위 의회까지 참가할 자격을 얻었다면 그는 도대체 얼마나 많은 회의에 관여해야 할까? 대략 각 의회가 10여 명으로 구성된다고 가정하면(실제로는 매우 다양하겠지만), '$10×10×10×10×10×10×10×10=1$억', 즉 8단계의 의회로 1억 명의 인구가 모두 결정권을 갖는 의원으로 활약하게 되는 것이다.

하지만 실제로는 많은 사람이 본인들의 이익과 직접 닿아 있지 않은 일들에는 무관심하기 때문에 모든 단계의 의회가 활발하게 의사소통할 것으로 보이지는 않고, 최하위 의회와 차하위 의회 및 최상위 의회를 제외하고는 매우 많은 동그라미가 같은 의회에 참여할 것으로 예상된다. 그렇게 보면 $4×10×300×300×10×10=7$천 2백만 명으로 대략 6단계 정도가 될 것으로 예상된다.

또한, 그 의회들이 반드시 오프라인 회의라야 할 이유가 없기에, 실제 최상위 의회에 참여하는 대표자라도 그 활동에 대한 물리적인 제한은 크지 않다. 대여섯 개의 회의라도 매번 회의 장소로 가려면 큰 수고가 따르지만, 온라인상의 회의라면 수십 개의 회의도 가벼울 수 있다.

더구나 최하위 의회는 그냥 가족이기 쉽기에 사실상 의논할 거리는 거의 없을 것이다. 차하위 의회는 의회라고는 해도 실생활 혹은 직업적으로 밀접한 조직이기 쉽기에 따로 의회 활동을 한다기보다는 일상의 관심사에 대한 일상적 토론에 지나지 않을 것이다. 그러니 최상위 의회에 파견된 대표자라 할지라도 실제 의회 활동은 서너 단계에 불과하고, 대부분의 사람은 본인들의 일상 관심이 곧 의회 활동이 되는 셈이다.

일상의 관심이라고는 해도 그 구성원들은 직접적인 이해당사자들이기에 그 분야에 대한 지식, 경험, 혜안, 관심, 열정 등은 그 분야에 관한 한 최고일 것이고, 그 의논 수준도 매우 높고 현실적일 것이다.

선거도 필요 없다. 각 의회는 각자 알아서 다수결로 선출하든지, 가위바위보로 정하든지, 번갈아 하든지 알아서 할 일이다.

예를 들어 보자. 나는 처와 두 명의 딸 그리고 어머니 이렇게 5인 가족의 가장이다. 가족 구성원을 모두 아울러 최하위 의회(5인분)를 만들고, 내 맘대로 내가 대표자가 된다. 나는 여성 의류와 관련하여 무역 및 유통을 하는 회사를 운영하고 있다. 일과 관련하여 최근의 관심사는 자율안전인증제도다. 거주지와 관련해서 최근의 관심사는 출퇴근 시에 이용하는 대중교통이 불편하다는 점이다. 대체로 거주지에 대해서는 크게 불만이 없고, 일과 관련해서는 늘 첨예한 문제들이 터지기 때문에 5명의 회사 직원들로 구성된 의회(평균 4인분×5개=20인분)를 만들고 김 부장을 대표로 선출하여, '온라인 유통의 미래를 연구하는 모임'을 상위 의회(평균 20인분×134개=2,680인분)로 하여 가입하였다. 그 의회는 또, '다팔아 상사(350인분)'에서 온 김 사장을 대표로 선출하여 '전자상거래 종사자 연합회(평균 3,000인분×37개=10만인분)'에 가입하였고, 거기서 다시 '온라인 쇼핑몰 개발자 협회(8,400인분)'에서 온 홍길수 씨를 대표자로 뽑아 '유통업 협회(평균 10만인분×14=140만명분)'에 가입하였고, 거기서 다시 대표를 뽑아 '경제번영을 추구하는 회의(평균 150만인분×4개=600만인분)'에 가입하였다. 그곳의 대표가 최상위 의회의 의원으로서 활동 중이다. 최근에 내가 발제했던 '자율안전인증제도의 불합리성과 그 시행령의 완전한 폐지'가 최상위 의회의 안건으로까지 올라가서 4,800만인분 대 1,200만인분의 압도적인 차이로 가결되어 기분이 좋다. 당분간은 직장과 관련하여 특별한 이슈가 없기도 하고, 대신 동네에 몇 가지 관심사가 있어서 우리 가족 최하위 의회를 직장 의회에서 뺀 후, 집사람을 대표자로 하여, 거주 중인 아파트 단지의 의회에 가입했다.

최상위 의회는 지금의 국회처럼 운영되지만, 10여 명이 모일 뿐 국회 같은 건물도 필요 없고 급여나 활동비도 필요 없다.

그들이 지역민들한테 잘 보여야 할 이유도 없고 방송에 나가서 착한 척할 이유도 없다. 어차피 그를 대표로 선출한 사람들은 그를 잘 아는 사람들이다.

그들은 특별히 권력을 갖지도 않는다. 그들이 거친 6~10단계의 모든 의회에서 그에 대한 해임권을 갖고 있다. 하다못해 부부싸움으로 가족의회에서 탄핵당하기만 해도, 그는 상위 모든 단계의 의회에서 대표로서의 자격이 자동 박탈된다.

하위 의회의 구성원은 대표가 아니더라도 바로 위의 상위 의회에 관찰자로서 참관할 수 있다. 거의 모든 활동이 온라인상에서 이루어질 것이기에, 참관이라고 해도 '게시판 보기' 권한이 있는 정도일 것이다. 그 윗단계 의회의 논의는 볼 필요도 이유도 없을뿐더러 봐 봐야 서로 피곤해지기만 한다. 위의 윗단계의 논의가 정 궁금하면 대표에게 물어보면 되니, 굳이 비밀도 아니다.

위의 윗단계 회의가 맘에 안 들면, 의결을 거쳐 다른 상위 의회로 가자고 건의를 할 수 있고, 건의가 상위 의회에서도 받아들여지면, 그렇게 탈퇴 후 다른 곳으로 바꾸면 그만이다.

상위 의회를 탈퇴하는 것은 맘대로지만, 새로운 곳에 가입하는 것은 그곳의 허락이 있어야 한다. 그러므로 섣불리 혹은 가볍게 옮겨 다니는 것은 어려울 것이다. 인터넷상의 취미동호회처럼 아무런 이익이 오가지 않는 경우라면야 마냥 받아주겠지만, 모든 크고 작은 의회가 크고 작은 이해관계에 대한 결정권을 갖게 되므로 미묘한 균형이 맞춰진 상태가 된다. 따라서 새로 가입하려는 하위 조직의 의도나 성향은 당연히 고려 사항이 된다.

예를 들어, '오토바이 매니아'라는 3만인분짜리 의회에서 '자동차전용도로에서의 오토바이 운행허가'를 발제하여 논의 중일 때, 이것을 상위 의회에서 기각시키는 것은 의도대로 하기 어렵지만, 이 단계에서 기각시키는 것은 불과 수만인분의 지분으로도 가능하다. 그래서 고속도로에 오토바이가 올라오는 것을 싫어하는 3만인분짜리 '칼치기 사랑'이라는 의회가 해당 의회에 가입하려고 할 수 있다. 하지만, '오토바이 매니아'에서 보기에는 그런 의도가 다분히 느껴지므로, 가입을 허락하지 않는다.

또, 어느 의회라도 규모가 커질수록 그 상위 의회에서의 영향력이 커지게 되니, 들어오려는 하위 의회를 배척하는 편도 아니다.

이런 자연스러운 균형은 체제의 건전함을 가져오고, 저마다 개인들이 본업과 본래의 관심사에 집중할 수 있도록 해 준다.

과거에는 이런 식의 체계를 관리하기가 불가능했기에 상상할 이유도 없었다. 하지만, 현대 사회의 전산기술은 이런 시스템의 관리를 가능하게 한다.

최상위 의회를 제외하고는 의회가 논의하고 결정하는 것이 다른 조직과 기관에 영향을 미칠 수는 없으며, 의회가 논의하는 것은 오로지 상위 의회로 보낼 대표자의 선출과 스스로 낸 안건 및 하위 의회로부터 올라온 안건에 대해 의결, 그리고 스스로의 규칙에 따라 구성원에 대한 입회, 탈퇴, 의결권 정지 등의 통제를 할 수 있을 뿐이다.

04

의결지분

1인 1표제
....

현행 정치 제도의 다수결은 1인에게 1표의 권리를 똑같이 준다. 사람 수라는 것은 셀 수 있는 단위기에 관리가 용이하기 때문이기도 하고, 모든 사람은 동등하다는 현대정치의 이념적 배경에 따른 것이기도 하다.

하지만 의사와 변호사에게 똑같은 비중으로 건강을 묻지 않고, 똑같은 비중으로 법률 자문을 구하지 않듯, 다양한 인생의 굴곡을 겪고 성공한 사업가와 다단계 사기에 빠져 허우적대는 백수에게 같은 비중으로 의견을 듣고 경제적 판단을 하지는 않을 것이다.

현실에서 논하는 것의 모든 사안에 대해서는 언제나 소수의 전문적 의견이 있고, 소수의 반대의견이 있다. 그러나 절대다수는 언제나 잘 모르겠는 사람들이다. 1인 1표제는 전문가의 의견을 반대자의 의견으로 상쇄시키고, 사안에 대한 지식이 없는 절대다수에게 물어 결정하는 체계가 되기도 한다.

지식이 없는 다수에게 지식을 전해 주는 것은 매우 어렵고 오래 걸린다. 반면, 기분을 자극하기는 쉽고, 거짓을 살짝 보태는 것으로 사람들을 더욱 끌 수 있다. 그래서, 1인 1표제는 사안의 본질을 따지려는 논리와 이성보다, 감성이 이기기 쉬운 구조적 결함을 가진다. 이런 구조를 잘 파악한 악인들에 의해 모든 의사결정이 휘둘릴 수 있으며, 실제로 많은 역사적 사례가 이를 증명한다.

1인 1표는 옳지 않다.

1점 1표제

어떤 사람은 70표의 권리를 가지고 어떤 사람은 20표의 권리를 가진다. 이를 동적 계층형 민주주의에 적용하면 어떤 의회의 물리적 구성은 인원 수이지만, 그 의결에 대한 지분은 개인의결지분의 합이다. 가령, 의회 1번 은 3명이지만 점수의 합이 50점인 반면, 의회 3번은 2명이지만 점수의 합 이 150점이 될 수도 있다.

그럼 무엇을 기준으로 사람에게 점수를 부여할까? 그 기준은 계량이나 계수가 가능한 지극히 객관적인 기준이어야 할 것이다. 주관적인 판단이 개입할 여지가 있어서는 안 된다.

예를 들어, 사람의 연령을 생각해 보자.

물론 나이가 많다고 해서 더 사리 분별이 바른 것은 아니라고 반박할 수 있겠다. 그러나 극단적인 예를 들어, 40세의 아빠와 5세의 아이는 누 구도 부인할 수 없을 만큼 사리 분별력에서 차이를 보일 것이다. 11세와 12세는 약간의 차이를 보일 수도 있는 반면, 60세와 61세는 아무런 차이 가 없을 것이다. 이렇게 대략 나이에 따라 1점씩 부여한다면 논리적으로 어떤 모순이 발생할까?

40세는 40점, 5세는 5점. 둘 사이에 8배의 능력 차이가 있는 것으로 대 충 볼 수 있다고 치자(사실은 둘 사이의 능력 차이를 비교하는 것은 무의미하고, 40세의 아빠가 아이를 생산한 대가로 5점의 추가 점수를 누린다고 봐도 무방할 듯 하다). 11세:12세는 대략 9%의 차이를 부여하고, 60세:61세는 대략 1.5%의 차이가 부여되는 셈이다. 상당히 합리적인 점수 체계라 보인다.

또 예를 들어, 병역을 생각해 보자.

직업으로서의 군 복무가 아닌, 어디까지나 의무로서 국방에 종사한 경우 50점 정도를 부여하는 것이다. 국가에 대한 봉사를 성실히 마친 사람은 50점, 완전히 미필한 사람은 이유를 막론하고 0점, 단기복무나 대체복무 등은 그 정도에 따라 차등 적용하는 식으로 점수를 국가 의무 체계에 연결지을 수 있을 것이다. 국가에 대해 봉사하지 않은 70세는 70점의 의결지분을 갖지만, 병역의 의무를 마친 25세는 75점의 의결지분을 갖는 식이다.

여기서 일차적인 모순이 발생하기는 한다. 의결지분의 목적은 합리적인 판단을 끌어내기 위한 것이었음에도, 가령 50점짜리 병역의 의무를 하지 않은 중년의 노련한 사업가보다 75점짜리 다단계 사기를 겪고 있는 병역 의무를 마친 청년에게 더 많은 의결지분을 제공하는 꼴이 될 수 있다. 하지만 모든 의사결정을 위 예의 두 사람에게만 묻겠다는 것도 아니고, 모든 병역기피자가 노련한 사업가로 성장한다는 것도 아니다. 그러니 그 모순의 크기가 염려할 정도는 아닐 것이다.

또 다른 문제로는 장애인이나 여성들이 갑자기 2등 국민 취급을 받게 된다는 형평성의 문제도 발생할 수 있다. 여기서 갑작스러운 제안이지만, 병역(兵役)을 기준으로 하지 말고, 국역(國役)이라는 새로운 제도를 두어 누구든지 국가에 봉사할 수 있게 할 수도 있을 것이다. 병역은 국역의 한 분야일 뿐이고, 여성들도 국가 행정직이나 다른 분야에서 동등한 기간 동안 복무하며 봉사할 수 있으며, 장애인이라도 얼마든지 적당한 분야를 갖고 국가에 봉사할 수 있도록 하는 것이다. 연예인이나 운동선수는 그 활동 수입을 국가가 일부 취하는 것으로 그들의 경력에 흠 없이 국가에 봉사하게 할 수도 있다.

다른 예를 들어, 범죄 등 사회에 해를 끼친 자들에 대한 벌로써 기존의 형벌과는 별개로 점수의 차감이라는 형벌을 둘 수도 있을 것이다. 의사결정을 함에 있어 지식과 경험만큼이나 구성원으로서의 건전함 및 성실함도 중요할 수 있기 때문이다.

선거 연령

동적 계층형 민주주의 제도하에서 이렇게 나이에 따라 차등을 부여하는 의결지분제도가 성립한다면, 굳이 선거연령의 제한을 둘 이유는 없다.

20세는 20점, 19세는 19점만큼 지분을 가지면 된다. 그렇게 하면 아무리 어린아이라도 2점, 3점 등의 미미한 지분을 가질 수 있고, 그것은 나름대로 그만큼의 의미가 있다. 2점의 아기가 의사결정에 참여하겠다는 것이 아니라, 그 부모 중 누군가가 가족으로 최하위 의회를 구성한 후 가져갈 수 있는 지분이 될 것이다.

한편, 고령이나 사고로 의사 판단이 명확하지 않다고 여겨지는 경우는 어떡해야 할까? 현재도 금치산이나 한정치산이 법원에 의해 판단되고 있는데, 그런 시점에 의결지분을 적절한 정도로 삭감하는 것도 하나의 방법일 수 있다.

의결지분은 인간의 우열을 가리거나 혜택을 주고자 함이 아니라, 우리 사회가 더 좋은 결정을 내리기 위함이 목적인 것을 명확히 한다.

국가 행정

행정기관 1

동적 계층형 민주주의로 국가 의사결정이 이루어지는 체제라면, 행정 수반을 선출할 때 굳이 피곤하게 선거라는 과정을 거쳐 행정 수반을 뽑아야 할 이유가 없다. 그냥 최상위 의회에서 선출하면 된다.

이미 현대 사회는 의원내각제와 대통령제라는 다양한 제도를 경험하고 시행하고 있기에 특별히 의회가 행정 수반을 정한다는 개념에 대해 거부감을 가질 이유는 없을 것이다. 정치 제도의 변화가 기성 정치인들에게는 생사를 가르는 듯한 쟁점이 될지 모르겠으나, 사실은 어느 쪽도 이미 오랫동안 왕성하게 작동하고 있기에 굳이 한쪽의 단점을 부각하며 나쁜 정치 제도라 매도해 봐야 설득력은 없다.

간단히 생각하자면, 리더를 어떻게 뽑는가의 문제일 뿐이다.

인간은 집단화를 이룬 이후로 집단의 밖에서는 절대 못 살게 되었다. 그 집단을 외부로부터 보호하고 내부로부터 번성케 하기 위해 집단을 이끌 리더가 필요해졌고, 그 리더가 역할을 원만히 수행할 수 있도록 특별한 권위도 부여해 주었다. 때로는 리더의 권위가 지나쳐 직접적으로 나의 생존과 번영을 위협하기도 하며, 때로는 리더의 권위가 부족해 외부로부터의 위협에 노출되어 나의 생존과 번영을 방해하기도 한다.

인간 사회의 정치 형태라는 것은 리더쉽의 권위에 어떻게 균형을 부과하는가의 문제라고도 볼 수 있다.

군주제 역시 그 안에서 수없이 많은 제도의 도입과 시도로 크고 작게 변해 왔다. 왕의 권위가 없다고 늘 폭정으로부터 안전했던 것도 아니며, 왕의 권위가 강했다고 국가의 힘이 강했던 것도 아니다. 대통령제와 의원 내각제 역시 같은 문제이며, 어느 쪽도 번성을 약속하거나 억압이 없을 것을 보증하지는 못한다.

어차피 어느 쪽도 그 제도만으로 억압과 번성을 예단할 수 없는 것이라면, 두 번 선거해야 하는 번거로움이라도 더는 것이 낫다고 본다.

우리가 아무리 완벽한 의사 논의 방법을 가지고 있다고 하더라도, 사사로운 것까지 모두 의논해가며 살아갈 수는 없기에, 큰 틀에서 논의되고 결정된 사항을 세부적으로 집행할 존재가 필요하다.

그리고 집단을 이끌어 줄 사람이 필요하다.

리더로서 해야 할 역할이란 무엇일까? 일상에 대한 논의와 결정과 집행은 현상의 유지를 위한 것이고, 이끈다는 개념은 진보 혹은 '프로그레스(Progress)'와 연관 지어 생각할 수 있을 것이다. 때때로 우리는 리더가 다수의 의견과는 다른 방향으로 무리를 이끌고 나아가는 모습을 역사에서나 현실에서 자주 목격하게 된다. 그 결과가 언제나 긍정적인 쪽으로 흘렀던 것은 아닐지라도, 분명한 것은 인류사의 진보 혹은 특정 집단의 진보나 번성은 그런 식으로 특정인의 리드가 선행되지 않고서 이루어진 예는 상상하기 어려울 정도로 드물다.

최초에 농사를 짓기 시작했을 때도, 누군가는 불확실한 미래의 수확에 노동력을 할애해야 함을 설득하거나 강압하여 결실을 보게 했을 것이다. 거대한 제국들이 밖으로 확장할 때도 다수의 죽음이라는 비용에 대해 누군가는 설득하거나 강압했어야 했을 것이다.

리더가 반드시 집단의 최정점에 있어야 할 필요는 없어 보인다. 나약한 왕을 대신해 번영을 이끈 장수들의 예는 얼마든지 있으며, 우유부단한 팀장을 보좌하는 팀원이 실무를 이끄는 경우도 일상에서 많이 볼 수 있다.

동적 계층형 민주주의에서는 각 단계의 의회마다 자연스러운 리더들이 생길 것이고, 그 중 활발한 누군가는 꽤 상층부의 의회에서까지 리더로서 역할을 할 것이다. 각 단의 그런 자들에 의해 우리 사회를 더 좋게 하기 위한 많은 제안이 쏟아지고 논의될 것이다. 지금은 정치에 관여하지 않는 사람이라면 그 아무리 훌륭한 아이디어를 갖고 있어도 논의조차 할 수 없다. 그러나 동적 계층형 민주주의에서는 자신이 속한 의회에서 이를 언제든 가볍게 제안하고 논의할 수 있다. 이런 의사결정 체계 자체가 훌륭한 리더로서의 역할을 하게 되는 것이다. 다시 말해, 어떤 사람 개인이 아닌 제도적 회의체가 바로 리더다.

동적 계층형 민주주의에서는 의사결정 과정의 합리성과 참여의 보편성으로 인해 기결사항에 많은 권위를 부여해도 괜찮아 보인다. 그렇게 부여된 권위는 특정 개인에게 주어지는 것도 아니고, 각 의회의 대표자들은 언제든 최하위에서조차 탄핵당할 수 있는 자들이기에, 염려스러운 특정인의 독재는 나타날 수 없다. 이에 안심하고 의회의 권위를 높여도 된다. 그리고 결정된 사안에 대해서는 행정기관을 통해 강력하게 집행하는 것이 바람직하다.

누구라도 의회에 속하고 의사 표현에 제한이 없으며, 모든 제안은 논의되므로, 의회를 통하지 않은 정치적 의사 표현은 무시되어도 괜찮다. 의회 밖에서의 시위는 괜한 사회적 소모이며, 모두의 평안한 일상을 방해하는 것이며, 타인의 의식을 강압하는 행위로 보아 금지되는 것이 바람직하다.

독재자는 없지만 그렇게 독재의 장점을 취할 수 있으며, 이를 통해 마치 역사 속 대왕들처럼 흔들림 없이 번영의 길을 달릴 수 있을 것으로 기대한다.

요약해 보면, 국가의 지도자 역할은 전적으로 의회가 가지며, 행정기관은 집행자로서의 역할만을 맡도록 하자는 것이다. 경우에 따라서는 계엄이나 전쟁 등의 극단적인 비상상황이 존재할 수도 있겠지만, 이는 후에 따로 논하는 것으로 하자.

국정이사회
Directorial System

'디렉터리(Directory)'라고 하면, MS-DOS를 통해 컴퓨터를 켜고 관리했던 세대는 컴퓨터 파일 시스템을 연상할 것이다. 실제로 간단한 한영사전에는 그렇게만 표기되어 있기도 한데, 그 유래는 전화번호부 같은 인명부로써, ABC 순으로 이름이 나열됨을 의미한다. 비즈니스에서는 흔히 경영진이나 감독관을 '디렉터(Director)'라고 하는데, 이는 'Direct'가 똑바로 가는 것을 의미하며, 똑바로 가도록 안내하는 역할이라는 데서 유래한다. 'Directory'는 회사의 이사회를 연상하면 정확하며, 'Directorial System'이란 그렇게 이사회의 형식을 가진 국정 체계를 말한다. 한국말로는 대략 '국정이사회' 정도로 이름 지을 수 있겠다.

이 체계는 역사적으로 여러 가지 형태로 잠깐씩 존재했는데 현대 국가 중에서는 스위스가 이런 체제로 운영되고 있다.

스위스는 인구 800만 명 정도에 국토 면적은 4만km² 정도의 면적이며 2017년 현재 명목 GDP가 무려 8만 달러(세계 2위, 한국은 2.8만 달러)에 달하는 국가다. 시계와 식품으로 유명한 제조업 강국이고, 독특한 형태의 금융서비스로 많이 회자되는 영향력 있는 국가다.

그들의 높은 소득 수준은 알프스를 배경으로 한 웅장하고 깨끗한 자연환경과 더불어, 다른 모든 국가로부터 부러움을 살 만하며, 주변 강대국들의 끊임없는 분쟁 속에서도 유유히 천 년에 가까운 역사를 유지할 만큼의 힘도 가지고 있다. 이런 다방면의 우수함은 그들의 정치 운영 방식과 떼려야 뗄 수 없는 관계 속에 있을 것이다.

비록 바른 정치 체제가 곧 번영을 약속하는 것은 아니지만, 잘못된 정치 체제는 곧 파멸로 이어짐을 우리는 알고 있다. 강력한 군주에 의한 통치는 대를 이어 지속되기 어렵고, 어설픈 공화정은 부패하기 쉽다. 칼 마르크스의 설계에 의해 탄생했던 공산주의는 시행한 지 단 몇 달도 가지 않아 배척되고 엉망진창이 된 채로 수십 년을 고생한 끝에서야 완전히 사라지게 되었다.

정치 체제는 분명히 인간 사회의 유지 및 번영과 매우 밀접하게 연결되어 있다. 그리고 스위스의 지속적인 번영으로 미루어 짐작하건대, 그들의 정치 체제는 모범이 될 만한 것이다.

스위스는 연방공화국이다. 연방의 입법권은 연방의회의 상원(Council of States)과 하원(National Council)에게 있고, 연방의회에 의해 선출된 7명의 연방이사회(Federal Council)의 이사들(우리나라로 치면 장관들)이 행정권을 가지며, 마찬가지로 사법권의 정점인 연방대법원 판사들도 의회가 선출한다.

연방이사회의 7개 분야는 다음과 같다. 1. 환경·교통·에너지·통신, 2. 재정, 3. 사법·경찰, 4. 경제·노동·농업·주택, 5. 성평등·문화·기록·기상·건강·통계·사회보험·연구교육·과학기술, 6. 국방·스포츠, 7. 외무이다.

의회가 각 분야의 수장을 4년 임기로 선출하고, 그중에서 1년 임기로 형식상의 대통령과 부통령을 선출한다.

스위스의 행정부 운영 체계는 세계에서 가장 안정적이라 평가받는데, 1848년 현 헌법 체제 이래로 한 번도 전체 인원이 동시에 바뀐 적은 없었다. 다시 말해, 정권교체라는 개념이 없다. 150여 년 동안 단지 4명만이 임기 중에 해임되었는데, 후임은 공백 없이 바로 같은 당 출신으로 채워졌다.

행정기관 2

2017년 현재 대한민국의 행정부는 기획재정부(국세청, 관세청, 조달청, 통계청), 교육부, 과학기술정보통신부, 외교부, 통일부, 법무부(검찰청), 국방부(병무청, 방위사업청), 행정안전부(경찰청, 소방청), 문화체육관광부(문화재청), 농림축산식품부(농촌진흥청, 산림청), 산업통상자원부(특허청), 보건복지부, 환경부(기상청), 고용노동부, 여성가족부, 국토교통부, 해양수산부(해양경찰청), 중소벤처기업부, 감사원, 국가정보원으로 구성되어 있다.

미국은 농무부, 상무부, 국방부, 교육부, 에너지부, 보건복지부, 국토안보부, 주택도시개발부, 내무부, 법무부, 노동부, 국무부(외무부), 운수부, 재무부, 보훈부로 구성되어 있다.

일본은 내각부(경찰청, 금융청, 소비자청), 총무성(소방청), 법무성(검찰청), 외무성, 재무성(국세청), 문부과학성(문화청, 스포츠청), 후생노동성, 농림수산성(임야청, 수산청), 경제산업성(자원에너지청, 특허청, 중소기업청), 국토교통성(관광청, 기상청, 해상보안청), 환경성, 방위성으로 구성되어 있다.

1971년도의 대한민국은 외무부, 내무부, 재무부, 법무부, 국방부, 문교부, 농수산부, 상공부, 동력자원부, 건설부, 보건사회부, 교통부, 체신부, 문화공보부, 경제기획원, 국토통일원, 총무처, 과학기술처로 구성되어 있었다.

원래 행정 각부는 국가의 기능을 분할하여 나눠 가지는 것이겠지만, 정치적인 이해로 부서를 설치하기도 한다. 그렇게 부서가 생기면 정권이 그 부분에 더욱 힘을 쏟겠다는 뜻으로 받아들여지면서, 마치 직원 승진시키듯 세부 행정기능을 부서로 승진시키면서 점점 부서가 늘어난다.

정부는 최소화할수록 좋다고 했던 애덤 스미스는 그의 저서 『국부론』을 통해 "공공의 비용으로 할 수밖에 없는 일들이란 국방, 사법, 원활한 상거래를 위한 시설과 기관의 설치, 교육, 국가의 위엄을 갖추는 일, 치안 업무 등이다."라고 말했다.

소설가 조지 오웰은 그의 작품인 『1984』를 통해 국가 기능을 국방 및 전쟁을 담당하는 평화부, 식량과 생산을 담당하는 풍요부, 교육, 문화, 언론을 담당하는 진실부, 질서유지와 감시를 담당하는 사랑부로 나누었다. 상상 속의 구성이라고 폄하할지 모르겠으나, 현실에서의 정부 형태도 누군가 사람의 머릿속에서 출발하여 다듬어져 왔을 뿐이기에 비슷한 것이다. 아니, 사실은 이제부터 주장하고자 하는 바람직한 정부 형태에 어처구니없어 하지 말라는 의미에서 소설 속의 정부 형태를 미리 언급해 봤다.

우리가 현재 지닌 정치 형태는 절대적일 수 없으며, 언제든지 구성원들만 동의한다면 바뀔 수 있다.

여러 가지를 종합해 볼 때, 대개의 국가가 하는 일은 1. 국방·외교·통상, 즉 외국과의 관계, 2. 재정·세금·감리, 즉 국가가 쓸 돈을 관리하는 일, 3. 안전·경찰·검찰·소방, 즉 질서와 안전을 유지하는 일, 4. 교육·문화·체육·과학·연구, 즉 지적인 역량과 풍요로움을 갖추고자 노력하는 것, 5. 환경·건설·교통·통신·주택, 즉 물리적인 인프라 시설들을 갖추는 것, 6. 생산·경제·노동·농업·어업·에너지, 즉 국가적 부의 생산을 독려하는 일, 7. 보건, 즉 국민을 건강하게 하는 일, 8. 복지·인권, 즉 국민이 인간답게 살도록 신경 쓰는 일, 그리고 9. 재판, 즉 국민 간의 갈등을 해결하는 일 등이 있다.

9가지의 기능 중 몇 가지는 정부의 역할에서 제외되어야 한다. 민간이 더 효율적으로 기능할 수 있다고 여겨지는 분야, 어차피 불가능한 분야, 굳이 할 이유가 없는 분야는 제외되어야 한다.

교육

반드시 필요한 분야이지만, 시대의 변화와 기술의 발전 덕분에 국가가 하는 것보다 민간에서 더욱 효율적으로 해낼 수 있는 분야다. 매우 큰 주제이기 때문에 이후 별도로 페이지를 할애해서 논하고자 한다.

문화

민간으로 넘겨야 한다. 모든 가치는 시장이 판단한다.

특정 문화와 예술이 좋다고 생각한다면, 계승·발전되어야 한다고 생각한다면, 그렇게 생각하는 사람끼리 돈 내고 봐 주면 된다.

어차피 나보다 소양이 나을 것도 없는 공무원들로부터 내가 즐길 문화를 골라 받을 이유가 없고, 문화에 순위가 있는 것도 아닌데, 그들이 제멋대로 선정한 문화를 위해 관심도 없는 사람들의 돈을 걷을 수는 없다.

오케스트라가 보고 싶으면, 보고 싶은 사람끼리 돈을 내고 보면 된다. 그런 사람이 많다면 그것으로 돈을 벌고 싶은 사람이 연주단을 결성하고 공연을 해서 돈을 벌면 된다. 번성하는 공연은 시대가 원하는 공연이니 자연스레 번성하는 것이고, 망하는 공연은 시대가 필요로 하지 않아 망하는 것이다. 시대가 필요로 하지 않는데 왜 그것을 살려야 하는지 합당한 이유를 댈 사람은 없다.

문화재의 관리도 마찬가지다. 보물을 국가가 지정할 이유도 없다. 관심 있는 사람끼리 발굴, 관리, 전시를 하면 된다.

땅을 파다가 나오는 옛날 것들은 모두 보물이라고 국가가 끼어드니, 목적이 있어서 땅을 파던 사람도 크게 손해를 본다.

발굴된 문화재는 공무원들이 공공 업무를 하듯이 전시하니 참으로 재미가 없다. 재미가 없으니 입장료는 저렴하고, 입장료가 저렴하니 시설이 안 좋고, 시설이 안 좋으니 더더욱 재미가 없어지는 악순환이 발생한다.

국립중앙박물관도 민간에게 팔고, 경복궁도 민간에 파는 것이 좋다. 민간은 같은 자원이라도 충분히 매력적으로 만들어 놓는다. 왜냐하면 그렇게 해야 비싼 돈을 내고 와서 볼 테고 그래야 그들의 번영에 이로우니까 그렇다.

이치에 맞으면 모든 일이 쉽다.

체육

국가가 신경 쓸 일이 아니다.

국제대회에서 다른 나라를 이기고 높이 선 태극기는 민족적 자부심을 느끼기에 충분하고, 그런 감정이 국민의 단결과 흥분으로 연결돼 국가가 성장하는 데 밑거름이 되었다고 생각할지도 모르겠다. 하지만 그것은 오해다. 구소련이나 동독이 많은 스포츠 분야에서 성과를 냈음에도 그들은 몰락했다.

국민은 단결하지 않는다. 그들은 오로지 그들 각자의 생존과 번영에만 관심이 있을 뿐이다.

민족적인 자부심이 구성원의 정신적 풍요와 연관되는 요소일 수는 있다. 하지만 추상적인 감정을 위해 조직하고, 기획하고, 돈을 쓸 일은 전혀 아니다.

국가가 전혀 신경 쓰지 않아도, 개개인들은 알아서 건강을 위해서나 놀이를 위해 충분히 스포츠를 즐길 수 있다.

운동선수들에게 포상을 주지 않거나 협회를 조직하여 지원하지 않으면 혹시 올림픽에서 금메달을 전처럼 못 딸지도 모른다. 그럼 어떤가? 전혀 아무렇지 않다. 올림픽에서 많은 금메달을 따야 한다고 생각하는 사람들이 있다면, 그들끼리 조직하고 지원해라. 왜 그렇게 생각하지 않는 사람들에게도 돈을 걷어야 하는가?

오히려, 포상과 지원이 끊긴 후에 각 분야의 운동선수들은 그들의 능력을 살려 체육관을 설립한다던가 돈벌이에 나설 것이고, 그것이 모든 국민이 더 가깝게 해당 스포츠에 접근할 수 있는 길이 될 수도 있다. 즐기는 인구가 많으면 오히려 국제대회 성적이 더 좋아질지도 모를 일이다.

지금처럼 국가가 개입하면 운동선수들도 정치인이 될 뿐이다.

과학·연구

과학·연구 분야를 민간 기업에 맡긴다면 그들 스스로 돈 되는 일에 알아서 집중하고 알아서 가져가게 될 것이다. 이때 국가가 나서 봐야 적절한 집중과 흐름에 방해만 된다.

공무원은 과학기술 분야를 추려낼 능력도 없고, 이해관계도 직접적으로 맞아 떨어지지 않기에 엉뚱하다.

대개의 지원은 진정한 종사자보다 제도상의 허점에 익숙한 사기꾼들이 챙겨가는 법이다.

원천기술이 중요하다고 하는데, 관료들은 원천기술이 어디부터 어디까지인가를 분별해 낼 능력이나 관심도 없는 집단이다.

관료들의 자질이 떨어지거나 열정이 모자라서가 아니라, 그만큼 본인과 직접적인 이익 관계가 없는 일에는 관심이 덜할 수밖에 없다는 이치를 말하는 것이다.

과학기술의 연구개발은 시장에 맡기는 것이 가장 신속하고 정확하다.

생산·경제·농업·어업

국가는 신경을 끌수록 이롭다.

경제란 인간이 집단을 이루어 살아가는 데 가장 크고 근본적으로 중요한 부분이다.

중요하니까 국가가 나서야 한다는 개념은 큰 잘못이다. 국가든 뭐든 필요한 곳에 나서야 하는 법이다.

이에 관해서는 앞으로 본격적으로 기술할 것이며 이 책의 가장 큰 부분을 차지할 것이다.

노동

시장에 맡기면 저절로 해결될 일을 점점 어렵게 만들어 가는 것이 정치다.

노동 문제 역시 경제를 다루면서 본격적으로 언급할 것이다.

에너지

원자로와 같은 대규모이며 안전에 민감한 시설을 민간에 맡기면 혹 위험한 것이 아닌가 생각할 수도 있다. 하지만 국가가 관리한다고 더 안전하다는 논리적 근거는 아무 데도 없다.

돈만 바라는 민간이 혹시 안전 기준을 소홀히 하여 운영하는 것이 아닌가 쉽게 생각할 수 있지만, 이는 해당 매뉴얼의 집행과 감리상의 문제이지 운영 주체와는 상관없는 얘기다. 해당 매뉴얼대로 운영되고 있는지 감독하는 것은 국가의 질서와 안전을 유지하는 부서가 할 일이고, 동적 계층형 민주주의에서 해당 의회가 판단할 일이다.

그 외의 발전소라든지 해외로부터의 에너지원 수급에 관한 문제 등은 역시 민간이 더 효율적으로 운영할 수 있다.

보건

국가가 전적으로 책임지고 관리하는 모든 체제는 실패했다. 의료 역시 마찬가지다.

국가적인 방역이나 검역 등의 업무는 국가의 질서와 안전을 유지하는 부서가 담당하는 것이 적절하고, 일반적인 의료 체계는 전적으로 민간의 의료기관과 민간의 보험회사가 주도하는 것이 더 효율적으로 작동한다.

어떤 병을 고쳐야 하고 어떤 병은 무시되어도 좋은지에 대한 판단을 국가가 할 자격도, 능력도 없다.

그것은 전적으로 개인들이 판단할 문제인데, 이는 다른 분야와 다르게 사람의 목숨과 관련될 수 있기에 언제나 논의가 첨예하기는 하다. 뒤에 따로 언급하고자 한다.

재판·사법

행정과는 별개로 논의되어야 할 국가 기능이다.

* * *

그럼 이제 남은 것, 국가가 할 수밖에 없는 일들을 추려 보고 이름도 붙여 보기로 한다.

- 국방·외교·통상, 즉 외국과의 관계이면서 국체 그 자체에 대한 일: 국무부(Department of State)

- 재정·세금·감리, 즉 국가가 쓸 돈을 관리하는 일 : 재무부(Department

of Financial Affairs)

- 안전·경찰·검찰·소방, 즉 질서와 안전을 유지하는 일 : 안전부(Department of Security Affairs)

- 환경·건설·교통·통신·주택, 즉 물리적인 인프라시설들을 갖추며 우리가 살아가는 환경을 다듬는 일 : 환경부(Department of Environment Affairs)

- 복지·인권, 즉 국민이 인간답게 살도록 신경 쓰는 일 : 인권부(Department of Human Affairs)

이렇게 5개의 부서가 존재하며, 각 부의 부장(Head)은 특별히 임기를 두지 않고 최상위 의회에서 각각 선출, 해임하도록 한다.

각각의 부장끼리 서로 서열 관계는 존재하지 않으며, 부서 간의 충돌은 국정이사회(국무회의)를 통해 조정되며, 최종적으로 최상위 의회를 통해서 강제조정될 수 있다.

각각의 부장들은 독립적인 행정기관이기에 5명이 동시에 선출되거나 동시에 해임되는 등 하나의 개체로 규정되지 않는다. 즉, 정권 교체라는 개념은 존재하지 않는다. 어차피 각각의 부장들이 갖는 권력도 없다.

이후에 본격적으로 언급하겠지만, 행정기관은 아무것도 계획하지 않는다. 오로지 공공의 업무를 처리할 뿐, 리드하지 않고, 판단하지 않고, 계획하지 않으며, 책임도 지지 않는다. 단지 국민과 의회의 심부름꾼으로서 기능할 뿐이다.

각각의 부장들뿐 아니라, 행정기관의 공무직에 있으면서 세금으로 급여를 받는 모든 사람은 의회에 참가할 수 없다. 그들은 어디까지나 국가와 국민의 심부름꾼으로 존재하며, 스스로 생각하거나, 조직하거나, 이해관계를 가지거나, 영향을 끼쳐서는 안 된다.

동적 계층형 민주주의 의회가 가진 논리 체계상(설령 이상적인 해답이 따로 존재할지라도), 일단은 의회를 통해 내려진 결정은 최선이라는 가정하에, 의회의 결정은 더 이상의 논란을 용납하지 않는 권위를 가진다. 그렇기에 의회가 갖는 그 힘의 가시적 표현인 집행 과정은 강해 보인다. 강해 보이는 그것이 집행인들의 힘으로 여겨질지도 모르겠지만 실제로는 아니다.

각 부서가 하는 업무에 대해서는 이 책의 후반부에 다시 깊이 있게 짚어 볼 것이다.

06

삼권분립

민주주의는 군주주의였던 시대에 하나의 진보이념으로써 제시되었던 것이지 결코 사회 체제의 완성일 수는 없다.

누군가의 위대한 아이디어와 업적에 존경과 감사를 표하는 것이야 나쁠 이유가 없겠지만, 아무리 위대한 아이디어도 더 높은 곳을 향해 또다시 디뎌질 발판이어야 할 뿐 최종적이거나 영원한 진리로 여겨져서는 곤란하다.

현대정치 체제의 한 축을 이루는 삼권분립이라는 개념도 그 논의의 본질을 늘 되새길 일이지, 삼권에 집착하거나 할 이유는 없다.

"정치 권력을 크게 분류하자면, 우리 구성원들이 함께 살기 위해 규칙을 정하고, 정한 규칙을 집행하며, 규칙의 위반 여부를 판단하고 처벌하는 3가지 부분으로 정리된다."는 프랑스의 사상가 몽테스키외의 관찰은 매우 적합하다고 여겨지기는 해도, 그것이 반드시 세 부분이어야 할 이유는 없다.

논의의 본질은 공공의 기능은 공공의 이익을 위해서 작동해야 한다는 것이고, 그에 어긋나는 경우도 있음을 감안해서 적당히 서로 견제할 수 있도록 하고, 그 견제가 각 역할의 효율을 저해하지 않도록 균형을 이루어야 한다는 것이다.

동적 계층형 민주주의는 입법 기능에 대한 방법 제시다. 그 방법이 꽤 좋아서, 생각하고 판단하고 이끄는 리더의 역할까지 맡길 만하다고 본다. 그리하면 행정기관은 종래에 가져왔던 리더의 역할을 할 수 없게 되고, 임의로 할 수 있는 일이 없게 되면서 힘도 사라지게 된다.

행정기능이 가진 것처럼 보이는 힘이라는 것은 의회가 가진 힘의 대리 표현일 뿐이다.

의회의 힘은 그 구성원 모두에게로 골고루 분포되었다. 최상위 의회에서 최고위급 결정을 내리는 자도 최하위 의회를 포함한 어느 단계의 의회로부터든지 끌어내려질 수 있다.

역할은 차별적이지만 지위의 높낮이는 매우 평평하다.

최상위 의회는 그 하위 의회들이 각자의 이해로부터 생성되는 아이디어들을 최종적으로 결정하는 역할을 할 뿐, 스스로 의제를 낼 이유가 없다.

그 많은 하위 의회로부터의 아이디어들도 상위로 올라오면서 저절로 걸러지기에 상위 의회가 다뤄야 할 안건이 지나치게 많아지지도 않으며, 특별히 각개 하위의 이해에 개입할 일도 없다.

힘의 원천은 폭력이다.

미국의 저명한 미래학자 앨빈 토플러는 폭력을 원시 권력으로 보고 이것이 '돈 권력'과 '정보 권력'으로 발전한다는 등의 주장을 했다. 하지만, 돈이든 정보든 그 원천은 결국 폭력을 어떻게 동원할 수 있는가의 문제다.

국가 권력의 핵심도 폭력이다. 표현이 맘에 안 들지라도, 국가 권력의 핵심이 폭력이라는 것은 부정할 수 없다.

대개 국가가 가진 폭력은 군대와 경찰이다.

경찰은 정치 체계상의 일부분으로 여겨질 수 있지만, 군대는 매우 독립적이고 강해서 다른 모든 것을 무시하거나 결정할 수 있을 정도다. 그렇기에 권력분립을 논할 때, 사실상 가장 먼저 고려해야 할 중요한 국가 기능이다.

쿠데타가 용납되어서도 안 되지만, 쿠데타를 막으려고 지휘 체계를 무력화시켜 외부의 적을 막는다는 군대의 본질적인 역할을 방해해서도 안 된다. 그래서 군대의 체계를 고려하는 데는 복잡함이 있다.

입법과 행정 부문에서 누구도 힘을 갖지 못한다는 것은 알겠는데, 군대의 힘은 어떻게 제어할 것인가? 군대에 대해서는 후술하겠다.

꽤 많은 국가가 중앙은행이나 선거관리원 그리고 감사원 등의 기능을 행정부문에서 독립시켜 공정성을 유지하려고 애쓴다. 행정기관이 펴는 각종 정책이 선거에 영향을 미치게 될 것을 염려한 것이다. 하지만 이 책이 제시하는 체계에서는 정당도, 정치인도 없고, 행정기관은 단순한 집행기관에 불과하다. 특정 방향으로 편향될 이유가 없다. 특히, 중앙은행의 역할은 후술할 경제부문을 통해 재언급될 것이지만, 경기를 조정하는 등의 역할은 하지 않을 것이고 오로지 기계적으로 통화 체계의 관리만 맡게 될 것이다.

이제 남은 것은 사법 부문인데, 사법기관은 원래 단독으로 힘을 가질 수는 없고, 행정기관과 결탁하여 한 덩어리가 되면 큰 힘을 갖게 되는데, 이것이 바로 두 정부 기관이 반드시 완전히 분리되어야 하는 이유다.

이제 새로운 사법체계를 제시해 본다.

07

사법

동서양을 막론하고 불과 100년 전까지만 해도 거의 모든 국가는 지배 계층과 피지배계층으로 양분되어 있었다. 이를 지도층과 백성이라 해도 좋다. 양반, 귀족, 지주, 관료, 왕족, 종교인, 무관, 사무라이, 기사, 영주 등 어떤 형태로든지 국가의 상층부에 자리하고 있는 소수와 주로 농업이나 어업, 광업, 목축업 등 그 사회 구성원들이 생존하는 데 필요한 것들을 생산해 내는 다수의 평민이 존재했다.

분업의 발달은 생산성에 극적인 효율의 증대를 가져왔고, 일하지 않고 도 먹을 수 있는 계층을 만들어 냈다. 노동은 늘 고단하다. 특히 도구가 발달하지 않은 옛날의 노동은 매우 가혹한 것으로 피하고 싶은 일이며, 일하지 않고도 먹을 수 있는 계층으로 편입되기 위해서는 물리적인 힘이나 지적인 우위에 있어야 했을 것이다. 이런 이치로 지배계층은 소위 '잘난' 사람들이었다.

그들은 사회 체계를 만들고, 이를 다듬고 유지하며 특권을 누렸을 것이다. 그것이 꼭 누군가를 착취하기 위한 시스템이라기보다는 외부의 적이나 내부의 무질서가 가져올 혼란과 억압으로부터의 보호라는 기능적 측면도 있었을 것이다.

지배층과 피지배층은 일방의 이익을 위해서만 형성된 것이 아니고, 상호 필요에 의한 자연스러운 흐름이었을 것이라는 얘기다.

그 후로도 역사는 계속 진보하여 생존에 필요한 것들을 생산하는 인구의 비중은 극단적으로 감소하였고, 그들마저도 각종 기계화 덕분에 직접 노동에 종사하는 시간은 매우 짧아지게 되었다.

특정 소수 그룹에게만 존재했던 지식의 영역이 모든 인간에게로 개방되었으며, 많이 배우고 많이 아는 평민이 출현함으로써 기존의 지배계층과 피지배계층 간의 관계는 어딘가 앞뒤가 안 맞게 되었다.

다시 말해서 과거에는 두 계층 간의 극단적인 지적 격차로 인해 지배계층에 의해 다져진 체계가 조금 미숙하더라도 순종하며 따를 수 있었던 데 반해, 지금은 모두가 지적으로 평등한 입장이 되어 체계의 미진한 틈새들이 의심과 불복으로 이어지고, 질서의 붕괴나 사회불안을 야기한다.

현존하는 사법체계가 오랜 기간 훌륭하게 작동해 왔음을 인정하지 않을 수 없으나, 이제 시대와 맞지 않는 부분이 꽤나 많이 터져 나오고 있다. 이는 땜질로 메우기에는 한계에 도달하여 더 이상은 유지가 어려워 보인다.

기술의 발달로 인해 과거에는 단지 이상일 뿐이라 여겨졌던 제도적 상상도 현실 세계에 적용해 볼 수 있게 되었으니, 과감하게 새로운 제안을 한번 해 보려 한다.

현 체제의 문제

법관이 너무 어리다

일자무식 상놈이 양반님께 받는 판결이라면 어색하지 않은 장면이지만, 머리가 희끗희끗한 고학력의 사업가가 서른 살 남짓 아이 같은 외모의 판사에게 충고를 듣고 있는 장면은 꽤 어색하다. 그런 관계에서 내려진 판결이 마음으로부터 복종을 이끌어낼 것이라고 보기는 어렵다.

전관예우

세상 모든 욕지거리를 다 갖다 붙여도 모자랄 정도의 제도적 타락이다.

법적 절차라는 것은 대개 피고와 원고에게는 인생이 걸린 일대의 사안이다. 누군가에게 생이 걸린 문제이거늘 법관들끼리의 이해관계로 이를 주거니 받거니 하고 있다는 것은 법관이라는 직종의 존재 이유 자체를 부정하게 하는 파렴치다.

아울러 국가 질서의 한 축으로서 존재하는 기관이 내부질서를 따로 구축하고 있다면 이는 반체제적이고, 체제(헌법)의 존엄을 곧 국체로 인식하는 현대 사회에서 반체제는 곧 옛날로 치면 죽어 마땅한 역적질이라고도 할 수 있다.

법조인들의 사회경험이 부족하다

법조인의 업무가 오로지 관련 법령의 숙지와 이해만으로 충분한 것이라면 컴퓨터로 대체되어도 충분할 것이다.

하지만 모든 사회 현상은 수없이 많은 요소의 교차작용으로 일어나는지라 옳고 그름을 판단하려면 꽤 광범위한 이해가 필요하다. 그렇기에 우리는 사람의 주관적인 판단에 어느 정도 기대지 않을 수 없으며, 그런 판단을 하는 사람은 모두가 수긍할 수 있을 만큼 현명하거나 객관적으로 지적인 우위에 있어야 한다.

물론, 법적인 판단에 주관이 너무 개입되면 그 역시 사회 구성원들에게 혼란을 주게 되겠지만, 인간사의 복잡함을 패턴화하는 것도 불가능하기에, 명문화한 법령과 현명한 사람의 판단을 조합한 체계로 발전해 왔다.

일자무식인 대다수와 극소수의 지식인으로 사회가 구성되었던 과거에는 현명함을 논할 때 연륜보다는 학식이 우선하였을 것이다. 그러나 지금 시대는 일상의 복잡함과 변화의 정도가 매우 커서, 그냥 살아가는 것만으로도 책으로는 가늠할 수 없는 양의 정보와 지식이 축적된다. 다시 말해서, 우물 안의 개구리일 수밖에 없는 법조인들보다 일반인들이 더 많이 안다는 말이다.

몇 안 되는 재판을 보고 겪으면서 법조인들의 이해력에 꽤 큰 의심을 품게 되었다. 그들의 명석한 두뇌는 스무 살 남짓까지였을 뿐이고, 그 이후로는 완전한 정체 상태일지도 모른다.

개인 간의 거래행위에 대한 근본적인 이해가 너무 없어서, 아무리 상황을 설명해 줘도 멀뚱멀뚱할 뿐인 경우도 있었다. 그런데 그들은 자신을 상전이라 여기는 것인지 스스로의 무식함을 인정하기보다는 상황에 문제가 있다는 듯이 짜증을 내는 것을 봤다. 비즈니스를 하는 사람끼리 얘기하면 금세 이해하는 내용임에도 말이다.

특정 군의 변호사가 너무 돈을 많이 번다

그들이 그들 자신의 생존과 번영을 위해 돈을 추구하는 것은 근본적으로 비판할 일이 아니다.

누군가는 사건에 대해 대충 듣고 임하는가 하면, 누군가는 의뢰인 이상으로 공부해 가며 적극적으로 변호하는 예도 있을 것이다. 후자가 전자보다 더 좋은 보수를 받아야 하는 것은 당연하다.

하지만 그렇게 시장 논리를 들이대려면 정확하게 시장의 모습을 갖추고 있어야 한다.

국가 면허 체계로 진입 장벽을 두는 것도 이미 시장이 아니고, 그들끼리의 조직을 갖추고 보수를 담합한다는 것도 이미 시장이 아니고, 서비스의 내용과 가격을 비교할 수 없게 되어 있는 것도 이미 시장이 아니다.

시장이 아니거늘 당사자들끼리의 흥정으로 가격을 정했다고 해서 이를 합리적 가격이라고 할 수는 없다.

법률 서비스를 이용하는 사람들은 대개 절박함이 있기 마련인데, 한쪽의 절박함을 이용해 다른 쪽의 독과점으로 형성된 가격은 지극히 공급자에게 유리하게 편향될 수밖에 없고, 이런 편향은 곧 체제에 대한 순종을 어렵게 만든다. 이런 식의 불합리가 쌓이면, 체제는 불안해진다.

형식이 복잡하고 비용이 많이 든다

아마도 무분별한 소송의 남발이 더 큰 사회적 비용을 초래할 것이라는 배경이 그 이유일지도 모르겠다.

애덤 스미스의 『국부론』에서도 사법은 공적인 영역이지만 지극히 당사자들의 이해에 국한되는 문제이므로 법정을 유지하는 비용은 당사자들에게 부담시키는 것이 타당하다고 언급하기도 한다.

비용 지불의 주체가 누가 되었건 간에 그 행정적인 절차만 간소화한다면 비용 자체가 줄어들 것이고, 무분별한 소송에 대해서는 금전 이외의 상응하는 손실을 부담시키는 방식으로 대응하면 될 것이다.

소의 경중을 금액에 비례시키면 안 된다. 분한 마음의 크기가 꼭 금액에 비례하는 것도 아니고, 금액이 크니 소송비용을 감안해도 남는 게 있을 것이라는 식으로 사법체계에 배팅의 개념을 도입하면 정의라고 볼 수 없기 때문이다.

너무 오래 걸린다

형식이 복잡하고, 사안별 경중의 균형을 못 맞추고, 법관과 법정의 공급이 안 맞고, 쓸데없이 반복적인 업무가 너무 많아서 생기는 문제다.

사법체계의 태생 이념은 간데없이 제도가 제도를 낳고 형식이 형식을 불러 체계가 둔해진 전형적인 예라고 보인다.

어찌 됐건 판결에 걸리는 시간을 줄이지 못하면, 형식의 느슨함에 기대며 죄를 짓는 타락이 생길 수 있고, 이런 불합리는 역시 체제를 불안정하게 하는 요인이다. '괜찮아. 어차피 소송 걸려 봐야 판결까지는 2~3년 걸릴 테고, 그 후로 갚겠다는 의사표시만 하면, 별 탈 없이 그냥 그대로 가는 거야.'라는 식의 사고방식을 가진 사람들이 많다.

주관의 개입을 잘 막지 못한다

검사나 판사의 성향에 따라서 결과가 지나치게 달라진다면, 이는 체계의 신뢰 문제다.

그래서 현 체제는 3심제도를 두고 이를 방지하고 있지만, 한 번 설치된 3심제도는 무조건적인 1심, 2심에 대한 불복종을 초래하였고, 큰 사회적 비용의 증가를 가져오게 되었다.

초심에서 충분히 수긍할 만한 절차와 참여가 이루어진다면 이러한 절차를 굳이 반복할 이유가 없다.

* * *

누누이 말하지만 법조인들의 업무역량이나 그들의 희생과 헌신, 정의로움과 직업적 사명, 그리고 우리 사회에 이바지하는 정도, 현 체제로 다져지기까지의 수없이 많은 고민과 성취와 발전 등의 장점에 대해서는 깊은 존경심을 가져야 한다.

다만, 아무리 훌륭하더라도 특정 직종이 이 사회 전체를 이끌도록 한다던가, 다른 직종에 비해 특별한 힘을 갖게 된다던가, 더 좋은 사회를 만들기 위해 개선하는 것을 게을리하는 것은 용납할 수 없다. 법에 관련된 직종은 그렇게 용납할 수 없는 상태가 오래되었다.

법의 정신

몽테스키외(Montesquieu)의 『법의 정신』은 중세 시대 왕과 귀족에 의해 난폭해지기 쉬운 정치 체제로부터 명문화된 법에 의한 정치 체제로의 진보에 관한 내용이다. 변덕스러운 통치자 개인에 의존하는 규칙 체계로부터 일관된 체계로의 이전은 분명 진보이다. 이미 오랫동안 인류 사회가 겪으며 증명해 온 명제에 대해 굳이 여기서 논할 이유는 없어 보인다.

내가 말하고 싶은 것은 처벌에 대한 이념이다.

무인도에 혼자 산다면 규칙이 필요할까? 나름대로 더 좋은 삶을 위해 스스로를 제어하는 사람도 있을 것이지만, 그런 규칙은 어긋나 봐야 피해도 본인이 입을 뿐이니 분쟁은 존재하지 않는다.

반면, 누군가와 함께 살기 위해서는 반드시 규칙이 필요하다. 새로 가정을 꾸린, 단둘 뿐인 신혼 가정에서도 그 테두리 안에서 적용되는 규칙들이 생겨난다. 청소는 누가 하며, 어떻게 하며, 치약은 어디에 놓고, 수건은 어떻게 쓰는지 등 시시콜콜한 규칙들이 생긴다. 드물게는 그런 규칙들을 명문화하는 가정도 있다. 그런 둘 사이의 규칙에 처벌이 있는 경우도 있다. 가볍게는 잔소리를 들어야 할 테고, 크게는 뭔가 자유를 박탈당하기도 한다.

우리는 생존하기 위해, 또 번영하기 위해 무리 속에서 살아야 한다. 무리의 틀은 곧 규칙이다.

규칙을 위반했을 경우 여러 가지의 형태로 처벌을 받게 되는데, 이 처벌의 목적은 구성원들이 더욱 규칙을 잘 지키도록 하는 데 있다.

처벌로 인해 위반자는 반성하게 되어 앞으로 위반하지 않을 것이라 기대하는 것이고, 그 처벌을 본 다른 사람들은 겁을 먹고 위반하지 않을 것이라 기대하는 것이다.

적당한 처벌이 없으면 규칙은 쉽게 무력화되고, 무력화된 규칙은 없는 것과 같다. 규칙이 없는 집단은 해체되고, 홀로 된 구성원은 생존에 위협을 받는다. 그래서 모든 규칙은 처벌과 함께 만들어지며, 처벌이 일관되고 강할수록 규칙은 잘 지켜진다.

하지만 법을 만드는 것도 사람인지라 그 합리성을 완전히 신뢰할 수 없고, 의도치 않은 사소한 실수로도 위반은 이루어질 수 있기 때문에 마냥 강력한 처벌을 두둔할 수만은 없다. 내가 그 대상이 될 수도 있기 때문이다.

법을 만드는 주체에 대한 신뢰가 없으면, 나의 자유를 억압하는 법에 마음으로부터 수긍할 수 없다. 게다가 납득하지 못하는 법의 위반으로 강한 처벌까지 받게 된다면 그 억울함은 상상만으로도 끔찍하다. 그러니 다짜고짜 일단 처벌의 완화부터 논하게 되는데 이는 앞뒤가 바뀐 논리다. 법에 관해 내 생각을 정리해 보았다.

- 법은 합리성을 충분히 신뢰할 수 있는 절차를 거쳐 만들어져야 한다. 동적 계층형 민주주의가 답이 되었다.

- 법은 예외 없이 적용될 수 있도록, 포괄적인 개념으로 만들어져야 한다. '칼로 사람을 죽이면 안 된다.'가 아니라 '사람을 죽이면 안 된다.'여

야 한다. 세세한 규제들은 되도록 행정의 영역으로 넘긴다.

- 법은 그 수가 적고 단순해야 한다. 뭔지도 모르고 위반하여 처벌을 받는 것은 억울하기도 하거니와 막연한 위반에 대한 두려움으로 활동의 위축, 즉 자유의 억압을 가져온다. 희망이나 바람을 법제화하지 않고, 절대 해서는 안 되는 것들로 국한지은 뒤 이를 법으로 규정해야 그 수를 적게 유지 할 수 있다.

- 법은 개인의 자유를 억압해서는 안 된다. 개인들이 자유의지로 위험을 즐기는 것에 대해서는 법이 상관할 바가 아니다. 법은 남의 자유를 방해하고 남의 안전을 위협하는 행위를 못 하도록 하는 데 목적을 둔다. 법은 도로에서 속도를 제한하는 식으로 모두의 안전을 위한다며 일일이 간섭할 것이 아니라, 남의 진로를 방해하거나 남의 안전을 위협하는 운전자를 강력하게 처벌하는 쪽으로 만들어져야 한다.

- 처벌은 강력해야 한다. 단, 난잡한 법체계가 아니라 모두가 수긍하는 합리적인 법이고, 지켜야 할 법의 수가 적다는 전제를 기본으로 한다.

사형

형(刑)의 목적이 교화든 처벌이든 결국 형의 궁극적인 목적은 범죄의 방지에 있다.

사형의 경우 교화를 포기하고, 아예 사회로부터 격리해 범죄의 재발을 막고, 다른 사람들에게 경각심을 주어 다른 범죄를 예방하려는 것이 목적이다.

언젠가 여중생을 성폭행하고 살해한 '김철수'라는 가명의 범죄자가 있었다. 뉴스로 그 소식을 접하고서 저런 인간은 반드시 죽여야 한다며 분개했었는데, 기사에 묘사된 그 범죄자의 삶을 보고 그 인간에 대한 증오가 사라졌다. 그는 어릴 때 어려운 형편으로 부모가 양육을 포기하여 졸지에 고아 신세가 되었다. 발육도 늦어 키도 작고, 고아원에서도 따돌림을 당하는 처지로 자라났다. 어른이 되어서는 간간이 공사판을 전전하며 생활비를 벌고 언어도 어눌한 그런 자였다고 한다. 세상이 그를 인간으로 대한 적이 없었는데, 사고가 터지니 인간 같지 않은 놈이라며 죽여야 한다고 분개하는 나를 비롯한 평범한 사람들의 분노가 가증스러웠다.

모든 죄인은 용서받아야 한다. 때로는 이해할 수 없는 괴물들도 우주의 이치에서 보면 다 자연의 테두리 안에 있을 뿐이다.

다만, 함께 살 수는 없다.

각 개인이 각자의 생존과 번영을 위해 집단을 이루고 있고, 그 집단 속에서 개인 간의 충돌을 조절하기 위해 규칙이 있는 것이다.

집단 안에서 생존이 위협받아서는 안 된다.

어떤 사람이 처음으로 가벼운 죄를 짓는다면 다시는 그러지 않을 것이라는 다짐과 함께 그 사람을 일상으로 돌려 보내도 큰 문제가 없을 것이다. 그러나 그 죄가 반복되거나 너무 무거우면 격리하는 것이 옳다.

아울러 패륜 범죄에 대해서도 완전한 격리가 옳다. 예를 들어 자식이 부모를 폭행한 경우, 그 범죄 사실은 단순한 폭행에 지나지 않을지라도 그 관계를 놓고 보면 인간 사회의 가장 기초적인 질서를 허무는 행위이다.

범죄자가 얼마나 잘못했는가를 따져 묻기보다, 앞으로 다른 사람에게 얼마나 위험할 수 있는가를 따져야 한다.

죄의 크기에 처벌을 비례시키는 것도 어떤 면에서는 불합리하다. 계획적 살인이 미수에 그친 경우와 우발적 살인이 이루어진 경우를 놓고 처벌을 논하라면 당연히 전자의 경우가 커야 한다.

재발 방지라는 목적을 명확히 하고 처벌을 다루어야 한다.

교통법의 위반에 벌금과 더불어 벌점을 누적시켜 반복적인 위반자의 면허를 빼앗는 것은 좋은 예다. '위반해도 10만 원만 내면 돼.'라고 생각하면서 매일 과속한다면, 도로 위에서의 위협을 없애려 과속을 금지한 이유가 무색해진다.

타인을 폭행하는 범죄도 서너 번 반복되면 더 이상 교화가 불가능함을 깨닫고 사회로부터 완전히 격리해야 한다. 괘씸해서가 아니다. 다른 사람이 폭행당할 수 있는 것을 예방하는 것이다.

완전하게 격리하는 가장 좋은 방법은 사형이다.

처벌의 의미로서 사형을 다루지 말고 격리의 의미로 사형하는 것이다.

최대한 존엄을 갖추도록 도와주고, 고통 없이 죽을 수 있도록 시설해야 한다.

감옥에서 장기간 복역하도록 하는 것은 당사자도 괴롭고, 사회가 그를 위해 지불해야 하는 비용도 너무 크다.

그 죄가 무엇이든, 최대한 예의를 갖추고 필요하면 만찬도 베풀어 주고 좋은 옷을 입혀 경건하게 형을 집행해야 한다.

형벌

형벌의 형태는 여러 가지가 있다. 대체로 벌금형과 가두어 자유를 제한하는 형벌이 있다. 과거에는 일반적이었으나 현대 국가로 접어들어서면서 대부분 사라진 '때리는 형벌'도 그 정도에 따라서 매우 합리적일 수 있다.

벌금은 소득 수준과 연계되어야 한다.

동일한 범죄에 동일한 금액을 벌금으로 정하는 것은 언뜻 형평에 맞는 듯이 보이지만, 형벌의 목적은 어디까지나 재발 방지에 있다. 과속을 하여 벌금 7만 원을 부담하게 되었다고 하면, 누군가는 그 금액이 부담되어 다시 위반하지 않으려 애쓰겠지만, 누군가에게는 금액이 너무 적어 전혀 신경 쓰지 않고 위반을 반복할 수도 있는 것이다. 애초에 법을 제정할 때부터 '월평균 소득의 1/10을 벌금으로 한다.'는 식으로 만들면, 관련한 모든 이치에 부합할뿐더러 금액을 시대에 맞춰 수정하느라 매번 법안을 수정하는 수고를 하지 않아도 된다. 형평성 면에서도 낫다.

징역형은 없어도 된다.

소득과 연계된 벌금형은 경각심을 이루는 데 충분히 효과적이며, 완전한 격리를 이루는 사형제도는 위험요소를 제거하는 데 가장 효과적이다.

폭행이라는 범죄행위를 예로 들면, 피해 정도를 놓고 처벌을 논하기보다 이 범죄가 우발적인지 계획적인지를 가려 벌금의 양과 허용 횟수를 논해야 한다. 예를 들어, 길거리에서 우연히 시비가 붙어 사람을 때리게 되면 200만 원의 벌금, 또 실수로 사람을 때리게 되면 500만 원의 벌금, 그 다음은 더 이상 실수나 우발로 보지 않고 다른 사람의 안전을 위협하는 잠재적 요인으로 보고 완전히 격리한다. 한편, 계획적인 폭행은 초범이라도 1,000만 원의 벌금, 또 그런 식으로 계획하에 사람을 때리게 되면, 2회 만에 더 이상 볼 것 없이 완전히 격리한다.

극도로 위험한 상태의 범죄자를 체포하여 임시로 격리하는 구류는 징역형과 별개이고, 필요한 조치다.

온라인 법정
Online Court

법률저널에 의하면 2013년에 연간 6백만 건의 소송이 집계되었다고 한다. 민사 440만 건, 형사 167만 건, 가사 14만 건이다. 그중 4분의 3은

본안 전 요건을 구비하지 못해 각하되고, 연간 150만 건 정도가 실제 재판절차를 거친다. 다시 재심을 거치는 것이 12만 건, 대법원까지 가는 것이 5만 건이라고 한다. 이를 전국 지방법원의 판사 1,600여 명이 처리하고 있는 실정이다. 단순 산술로만 보아도 판사 1인당 연간 1천 건, 업무일 하루 동안 평균 5건 정도의 사건을 처리하고 있는 셈이다.

많은 부분에 문제가 있다고 느끼지마는, 현재의 법률 행정 체계의 불합리성을 토로한다거나 구체적인 개선에 대해 제안할 수 있는 경험이나 지식이 나에게는 없다. 매우 오랜 기간 현 체계는 훌륭히 작동해 왔고, 특별한 일이 없다면 앞으로도 그럭저럭 국가 체계로서 기능할 것이다. 하지만 어느 순간부터 형식은 형식을 낳고, 애초의 취지와는 멀어지더라도 형식에 부합하기만 하면 문제가 없다는 듯 되어간다.

지금의 형식 체계가 애초의 취지에서 얼마나 멀어졌는지 가늠할 길은 없다. 다만, 선진외국의 수백 년 경험을 본받아 세워졌고 이미 100년 가까이 훌륭히 작동해 온 현 체계의 경험과 지식을 발판으로 삼아 다시 한번 애초의 취지를 중심으로 새로운 체계를 구축한다면 더욱 바람직한 체계가 만들어질 수도 있지 않을까 생각한다.

사법체계의 원론적 취지는 인간 사회에서 발생하는 수많은 갈등의 시비를 가리자는 것이다.

누구든 간편하게 공적 체계를 거쳐 시비를 가릴 수 있도록 하며, 이런 체계가 운영되는 데 있어 그 사회적 비용 및 개인적 비용이 많이 들지 않는다면 취지에 부합하는 것이다.

똑같은 1,000만 원이라도 누군가에게는 큰 금액일 수 있고, 누군가에게는 하찮은 금액일 수도 있다. 내용에 따라 100만 원짜리일지라도 피를 토하는 억울함이 있을 수 있고, 100억 원짜리일지라도 가볍게 잊을 수 있는 경우가 있다. 그런데 사법제도가 멋대로 3,000만 원을 기준으로 하여 그보다 적은 금액은 사사로이 대한대서야 공정하다고 볼 수 없다.

사안의 크고 작음을 제삼자가 정하는 것이 아니라, 체계를 통해 저절로 대소사가 분류되도록 한다면 정의와 효율을 동시에 달성할 수 있다.

모든 송사는 온라인상의 접수로 시작한다.

고소든 고발이든, 민사든 형사든 일반인이 그런 것을 구분할 필요는 없다. 누구든 부당하다고 여겨지는 것이 있거나 억울하다고 느낀 것이 있다면 느낀 대로 쉽게 호소할 수 있어야 한다.

형식은 필요 없다. 한 줄이 되어도 좋고 동영상이 첨부되어도 좋다. 사실관계와 더불어 무엇을 원하는지만 적어 넣으면 된다.

소(訴)는 누구든지 제기할 수 있다. 당사자도 할 수 있고, 목격자도 할 수 있으며, 법률 자문을 전담하는 직업인이 할 수도 있다.

원고가 죄목을 특정할 필요도 없고, 피고의 신상명세를 파악할 필요도 없다.

고소·고발의 남발 문제 등에 대해 염려하는 것은 그 이후의 고려 사항이다. 누구든지 자유롭고 편하게 시비를 가릴 자유와 권리가 있다.

제기된 소는 법원 직원에 의해 분류되는데, 민사 사건은 피고에게 송달하고, 형사 사건은 일단 수사기관으로 이관시킨다.

송달의 방법은 전화나 이메일 혹은 카카오톡으로도 충분하다. 피소되었다는 사실만 알려주면 되고, 소의 내용은 피고가 직접 온라인 법정으로 들어가서 확인하면 된다. 이렇게 하면 송달비용을 크게 절감할 수 있으며 절차도 매우 빠르게 진행할 수 있다.

모든 소는 사실관계와 요구사항, 이렇게 둘로 나누어 다룬다.

모든 소는 진행 과정이 온라인상에서만 이루어지며, 당연히 그 진행 과정은 모두 기록된다. 다음은 경우에 따른 소의 진행 과정을 정리한 것이다.

1. 민사

1-1. 소의 내용을 확인한 피고가 요구사항을 인정하는 경우

사실관계의 여부와 상관없이 자동으로 요구사항을 이행할 것을 판결하며, 소는 종결된다.

이런 경우에는 재판이 열렸고 무난히 해결까지 되었지만, 판사는 개입된 적도 없고, 사적·공적 비용도 거의 들지 않았다.

1-2. 피고가 사실관계는 인정하되 요구사항을 인정하지 않는 경우

'합의 방'이 개설되어, 양자 간에 합의를 시도한다.

1-2-1. 합의가 된 경우

위의 1-1과 마찬가지로, 소는 종결된다.

1-2-2. 합의가 어려워졌을 경우

일방의 요청에 의해 '재판단'이 배정되고, 재판단에 의해 요구사항이 정리된다. 이후 이를 피고가 이행할 것을 판결하며, 소는 종결된다.

재판단이 개입되는 경우에는 최초의 원고 측 요구사항을 상한으로 한다거나 하지 않기 때문에, 피고 측은 더 큰 손해를 볼 가능성도 있어서 합의에 충실할 수밖에 없다.

마찬가지로 원고 측도 피고 측의 합의안보다 재판단의 판결이 더 박할 수 있음을 알기에, 합의에 충실하지 않을 수 없다.

그리고 합의 방에서 오간 내용이 재판단에게는 중요한 참고사항이 되기 때문에 양자는 성실히 합의에 임하지 않을 수 없다.

1-3. 피고가 사실관계를 인정하지 않을 경우

'쟁점 방'이 개설된다.

소 전체의 사실관계에 대해 양자가 인정할 때까지 쟁점 방은 무한대로 생성할 수 있지만, 동일한 쟁점에 대해서는 2번까지로 제한한다.

각 쟁점 방에서 양자는 논쟁하여 쟁점을 정리하게 되는데, 주장이 서로 상충하여 결론에 이르지 못하는 경우 일방의 요청에 의해 '재판관'이 배정된다.

재판관은 쟁점의 정리를 위하여 양자 간의 논쟁을 중개하는 역할과 추가적인 증거의 제출 등을 명하거나, 증인의 증언을 명하거나, 다른 기관에 자료제출을 명하는 등의 권한을 가지며, 적절하게 쟁점의 사실관계를 결론짓는다.

쟁점 방에 배정된 재판관은 사건 전체를 열람할 수 없으며, 오로지 쟁점에만 집중하게 된다. 쟁점은 본래 사실관계의 문제에 국한되고 단편적이기에 재판관 개인적인 사상적 편향이라든가 주관의 개입을 최대한 배제할 수 있다.

혹, 재판관의 논리적 판단능력 부족이나 객관성 결여 등이 문제가 된다면 쟁점 방에 '재심 청원' 기능을 추가하여, '재판단'을 재배정하여 재심하기로 한다. 그리고 필요한 경우 재판관의 경력상 불이익으로 작용케 하여 재판관들이 신중하도록 유도할 수 있다.

각 쟁점 방에서 패자는 '신뢰도'의 계산을 위한 점수가 기하급수로 가산되는데, 예를 들어, 다섯 개의 쟁점에서 모두 지게 되면 5점부터 시작하는 것으로 하여, 패할 때마다 5, 10, 20, 40, 80점의 신뢰도가 순차적으로 하락하고, 100%-80%=20%의 신뢰성을 갖는 사람으로 간주한다. 그 때문에 각 쟁점에서 점차 불리해지는 것은 물론이고, 최종 요구사항 판결 후에는 패자의 신뢰도에 연동시켜 이행해야 할 내용을 가산하는 것으로 원고나 피고 모두 거짓말에 대한 부담을 느끼게 할 수 있다. 6개의 쟁점을 연속해서 지게 된다면 완전히 신뢰할 수 없는 사람으로 보고 그 상태에서 완전하게 패소하는 것으로 하여 종결시킨다. 거짓말 경력을 기록 관리하여 다음 소송에까지 영향을 미치게 하면 함부로 거짓을 말하지 않을 것이다. '재심 청원'에서는 청원자의 패배 시에 2단계의 신뢰도 하락 정도의 페널티를 부과해 재심이 남발되지 않도록 할 수 있다.

온라인상에서의 소는, 누구나 익숙한 하이퍼링크(Hyperlink) 형태로 되어 있어 각 관련된 내용을 찾아보기 쉽게 한다. 그렇게 하면, 전체 내용은 매우 간단하게 작성될 수 있어서 재판관이 매번 엄청나게 많은 분량을 일일이 다 읽을 필요가 없다. 이것은 신속한 절차의 진행과 저비용이라는 이점을 가질 뿐만 아니라, 간단명료함으로 인한 집중과 올바른 판단까지 기대할 수 있다.

쟁점 방에 배치되는 재판관은 법리적 지식보다는 논리적 판단능력이 중요시되고, 최종판결에 참여하는 재판관들은 법리적 지식과 함께 다양한 사회적 경륜이 필요하다. 전자를 '이판사'라 칭하고 후자를 '민판사'와 '형판사'라 칭해 조직을 구분하면, 각자 요구되는 자질에 따라 충원하고 이후로도 점점 직업적 전문성이 강화될 것으로 생각된다.

사실관계를 정리하는 절차에서는 재심이 필요할 수 있다. 그러나 판결 절차에서는 처음부터 다수의 재판관을 배치하는 신중함은 필요할지 모르나, 재심은 딱히 필요 없다. 동일한 사실관계를 기반으로 한 판결에 다름이 있을 수 있다는 것은 실제로는 당연히 그럴 수 있을지 모르나, 체제의 위엄을 지키기 위해서라도 인정하지 않는다. 이런 억지가, 비록 필요에 의해서라고는 해도 올바로 인정받기 위해서는, 판사들의 직업적 자존을 위한 끊임없는 노력이 요구된다.

2. 수사기관으로 이관된 형사 사건

최초에 일반인에 의해 제기된 소는 잠시 보류 상태가 되고, 동일한 내용의 소가 수사기관을 원고로 하여 생성된다.

이후 재판 과정은 민사와 동일한 체계로 진행하며, 최종 형사판결이 완료된 후 보류 중인 최초의 소로 되돌아와 이미 확정된 사실관계를 기반으로 요구사항에 대한 절차를 진행한다.

변호사

재판의 절차가 진행되는 동안에는 누구라도 대리인의 도움을 받을 수 있는데, 이 대리인은 자격을 가진 변호사라는 직업에만 한정되지 않는다.

현행 국가 면허 체계상의 변호인이라는 제도는 폐지되며, 분야별로 전문가들이 자유롭게 양성되어 활약할 수 있도록 한다.

기존 체계에서는 재판의 개념이 어디까지나 법리적 판단에 국한되었던 바, 절차를 원활히 하고 엄숙히 하기 위해 재판에 참여하는 자들은 모두 법리적 전문가일 필요가 있었다.

새롭게 제안하는 재판의 개념은 모든 종류의 인간 사회 시비를 다루겠다는 개념으로의 전환이며, 그에 따라 절차가 매우 간소화되었다. 그리고 형식을 논하지 않으며, 사실관계를 다루는 부분이 대부분을 차지하기에, 굳이 소송에 참여하는 모든 자가 법률적 지식을 갖출 필요는 없다.

사실관계를 논하는 데는 그냥 사실을 얘기하고 논리를 따질 뿐이지, 아직 법과는 상관없는 단계의 얘기이기 때문이다.

사실관계가 확정된 이후 처벌이나 판결의 단계에서 판결의 경중이 달라질 수 있으므로, 애초부터 법 지식을 갖고 소를 제기할 필요가 있을 수도 있겠다. 필요한 사람이 있다는 곳에 필요한 서비스를 제공하는 사람이 있을 것이다. 필요한 자들끼리 알아서 할 일이다.

온라인 법정 체제에서의 소송자문 회사들은 법률전문가를 주축으로 구성되는 것이 아니라, 수많은 분야별 전문가들로 구성될 것이다.

특정 직업군에 불과한 법조인들이 불과 수십 년을 거치면서 국가 체계 내에서 비상한 힘을 가지게 되었고, 입법 기능과 행정 기능에도 진출하여 사실상 과거의 귀족집단과 유사한 모양새를 갖추게 되었다. 그러나 그들은 앞에서도 언급했지만, 보편적인 상식과 괴리가 있을 수밖에 없는 특별한 직업적 환경에 놓여 있다. 또한, 우리 사회에 부를 보태는 직업군이 아니라 그런 직업군으로부터 걷은 돈으로 먹고사는 비생산 직업군이기에, 그들이 국가에서 리더 역할을 해서는 안 된다.

판사, 검사, 변호사라는 직업이 필수불가결한 직업군이라 한다면, 그것은 그대로 인정하겠지만, 특별한 힘을 가질 수밖에 없는 직책이거늘 국가의 면허 체계로 인한 독점적 특혜까지 얹어 줘서는 안 된다.

판사, 검사, 변호사는 서로 다른 직무이기에 출신이 같다고 하나의 집단처럼 되어서도 안 된다.

판사의 권위는 곧 판결의 권위이자 복종의 근거이며, 이는 곧 사회 질서의 중요한 축이라고도 할 수 있다. 학식만으로도 압도적 권위를 가질 수 있었던 시절에 비해 지금의 시대는 달라졌음을 안다면, 그리고 나이를 유독 따지는 문화임을 인정한다면 판사의 나이는 많아야 한다.

사법기관

사법기관을 기능적으로 분류하면 사법행정부, 논리재판부, 판결재판부, 이렇게 셋으로 나눌 수 있다.

각각의 역할이 무척 다르고 인적 구성도 매우 다르기에 조직도 완전하게 나누는 것이 좋다.

각각의 수장은 행정기관과 마찬가지로 최상위 의회에서 선출하는 것으로 하여, 행정과 사법을 완전히 분리한다.

물리적인 법원은 필요치 않다. 건물 등은 모두 없어지고 판사들은 네트워크에 연결되어 있기만 하면 되며, 근무 장소의 제한은 없다. 재택근무도 좋고, 여행 중에도 업무가 가능하다.

온라인 법정은 실시간으로 소통해야 하는 채팅방 형태가 아니며 게시판에 댓글을 다는 형식이므로 시간에 구애받지 않는다.

판사 조직은 개념으로만 존재할 뿐, 서로 모일 일도 없고, 의논할 일도 없으며, 철저히 개인으로서만 움직인다. 이들이 집단화되는 것은 좋지 않다. 두 재판부의 조직 체계가 갖는 역할은 판사들의 충원, 파면, 실적관리 등 인사문제를 다루는 데 국한한다.

사법행정부는 온라인 법정을 운영·관리하는 전산 조직, 최초의 소송 접수 및 분류를 담당하는 법무관 조직, 그리고 판결을 집행하는 집행 조직으로 구성된다.

08

헌법

헌법은 법 위의 법이라든지, 고치기 어려운 법이라든지, 재판관들에 의해 판단된다거나 해석된다든지 하는 그런 실현적인 것이 아니고 국가를 정의하는 기준이고 개념이어야 한다.

또한 어느 특정 시대의 집단적으로 어리석은 정치꾼들이 바꾸거나, 넣거나, 빼거나 할 수 있는 그런 것이어서는 안 된다. 국민 투표라도 마찬가지다. 역사적으로도 자주 볼 수 있듯이 국민 전체는 집단적인 광기에 사로잡힐 수 있다. 어느 특정 시대의 그런 국민이 그들의 치열했던 선대를 조롱하거나 배신할 수 있도록 해서는 안 되고, 그들의 후대에게 넘겨줄 국가를 만신창이로 만들도록 해서도 안 되기 때문이다.

헌법은 기준이 되는 개념이다. 그렇기에 입법 활동을 하거나 국가 행정을 하거나, 사법재판을 함에 있어서도 늘 고려되어야 한다. 그리고 국가적 행위가 크게 이상해지지 않도록, 설령 가끔 벗어나더라도 다시 되돌아올 수 있게끔 잡아주는 기준점의 역할을 해야 한다.

그 해석을 특정인이 하거나, 판단을 특정 기관이 하는 것이 아니며, 구성원인 모든 국민이 언제나 염두에 두는 그런 개념적인 것이어야 한다. 그렇다고 해서 하나 마나 한 착한 얘기를 나열하자는 것도 아니다. 정확하고 명료하게 국체를 정의하고, 이념을 정의하고, 기본적인 체계를 정의하는 것이어야 한다.

현대 국가적 의미에서 최초의 헌법은 미국의 '컨스티튜션(Constitution)' 일 것이다. 'Constitution'은 다른 모든 국가 헌법의 견본이 되었고 아직까지 큰 변동 없이 유효하며, 미국이란 나라가 제헌 이후 계속 번성해 왔던 것으로 미루어 볼 때 크게 모범으로 삼을 만하다. 'Constitution'은 그 모체가 되었던 '연합 규약(Articles Of Confederation)'에 비하면 지나치게 구체적이지만, 여전히 미 연방정부의 개념 정립에 머무르며 그 실현적인 구체성은 법원의 해석과 판례를 모은 'Constitutional Law'를 따르고 있다. 'Constitution'은 제정 이래로 총 27차례 수정 및 첨가되어 법전에 첨부되었으며, 실정법으로서 연방법이 일종의 상위법으로 작용하고 주(州)마다 각각의 법이 존재한다. 다시 말해서 미국의 법체계는 매우 단계적이다.

한국의 법체계도 단계적이지만, 저질의 입법 기관을 장기간 거치며, 뒤죽박죽되어 버렸다. 헌법이 지나치게 시시콜콜하다. 그 때문에 새로운 법체계의 도입과 함께 단계를 재정비할 필요가 있다.

불변의 개념적 헌법이 있고, 아주 포괄적이어서 특별한 경우를 제외하고는 바꿀 일이 없는 법령이 있고, 실생활에 밀접하게 적용되며 각 행정기관에 의해 수시로 제정, 수정되는 규정이 있다. 규정이 법과 충돌하는 경우, 의회의 판단으로 규정의 폐지 및 수정을 명할 수 있게 한다. 이렇게 명확하게 구분되는 단계적인 법체계는 우리 사회의 질서를 보다 효율적으로 할 것이다.

09

애덤 스미스*Adam Smith*의
『국부론』

돈 얘기에 앞서, 『국부론』에 대한 지적 공감대가 형성될 필요가 있다.

『국부론』은 인간·정치·경제, 즉 인간 사회 그 자체에 대한 통찰이다.

원제는 『An Inquiry Into The Nature And Causes Of The Wealth Of Nations』, 즉 '국가 부의 이치에 대한 고찰'이다. 줄여서 흔히 'Wealth Of Nations'라 부르는데 이는 약간 본래 의미에서 벗어나는 느낌이다. 국부론은 사회 현상 및 경제 현상에 대한 논리적 고찰이다. 거기에는 어떤 선택지에 대한 선호를 주장한다거나 하는 것보다, 자연 과학이 물리적 세상을 들여다보듯이 인간 사회를 들여다보고 추려낸 이치를 열거했을 뿐이다.

흔히 그가 자유를 중요시하며 작은 정부를 주장하니까 첨예한 좌우간의 정치대립에서 우파의 이념적 수호자인 것처럼 인식되지만, 사실 그는 노동자들이야말로 모든 정책의 중심에 서야 한다고 누누이 강조한 인물이다. 또한, 기득권이 부당하게 많은 몫을 챙기는 체제의 모순을 지속해서 비판하는 것으로 보아 심정적으로는 좌파와도 매우 가까운 인물이다.

그가 살았던 18세기 시대는 계몽주의가 발현되어 인간 사회를 크게 진보시킨 원점이다. 그와 동시대의 사상가들이야말로 그때까지의 사회 질서를 깨고 나올 이념적 토대를 만든 혁신가들이자 진보주의자들이라고 할 수 있다.

국부론은 진보냐 보수냐의 구분이 아니라, 그냥 이념의 근저에 깔리는 지식이요, 기본적인 세상 이치다.

『국부론』은 어차피 인터넷상에 여기저기에 전문이 게재되어 있을 정도로 누구든 접하려면 쉽게 접할 수 있는 고전이지만, 그 분량이 1,000페이지에 달하다 보니 재미있음에도 불구하고 의외로 완독한 사람은 거의 없을 것이다. 또한 시대에 맞지 않는 문체가 무척 지루할 수 있다. 그리고 함부로 단언하지 않는 작가의 조심성이 한편으로 답답하게 여겨질 수도 있고, 그런 와중에 번역된 문장들은 짜증을 유발하기도 한다. 그렇다고 요약본을 읽다 보면 너무도 당연한 소리의 나열인 듯하여 답답하기도 할 것이다.

그래서 감히 새롭게 『국부론』을 번역해 보았다. 전문도 아니고 요약본도 아니다. 모든 내용을 다 포함했지만, 모든 문장을 다 번역하지는 않았다. 대체로 내용 위주로 의역했지만, 중요하거나 재밌는 문장은 직역했다.

무척 짧고 쉽지만, 이것만으로 『국부론』을 다 읽었다 할 수 있겠다.

10
『국부론』 서론

어느 한 국가에서 어느 한 해 동안 노동한 것은 한 해 동안 소비하는 필요나 편의의 원천이다. 그것들은 노동을 통해 직접 생산하거나 다른 나라에서 생산한 것을 사오거나 하여 조달한다.

그 나라의 첫째, 기술, 기능, 판단이 적절한지와 둘째, 생산 인구 대비 비(非)생산 인구의 비율에 따라, 생산물은 충분하거나 혹은 모자라거나 한다.

11

『국부론』 제1권

제1권에서는 '노동 생산력 증대의 이유와 생산물이 각기 다른 계층의 사람들에게 분배되는 절차'에 대해 설명한다.

CHAPTER 1
분업

분업의 영향으로 기술, 기능, 판단이 발달하여 노동의 생산력 증대를 가져온다.

핀 공장을 관찰해 보니, 비숙련자 10명이 하루 48,000개의 핀을 생산하는데, 각자 만들면 숙련자라도 1명이 하루에 20개를 못 만든다. 최소 240배의 차이다.

분업을 하면 첫째, 일이 단순해지고 작업자가 능숙해져 더 많은 일을 할 수 있게 된다. 둘째, 각자 한 단계씩 맡아서 일하므로 작업 단계 전환에 필요했던 시간 소모가 없어진다. 셋째, 단순한 일에 집중하면서 더 빠르고, 쉽고, 편해지기 위해 생각에 생각을 거듭하여 도구와 기계를 발명하게 된다.

사회 전체가 잘게 분업화되면, 각자의 필요보다 더 생산하여 남에게 주고, 동시에 남의 생산물을 가져와 소비하는 체계를 이루게 된다.

문명사회에서는 단순한 물건 하나도 수없이 많은 노동의 분업으로 이루어진 결과물이다. 결국 우리는 알게 모르게 수십 수백만 명의 도움과 협업으로 편의를 누리며 사는 셈이다. 수만 명을 거느리는 미개한 사회의 왕보다 분업화된 문명사회의 서민들이 훨씬 많은 것을 누리며 산다.

저자 주 인간의 문명사회는 거대한 분업 체계 안에서 발달해 온 것이다. 현대의 그 어떤 하찮은 노동자라도 옛날의 왕들보다 훨씬 많은 사람의 도움을 받고, 많은 것을 누리며 살고 있다. 가난한 노동자의 식탁 위에 올라오는 밥 한 그릇에도 농기계, 농약, 유통, 수도, 전기, 가스, 가스레인지, 밥솥 등 수십만 사람들의 손을 거친 결과물이 담겨 있다. 식사 후에 가볍게 스마트폰으로 즐기는 영화 한 편, 노래 한 곡도 수백만 명의 사람이 종사해 이를 제공한 것이다. 옛날 왕들은 감히 엄두도 못 냈던 사치스러운 유흥이다. 반면에 문명사회에서는 그 어떤 지식인이나 기술자나 부자라 해도 혼자서는 밥 한 끼도 챙겨 먹을 수 없게 되기도 했다. 무인도에 벌거벗은 채로 홀로 남겨진 빌게이츠를 상상해 보라. 그는 아무것도 하지 못하고 얼마 지나지 않아 죽게 될 것이다. 그가 가진 모든 지식과 재산은 수없이 많은 다른 사람의 노동과 연결되어 있어야만 의미가 있는 것이다.

CHAPTER 2
분업이 생기는 원리

분업은 인간의 지혜로 계획된 것이 아니라, 필요한 것을 서로 교환해서 쓰는 인간의 특성에서 기인한다.

교환은 어느 한쪽의 호의로 이루어지는 것이 아니라, 내가 원하는 것을 얻는 대가로 상대가 원하는 것을 줘야 하는 것이다.

"It is not from the benevolence of the butcher, the brewer, or the baker that we expect our dinner, but from their regard to their own interest."

"우리가 오늘 저녁 식사를 할 수 있는 것은 푸줏간, 양조장, 빵집의 자비심 때문이 아니라, 그들이 그들의 이익에 신경을 쓴 덕분이다."

내가 원하는 것을 얻기 위해서는 그들의 인간성에 다가가는 것이 아니라, 그들의 이기심을 향해야 한다. 즉, 나의 필요를 아무리 말해봤자 소용 없고 그들에게 줄 것을 얘기해야 한다.

거지는 착한 사람들로부터 많은 것을 얻기도 하지만, 그런 적선만으로 필요한 모든 것을 가질 수는 없다. 거지는 구걸로 얻은 것을 다시 다른 사람들과 교환을 하며 구체적으로 필요한 것들을 얻는다.

어떤 사냥꾼 부족이 있다. 그 부족의 어떤 사람은 활과 화살을 만드는

데 이를 남들보다 더 잘 만든다고 가정하자. 그는 종종 그가 만든 활과 화살을 친구가 잡은 사슴과 바꾼다. 그러다가 그는 직접 사슴을 잡으러 다니는 것보다 이렇게 바꾸는 것이 더 유리하다는 것을 깨닫는다. 그는 자신의 이익을 위해 활과 화살을 만드는 것에만 전념하기로 한다. 또, 어떤 사람은 집을 짓고 고치는 것을 남들보다 잘하였고, 그래서 남의 집을 빠르게 잘 고쳐 주고는 그 대가로 사슴을 받았다. 그도 곧 집을 짓는 일에만 전념하기로 한다.

저자 주 옛날 사냥해서 먹고살던 원시 시대에 '갑식'이와 '병식'이라는 사람이 살았다. 그들의 일과는 먹고살기 위해 하루는 활과 화살을 만들고 다음 날은 사슴을 잡으러 다니는 생활의 반복이었다. 꼼꼼한 성격의 갑식이는 활을 만드는 게 좋았고, 활달한 성격의 병식이는 사냥하는 게 좋았다. 둘은 자연스럽게 활과 고기를 바꾸기로 합의하여 갑식이와 병식이는 각자 좋아하는 일만 할 수 있게 되었다. 갑식이는 매일 활만 만들다 보니 더욱 잘 만들게 되어 하루 한 개밖에 못 만들던 것을 어느 날부터 하루에 서너 개는 거뜬히 만들게 되었다. 그래서 남는 시간에 재료를 한꺼번에 구하는 등 더 효율적으로 일하게 되면서 어느덧 하루에 열 개의 활을 만들 수 있게 되었다. 병식이도 매일 사냥만 하다 보니 더욱 잘 잡게 되어, 어느새 하루 너덧 마리는 거뜬히 잡게 되었다. 갑식이와 병식이는 옆 동네 사냥꾼에게도 같은 제안을 하게 되고, 그렇게 그들의 식량은 넘쳐나게 되었다. 어느 날 남는 고기를 다른 친구에게 주며 오늘은 사냥을 나가지 말고 내 집을 짓는 일을 거들어달라고 부탁하게 되는데, 그 친구는 집 짓는 일을 매우 좋아하는 것이었다.

CHAPTER 3

분업은 시장의 크기에 따른다

남는 것을 줄 곳이 없고 모자라는 것을 받을 데가 없으면, 즉 시장이 작으면 분업은 잘 일어나지 않는다. 도시에서는 지게를 지는 것만으로도 충분히 살 수 있지만, 시골에서는 농부들이 직접 돼지도 잡고, 술도 빚고, 빵도 굽는다.

바다, 강, 운하를 통해 배로 물건을 운반하면 큰 시장이 열리고 분업이 발달하게 된다. 2명의 사람이 말 8마리가 끄는 마차로 런던과 에든버러 사이를 6주 걸려 4t의 물건을 옮길 수 있다면, 배로는 200t의 물건을 7명이 옮길 수 있다.

잔잔한 바다여서 해상 운송이 용이한 지중해 연안, 구석구석 뻗은 긴 강을 통해 내륙 깊숙이 왕래할 수 있었던 이집트, 인도, 중국에서 인류 문명이 발생했다.

CHAPTER 4
돈이 사용되는 원리

분업이 완전하게 자리 잡게 되면 어떤 사람이 자신의 노동으로 생산하는 것은 그에게 필요한 물건 중 극히 일부분일 수밖에 없다. 나머지는 내가 필요한 것 외에 남은 내 생산물을 다른 사람의 노동 생산물과 바꿔서 각기 다른 필요를 충당하게 된다.

모든 사람이 이렇게 교환(혹은 매매)으로 살게 되고 사회는 상업 사회가 된다.

교환으로만 필요한 것을 얻으려면 내가 필요한 것을 가지고 있는 상대방과 만나야만 한다. 또한, 때마침 그 상대방도 내가 가지고 있는 것을 필요로 해야만 하는데, 이렇게 만나기는 사실 꽤 어렵다.

이런 불편을 줄이려면 대체로 모두가 필요로 하는 물건으로 바꿔 놓으면 된다. 꽤 많은 생필품이 교환에 참여하는 양쪽 모두에게 이런 역할을 한다.

옛날 어떤 곳에서는 가축으로 교환했고, 어떤 곳은 소금으로, 또 어떤 곳은 조개껍데기로 교환했다. 이런 식으로 말린 생선, 담배, 설탕, 가죽, 모피 등이 사용되었으며, 지금도 스코틀랜드의 어느 시골에서는 못으로 빵을 사고 맥주를 마신다고 한다.

결국 모든 지역에서 교환의 매개로 금속을 사용하게 된다. 금속은 닳지 않고, 상하지 않고, 손실 없이 쪼갤 수 있으며, 녹여서 다시 붙일 수도 있기에 상업과 유통의 도구로 채택되기에 너무도 적합했다.

여기 사용된 금속은 지역마다 달랐다. 고대 스파르타는 철, 고대 로마는 구리, 그리고 여러 부유한 상업 국가에서 금과 은을 사용했다.

처음에는 금속들이 그냥 막대의 형태로 사용되었다. 그러나 금속 막대에는 두 가지 불편한 점이 있었다. 첫째, 무게를 재기 어려웠고, 둘째, 비싼 금속의 경우 불순물의 함량에 따라 그 가치가 크게 달라짐에도 그 금속의 성분을 알기 어려웠다. 그래서 교환할 때마다 저울을 갖고 다녀야 하는 불편함이 있었고, 성분을 속인 위조품에 속는 위험을 늘 감수했어야 했다.

그래서 이런 불편을 해결하고자 특정 금속의 일정한 양에 도장을 찍었다. 옷감에 도장을 찍던 이치로 금속에 도장을 찍은 것이다.

그러나 금속 막대 한 켠에 도장을 찍은 것이 성분은 보장할지 몰라도 질량까지 보장하는 것은 아니었다.

차후 일정한 양의 금속 앞뒤 전체에 도장을 찍으니 질량까지 보장되었고, 이제 사람들은 매번 무게를 재지 않고 그냥 개수로 지불하기 시작했다. 이것이 동전의 시작이다.

도장에 찍힌 액면가는 원래 금속의 무게나 수를 표시하였다.

그런데 도장을 찍어 보증하던 주체가 금속을 조금씩 빼돌리기 시작했다. 10파운드의 양으로 11파운드를 찍어 사용하니, 연쇄적으로 모든 채권자가 손해를 입는 대신 모든 채무자가 상대적인 이익을 보았다. 그런 이유로 채무자들에 의해 동전은 선호되어 계속 유통되었다.

이렇게 해서 모든 문명국가에서는 돈이 상업의 도구가 되었고, 모든 종류의 상품을 사고, 팔고, 교환하는 데 돈이 개입하게 되었다.

돈이나 물건으로 교환할 때는 어떤 기준이 있는데, 그 기준이 물건의 상대적이고 교환 가능한 가치를 결정한다.

가치라는 것은 '사용가치'와 '교환가치'의 두 가지 의미가 있다. 물은 매우 높은 사용가치를 갖는 반면에 교환가치는 없고, 다이아몬드는 별 사용 가치가 없는 반면에 교환가치는 매우 높다.

어떤 이치로 상품의 교환가치가 정해지는지 알아보기 위해서는 모든 생 필품의 실제 가격을 추적해 무엇이 교환가치를 측정하는 방법인지 보아 야 한다. 무엇들이 실제 가격을 구성하는지 보고, 어떤 상황들이 가격을 올리고 내리는지 그 시장 가격, 즉 실질 가격이 자연 가격과 다른 원인은 무엇인지 알아보고자 한다.

CHAPTER 5

생필품의 실질 가격과 명목 가격
(노동으로 표현된 가격과 돈으로 표현된 가격)

살면서 필요, 편의, 즐거움을 얼마나 누릴 수 있는가에 따라 '부자' 혹은 '가난하다'고 한다.

분업이 정착하면서 한 개인이 자신의 노동으로 충당할 수 있는 필요, 편의, 즐거움은 극히 일부분에 지나지 않게 되고, 나머지 대부분은 다른 사람의 노동을 통해 얻게 되었다.

이제 타인의 노동을 얼마나 부릴 수 있는가, 혹은 타인의 노동 생산물을 얼마나 살 수 있는가에 따라 부자 혹은 가난하다고 한다.

어떤 사람이 가진 물건의 가치는 그 물건으로 살 수 있는 타인의 노동량과 같다.

노동이 모든 물건의 교환가치를 실질적으로 잰다.

모든 것의 실질 가격, 즉 그것을 갖기를 원하는 사람이 지불할 비용은 그가 그것을 스스로 얻으려면 얼마나 수고해야 하는가다. 그는 그 수고를 남에게 돌리는 만큼 지불해야 하는 것이다.

노동은 가격의 첫째이자, 근본적인 돈이다. 세상의 모든 부는 금이나 은이 아니라 노동으로 구매하는 것이다.

하지만 노동마다 그 내용이 다르기 때문에 노동량을 비교 산출하는 것은 어렵다. 힘든 일과 편한 일, 창의적인 일과 단순한 일, 습득하는 데 오래 걸리는 정도와 위험한 정도를 정확히 재는 것은 어렵다.

다른 종류의 노동에 의해 생산된 것들을 교환하는 방법은 노동량을 정확히 재는 방법이 아니라 시장에서 서로 흥정하는 방법으로 정한다.

생필품들은 매우 자주 교환되기에 매번 노동량으로 비교되기보다는 그냥 다른 생필품들과 바로 비교된다. 이런 이유로 생필품들이 점점 자연스럽게 교환가치의 척도가 된다. 생필품들은 눈에 보이고 셀 수 있는 반면에 노동량은 추상적이기 때문이다.

물물교환의 시대를 벗어나 돈이 상업의 도구로 쓰이게 되자 운반이 불편한 생필품을 들고 다니기보다는 일단 돈으로 바꿨다가 필요한 것이 생길 때 돈을 들고 나가게 되었다. 즉, 돈이 교환가치의 척도가 된 것이다.

금과 은도 광산에서 캐내는 정도에 따라 다른 생필품들처럼 그 가치가 변했다. 16세기 아메리카 대륙에서 금은을 많이 캐자 금은의 가치가 1/3까지 떨어졌다. 금은을 캐는 데 드는 노동이 절감된 만큼, 금은으로 살 수 있는 노동도 절감되었다.

사람마다 손의 크기가 각기 다르기에 '움큼'이 정확한 양을 재는 척도로 쓰일 수 없듯이, 가치가 매번 변하는 물건은 다른 물건의 가치를 정확히 재는 척도가 될 수 없다.

같은 노동자에게 같은 노동량은 언제 어디서나 같은 가치를 가진다. 같은 노동으로 살 수 있는 생필품의 양이 변할 수는 있지만, 그것은 생필품의 가치가 변한 것일 뿐이다.

모든 것의 가치를 비교하고 측정하는 유일하고 궁극적인 진짜 기준은 노동이다.

노동이 진짜 가격이고 돈은 그것을 표현한 것일 뿐이다.

CHAPTER 6

상품 가격의 구성 요소

비버 한 마리 잡을 수고로 사슴 두 마리를 잡을 수 있다면 비버 한 마리는 사슴 두 마리의 가치가 되는 게 자연스럽다.

훌륭한 기술을 갖는 데 걸린 노력과 지식을 습득하는 데 들인 수고도, 보상받고자 하게 되는 만큼 생산물의 가치에 더해지고 결국 기술과 지식을 가진 노동자들의 임금은 높아지게 된다.

어떤 생산물이 전적으로 한 사람의 노동에 의해서 완성될 때, 그 생산물은 그 노동자의 것이고 그 생산물의 가치는 노동량에만 따르게 된다.

먹을 것이 쌓여 남을 먹일 수도 있게 된 누군가가 생기고, 그에게 먹을 것을 얻는 대신 그가 시키는 일을 하면 당장 먹을 것을 구하러 나가지 않아도 되는 누군가도 생긴다.

먹을 것을 쌓아 놓은 사람은 이익을 얻기 위해 남을 시켜 물건을 만들게 된다. 그는 가진 것을 남에게 먼저 준 대가로 이익을 원한다.

어떤 물건에 더해지는 가치는 노동자에게 준 임금과 고용인이 바라는 이익의 합이다.

고용인은 그가 가진 것으로 재료를 사고 사람을 쓰는 데 우선으로 지출한다. 잃어버릴 수 있음에도 이렇게 지출하는 이유는 그 지출을 만회하고도 남을 이익을 기대하기 때문이다. 만약 지출한 규모에 비례하는 이익이 없거나 지출을 만회하지 못할 것으로 생각했다면, 애초에 고용인은 사람을 쓰는 데 관심조차 두지 않았을 것이다.

이익이란 것은 기획을 하고 관리를 하는 노동에 대한 임금의 한 형태로 생각될 수도 있지만, 실은 전혀 다른 것이다. 이익은 기획 및 관리의 내용과 상관없이, 전적으로 투입한 축적물(자본)의 양에 비례한다.

연봉 15파운드의 근로자 20명이 근무하며 똑같이 투자 대비 10%의 이윤을 내는 두 공장이 있다고 치자. 한 공장은 연간 700파운드어치의 원재료를 사서 가공하고, 다른 공장은 연간 7,000파운드어치의 재료를 사서 가공한다. 한 공장은 연간 투자 금액이 인건비를 포함하여 '15×20+700=1,000파운드'이고, 다른 공장은 '15×20+7,000=7,300파운드'다. 결국, 한 공장은 100파운드의 이익을 낼 것이고, 다른 공장은 730파운드의 이익을 내는 것이다. 이렇게 두 공장의 이익은 7배 이상 차이 나지만, 기획자의 수고나 똑같이 20명을 관리하는 자의 수고는 별반 다르지 않을 것이다. 대개의 경우 관리자도 따로 고용하기 마련이고, 실제로 두 공장 관리자들의 임금은 별 차이가 없다.

어떤 생산물이 투자와 고용에 의한 것일 때, 생산물은 노동자만의 것이 아니라 투자자와 분배되어야 하고, 노동량에 더해 생긴 가치는 투자에 대한 이익이 되어야 한다.

토지가 사유재산이 되면서 땅 주인은 직접 일하지 않더라도 소득이 생기기를 바라고, 땅의 사용료를 요구하며 자연이 만들어 주는 생산물을 나누게 된다.

땅에 주인이 없을 때는 숲의 나무, 초원의 풀, 나무의 열매를 얻을 때 그것을 모으는 노동 비용만 들었지만, 이제 그것을 모을 수 있는 권리에 대한 비용으로 땅 주인과 수확물을 일정하게 나눠야 한다.

가격을 구성하는 노동, 이익, 땅 사용료 모두 각각의 진짜 가치는 노동량으로 측정된다.

문명화된 나라에서 거의 모든 물건의 값은 노동한 값, 투자에 대한 이익 그리고 땅의 사용료, 이렇게 세 가지 요소로 구성된다.

수입은 노동이나 축적물(자본) 혹은 땅에서 얻어지는데, 각각 급여, 이익, 임대료라고 하고, 각각의 경계가 모호한 경우도 많다.

문명국가에서 노동만으로 가치가 생성되는 경우는 거의 없으며, 투자 이익과 임대료가 상당 부분을 차지한다. 따라서 어느 한 해 동안 생성된 가치는 투입된 노동보다 더 많은 양(자본과 땅도 투입되었기에)의 노동과 교환이 가능해지기 마련이다. 교환된 더 많은 양의 노동을 다시 투입하면 더욱 많은 노동을 살 수 있게 되므로 점점 더 많은 가치를 생산할 수 있게 된다.

하지만 그 어느 국가도 생산된 전부를 근면·성실하게 유지하지는 못한다. 어디서나 놀고먹는 사람들이 엄청나게 소비하고, 생산자와 비생산자 간에 어떻게 분배되는가에 따라 연간 생산되는 가치는 늘거나 줄거나 한다.

CHAPTER 7

상품의 자연 가격과 시장 가격

어느 지역에서나 보편적이고 평균적인 임금률, 이익률, 임대료율이 있다. 이런 일반적인 요율을 각각 자연 임금률, 자연 이익률, 자연 임대료율이라고 부르자.

어떤 상품의 시장에서의 가격이 이렇게 자연 요율의 합으로 이루어진 경우, 이를 자연 가격이라고 하자.

어떤 상품이 시장에서 실제로 팔리는 가격을 시장 가격이라고 하자.

시장 가격은 자연 가격보다 높을 때도 있고, 낮을 때도 있고, 같을 때도 있다.

어떤 상품의 시장 가격은 시장으로 가져온 개수와 그 상품의 자연 가격을 주고 사려는 요구와의 비율에 따른다.

상품을 그냥 갖고 싶어 하는 수요를 절대 수요라 하고, 실제로 값을 치를 수 있는 사람의 수요를 유효 수요라고 하자. 시장의 공급은 유효 수요에 맞춰진다.

공급량이 유효 수요보다 모자란 경우, 다 같이 모자라기보다는 몇몇 사람이 더 지불하려 하게 되고, 수요자 간에 경쟁이 붙어 시장 가격은 곧 자연 가격보다 높아지게 된다.

공급량이 유효 수요보다 많은 경우, 공급자는 남은 것을 좀 더 싸게 팔려고 하게 되고, 공급자 간에 경쟁이 붙어 시장 가격은 곧 자연 가격보다 낮아지게 된다.

공급자들은 물건이 남지 않기를 원하고 수요자들은 모자라지 않기를 원해서, 시장은 대체로 공급량과 유효 수요가 맞춰진다.

공급량이 많아 물건 가격이 싸졌다면, 가격을 구성하는 임금, 이익, 임대료는 전부 혹은 일부가 싸질 수밖에 없다. 임금이 싸진다면 일부 노동자는 그만둘 것이고, 이익이 싸진다면 일부 투자자가 그만둘 것이고, 임대료가 싸진다면 일부 땅 주인이 그만둘 것이므로 공급량은 다시 줄게 된다. 줄어든 공급량은 다시 물건 가격을 올려 균형을 맞춘다.

반대로 공급량이 부족해 물건 가격이 비싸졌다면 가격을 구성하는 임금, 이익, 임대료는 전부 혹은 일부가 비싸질 수밖에 없다. 임금이 비싸진다면 다른 일에 종사하던 노동자가 이 일에 매력을 느껴 들어오려 할 것이고, 이익이 많아진다면 다른 투자자가 이 일에 투자하려 할 것이고, 임대료가 비싸진다면 다른 땅 주인이 이 업(業)에 땅을 빌려주려 하게 된다. 즉, 이 업의 종사자가 늘어나면서 공급량이 다시 늘게 된다. 늘어난 공급량은 물건 가격을 다시 떨어뜨려 균형을 맞춘다.

자연 가격은 모든 물건의 가격이 지속해서 수렴하려 드는 중간 가격인 것이다.

독점자는 공급량을 유효 수요보다 적게 유지할 수 있다. 그렇게 하면 구매자가 낼 수 있는 최고의 가격이 형성되며, 자유 경쟁하에서는 공급자가 견딜 수 있는 최저의 가격이 형성된다.

자유 경쟁을 방해하는 모든 규제는 자연스레 유입될 노동자와 투자자를 방해하여 공급량의 증가를 막아 시장 가격을 자연 가격보다 높게 유지한다.

자유 경쟁하에서 때때로 시장 가격이 자연 가격보다 낮아지기도 하지만, 이렇게 되면 곧 종사자들의 이탈이 생기고 공급량이 줄어 자연스럽게 자연 가격을 회복하게 된다.

CHAPTER 8
노동 임금

노동 생산물이 노동에 대한 보답의 근원이다.

처음에는 모든 생산물이 모두 노동자의 것이었다.

분업으로 생산 기술이 발달하여 같은 양의 노동으로 더 많은 생산을 하게 됨에 따라 노동에 대한 보상은 많아졌다.

실제로는 모든 물건이 저렴해졌지만, 그중 발전이 빠른 물건이 발전이 더딘 물건에 비해 더 싸지는 바람에, 많은 것이 비싸진 것처럼 보이기도 한다.

> **저자 주** 하루에 한 개 만들던 활을 하루에 열 개 만들게 되었고, 하루에 한 마리 잡던 사슴을 하루에 두 마리 잡게 되면, 활과 사슴이 각 1:1로 교환되다가 이제는 5:1로 교환하게 된다. 두 친구가 매일 소비할 수 있는 사슴의 양은 반 마리에서 한 마리로 늘었지만, 활을 만들던 친구는 사슴값이 올랐다고 불편해한다.

땅의 사유화와 자본의 축적이 생산에 개입하면서 노동자가 생산의 증가를 모두 누리지는 못한다.

땅이 사유화되면서 노동자는 생산물을 땅 주인과 나눠야 했다. 어차피 땅이 없이는 생산물도 없으니 선택의 여지가 없다.

수확하기까지는 시간이 걸리고, 그동안 먹고살기 위해서는 쌓아둔 먹을 것이 있어야 한다. 누군가 먼저 먹여 준다면, 수확 후에는 그와 생산물을 나눠야 한다. 나누지 않을 거라면 먼저 먹여 주지도 않을 것이니, 선택의 여지는 없다.

간혹 자기의 땅에서 자기의 축적물을 소비하며 노동해서 수확물을 다 가져가는 경우도 있겠지만, 그 역시 임금, 이익, 임대료의 대상이 겹친 것일 뿐, 다를 것은 없다.

임금은 많이 받으려는 노동자와 적게 주려는 고용자와의 합의로 정해진다.

노동자도 뭉치고 고용자도 뭉치지만, 노동자가 늘 불리하다.

고용자는 그 수가 적어 암묵적으로라도 늘 의견을 맞추기 쉽다. 또한, 법을 만드는 상류층과 교류가 쉬워서 폭력 외에는 달리 방법을 찾을 수 없는 절박한 심정의 노동자 집단을 국가 권력으로 누를 수도 있다. 결정적으로, 임금 없는 일주일도 살기 힘든 노동자에 비해 고용자들은 쌓아둔 게 있어서 몇 년이라도 버틸 수 있기에 임금이 인상되는 것을 언제나 효율적으로 막는다.

한 지역의 임금 수준이 정해지는 데는 고용자들이 늘 유리하지만, 어느 이하로는 절대 떨어지지 않는데, 그 선은 노동자와 그의 가족이 먹고살 수 있는 선이다.

임금 생활자에 대한 수요가 꾸준히 증가할 때는 고용자들끼리 경쟁하게 돼 임금이 오른다.

임금 생활자에 대한 수요가 늘기 위해서는 월급을 줄 돈이 늘어야 하는데, 월급을 줄 돈이 늘어나려면 소득(Revenue)이 늘거나 자본(Stock)이 늘어야 한다.

땅 주인이나 사채업자들은 먹고사는 이상의 소득(Revenue)이 생기면 하인을 고용하여 생활에 편의를 도모하고, 사업가들에게 사업을 유지하는 이상으로 생산물이 쌓이면(자본, Stock), 직원을 고용하여 더 큰 이익을 도모한다.

'Revenue'와 'Stock'의 증가로 국가의 부가 증가하고, 노동자에 대한 수요가 증가하고, 임금이 오른다.

부유한 국가의 임금이 높은 게 아니라, 성장하는 나라의 임금이 높다.

영국은 미국보다 부유하지만, 임금은 미국이 더 높다. 번영의 확실한 증거는 인구 증가다. 이민과는 별개로 미국은 매우 높은 출산율을 보이는데, 미국의 아이들은 부모에게 짐이 아니라 풍요와 번성의 자원이기 때문이다. 중국은 오랜 세월 부유했지만, 노동자들은 매우 적은 임금을 받고 일하며 아이들은 버려진다.

국가의 부가 노동자에게 다시 향하지 않으면 일자리는 점점 감소하게 되고, 임금은 떨어지게 되며, 모든 계층은 이전보다 낮은 임금에 만족하게 되고, 최하위 계층은 일자리가 없어 굶는 지경까지 가게 된다. 이는 상업적 회사가 지배하는 동인도와 영국법이 보호하는 미국과의 차이로 명확히 알 수 있다.

노동에 대한 후한 보상은 국부 증가의 현상이고, 노동자의 빈곤은 국부 정체의 현상이고, 굶주림은 국부 쇠퇴의 현상이다.

오늘날 영국에서 노동 임금은 가족을 부양하고도 남는다는 것은 확실하다. 영국 어디에서도 노동 임금은 최저생계비와 관련 없음을 여러 예를 통해 알 수 있다.

첫째, 겨울에 난방비 때문에 생활비가 더 들어가지만, 보통 여름에 임금이 더 높다.

둘째, 식량 가격이 변동해도 임금은 잘 변하지 않는다.

셋째, 식량 가격은 지역 차이가 별로 없는 대신 해마다 차이가 있고, 임금은 해마다 차이가 없는 대신 지역 차이가 있다.

넷째, 식량 가격의 시간과 장소에 따른 변동과 임금과의 상관은 없을 뿐만 아니라 반대로 나타나기도 한다. 스코틀랜드와 잉글랜드를 비교하면 전자가 곡물값이 더 비싸지만, 임금은 더 저렴하다.

최저생계비의 차이는 임금의 차이를 결정하는 요소가 아니라 임금의 차이가 영향을 준 것이다. 즉, 마차가 있어서 부자인 것이 아니라 부자라서 마차가 있는 것이다.

> **저자 주** 임금 수준이 높은 곳에서는 생활 수준도 높아 최저생계비 수준도 높다는 말이다.

노동 임금은 정밀하게 정해지는 것이 아니다. 같은 지역의 같은 노동이라도 달라질 수 있고, 노동자의 능력 차로도 달라지며, 고용주의 형편에 따라서도 달라진다.

법은 절대로 노동 임금을 적절히 규정할 수 없다.

노동에 대한 진짜 보상은 삶에 필요한 것들과 편의를 위한 것들을 얼마나 구할 수 있는가 하는 것이다. 그것은 시대가 지날수록 늘어나며 돈으로 표시된 임금보다 큰 폭으로 늘어난다.

모든 것은 점점 싸진다. 과거에 하루 일해서 살 수 있는 곡식을 지금은 반나절만 일해도 살 수 있다.

일부 사치품들의 경우 더 비싸지기도 하지만, 그것은 세금이 더 붙거나 해서고, 일반적인 노동자들에게는 어차피 필요 없는 물건이고 그 수도 적어서 오른 것을 다 합쳐봐야 다른 것들이 싸진 것에 비하면 미미하다.

아무리 빈곤한 노동자라도 과거에 입고, 먹고, 거주하던 수준에 만족하지 못하는 것으로 보아, 돈으로 표시된 노동의 가격뿐 아니라 실질적인 보상이 올랐음을 알 수 있다.

사회의 다수를 차지하는 빈곤한 노동자들의 살아가는 환경이 좋아지고 이것이 곧 우리 사회의 행복과 번영을 의미하는 것이라면, 그들이 잘 먹고, 입고, 거주하게 된 만큼, 그들을 먹이고, 입히고, 거주하게 해 주는 사람들도 노동 생산물의 일부를 갖는 것이 공평하다.

가난해도 결혼은 하고, 아이도 많이 낳지만, 충분히 돌볼 수 없기 때문에 많은 아이가 죽는다. 모든 동물은 식량에 비례해 증식하지만, 문명사회에서는 가난한 계층만이 먹을 것이 부족해 아이를 죽게 한다.

노동에 대한 풍족한 보상이 많은 아이를 먹이고 키울 수 있게 하는데, 그것은 노동 수요에 비례한다.

노동 수요가 증가하면 노동 임금이 증가하고, 노동자의 결혼과 출산이 장려되며, 인구가 늘어 노동자 수가 늘게 되고, 노동공급이 늘게 되면서 임금이 감소하고 인구의 증가는 느려진다. 마치 상품이 시장에 공급되는 것과 같은 이치다.

노예의 생계유지 비용은 주인이 대고, 하인은 본인이 댄다. 양쪽 모두 어차피 주인의 호주머니에서 나가는 돈인데, 모르는 사이에 노예 쪽에 더 많은 돈이 들어간다. 노예에 드는 비용은 주인의 무관심과 무지로 인해 관리·감독은 소홀해지고 낭비와 무질서가 만연한 반면, 하인은 자신의 것이기에 최대한 아낀다. 결국, 노예보다 자유인에게 일을 시키는 게 더 저렴하며, 이것은 노동 임금이 매우 높은 보스턴, 뉴욕, 필라델피아를 봐도 알 수 있다.

노동에 대한 후한 보상이 증가하는 부의 영향인 만큼 또한 인구 증가의 원인도 된다. 임금이 높다고 불평하는 것은 위대한 공공번영을 싫어하는 것이다.

모든 계층의 사람들이 가장 행복하게 느끼는 때는 부유할 때가 아니고 성장할 때다.

노동에 대한 후한 보상은 인구 증가를 부추기는 만큼 보통 사람들의 성실성도 드높인다. 노동자는 임금을 받는 만큼 근로 의욕이 고취된다. 풍족한 먹거리는 건강한 몸을 만들고, 건강한 몸은 능력을 최대로 발휘하게 한다.

힘든 일 뒤에 쉬고자 하는 것은 자연스러운 것이지만, 때로는 근로 의

욕이 지나쳐 건강을 상하기도 하는데, 고용주들은 근로자들에게 항상 주의를 기울여 적당히 일하도록 조정해야 하고, 이것이 그들의 건강을 위할 뿐 아니라 아프지 않고 오래 일하는 것이 장기적으로도 더 많은 생산에 이로운 것임을 알아야 한다.

풍요로울 때 물가는 싸고, 하인들은 스스로 먹고살 자신이 생겨 주인을 떠나려 하고, 식량이 저렴하니 주인들은 더 고용하려 하고, 저렴한 이익을 많은 생산으로 보전하려 하는 농부들도 더 고용하려 하니 임금은 오른다. 반대로 물가가 비싸면 임금은 떨어진다.

풍요는 임금을 올리고 오른 임금은 물가를 인상하고 소비를 감소시키겠지만, 풍요는 자본(Stock)도 증가시키기에 상대적으로 적은 노동으로 많은 생산을 하게 된다. 또한 자본의 주인은 자신의 이익을 키우기 위해, 더욱 적절히 분업화하고, 자원을 더 투입하며, 최대한 생산하려 노력한다. 같은 이유로 자본의 주인은 기계를 도입하려 하고, 이것은 다시 사회적 분업화를 가져와 기계를 개발하는 직종이 새로 생겨나게 되고, 결국 기계는 개발되어 더더욱 적은 노동으로도 더 많이 생산하게 되어 높아진 임금을 상쇄한다.

CHAPTER 9
자본Stock 이익

　자본 이익이 늘었다 줄었다 하는 것은 노동 임금이 늘었다 줄었다 하는 것과 같은 이유다. 사회의 부가 성장하느냐 줄어드느냐가 원인인데, 노동 임금과는 다르게 영향을 미친다.

　자본의 증가는 임금을 올리고 이익을 낮춘다. 동일한 사업에 많은 자본이 투입되면 서로 경쟁하면서 이익은 적어진다.

　같은 시기의 같은 지역 내에서도 평균적인 임금 수준을 특정하기란 어렵다. 평균적인 이익 수준을 특정하기란 더욱 어렵다.

　이익은 판매하는 상품 가격뿐만 아니라 경쟁자나 손님의 재정 상태, 운송과 보관상 벌어지는 수천 가지 변수에도 영향을 받는다. 그렇기 때문에 매년은커녕 매일, 매시간 변한다. 현재 영국의 분야별 평균 이익을 추산하기란 매우 어렵고, 다른 시기의 다른 지역의 이익을 정확히 재기란 불가능하다.

　그래도 정확히는 어렵더라도 대략 이자율을 보면 짐작은 할 수 있다. 이자가 높으면 이익도 높고, 이자가 낮으면 이익도 낮다.

　헨리 8세(Henry Ⅷ, 1491~1547년) 시절, 10% 이상의 이자는 불법으로 규정했다. 에드워드 6세(Edward Ⅵ, 1537~1553년) 시절에는 모든 이자가 불법이었다. 그러나 이자를 법으로 규제하는 것은 언제나 효과는 없고 고리대금업자들만 늘렸다.

　보통 큰 도시일수록 사업하는 데 큰 자본이 든다. 도시에서의 큰 자본과 많은 경쟁자는 이익률을 낮추고, 근로자들의 임금은 시골보다 높아서 이익률은 더욱 낮아진다.

법정이자율은 똑같아도 실제로 빌리려면 스코틀랜드(시골)의 이자가 잉글랜드(도시)보다 비싸다. 시골에서는 작은 사업 거리밖에 없는 대신 이익률은 높다. 덜 부유한 프랑스의 이자가 영국보다 높고 이익률도 높으며, 더 부유한 네덜란드의 이자가 영국보다 낮고 이익률도 낮다.

미국과 서인도제도에서는 임금도 높고, 이자도 높고, 자본 이익도 영국보다 높다. 임금과 이익이 동시에 높을 수 있는 이유는 새로운 식민지로서 땅이 무한히 풍족하기 때문에 저렴한 땅값으로 큰 이익을 내고 비싼 이자를 지불할 수 있기 때문이다. 이자가 비싸도 그 돈으로 저렴한 땅을 사서 일구면 이자를 갚고도 남을 큰 이익이 생기므로, 농부들은 적극적으로 돈을 빌리고 적극적으로 땅을 산다. 또한 그렇게 되면 늘어난 땅을 일굴 노동자가 더욱 필요해지고, 이는 임금의 인상으로 이어진다. 하지만 이민 온 농부가 증가하고, 이익은 떨어지고, 좋은 땅은 점점 부족해지고, 이익은 더 떨어지고, 이자도 떨어진다. 노동자의 임금은 이익과 상관없이 유지되는데, 떨어지는 이익률만큼 이익의 양을 보전하기 위해 자본이 더욱 급속도로 투입되어 노동 수요를 올리기 때문이다.

이익률이 낮아도 큰 자본이 더 큰 이익을 낸다. 돈이 돈을 만든다.

새로운 영토나 새로운 사업 분야는 높은 이익을 낼 수 있다. 그러면 다른 분야에 종사하던 자본과 노동자가 유입되고 그 다른 분야는 경쟁이 완화되어, 상품 가격이 올라가 이익을 더 내고 높아진 이자를 감당할 수 있게 된다.

산업을 유지하던 사회자본이 감소하면, 노동 임금이 감소하고, 자본 이익을 높이고, 이자를 높인다. 벵갈이나 동인도처럼 망한 나라에서는 임금은 낮은 반면에 자본 이익과 이자율은 매우 높다.

법의 결함이 이자율을 올리기도 한다. 법이 계약 이행을 강제하지 않으면 돈을 빌려주는 사람으로서는 회수가 불투명하게 되니, 돈을 꾸려는 모든 사람을 신용불량자 수준으로 취급해가며 이자를 받을 수밖에 없다.

법이 아무리 이자를 금지해도 막을 수 없다. 많은 사람은 어쨌든 돈을 빌려야 하고, 돈을 빌려주는 사람으로서는 생기는 것 없이 빌려줄 이유가 없다. 이슬람 국가들이 이자가 비싼 이유이기도 하다.

보통의 가장 낮은 이익률이란 투자에 따르는 모든 손실을 만회하고도 남는 게 있어야 하는데, 이 남는 것이 순이익이 된다. 돈을 빌릴 때 감당할 수 있는 이자는 이 순이익에 비례한다.

가장 낮은 이자율이란, 떼인 돈을 충분히 만회하고도 남는 정도여야 한다. 그렇지 않을 거라면 돈을 빌려줄 사람은 없다.

가용한 모든 자본이 모든 분야에 투입된 완전히 부유한 나라에서는 아주 작은 순이익률을 보일 것이며, 따라서 이자도 매우 작아서 어지간해서는 이자만으로 먹고살 수 없게 된다. 그들은 자연히 그들의 자본을 직접 운영하려고 사업에 종사하게 된다. 이런 나라에서 빈둥거리는 사람은 매우 어색해진다.

가장 높은 이익률이란 땅 사용료를 내지 않고 노동자에게는 겨우 먹고 살 정도로만 주는 경우일 것이다. 동인도회사가 그런 경우다.

급속히 성장하는 나라에서는 낮은 이익률로 모든 것이 싸기 때문에 높은 임금을 상쇄할 수 있고 임금이 싼 저개발 국가들에 물건을 팔 수도 있게 된다.

높은 임금보다 높은 이익이 물건값을 더 올린다. 임금은 올려봤자 올린 임금만큼만 산술적 인상 요인으로 작용하지만, 이익률은 가공단계별로 기하급수적으로 인상되기 때문에, 최종 생산물은 매우 비싸진다. 많은 사업가가 임금이 높아져 물건을 못 팔겠다고 불평하는데, 자신들의 이익과 관련한 높은 이익률이야말로 더 치명적이라는 것에 대해서는 아무런 말을 하지 않는다.

CHAPTER 10

노동과 자본의 투입 유형별 임금과 이익

같은 지역 안에서라면 노동과 자본이 투입되는 모든 업종은 그 유리함과 불리함의 총합이 언제나 같다. 만약 어떤 업종이 특별히 유리하다면 노동과 자본은 그쪽으로 몰리게 되고, 결국 다른 분야와 같아진다. 이것은 사회가 그런 자연적 흐름을 따를 수 있도록 충분히 자유롭고 실제로 사람들이 자주 이동할 수 있는 경우에 그렇다. 사람들은 유리한 것을 좇고 불리한 것을 피하려 한다.

유럽 국가별로 노동 임금과 자본 이익이 매우 다른데, 이것은 업종마다 상황이 다른 것이 그 첫 번째 이유고, 각국의 정책으로 인해 완전한 자유가 주어지지 않는 것이 두 번째 이유다.

1. 각 업종이 자체적으로 갖는 특성에 기인한 차이

소득의 크고 작음은 다섯 가지 상황에서 기인한다.

첫째, 어려운 일, 더러운 일, 위험한 일, 멸시받는 일이 쉬운 일, 깨끗한 일, 안전한 일, 존경받는 일보다 대체로 소득이 높다.

둘째, 배우기 어렵고 비싼 일은 대체로 임금이 높다. 기계를 사면 돈을 들인 이상으로 더 많은 일을 하듯이, 고급 기술을 갖추었거나 숙련된 근로자는 더 많은 생산을 할 것이라 여겨지기에 더 많은 임금을 주고서라도 고용하려 한다. 근로자 입장에서는 고급 기술을 익히느라 시간과 돈을 썼지만 높아진 임금으로 만회할 수 있다. 자본 투입 면에서는 배우기 어려운 업종이 따로 있는 것 같지는 않다.

셋째, 꾸준하지 않은 일은 임금이 높다. 공장에서 일하면 1년 내내 일하지만, 건설 현장에서 일하면 가끔 일이 있을 뿐이고, 그마저도 날씨가 나쁜 날은 할 수 없다. 그런데도 먹어야 사는 것은 똑같으니 더 받지 않으면 그 업종에 종사할 수가 없다. 자본 이익에는 꾸준함이 별 영향을 미치지 않는다. 투자를 지속해서 할 수 있는지의 여부는 투자자에 따를 뿐, 투자 대상에 따르지는 않는다.

넷째, 신뢰할 수 있는 사람은 임금이 높다. 금·은·보석을 세공하는 사람들은 비슷한 난이도의 다른 일을 하는 사람보다 임금을 더 받는다. 또한, 우리는 의사에게 건강을 맡기거나 변호사에게 재산과 명예를 맡길 때는 돈을 더 주고라도 믿을 수 있는 사람을 찾아간다. 신뢰할 수 있는가는 업종이 아니라 사람에 대한 것이기 때문에 자본 이익과는 별 상관이 없다.

다섯째, 업종별 성공 확률에 따라 임금이 달라진다. 기계공들은 대부분 성공하지만, 전문직은 성공의 여부가 매우 불확실하다. 구두 만드는 것을 배우면 대체로 구두 업자가 되는 반면, 법을 배운다고 해서 다 변호사가 되지는 않는다. 20명 중 1명이 성공하는 업종이라면 그 1명이 나머지 19명의 몫까지 챙기게 된다. 구두에 종사한 모두와 법에 종사한 모두가 받은 임금의 평균을 비교하면 법 쪽이 작다. 그런 면에서 대체로 전문직들이 덜 보상받고 있다. 복권이랑 비슷하다. 그럼에도 그런 업종으로 몰려드는 이유는 그런 직업이 주는 거대한 명성과 자신의 능력과 운에 대한 유별난 자신감 때문이다.

어떤 직업에서 특출나기 위해서는 특별한 재능이 있어야 하는데, 그런 재능에 대한 대중의 존경심이 그 능력치보다 큰 보상을 가져가게 한다. 과학자나 법관들이 가져가는 보수의 일부분은 그런 재능에 대한 것이며, 시인이나 철학자의 보수는 거의 전부가 그런 것이다.

자만심은 몹시 나쁜 것이라고 하지만, 사실 정상적인 사람이라면 누구나 어느 정도는 자만심을 갖고 있다.

대부분의 사람은 딸 기회는 과대평가하고 잃을 기회는 과소평가한다. 복권이 어디에서나 번성하는 이유이고, 보험은 최소한으로 들거나 무시되는 이유다. 이런 경향은 직업을 선택하는 즈음의 나이 때에 제일 강해서, 군인, 뱃사람, 전문직종에 잘 뛰어들게 하는 이유가 된다.

업종별 자본 이익률도 회수 가능성과 함께 달라진다. 국내유통이 해외무역에 비해 확실하고, 같은 해외무역이라도 대미무역이 대자마이카 무역보다 확실하며, 가장 불확실한 것은 밀수다. 밀수가 가장 높은 이익률을 갖지만 때때로 발생하는 손실을 보전할 만큼은 안 돼서 다른 업종보다 잘 파산한다. 그럼에도 손실을 과소평가하는 사람들의 특성 때문에 밀수업은 끊이지 않는다.

위의 다섯 가지 상황에서 자본 이익과 관련한 것은 첫째와 다섯째의 두 가지뿐이다. 그리고 그마저도 노동 임금에 주는 영향에 비하면 미미하다. 업종별 임금 차이는 큰 반면, 업종별 이익률 차이는 크지 않다. 업종별로 현저한 이익률 차이가 있다면, 그것은 임금과 이익을 우리가 잘 구분하지 못해서 그렇게 보이는 것이다. '약재상의 이익'이란 터무니없음을 뜻하는 말이다. 약재상이 큰 이익을 내는 업종인 것처럼 보여도 사실 그 이익이란 것은 약사의 지식과 기술 그리고 사람들이 그에게 주는 신뢰로 인해 약사의 노동 임금이 많은 것일 뿐, 업종이 자본 이익을 내는 것이 아니다. 소매가 도매보다 더 큰 이익률을 가진 듯 보이지만, 그것도 소매상이 더 많은 상품에 관여한 보상일 뿐이다.

도소매 간의 이익률 차이보다는 도·농간의 차이가 더 크다. 도시에서 팔리는 상품들은 시골보다 대체로 저렴한데, 멀리서 가져오는 곡물이나 고기조차 산지 가격만큼 저렴하다. 이는 시장이 큰 도시에서 상품 원가의 상승을 상쇄할 만큼 이익률을 적게 가져갈 수 있기 때문인데, 시골에서 그러지 못하는 이유는 추가로 자본을 투입할 수 없을 만큼 시장이 작아서다.

위의 다섯 가지 상황도 모든 업종 전체를 놓고 보면 특별히 유리하거나 불리할 것이 없다. 이는 한쪽이 조금 득을 보면 다른 쪽에서 크게 반향이 생기기 때문이다. 이렇게 균형을 이루려면 세 가지 정도의 전제 조건이 있어야 한다. 첫째, 각 업종은 지역 내에서 오래되고 모두에게 잘 알려져 있어야 하고, 둘째, 각 업종은 보통의 자연스러운 상태여야 하며, 셋째, 각 업종은 그 종사자들의 유일한 직업이어야 한다.

첫째, 신생 업종은 임금이 높다. 어떤 사업가가 새로운 사업을 하려면 그 지역의 다른 곳에서 일하는 사람들을 데려올 수밖에 없다. 그러려면 더 좋은 임금을 제시하지 않을 수 없다. 유행을 타는 상품은 자주 바뀌기에 종사자들의 임금이 높고, 생필품 업종은 임금이 낮다. 새로운 업종은 다소 모험적이지만 성공했을 경우 이익이 많다. 물론 그것도 완전히 자리를 잡게 되면 경쟁이 몰려 곧 타 업종과 비슷한 수준으로 떨어진다.

둘째, 수확철이 되어 국가 전체의 노동 수요가 많아지면 임금이 올라가고, 전쟁이 나서 선원들이 징집되고 나면 선원을 구하기가 힘들어 임금이 올라가고, 공장이 망해 한꺼번에 많은 노동자가 다른 직업을 찾게 되면 임금이 떨어진다. 어떤 업종은 대체로 해마다 같은 노동량이 투입되어 같은 생산량을 내는데, 이것은 소비량이 매년 대체로 비슷하기 때문이다. 옷감 같은 것은 국가 장례와 같은 특별한 이슈가 있을 때만 수요의 변동이 발생한다. 반면에 작물은 매년 동일한 노동이 투입되어도 생산량은 매우 다른데, 그 가격은 수요뿐 아니라 생산량에 의해서도 매우 달라지고 취급하는 상인들의 이익도 매우 달라서 투기 성향이 짙은 상인들이 종사한다.

셋째, 사람들은 주업으로 충분히 먹고살면서 남는 시간에 다른 일을 하기도 한다. 그 다른 일은 낮은 임금으로도 하려 하고, 그렇게 만들어진 것들이 시장에 낮은 가격으로 흘러나온다. 부유한 국가의 시장은 어떤 업종이라도 그 종사자들의 노동력과 자본을 모두 투입하기에 충분할 정도로 크다. 여가 시간에 다른 벌이를 하는 것은 대체로 가난한 나라들이다. 런던의 집값은 유럽의 다른 어떤 도시보다 비싸다. 하지만 하숙비는 다른 주요 도시들보다 저렴한데, 그 이유는 런던의 넘치는 하숙 수요로 인해 시민들이 집을 빌릴 때 건물을 통째로 빌려 일부를 세놓는 경우가 많기 때문이다. 그들의 주 수입원은 다른 일에 있고 세를 놓는 것은 여분의 벌이이기 때문에, 세를 놓는 것을 주 수입원으로 하는 다른 도시들보다 저렴하게 낼 수가 있다.

2. 유럽 각 국가의 정책에 의한 차이

경제적 자유가 보장된 상태에서도 상기한 세 가지 이유로 인해 노동 임금과 자본 이익이 업종별로 차이가 날 수 있다. 하지만 자유를 제한하는 국가의 정책들은 더 큰 차이를 낸다.

첫째, 유럽 국가들의 정책이 어떤 업종의 종사자를 소수로 제한하여 경쟁을 막고, 업종 간 유불리를 불공평하게 만들고는 한다.

기업의 독점권이 경쟁을 제한하는 가장 주요한 방법이다.

협동조합의 독점권은 법으로 도제의 수를 제한하든가 도제 수업의 연수를 조정하여 그 업에 종사하는 사람 수를 최소한으로 유지한다.

모든 사람은 자신의 직업을 통해 남들과 구분되는 능력을 갖추게 되고 그 능력으로 살아가고 재산을 형성하기에, 직업은 가장 신성하고 절대로 침해되어서는 안 되는 것이다. 가난한 노동자에게 대물림되는 것이라고는 그의 손이 가진 힘과 재주뿐이다. 그런데 이웃에 상처를 주는 것도 아니거늘, 그의 힘과 재주가 고용되는 것을 방해하는 것은 신성함에 대한 명백한 폭거다. 이것은 노동자와 고용주 모두의 자유를 갉아먹는 것이다. 어떤 노동자가 적합한지의 여부는 그 이해 당사자인 고용주의 재량에 맡길 일이다. 정치인들이 개입하는 것은 답답한 일이고 주제넘은 것이다.

장기간의 도제 수업은 젊은이의 근면성을 형성하는 데 방해가 된다. 일한 만큼 보답을 받는 직원은 부지런한 반면, 직접적인 이익 관계가 없는 도제공들은 게으르다. 단순노동의 달콤함은 급여뿐이다. 그 맛을 일찍 볼수록 노동의 즐거움을 알 것이고, 근면한 습관을 갖게 된다.

수년 동안 주인에게 일을 배우면서 무보수로 노동을 제공하는 도제라는 제도는 옛날에는 없었다.

도제 제도가 없다면, 주인 입장에서는 급여 지출과 더 많은 종사자로 인한 이익 하락이라는 손해만 생기고, 직원 입장에서는 무보수 기간이 사라지는 이익과 기대이익 하락이라는 손해가 공존하며, 나머지 공공의 입장에서는 가격이 저렴해지는 이익만 생긴다.

도시는 주로 시골에서 식료품과 원재료들을 사 오고, 시골은 도시로부터 가공품들을 사 오는데, 도제 제도로 인해 높아진 가격은 시골 쪽에 손해를 야기한다.

협동조합의 독점이 시장에 공급량을 부족하게 하여 특별한 이익을 갖듯이, 수입 물품에 대한 높은 관세도 같은 이유로 시골에 부담을 가중시킨다.

도시에 축적된 자본은 결국 자본 이익률을 떨어뜨리게 되고, 시골로 흘러들어 시골의 임금을 올리면서 국가 전체에 골고루 퍼지게 된다. 각종 규제는 이 속도를 늦춘다.

같은 업종의 사람끼리 만나고 담합하는 것을 막을 방법은 사실 없지만, 이를 제도적으로 권장해서는 안 된다. 업종별로 이름과 거주지를 등기하는 제도는 그들끼리 만남과 연합을 수월하게 한다. 업종별로 상조협회를 만들어 회비를 걷을 수 있게 하는 제도 역시 그들의 연합을 권장한다. 업종별 조합이 자체 조례를 만들어 개별 회원의 자율경쟁을 제한하는 것을 허락하면 안 된다.

더 나은 관리를 위해 조합이 필요하다고 주장하는 것은 근거 없는 얘기다. 직업인들을 다잡아주는 존재는 조합이 아니고 그들의 고객이다.

둘째, 유럽 국가들의 정책이 어떤 업종의 경쟁을 늘려 업종 간 유불리를 불공평하게 만들기도 한다.

어떤 직업에 적당한 수의 젊은이들이 교육받아야 한다는 생각을 가지고 공적·사적 장학금 같은 후원제도를 설립해서 자연스러운 상태보다 더 많은 인원을 그 직업으로 끌어당기면, 종사자 간의 경쟁이 강화되어 임금이 떨어진다.

이런 불공평이 공공에 이로운 경우도 있는데, 교사들의 임금이 저렴해서 더 많은 사람이 교육을 받을 수 있게 된다면, 공공의 입장에서는 이점이다.

셋째, 유럽 국가들의 정책이 노동과 자본의 자유로운 이동을 방해하여, 업종 간 유불리를 불공평하게 만들기도 한다.

도제 제도는 노동의 이동을 방해하고, 협동조합은 같은 업종 내에서의 이동도 방해한다.

같은 업종이라도 어떤 공장은 번성하고 어떤 공장은 쇠락하는데, 이때 한쪽의 노동자는 후한 임금을 받고 다른 한쪽의 노동자는 박한 임금을 받는다. 이럴 때 고용이 자유로우면, 노동자는 낮은 임금이나 실업자가 되는 것을 방지할 수 있어서 좋고, 고용주는 양질의 훈련된 노동자를 쓸 수 있어서 좋다.

옛날에는 법과 윤리로 임금을 제한하기도 했지만, 이제는 그런 게 완전히 사라졌다. 누군가 말하길 "400년간 겪어 보건대, 이제 되지도 않을 규제들은 버려야 할 때이다. 모든 사람이 같은 임금을 받는다면, 경쟁심도, 근면도, 창의성도 없게 된다."

사람이 사는 데 가장 중요하다고 해서 빵값을 정해 주는 곳이 있는데, 어차피 시장에서 자유롭게 경쟁하는 곳이 빵값은 더 싸다.

노동 이익률과 자본 이익률의 업종 간 차이에 대한 비율은 사회의 진보, 정체, 퇴보나 사회의 빈부로부터 영향을 별로 받지 않는다.

CHAPTER 11

땅 임대료

땅 사용료인 임대료는 임차인이 지불할 수 있는 최고의 가격을 형성한다. 임대인은 임차인의 몫을 적게 하려고 애쓰고, 임차인은 농사를 영위하는 데 필요한 비용에 더해 약간의 이익만 보면 되는 선에서 임대료를 합의한다.

임대료는 땅 주인이 자본을 투입하여 개발한 것에 대한 이익으로 볼 수도 있지만, 손 하나 대지 않은 땅에도 임대료는 있다. 또한, 임차인에 의해 개발된 부분도 그다음 임대차계약 시에 임대료를 올려받을 수 있는 요소로 작용하는 것으로 보아 투자에 대한 이익은 매우 부분적일 뿐이다.

인간의 노력과는 상관없이 자연에서 그냥 얻어지는 것에 대해서도 그 산출량에 따라 임대료는 올라간다.

스코틀랜드의 어느 섬에서는 물고기가 잘 잡혀서 그곳의 어부들은 그 섬 근처에서 살려고 한다. 그 섬 근처의 땅 주인들은 물고기 덕에 임대료를 올려받을 수 있게 되었는데, 올라간 임대료는 물고기의 가격에 반영된다. 땅 임대료가 물고기 가격을 형성하는 요소가 되는 드문 예이다.

임대료는 자연적으로 독점 가격이다. 임대료는 땅 주인이 땅을 더 좋게 개발했다거나, 임대료를 최소한 얼마를 받아야 한다거나 등의 요소와는 전혀 상관없이, 농부가 얼마를 줄 수 있는가에 달렸다.

땅의 생산물이 시장에 나오기 위해서는 거기에 들어간 자본을 회수하고 이익이 더해질 수 있어야 한다. 시장 가격이 그보다 높으면 높아진 만큼 임대료로 가고, 높지 않으면 땅 주인에게 줄 임대료가 없다.

임대료는 노동 임금과 자본 이익이 가격을 구성하는 요소로 작용하는 것과 다른 모습을 띤다. 임금과 이익이 시장 가격을 올리고 내리는 원인이라면, 임대료는 시장 가격의 영향으로 올라가고 내려간다.

세 가지에 대해 생각해 보고자 한다. 첫째, 임대료를 낼 수 있는 생산, 둘째, 임대료를 내다 못 내다 하는 생산, 셋째, 그 둘의 차이에 대해서다.

1. 임대료를 항상 낼 수 있는 생산물

사람도 동물들처럼 먹을 게 있어야 번식할 수 있듯이, 식량은 언제나 필요한 것이다. 또한, 식량으로 다른 사람의 노동을 살 수도 있다.

땅은 보통 노동자들이 먹을 것, 농부가 투자한 것, 투자에 대한 이익을 제하고도 남는 정도로 생산물을 낸다. 그 남는 것은 땅 주인에게 임대료로 줄 것이다.

목초지에서 소를 키우면 인부들에게 임금을 지불하고, 투자분을 회수하고, 이익을 내고, 임대료를 낼 수 있게 되는데, 풀이 무성한 정도에 따라 임대료가 올라간다. 풀이 무성하면 같은 면적에서 더 많은 소를 키울 수 있을 뿐 아니라, 상대적으로 밀집되어 있어서 인부들의 노동이 덜 소요되므로 인건비도 절약된다.

임대료는 땅의 비옥함 말고도 땅의 위치와도 관련된다. 도시에서 멀수록 시장이 먼 만큼 운반에 노동이 더 소요되는 반면, 상품 가격은 동일하기에 자본 이익과 임대료의 몫은 줄어들 수밖에 없다. 하지만 앞서 살펴본 바와 같이 시골은 자본 이익이 높아야 하므로 결국 임대료가 매우 줄어든다.

도로를 뚫고, 운하를 파고, 강을 개발하는 것은 시골의 접근성을 좋게 한다. 그런 것들이 땅의 가치를 높이는 가장 좋은 방법이다. 또한, 이는 국토 대부분을 차지하는 시골에 경작을 장려하여 근교에서만 공급하던 독점을 깨므로 도시에도 이롭고, 많은 시장이 생기게 되어 시골에도 이롭다.

독점은 소비자뿐만 아니라 공급자에게도 나쁜데, 자유 경쟁으로 스스로 살아남기 위해 끊임없이 경영을 개선하려는 의지가 없기 때문이다. 실제로 런던 근교의 몇몇 지주가 시골에 도로를 내는 것을 반대하는 청원을 낸 적이 있는데, 시골의 싼 임금으로 생산한 물건들이 런던의 시장에 팔리면 물건값이 싸질 테고 따라서 자신들의 임대료가 떨어질 것을 염려했던 것이 그 이유다. 하지만 실제로 도로 건설 후 임대료는 더 올랐고 경작도 증가했다.

논이 목초지보다 더 많은 식량을 생산한다. 논농사에 더 많은 노동이 소요되지만, 그것을 상쇄하고도 더 많은 것이 남는다. 빵값과 고깃값의 차이는 농사의 발전 단계에 따라 변한다. 초기에 황무지가 많을 때는 소를 그냥 풀어두니까 고기가 흔하고 싸지만, 곡물의 이익이 많은 만큼 더 많은 목초지가 논으로 개간되어 곡식 생산이 늘고 상대적으로 고기 생산이 줄어들며 균형을 맞춰간다. 고깃값이 더 좋을 때는 이미 개간된 논이라도 다시 황무지로 돌아가 소를 키우게 되고, 반대의 경우 다시 논이 된다.

국토 전체가 목초와 곡식을 다 충분히 생산할 만큼 크지 않은데도 많은 인구로 번성하는 나라가 있다. 풀은 장거리 운반이 어렵고 곡식은 해외에서 사 와도 될 만큼 이동에 제약이 없기 때문에, 지금의 홀랜드나 과거의 로마 같은 경우는 그냥 땅을 목초지로 운영하며 곡식은 멀리서 사 왔다.

문명화된 국가에서 대부분의 땅은 사람이 먹을 곡식을 경작하거나 가축이 먹을 풀을 생산한다. 이 땅들의 임대료와 생산물이 가져다주는 이익이 다른 모든 땅의 임대료와 이익에 영향을 미치게 되면서 땅의 용도는 매번 바뀐다.

이익이 더 좋은 작물을 생산하기 위한 땅으로 바꾸기 위해서는 돈이 더 들어가는데, 추가적인 이익은 추가적인 비용에 대한 보상보다 특별히 더 높은 것은 아니다. 호프밭, 과수원, 채소밭의 임대료나 이익은 논이나 목초지보다 높지만, 이는 그런 것들을 생산하기 위한 땅으로 바꾸기 위해 지주가 돈을 쓴 것에 대한 보상이고, 생산 관리에 특별한 지식과 기술을 더 갖춘 농부에 대한 보상일 뿐이다.

2. 임대료를 낼 수도, 못 낼 수도 있는 생산물

사람의 식량만이 유일하게 임대료를 항상 낼 수 있는 작물이다. 다른 생산물은 상황에 따라 다르다.

식량 다음으로 인간에게 필요한 것은 옷과 집이다.

자연 상태의 땅은 보통 먹일 수 있는 사람 수보다, 짐승 가죽 같은 옷 재료로 입힐 수 있는 사람의 수나 나무 같은 집 재료로 재울 수 있는 사람 수가 더 많다. 땅이 개간된 후에는 먹일 수 있는 사람의 수가 더 많아진다. 처음에는 옷 재료나 집 재료가 넘쳐나니까 그 가치가 구하러 돌아다닌 수고비에 지나지 않지만, 많은 땅이 개간된 후에는 상대적으로 희소성을 띠게 되면서 가치가 오르고 임대료를 낼 수 있게 된다.

외국과 무역을 하지 않았으면 미국의 인디언들이 먹기 위해 잡은 많은 짐승의 가죽이 그냥 버려졌을 것이다.

통나무 같은 집 재료는 운반이 힘드니까 원거리 무역이 곤란하여, 근처의 수요를 충족시키고 나면 그만이다. 그 때문에 나무가 많이 나는 곳의 나무는 가치가 없다. 같은 이유로 런던 근교의 채석장은 임대료가 있지만, 시골은 없다.

국가의 번영은 얼마나 많은 사람을 입히고 재우느냐에 달린 게 아니라, 얼마나 많은 사람을 먹이느냐에 달렸다. 먹고 난 후에 입을 것과 집 지을 것을 찾기는 쉽지만, 입을 것과 잘 곳이 있어도 먹을 것을 찾기 어려운 경우는 많다. 원시사회에서도 간단한 집을 짓는 데는 한 사람이 하루면 충분하고, 짐승 가죽을 다듬어 옷을 만드는 데도 기껏해야 수일이 소요될 뿐, 나머지 모든 노동은 먹을 것을 생산하는 데 소요된다.

땅이 개간되고 나서는 한 가족이 일해서 두 가족이 먹을 양을 생산하게 되고, 그렇게 인구의 절반은 다른 것을 해도 먹을 수 있게 된다.

먹을 것 이외에 인간이 주로 필요로 하는 것은 옷, 집, 가구, 각종 기구 등이다. 아무리 부자라도 소비하는 식량의 양은 가난한 자와 같지만, 그 외의 것들은 부자가 질적·양적으로 많이 소비한다.

사람 위장의 크기는 일정하지만, 좋은 것을 갖고자 하는 욕구의 크기는 끝이 없다. 그 때문에 모두가 먹을 수 있는 충분한 식량이 생산되기만 한다면 더욱 많은 비율의 사람들이 식량 외의 것들을 만들어 내는 데 종사하게 된다.

바꿔 말해서 경작할 수 있는 땅을 늘리거나 개발하여 식량 생산량이 늘면, 다른 일에 종사하는 사람의 비율이 늘어난다.

이렇게 경작지를 늘려 식량 생산량이 증가하는 것으로 식량 이외의 것들도 임대료를 감당할 수 있을 만큼 가치를 갖게 된다.

하지만 식량 이외의 것들은 여러 상황에 의해 임대료를 낼 수 없을 때가 있다.

예를 들어, 어떤 석탄 광산의 수율이 떨어져서 원가와 노동 임금 그리고 평균적인 자본 이익 이외에는 남는 것이 없다고 가정해 보자. 그 광산은 임대료 없이 빌려줄 땅 주인도 없을 것이고, 임대료를 내고 이익 없이 경영할 기업가도 없을 것이다. 이런 경우 땅 주인이 직접 광산을 경영하기도 하는데, 스코틀랜드의 많은 광산이 그렇게 운영되고 있다. 한편으로 수율이 높아도 소비할 지역주민이 적거나 다른 지역으로 운송할 도로나 운하가 열악해 채굴하지 못하는 광산도 있다.

나뭇값도 농업의 상태에 따라 달라지는데, 가축값이랑 같은 이치다. 원시시대에 나무는 공짜였다가, 경작지가 늘고 가축이 늘면서 사람이 사는 가까운 곳에서는 점점 그 수가 줄어들어 가격이 올라가게 되었다.

땔감으로 석탄보다는 나무가 선호된다. 석탄값은 비싸다 하더라도 나뭇값보다는 싸다. 석탄 산지에서는 당연히 더 싸다. 좀 더 싸더라도 대량으로 파는 게 더 이익이 좋기에 수율이 좋은 광산이 선호되고, 여기서 석탄 가격을 낮추니 주변의 평범한 광산들은 수지를 맞출 수 없게 되거나, 땅 주인이 직접 광산 경영을 하는 상황에 이른다.

석탄 광산 임대료는 다른 보통 땅보다 저렴한데, 다른 산물이 채굴량의 1/3 정도를 확정임대료로 내야 한다면, 석탄 광산은 1/10 정도를 내며 그것도 생산량에 따라 가변적으로 낸다. 보통의 광산들이 수율에 의해 가치가 정해지지만, 석탄 광산은 주변 여건에도 영향을 많이 받는다.

제련된 구리, 은, 철 등은 가격이 비싸 운반비가 덜 영향을 미치기에 전 세계가 시장이 된다. 일본의 구리가 유럽에서 팔리고, 스페인의 철이 칠레와 페루에서 팔린다. 페루의 은은 유럽뿐 아니라 중국에서도 팔리며, 다른 지역의 광산에도 가격 면에서 그 영향을 미친다. 페루에서 좋은 은광이 발견되자 유럽의 대부분 은광은 버려졌다. 반면, 석탄은 슈롭셔와 뉴캐슬 간의 거리(대략 50㎞) 정도만 되어도 별 영향을 받지 않는다.

금속 가격은 세계에서 가장 수율이 좋은 광산의 금속 가격을 기준으로 정해진다. 수율이 안 좋은 광산은 임금과 이익이 크게 다르지 않으므로 임대료가 싸질 수밖에 없다. 대략 채굴량의 1/6 정도가 임대료다.

페루의 은광에서 땅 주인은 광산업자의 채굴량에 대하여 알 수 없는 대신 원석을 분쇄하는 작업을 해 주고 돈을 받는다. 1736년까지 스페인 왕은 채굴량의 20%를 세금으로 걷었는데, 세금이 없었으면 땅 주인은 그만큼 임대료를 더 받았을 것이고, 세금을 제하고는 이익이 나지 않아 버려진 많은 광산이 다시 개발되었을 것이다.

페루의 은광 개발업자들은 복권을 사는 것과 같이 곧 파산할 운명으로 바라보는 시각이 일반적이었으나, 국가로서는 소득을 얻기 위해 그들이 새로운 광산을 개발하도록 장려하였다. 업자들은 광산을 개발하면서 광맥이라고 생각하는 80×40㎡ 정도의 구획에 대해 땅 주인도 모르는 새 사실상의 소유권자가 될 수 있었다. 소위 공공의 이익을 위해 신성한 사유재산을 희생시킨 것이다.

금광에서도 그런 장려가 있었는데, 왕에게 내는 세금은 은처럼 처음 20%에서 10%, 나중에는 5%까지 내렸음에도 이익을 보기 어려웠다.

금은 은보다 밀수가 쉬웠는데, 부피가 작아서이기도 하지만, 제련 과정의 특성상 큰 설비에 의존하는 은과 달리 누구든 가정집에서라도 쉽게 분리해 낼 수 있어서 관리의 눈을 피할 수 있기 때문이기도 했다. 은도 세금이 잘 안 걷혔지만 금은 더욱 안 걷혔고, 임대료로 빠져나가는 몫은 더욱 없어서 금값에서 임대료가 차지하는 영향은 더욱 적었다.

귀금속의 최저 가격은 다른 물건의 최저 가격이 정해지는 이치와 같다. 그것을 시장까지 가지고 나오기 위해 투입되는 자본에 의해 결정된다. 자본은 이익을 더해 회수되어야 한다.

귀금속의 최고 가격은 그 자체의 희소성에 의해 결정된다. 나무 가격 이상으로는 오르지 않는 석탄 가격과는 달리, 금 가격은 다이아몬드 가격보다 높아질 수 있다. 귀금속의 수요는 부분적으로 실용성에 있고 부분적으로는 그 아름다움에 있다. 금이나 은으로 식기를 만들면 녹도 안 슬고 깨끗하며, 장신구나 장식품으로 만들면 예쁘기에 부자들이 선호한다. 그리고 그 희소성까지 더해져 높은 가격을 형성한다. 이렇게 실용적, 미적, 희소적으로 가치가 높아진 금과 은은 화폐로 쓰이기에 적합했고, 화폐로 쓰이기 시작하면서 더더욱 양이 부족해지며 가치를 더했다.

보석에 대한 수요는 그 아름다움에만 있다. 보석은 장식으로밖에 쓸 일이 없으며, 시장으로 가져오기 매우 힘들다는 희소성이 그 가치를 높인다. 노동 임금과 자본 이익이 보석 가치의 대부분을 차지하고 임대료는 몫을 거의 못 챙긴다.

귀금속이나 보석은 세계에서 가장 수율이 좋은 광산에서의 가격에 의해 나머지 가격이 정해진다. 신대륙의 광산이 발견되자 유럽의 광산들은 문을 닫았다. 예전의 은 생산량은 훨씬 적었지만, 그 적은 양으로도 지금과 같은 정도의 구매력이 있었고, 결국 당시의 업자나 땅 주인이 가진 소득은 지금 신대륙 광산의 업자나 땅 주인이 갖는 소득과 같을 것이다.

귀금속이나 보석의 좋은 광산이 세계의 부에 기여하는 바는 거의 없다. 희소성에 의해 가격이 정해지는 한, 풍부한 생산은 가격의 하락을 의미한다. 은 식기나 장신구는 더 적은 양의 노동으로도 구매할 수 있게 되었고 그것이 유일하게 좋아진 점이다.

의식주에 필요한 것들을 생산하는 땅은 어찌 되었든 임대료를 낼 수 있다. 비옥한 땅이 근처에 있다고 해서 척박한 땅의 가치가 떨어지는 것이 아니라, 비옥한 땅이 만든 풍요로운 시장이 척박한 땅의 산물도 취급할 수 있게 해줌으로써 척박한 땅의 가치도 올리는 것이다.

땅의 생산량을 증가시키는 방법이 무엇이든 그 땅의 가치를 높일 뿐 아니라, 새로운 수요의 창출로 인해 다른 생산을 하는 다른 땅의 가치마저도 높인다.

식량의 생산이 늘어서 먹는 데 쓰이고 난 나머지가 생기면, 옷, 집, 가구 등을 사고 싶어지고, 귀금속이나 보석의 수요도 생기게 된다. 식량은 국부의 근간을 구성할 뿐 아니라, 풍부한 식량으로 인해 다른 것들에 가치가 부여되기 시작한다. 신대륙이 처음 발견되었을 때, 원주민들이 차고 있던 귀금속들은 스페인 사람들이 주는 약간의 식량과도 쉽게 교환되었다.

3. 항상 임대료를 낼 수 있는 생산물과 그렇지 않은 생산물 간의 차이

땅의 개간과 개발로 증가한 식량의 풍부함은 다른 곳에 쓰고 꾸미기 위한 것들에 대한 수요도 증가시킨다.

항상 임대료를 낼 수 있는 것이 아닌 생산물의 가치는 항상 임대료를 낼 수 있는 생산물의 가치에 비례해서 오른다. 산업이 발전함에 따라, 옷과 집의 재료나 자연 광물 그리고 귀금속들에 대한 수요는 점진적으로 증가하고 교환가치도 비싸진다.

채석장의 가치는 주변의 발전에 따라 증가하지만, 은광은 주변의 발전과 상관이 없다. 채석장의 돌멩이는 주변의 수요에 맞춰 공급될 뿐이고, 은은 전 세계의 수요에 맞춰 공급된다. 이 세상이 발전 중이거나 인구 증가 상태에 있지 않으면 은에 대한 수요는 하나도 증가하지 않았을 것이다. 세상의 발전으로 은에 대한 수요가 늘어났어도, 새로 개발된 은광이 많거나 수율이 지나치게 좋아 은에 대한 수요를 크게 웃돌면 은의 실질 가격은 내려가게 된다.

은의 시장은 상업화되고 문명화된 곳들이다.

은에 대한 수요가 늘어났는데 공급이 같은 비율로 늘어나지 않으면 은값은 곡물값에 비해 점점 비싸진다. 반대로 공급이 은에 대한 수요보다 빠르게 늘어나면 은값은 싸진다. 은의 공급이 곡식의 증가와 같은 비율로 이루어진다면 은값은 늘 일정할 것이다.

여담으로 지난 4세기 동안의 은의 가치 변화에 관하여 말해 보고자 한다.

고대부터 16세기까지는 부의 증가로 귀금속의 양도 증가했으며 특별히 가치의 변동은 없었다.

신대륙의 발견으로 은의 공급이 늘어나면서, 은값은 떨어지고 상대적으로 곡식의 명목 가격은 올랐다.

18세기 들어서 은화는 한 번도 그 함량이 줄지 않았다. 훼손이 좀 심해도 그 가치는 금화와 연동되어 유지되었다.

은값이 곡물값에 비해 다시 오르기 시작했는데, 이는 은값의 변동이 아니라 곡물 가격의 변동으로 볼 수도 있겠지만, 곡식 가격은 장기적인 관점에서 보면 다른 무엇보다 정확한 가치 측정의 수단이 되기에 은값의 변동으로 보는 것이 맞다.

미국에서 은광이 발견되고 곡식 가격은 그 이전의 3~4배가 되었는데 이것은 곡식 가격의 상승이라기보다 은의 실질 가격 하락으로 보는 것이 일반적이다.

금세기 들어 곡식 가격의 하락도 마찬가지로 은 가격의 상승으로 봐야 한다. 같은 기간 동안 영국에서는 임금도 상승했는데 이것은 국가의 번영에 따른 결과이지 은값의 하락 때문이 아니다. 이는 같은 기간 동안 프랑스의 임금이 하락한 것을 통해 알 수 있다.

미 대륙에서 처음 은광을 발견한 후, 한동안은 낮은 가격에 팔 이유가 없었을 테고 많은 이익을 보았을 것이다. 하지만 그 가격에 형성된 수요는 금세 채워지고 곧 남은 물량을 싸게 처분할 수밖에 없게 된다. 그렇게 가격은 점점 내려가서 자연 가격, 즉 그 은들을 시장에 가져오기 위해 투입된 노동에 대한 임금과 자본에 대한 이익 그리고 광산 임대료의 합이 되는 선까지 내려온다. 여기에 스페인 왕이 10%의 세금을 부과했는데, 이것이 임대료의 몫을 모두 가져가 버렸다. 이 세금을 더 낮추지 않으면 미 대륙의 많은 광산이 문을 닫을 것이고 은값은 비싸질 것이다.

미 대륙이 발견된 이후 은 시장도 계속해서 확장했다.

첫째, 유럽 대부분 국가의 농업과 공업이 발전하면서 유럽의 시장이 커졌다.

둘째, 미 대륙 자체의 시장이 생겼다. 그들의 빠른 성장이 미 대륙을 유럽의 어느 나라보다도 번성케 하였고, 이는 많은 것들에 대한 수요가 빠르게 증가하는 것으로 이어졌다.

셋째, 동인도 역시 빠르게 수요가 성장하는 시장이다. 찻잎, 향신료 같은 동인도 지역의 상품들이 유럽에서 많이 소비되면서 그 지역의 고용이 늘어났다. 원래 쌀을 주식으로 하는 국가들은 풍부한 식량 생산으로 인해 인구가 많고, 부자들은 여유분의 식량을 많이 가지고 있어서 더 많은 구매를 할 수 있다. 인도나 중국의 부자들에 의해 은 수요가 늘어 이 지역의 은값이 높은 편이다.

금속 가격은 변해도 천천히 변한다. 년 단위로는 잘 변하지 않고, 특히나 귀금속은 급격한 변동이 없다. 올해 출하된 곡식은 거의 올해 소비되어야 하지만, 철은 100년이라도 계속 쓸 수 있기 때문이다.

미 대륙의 광산이 발견되기 전에는 순금값과 순은값의 비율은 유럽 각 국가의 조폐국이 정한 대로 결정되었고, 그 비율은 대개 1:10~1:12였다.

지난 세기 중반에 이 비율은 1:14~1:15가 되었는데, 이는 곧 금의 은화 표시 가격이 오른 것이다. 이것은 미 대륙에서의 은 생산이 금 생산보다 더 늘었기 때문이다.

이 이야기의 결론은 다음과 같다.

사회의 발전은 직간접으로 임대료의 상승을 불러오고 땅 주인의 부를 증대시킨다.

늘어난 개발과 경작으로 늘어난 생산이 직접적으로 땅 주인의 몫을 늘린다.

늘어난 개발과 경작에 들어간 비용의 영향으로 토지 생산물의 실질 가격이 상승하고 이는 가축 가격의 상승에도 영향을 미쳐, 임대료를 또 올리게 된다. 이때 가격이 올랐어도 투입되는 노동력은 동일하고, 자본 이익 역시 그 시대 그 지역의 평균적인 이익률과 같으므로 추가로 발생한 가치의 많은 부분이 임대료의 몫으로 빠진다.

사회 발전의 결과로 노동의 생산성이 향상되고 공산품의 가격이 내려가는데, 이 역시 간접적으로 임대료를 올리는 데 기여한다. 땅 주인들이 임대료로 챙긴 토지 생산물은 상대적으로 점점 비싸지고 공산품은 상대적으로 싸지므로 결과적으로 땅 주인들이 사회에서 챙기는 몫은 더욱 늘어나는 꼴이 된다.

반대로 쇠퇴하는 사회에서는 공산품이 비싸지고 토지 생산물이 싸지면서 임대료의 몫은 더욱 줄어들게 된다.

한 국가에서 한 해 동안 생산된 가치의 총합은 다시 임금, 이익, 임대료로 구분될 수 있고, 이는 노동 임금으로 먹고사는 계층과 자본 이익으로 먹고사는 계층 그리고 땅 임대료로 먹고사는 계층, 이렇게 세 계층의 소득의 합으로 볼 수 있다. 이 세 계층은 문명화된 사회의 가장 근본적인 집단이며, 그들의 소득으로부터 다른 잡다한 계층의 소득이 나온다.

지주 계층의 이해관계는 사회의 포괄적 이해관계와 연결되어 있다. 한쪽을 방해하면 다른 쪽도 방해받고, 한쪽을 도와주면 다른 쪽도 좋아진다.

그들에게 충분한 지식이 있다면 상업규제나 정책을 생각할 때 그들의 이익에만 득이 되게 할 수는 없음을 알 수 있겠지만 실상 그들은 지식이 없다.

그들은 세 계층 중에 유일하게 저절로 돈이 들어오는 계층이라서 태생적으로 나태하며, 그 나태함이 무식을 낳는다. 그래서 미래를 예견한다거나 규제가 가져올 결과를 예상하는 등의 능력을 갖출 수 없게 되었다.

노동자 계층의 이해관계도 사회의 이해관계와 밀접하게 연결되어 있다. 노동 임금은 그 수요가 아무리 많아진다고 한들 한없이 높아지지는 않을 뿐더러, 사회 발전이 정체되면 겨우 가족을 부양할 수 있을 정도로 떨어지고, 쇠퇴하면 그조차 어려워진다. 반면에 지주 계층은 번성할 때는 노동자보다 더 큰 비중으로 챙기지만, 쇠퇴해도 생존을 걱정하거나 하는 일은 없다.

노동자 계층은 보통 정보나 지식을 얻을 시간도 없고, 정보가 있어도 분석할 여건을 갖추지 못했다. 공공의 이익을 논할 때 그들은 대개 무시된다. 노동자들의 고용주들이 세 번째 계층을 형성하는데, 그들은 자본 이익으로 살아간다.

그들은 이익을 바라고 자본을 투입하는데 모든 사회는 이 자본에 의해 대부분의 노동자가 움직이게 되는 것이다.

자본 이익률은 번성한다고 높아지거나, 쇠퇴한다고 낮아지지 않는다. 오히려 사회가 부자일 때 낮고, 가난할 때 높으며, 망해갈 때 제일 높다.

이 계층의 이해관계는 다른 두 계층과 달리 사회의 이해관계와 관련이 없다.

상인이나 제조업자가 특히 큰 자본을 움직이는데, 공공의 이익을 논할 때 그들은 그들의 부를 이용해 자신들의 이익을 최대화하는 쪽으로 제도를 만들어간다.

그들은 기획하고 계획하는 게 그들의 일이기에 당연히 시골 지주들보다 많이 알고 예리하다.

그들은 공공의 이익에는 관심이나 지식이 없고, 자신들의 분야에 집중하며 순진한 시골 지주들을 설득해 자신들이 유리한 쪽으로 제도를 만들어간다.

시장은 넓히고 경쟁은 줄이는 것이 그들의 이익에 부합한다. 시장을 넓히는 것은 공공에도 이롭지만, 경쟁을 줄이는 것은 공공에 해롭다.

경쟁을 줄이는 것은 그들에게 이익을 더해 주기 위해서 나머지 국민들에게 이상한 세금을 부과하는 꼴이다.

그렇기에 그들이 제안하는 모든 제도는 의심의 눈초리로 꼼꼼히 따져 봐야 한다.

12
『국부론』 제2권

제2권에서는 '자본의 본질, 축적, 투입'에 대해 설명한다.

CHAPTER 1
자본의 분류

만약 누군가가 가진 'Stock(비축물자, 자본)'이 며칠 동안 먹을 수 있는 분량 밖에 안 된다면, 그는 그걸로 어떤 소득을 끌어내고자 하는 생각은 못할 것이다.

최대한 아껴서 쓸 것이고, 다 떨어지기 전에 일해서 또 채워 넣으려 할 것이다.

그의 수입은 오로지 그의 노동에 의해서만 생기고, 이는 모든 빈곤한 노동자들의 모습이다.

그러다가 몇 달 혹은 몇 년을 먹을 수 있는 'Stock'이 있으면, 당장 먹을 것을 빼고 나머지로 다른 소득을 얻으려 하게 된다.

그의 총 'Stock'은 그렇게 두 부분으로 구분할 수 있는데, 그중 소득을 기대하는 부분을 'Capital(자본)'이라 한다. 그리고 바로 쓰려고 할당해 놓은 것도 세 가지로 분류할 수 있다. 첫째, 초기 자본에서 떼어 놓은 것, 둘째, 수입에서 매번 떼어 놓는 것, 셋째, 가구나 옷처럼 예전에 사 놓은 걸 아직 쓰고 있는 것, 이렇게 세 가지다.

소득이나 이익을 얻기 위해 자본이 투입되는 방식은 두 가지다.

첫째, 상품을 키우거나, 만들거나, 매입해서 이익을 붙여 되파는 방법이다. 이런 경우, 가공되지 않거나 상인의 손에 남아있는 동안에는 아무런 이익이 붙지 않는다. 상인은 계속해서 상품을 가공하고, 돈을 받고 팔고, 다시 돈을 주고 상품을 사 오는 등의 일을 해야 일정한 소득을 얻을 수 있다. 이것을 순환자본이라고 한다.

둘째, 땅을 개발하거나, 기계를 사거나, 장사 도구를 사거나 하는 식으로 주인이 바뀌거나 순환하거나 하지 않으면서 이익을 내는 자본이다. 이 것을 고정자본이라고 한다.

업종에 따라 순환자본과 고정자본의 비율은 매우 다르다.

예를 들어, 상인의 자본은 거의 다 순환자본이고, 제조업자는 자본의 일부가 기계나 도구의 형태로 고정된다. 옷을 만드는 사람은 바늘 꾸러미 정도만 갖추고 나머지는 직원 월급과 옷감을 사는 데 쓰이는 순환자본인 반면, 대장간은 많은 기계와 도구를 갖춰야 한다.

한 국가의 'Stock'의 합은 각 개인의 합과 같고, 이것은 다시 첫째, 당장 쓸 것, 둘째, 고정자본, 셋째, 순환자본의 세 가지 형태로 분류된다.

첫째, 당장 쓸 것은 이익 창출이 안 된다. 먹는 것, 입는 것, 집과 가구 등이 모두 여기에 포함된다. 이익을 내지 않아도 꼭 필요한 것들이다.

둘째, 고정자본은 가만히 한 자리에서 이익을 낸다. 첫 번째로는 노동을 편하고 빠르게 할 기계나 도구 등, 두 번째로는 직접 사업을 영위하거나 임대료를 받을 수 있는 가게, 창고, 작업장, 공장 등의 건물, 세 번째로는 농사·노동을 빠르고 편하게 할 땅의 개발, 마지막으로 개개인에게 쌓이는 지식, 기술, 기능 등의 형태로 존재한다.

셋째, 순환자본은 순환해야만 이익을 내는 자본이다. 이는 돈, 식량,

원재료, 판매 전의 완성품 형태로 존재한다. 이 중에서 돈을 제외한 나머지 세 가지는 점점 '고정자본'이나 '당장 쓸 것'으로 바뀌어 간다.

모든 고정자본은 순환자본으로부터 나오고, 유지되는 데도 순환자본을 필요로 한다.

고정자본은 순환자본 없이 이익을 낼 수도 없다. 기계가 아무리 훌륭해도 그것을 돌릴 노동자가 필요하고, 원재료를 투입해야 제품을 만들 수 있다.

'당장 쓸 것'은 고정자본과 순환자본이 최종적으로 가야 할 곳이자 목적이 된다. 궁극적으로 부유하다는 것은 이 '당장 쓸 것'을 풍부하게 가지고 있는가의 문제인 것이다.

순환자본은 고정자본과 소비를 위해 빠져나가지만, 땅의 생산물, 광산의 생산물, 어업 생산물로 다시 채워진다.

농업, 광업, 어업이 생산물을 내기 위해서는 고정자본과 순환자본이 필요하고, 거기서 나온 생산물들은 자기자본만 채우는 것이 아니라 다른 곳에서 빠진 자본들도 채운다. 농작물은 제조업자가 소비한 식량과 사용한 원재료를 채워 넣고, 공장이 생산한 제품들은 농부들이 사용해 낡은 도구들을 새것으로 바꾼다.

적당히 안전이 확보된 나라에서는 누구라도 자신이 가지고 있는 'Stock'을 당장의 즐거움을 위해 쓰거나 미래의 이익을 위해 쓰든지 할 것이다. 그렇지 않은 나라, 즉 가진 것을 빼앗길 수도 있는 상황에 있는 나라의 사람들은 'Stock'을 숨기려고 할 것이다.

CHAPTER 2

사회자본의 한 가지로 여겨지는 돈,
국가자본의 유지

우리가 돈을 얘기할 때, 단순히 금속 조각을 의미하기도 하고, 그걸로 살 수 있는 것들을 의미하기도 한다.

영국에 돌고 있는 돈이 1,800만 개라고 얘기할 때, 그것은 단순히 영국에 유통되고 있는 그만큼의 금속 조각을 의미한다.

그런데 우리가 어떤 사람의 연봉이 1만 파운드라고 할 때는 단순히 그가 가져가는 그만큼의 금속 조각을 의미하는 것이 아니라 그가 소비하거나 구매할 그만큼의 가치를 의미하고, 그가 어떤 모습으로 살아가는지마저 알 수 있게 한다.

어떤 사람이 매주 금화 한 닢을 연금으로 받는다고 하자. 그는 그 한 닢으로 매주 먹을 것을 사고 편의와 즐길 거리를 산다. 이것들의 양이 많고 적음에 따라 그의 실질적 부가 많거나 적다고 할 수 있다. 그의 주간 소득은 금화와 금화로 산 것들이 아니라 둘 중 하나이며, 금화보다는 금화로 산 것들을 그의 소득으로 보는 것이 더 적절하다. 다시 말해서, 금화가 아니라 금화의 가치가 그의 소득인 것이다.

그가 연금을 금화로 받지 않고 금화 증서로 받았다면, 그의 소득은 종잇조각인 것이 아니라 금화와 마찬가지로 그만큼의 가치가 그의 소득인 것이다.

어떤 사람의 소득을 그가 받은 금속 조각의 양으로 종종 표현하지만,

그것은 그 조각들이 그의 구매력을 결정하고 그가 소비하는 물건의 가치를 결정하기 때문이다. 이것은 사회의 소득 역시 마찬가지다.

돈은 상업의 도구로써 자본의 중요한 일부분이긴 하지만 소득과는 상관없다.

돈은 고정자본과 마찬가지로 초기 설치와 유지·보수에 비용이 많이 들지만, 사회의 도구로써 사회소득의 증진에 도움을 준다.

비싼 금과 은 대신 종이로 돈이 대체되면서 기능은 똑같으면서도 비용이 덜 들게 되었다.

종이돈에도 여러 종류가 있는데, 은행이 발행하는 유통 어음이 대표적이다.

어느 순간 신중하고 정직하며 돈이 충분히 있다고 여겨지는 은행업자가 생기자, 사람들은 그 은행의 약속어음은 언제든지 돈으로 바꿀 수 있다고 믿게 되었고, 그러자 그 어음이 마치 금과 은으로 된 돈인 것처럼 흘러 다니기 시작했다.

은행은 고객들에게 약속어음을 빌려주는데, 고객들은 금과 은으로 된 돈을 빌린 것처럼 은행에 이자를 지불하고, 이 이자는 은행의 소득이 된다.

일부 어음은 은행으로 되돌아와서 돈으로 지불해 줘야 하지만, 대개는 몇 달이나 몇 년 동안 시중에서 계속 흘러 다닌다.

은행이 발행한 어음이 10만 파운드라고 할 때, 실제 지급하기 위해 준비하고 있어야 할 돈은 불과 2만 파운드로 충분했다. 즉, 2만 파운드의 돈만 있으면 10만 파운드 만큼의 기능을 할 수 있었다. 실제로 시장에서 10만 파운드 만큼의 상품이 교환되는 데 이 약속어음이 쓰인다. 원래 필요했을 나머지 8만 파운드 만큼의 금과 은은 다시 다른 은행에 의해 똑같이 약속어음을 발행하는 근거로 쓰이면서, 시장에 흘러 다니는 어음의 양이 증폭된다.

어느 나라에 한 해 동안 생산된 총 물량을 유통하는 데 100만 파운드의 돈이 필요하다고 해 보자. 여기에 은행들이 20만 파운드를 금고에 넣어두고서 100만 파운드 분량의 어음을 발행하여 유통시킨다고 해 보자. 그럼 80만 파운드의 돈과 100만 파운드의 어음이 유통되면서 시중에는 총 180만 파운드의 돈과 종이가 유통되는 것이다. 하지만 그해에 생산되어 유통되는 물건들은 100만 파운드의 어음으로 충분하기 때문에, 남은 80만 파운드의 금과 은은 다른 데 쓸 수 있게 된다. 이 80만 파운드 만큼의 금과 은은 이익이 붙기를 기대하면서 해외로 보내진다. 해외에서 물건을 사 와 국내로 들여오거나 그 물건을 다시 다른 나라로 보내 돈을 불릴수 있다.

외국에서 물건을 사서 다시 다른 외국으로 보내는 것을 'Carrying trade'라고 하며, 80만 파운드로 'Carrying trade'를 하면 새로운 소득이 생긴다.

80만 파운드로 외국에서 와인이나 비단을 사 와 국내의 놀고먹는 사람들이 소비하도록 할 수도 있다.

혹은, 80만 파운드로 외국에서 원재료, 도구, 식량 같은 'Stock'을 사 와 사람을 더 고용해서 더 많은 생산을 꾀할 수도 있다.

이렇게 은행은 그 쓰기 나름으로 국가의 부에 좋은 영향을 준다. 실제로 최근 스코틀랜드에서 은행을 세우자 상업 규모가 4배까지 확대되었다는 주장도 있다.

스코틀랜드의 은행들이 현금계좌라는 개념을 도입하여 지역의 상인들에게 쉽게 돈을 쓰고 갚을 수 있는 편의를 제공하자, 같은 규모의 Stock으로 더 많은 양의 상품을 취급할 수 있게 되어 더 많은 이익을 낼 수 있게 된 것이다.

종이돈이 금은화의 가치를 초과하여 발행되는 경우, 유통에 쓰이고 남는 나머지 종이돈은 해외에서는 무시되니 갈 수 없고 곧 은행으로 되돌아오게 되며, 금은화로의 교환을 요구받게 되는데, 은행이 초과 발행으로 충분한 양의 금은화를 보유하지 못한 상황이라서 환급에 난색을 보이고, 이것은 더욱 많은 종이돈이 환급을 요구하는 상황으로 번지게 된다.

은행이 다른 사업의 일반적인 지출보다 두 가지 더 비용을 지출하는 분야가 있는데, 하나는 고객의 지불 요구에 응하기 위해 보유해야 하는 금은화에 대한 이자이고, 다른 하나는 수시로 부족해지는 금은화를 채워 넣는 데 필요한 비용이다. 은행이 종이돈을 필요보다 많이 발행하게 되면 이 비용들이 가중되어 더 들어가게 되고, 은행은 어려운 상태가 된다.

은행은 국가의 자본을 늘리는 것이 아니라, 이미 있는 자본을 더 많이 생산적인 곳으로 움직이게 자극하여 산업을 늘리는 것이다.

사회에 존재하는 자본의 상당 부분은 필요할 때 지출하기 위해 그냥 준비금으로 남아있고, 그동안은 아무런 이익을 창출하지 못한다.

바람직한 은행의 역할이란 그런 자본을 모두 생산적인 곳에 투입될 수 있도록 도와주는 것이다.

금과 은이 단순히 그해에 생산된 것들을 소비자들의 손에 쥐어지게 하는 유통의 도구로써만 사용될 때는 아무런 이익을 창출하지 못한다. 그러나 은행이 지폐를 발행하면서 유통의 도구로써의 기능을 대체하게 되고, 거기에 쓰였을 금과 은을 다른 생산적인 곳에 투입할 수 있게 해줌으로써 국가의 부는 증대된다.

유통의 도구로 사용되는 금과 은을 산지와 시장을 이어주는 고속도로로 표현하자면, 은행이 발행하는 지폐는 기존의 고속도로로 사용되던 땅을 논과 밭으로 사용할 수 있게 해 주는 '하늘을 날아다니는 찻길'이라고 표현할 수 있다.

CHAPTER 3

자본의 축적, 생산적 노동과
비생산적 노동

노동에는 어떤 것에 가치를 더하는 노동과 그런 효과가 없는 노동이 있다. 전자를 '생산적 노동'이라 하고 후자를 '비생산적 노동'이라 하자.

공장에서 원재료를 가공하는 노동을 하면 본인이 먹고살 것이 나오고 사장이 가져갈 이익이 나오지만, 남의 집 심부름하는 하인으로 일하면 아무런 가치가 더해지지 않는다.

공장에서 일하면 일이 끝난 후에 눈에 보이는 팔 수 있는 물건이 생기지만, 남의 집 심부름은 일이 끝난 후에 남는 것이 없다.

공무원이나 군인은 비생산적 노동자들이다. 그들은 공공의 하인이고, 다른 사람들이 일해서 얻은 생산물로 살아간다.

그들의 노동은 아무리 고결하고 실용적이라 할지라도 그 결과물을 시장에서 팔거나 할 수 있는 것이 아니다. 그들이 종사하는 치안, 국방 등의 것들은 어디 쌓아 놓았다가 내년에 또 쓴다든가 하는 형태의 일이 아니다.

성직자, 법조인, 과학자, 선생, 작가, 연예인 등 또한 그렇다. 그들의 노동이 어떤 가치를 갖고 있을 수는 있어도, 그것을 가지고 있다가 다른 사람의 노동 결과물과 바꾼다거나 할 수는 없다.

생산적이거나, 비생산적이거나, 혹은 완전히 놀기만 하더라도 먹고살 수는 있다. 땅과 노동으로 생산된 것들은 한정되어 있는데 비생산적인 비율이 높으면 생산적인 쪽에 들어갈 분량마저 먹어치워 다음 해의 생산을 줄어들게 한다.

한 국가의 생산은 궁극적으로 그 국민이 소비하고 소득으로 주어지게 되지만, 그 전에 우선은 둘로 갈리게 된다. 첫째, 생산에 투입되었던 자본을 대체하고, 둘째, 자본 이익과 임대료로 각각 사장과 지주에게 주어진다.

생산을 하게 되면 생산을 위해 썼던 자본을 우선적으로 메워야 하는데, 이 단계에서 임금의 형태로 우선 생산적 노동자들이 먹고살게 된다.

비생산 인구는 직접적이든 간접적이든 생산 인구가 먹고살 것이 채워진 이후의 것으로 먹고살 수 있다.

생산 인구와 비생산 인구의 비율은, 생산된 것이 자본을 대체하는 것과 이익 및 임대료로 할당되는 것 사이의 비율에 따른다. 이 비율은 부자 나라와 가난한 나라가 다르다.

옛날 봉건사회는 가난한 사회였다. 그 때문에 생산물은 대체로 영주의 이익과 임대료로 크게 할당되었고 노동자들에게 돌아가는 비중이 작았다. 지금 유럽은 상업과 공업이 크게 발달해 자본이 크게 투입되고 큰 이익을 내지만 자본 이익률은 작아서 생산물은 생산에 쓰였던 자본을 대체하는 데 크게 할당되며, 생산 인구가 가져가는 몫은 단순히 커진 이익에 비례하는 것이 아니라 더 많은 비율로 증가했다.

이처럼 두 부분 간의 비율로 국민이 근면한지, 게으른지 알 수 있다. 우리는 선대보다 근면하다. 왜냐하면 생산 인구에게 가는 비중이 비생산 인구에게 가는 것보다 크기 때문이다. 우리 선조들은 근면해야 할 동기 부여가 없었기에 게을렀다. "일하고 없느니 놀고 없어라."라는 속담도 있다.

상업과 공업이 발달한 도시에서는 자본의 투입으로 임금을 받아 먹고 사는데, 제일 가난한 계층도 근면하고 성실하며 잘 산다. 영국과 네덜란드의 많은 도시가 그렇다. 반면, 행정 도시에서는 자본 대체 후의 소득으로 먹고사는데, 그곳의 가난한 계층은 게으르고 방탕하며 매우 가난하다. 로마, 베르사유, 콩피에뉴가 그렇다.

자본과 소득의 비율(재투자와 소모의 비율)이 근면과 게으름의 비율이 된다. 자본이 증가할수록 산업과 생산 인구와 가치 창출이 증가하게 되고, 곧 국민이 진짜로 부유해지는 것이다.

검약하면 자본의 비중이 늘어나는 것이고, 낭비하면 (소모를 위한)소득의 비중이 늘어나는 것이다.

뭐라도 아끼고 남겨둔 것이 자본이 된다. 그걸로 생산적 노동을 고용해 이익을 얻거나 그렇게 할 남에게 빌려줘서 이자를 얻는 것이고, 국가의 자본은 그런 개인들이 아껴서 남긴 것들의 총합이다. 자본의 증가는 소득을 다 쓰지 않고 아껴야만 생기는 것이다.

검약은 자본을 만들고, 자본은 생산 인구를 늘리고, 늘어난 생산 인구는 더 많은 가치를 생산한다.

연간 생산된 것은 거의 해당연도 안에 소비된다. 부자들의 소비는 게으른 손님들이나 잔심부름하는 하인들이 써 버리고 남는 것이 없는 반면에 자본으로 투입되는 부분은 노동자들이 쓰고 이익을 남긴다.

검약한 사람이 아낀 것은 더 많은 생산적 인구를 먹일 뿐 아니라, 공공 작업장을 설립이라도 한 것처럼 이후로도 계속해서 먹을 것을 만든다. 이런 식의 자금의 흐름은 누가 법으로 정해서가 아니라 각자 개인의 이해라는 명료한 원칙에 따를 뿐이다. 이런 흐름을 따르지 않는 사람에게 명백한 손해가 있기에 자금은 생산 인구에게 흘러가는 것이다.

낭비하는 사람은 수입의 범위 내에서 쓰지 않고 자꾸 자본을 갉아먹는다. 조상들이 검약해서 축적한 자본을 불경한 목적으로 써 버린다. 생산 인구에 흘러 들어가야 할 자금이 줄어드니 생산 인구가 줄어들고, 연간 생산이 자꾸 줄어들어 결국 가난하게 된다. 그리고 그 가난은 그런 낭비하는 사람들에게 국한되지 않고 국가 전체로 퍼진다.

생산량이 줄어드는 나라에서는 돈도 빠져나간다. 돈의 목적은 소비되는 물건들을 유통시키는 데 있다. 식량, 원재료, 공산품들이 매매되면서 적당한 소비자에게 공급되는데, 그 지역의 통화량은 그 지역에서 유통되는 물건들의 가치의 합과 같다.

생산이 줄어들면 그만큼 돈도 남아돌게 된다. 돈을 가진 사람은 남는 돈을 돌려서 이익을 남기고 싶어 하고, 결국 국내에서 쓰이지 못하는 돈은 아무리 규제해 봐야 해외로 빠져나가기 마련이다.

금과 은의 해외유출은 경기 침체의 결과이지 원인이 아니며, 침체의 고통을 완화해 주는 효과도 있다.

생산량이 늘면 늘어난 물건들을 유통하기 위해 돈의 양도 늘어난다. 금과 은이 늘어나는 것도 번영의 결과이지 원인이 아니다.

잘못된 경영도 낭비와 같은 효과를 낸다. 생산 인구에 재투자되면 소모된 만큼 재생산하고 덧붙여 이익까지 내는데, 경영이 잘못되면 재생산이 이루어지지 않는다.

검약과 올바른 경영은 낭비와 잘못된 경영을 상쇄하고 남을 만큼 그 영향력이 크다.

방탕함은 당장의 즐거움을 목적으로 하기에 대체로 요란하고 즉흥적이고 일시적인 반면, 절약은 계속적으로 우리의 상황을 개선하기 위한 욕구이기에 대체로 태어나서 죽을 때까지 조용하게 계속된다.

누구도 자신의 현 처지에 아무런 바람도 없이 완전하게 만족하는 사람은 없다. 대부분의 경우 돈이 이런 상황을 개선해 주며, 돈이 쌓이는 방법은 어떻게든 번 것의 일부를 아껴서 모으는 것밖에 없다.

사람들은 가끔은 소비를 더 하기도 하고, 어쩌다 일부 사람들은 늘 소비하기도 하지만, 대부분의 경우는 검약의 습관이 압도적으로 지배한다.

또한, 대부분의 정직한 사람들에게 파산은 매우 부끄러운 것이다. 그래서 대부분의 사업가는 그런 상황을 피하고자 매우 열심이며 사실상 파산을 맞이하는 사업가는 극히 일부분에 지나지 않는다.

큰 나라들은 개인들의 낭비와 잘못된 경영으로 가난해지지 않는다.

공공의 소득은 모두 왕실, 공무원, 성직자, 군인 등 비생산 인구에게 간다. 그들은 평시에는 아무것도 생산하지 않고 전쟁을 한다고 해도 그들이 소비하는 만큼 얻어내지는 못한다.

그들은 생산 인구가 일한 것으로 먹고살기에 그 수가 필요 이상으로 많아지면 재투자되어야 할 분량까지 소모해 버린다. 그렇게 된다면 국가는 점점 가난해진다.

이처럼 사회의 부를 좀먹는 가장 큰 존재인 정부가 개인들의 소비를 감시하며 특별소비세를 만들거나 사치품 수입을 금지하는 것은 참으로 뻔뻔한 것이다.

정부가 아무리 건전해 봐야 민간 소비의 건전함을 따라올 수 없고, 민간의 낭비가 아무리 엉망이어도 정부의 낭비를 따라갈 수 없다.

소비에도 두 종류가 있다. 하나는 먹고, 마시고, 노는 데 써 없애는 것이고, 다른 하나는 집을 짓거나 가구를 사거나 장식을 하는 데 써서 남기는 것이다.

같은 돈을 벌고 쓰더라도 수십 년 후에 보면 당연히 후자가 더 부유해 보일 수밖에 없다. 이것은 국가의 소비도 마찬가지다. 오래도록 남는 것에 소비한 나라의 국민은, 가난한 계층이라도 예쁜 건물에서 살고 좋은 가구에 앉아 시간을 보낼 수 있다.

CHAPTER 4

이자를 받고 **Stock** 빌려주기

이자를 받고 빌려주는 'Stock'은 빌려주는 입장에서는 항상 자본으로 여겨진다. 만기에는 되돌아오기를 기대하며, 그때까지 빌린 사람으로부터 정해진 이자를 받는다.

반면, 빌린 쪽에서는 그것을 자본으로 쓸 수도 있고, 소비해 버릴 수도 있다. 자본으로 쓰면 생산적 노동을 고용하여 쓴 만큼 가치를 재생산하고 추가로 이익을 얻는다. 그럼 자본은 자본대로 있고 이자도 낼 수 있다. 그러나 소비하는 데 쓰면 빌린 것을 복구할 수도 없고 이자도 낼 수 없어서, 다른 소득원을 헐 수밖에 없다.

빌려주는 쪽에서도 안정적인 원금 회수와 안정적으로 이자를 받아내기 위해서 빌린 돈을 재생산을 위한 자본으로 쓰려는 근면한 사람에게 빌려주려 하므로 소비를 위한 대출은 별로 이루어지지 않는다.

금이든, 종이든 빌리고자 하는 것은 돈 자체가 아니라 돈으로 사는 것들이다. 소비하려고 빌리면 소비할 것을 살 테고, 투자하려고 빌리면 노동이나 기계, 원재료 등을 살 것이다.

마찬가지로, 빌려주는 것도 돈 자체가 아니라 돈이 가진 가치를 빌려주는 것이다. 그래서 그 'Stock'이 투입되어 만들어진 생산물에 일정 지분을 요구하게 되는데, 그것이 이자다.

빌려주려는 'Stock'의 양이 증가할수록 'Stock'의 사용료인 이자는 줄어든다. 이는 단순히 공급이 늘어 시장 가격이 내려가는 원리가 아니라, 자본끼리의 경쟁으로 이익률이 떨어져서 지불할 수 있는 이자도 줄어들기 때문이다.

어떤 나라에서는 대부업을 법으로 금지하기도 한다. 그러나 어디에서든 돈이 필요할 때가 생길 수 있고, 어디에서든 돈을 사용했으면 사용료를 내야 한다. 법으로 금지해 봤자 사라지기는커녕 고리대금업만 번성하게 되며, 돈의 사용료에 더해 고리대금업자가 법을 어김으로써 갖게 되는 위험에 대한 비용까지 치러야 한다.

법으로 이자율을 정하는 경우에도 시장의 가장 낮은 이자율보다 낮게 정하면 대부업을 금지한 것과 마찬가지의 현상이 나타나게 된다. 가장 낮은 이자율과 같으면 저신용자들은 불법적인 고리대금업자를 찾아갈 수밖에 없으며, 이때의 이자율은 통상의 이자율에 더해 빌리는 사람의 저신용에 대한 비용과 대부업자의 불법에 대한 위험 비용까지 치러야 한다. 그래서 법으로 정하는 이자율은 시장의 가장 낮은 이자율보다 다소 높여서 정하게 된다.

땅값은 이자율에 따르게 된다. 돈 가진 사람이 직접 사업을 하지 않을 경우, 땅을 사서 임대를 놓거나 돈을 직접 빌려줘서 이자를 얻으려 하게 된다. 땅은 소득이 이자보다 다소 낮더라도 안전성이 높기 때문에 선호하게 되면서 이자율과 균형을 유지한다.

CHAPTER 5
자본 투입의 여러 유형

첫째, 사회가 필요로 하는 자연 생산물을 생산하는 것(농·축·수·광산업).

둘째, 자연 생산물을 가공하는 것(제조업).

셋째, 자연 생산물이나 제품들을 시장까지 운반하는 것(도매업).

넷째, 소비자가 필요한 만큼씩 나누어 담는 것(소매업).

이렇게 네 가지인데, 각기 단독으로는 존재할 수 없고 네 가지가 서로 작용하며 함께 존재한다. 자연 생산물이 없으면 제조업이나 유통업이 존재할 수 없다. 사람이 쓰기 위해 가공하는 제조업이 없으면 자연 생산물을 생산할 이유도 없고, 도매업이 없으면 산지의 주변 이웃들이나 겨우 쓸 정도만 생산하면 그만이고, 소매업이 없으면 필요 이상의 큰 묶음을 사야 하니 살 게 없어진다.

위의 네 가지 형태의 사업가들도 생산적 노동자들이다.

그들의 노동이 물건에 가치를 더하고, 물건을 만들고 사고팔면서 그들의 이익이 나온다. 형태별로 고용되는 생산적 노동의 양이 다르고, 사회의 가치를 생산하는 활동에서 차지하는 비중이 각기 다르다.

소매업은 도매업에 자본과 이익을 안겨 줘 살아갈 수 있게 하고, 도매업은 제조업과 농·축·수산업에 자본과 이익을 안겨 줘 살아갈 수 있게 한다. 제조업은 다른 제조업자, 농부, 광부, 어부, 고용한 노동자들에게 소득을 안겨 줘 살아갈 수 있게 한다.

농업은 고용하는 노동의 양이 가장 많다. 직원도 노동하고, 가축도 노동하고, 자연도 노동을 한다. 농업이 가장 많은 가치를 생산하고 사회에 가장 이롭다.

농업과 소매업에 투자된 자본은 그 자리에 머물지만, 도매업과 제조업에 투자된 자본은 넓게 퍼진다.

제조업은 고용하는 노동도 워낙 많고 더하는 가치도 워낙 커서 되도록 그 자본이 국내에 머물게 하는 것이 중요하지만, 해외로 좀 빠져나간다 해도 여전히 사회에 이롭다.

도매업은 농·축·수·광산업과 제조업을 더욱 활성화시킨다. 국가가 번성하기 위해서는 이 세 가지 사업 모두에 충분한 자본이 투입되어야 한다.

도매업은 내수유통, 수입유통, 'Carrying trade', 이렇게 세 가지로 분류된다.

내수유통은 국내 생산물을 국내의 필요한 곳으로 이동시키는 것이며 내륙유통과 해안유통이 있다.

수입유통은 국내에 필요한 물품을 해외로부터 사 와서 이동시키는 것이다.

'Carrying trade'는 해외에 필요한 물건을 공급하는 것이다.

내수유통은 자본의 교환이 빠르고 오로지 국내의 생산을 독려하는 반면, 수입유통은 느리고 국내와 해외 각각 절반씩 생산을 독려한다. 내수유통이 매월 자본을 순환시키고 수입유통이 연간 1회 자본을 순환시킨다면, 생산을 독려하는 효과는 24배 차이가 난다. 'Carrying trade'는 오로지 해외의 생산만을 독려한다. 따라서 국가는 무역보다 내수유통을 독려해야 한다.

특정 산업이 과잉 생산되었을 때, 국내에서 필요로 하는 이상으로 남는 것은 해외로 보내 다른 필요한 것을 사 와야 한다. 그렇지 않으면 그 산업은 멈추게 될 것이고, 국내총생산은 줄어들 것이다.

어떤 국가의 자본이 갑자기 많아져서 국내에서 모두 재투자 및 소비가 이루어질 수 없을 때가 있다. 그럴 때는 남는 것을 해외로 쏟아낼 수밖에 없다. 이런 'Carrying trade'는 국가가 부유해서 생기는 결과이지, 국가의 부를 만들어내는 원인이 아니다. 무역을 장려하는 정치인들은 원인과 결과를 잘못 이해하는 것이다.

내수유통의 규모는 각 지역의 초과생산된 가치의 합보다 클 수 없고, 수입유통의 규모는 국내에서 초과생산된 가치의 합보다 클 수 없다. 그러나 'Carrying trade'는 전 세계의 곳곳에서 초과생산된 것을 대상으로 하니 그 한계는 사실상 없을 정도이고, 자본의 흡수력 또한 한계가 없다.

어떤 사업에 투자할 것인지는 오로지 돈을 가진 개인이 보기에 이익이 가장 많을 것으로 보이는 곳이 된다. 그것이 얼마나 많은 노동을 고용할지, 얼마나 많은 국내생산에 기여할지 따위는 고려의 대상이 아니다.

농업이 가장 이익이 많이 나는 나라에서는 개인들도 농업에 투자할 것이고, 결과적으로 가장 큰 국가적 이익을 보게 된다.

하지만 유럽 어디에서도 농업이 이익이 날 것처럼 보이는 곳은 없다. 반면에 밑천도 없이 장사와 제조업을 시작해 큰돈을 벌었다는 사람들은 심심찮게 볼 수 있기에 대부분의 자본은 상업과 제조업으로 흘러간다. 하지만, 유럽 대부분의 땅은 아직도 불모지로 남아있는 상태이기 때문에, 농업이 자본을 끌어들일 여지는 충분히 많다.

비옥한 이웃의 땅을 개발하는 것보다 먼 아시아와의 무역이 훨씬 이익이 난다고 믿고 있는 개인들 사이에서 어떻게 정책을 펴야 동네에 투자하는 것이 더 이익이 날지 논해 보려 한다.

13

『국부론』 제3권

제3권에서는 '각기 다른 나라의 각기 다른 번영의 과정'에 대해 설명한다.

CHAPTER 1
자연스러운 번영의 과정

문명화된 국가의 상업은 주로 도시와 시골 간에 이루어진다. 시골은 자연 생산물을 도시에 팔고, 도시는 가공품을 시골에 파는데, 여기에 돈이나 돈을 대신하는 종이가 개입한다.

도시는 물질의 재생산을 할 수도 없고 하지도 않으며, 도시의 모든 부는 시골에서 얻어진다. 하지만 이것이 시골의 부가 감소하는 것을 의미하지는 않는다. 양쪽 상호 간에 얻는 것이며, 세세하게 나누어진 분업이고, 참여하는 모두에게 이로운 것이다.

시골은 필요한 물건을 스스로 만드는 것보다 도시에서 가공된 것을 사오는 것이 훨씬 적은 노동력을 필요로 한다.

시골은 시골의 인구가 먹는 것 이상으로 초과생산된 것을 도시의 시장에서 팔고, 시골이 필요로 하는 가공된 물건들을 산다. 인구가 많고 부유한 도시일수록 시골을 위한 시장도 크고, 시장이 클수록 모두에게 더 이롭다.

1마일 떨어진 곳에서 가져온 곡식이나 20마일 떨어진 곳에서 가져온 곡식이나 도시에서 팔리는 가격은 똑같다. 먼 곳의 농부도 이익은 챙겨야 하고, 가까운 곳의 농부는 운반에 소요되는 비용이 덜한 만큼 더 챙긴다.

시장에 참여하는 누구도 손해를 보는 경우는 없으며 이익을 챙긴다.

생필품이 편의용품이나 사치품보다 우선하듯이, 생필품을 생산하는 시골의 개발과 경작이 편의용품과 사치품을 갖춘 도시의 성장보다 우선되어야 한다.

도시가 먹고살 수 있는 것은 시골의 경작자가 스스로 필요한 이상으로 초과생산하기 때문이고, 도시가 커지기 위해서는 그만큼 시골의 초과생산이 있어야 한다.

도시가 생필품을 조달하는 곳은 근처나 국내에 국한되지 않고 아주 먼 나라에서도 조달할 수 있다. 모든 국가가 그렇게 되지만, 국가별, 시대별로 그렇게 되어가는 과정은 다양하다.

어느 나라에서건, 필요에 의해 형성된 질서는 인간의 자연스러운 성향과 잘 어울린다. 이 성향을 특별히 방해하지 않는 한, 도시는 시골의 발전과 경작 상태를 넘어서 커질 수는 없게 되어 있다.

이익률이 같다면, 사람은 제조나 무역을 하기보다 땅의 개발과 경작에 투자할 것이다. 주변의 땅을 개발하여 이익을 얻는 것은 제조나 무역보다 위험이 적고, 직접 보며 통제가 가능하기 때문이다. 게다가 시골의 아름다움과 고요함은 누구든지 좋아한다.

농부는 여러 기능공이 만든 제품을 필요로 하며, 그 기능공들은 서로서로 필요로 하여, 서로 몰려 살며 작은 마을을 형성한다. 마을이 형성되면 마을 사람들을 위한 정육점, 양조장, 빵집이 들어서고, 그만큼 마을은 커지게 된다.

마을에 몰려서 사는 사람들과 시골에 흩어져 사는 사람들은 서로서로 돕는 입장이 된다. 마을은 시골 사람들이 그들의 생산물을 팔고 기능공들이 만든 제품들을 사는 상설 시장이 된다. 마을 사람들이 파는 제품의 양은 그들이 사는 식량과 원재료만큼이기 때문에, 시골의 개발상황을 넘어 마을이 커질 수는 없다.

인간의 제도가 방해하지만 않는다면, 도시의 발전은 시골의 발전 후에 따라오게 되어 있다.

자연스러운 흐름에 따른다면 자본은 우선 농업에 투자될 것이고, 그다음으로 공업에, 그리고 나중에 무역에 투자된다. 땅이 경작되기 전에 도시가 생기지 않고, 도시가 생겨야 공업이 생기고, 공업이 생긴 뒤 무역을 생각하게 된다.

하지만 유럽의 현대화된 모든 국가는 이런 순서가 뒤집혀 있다. 무역이 제조업을 키우고, 제조업과 무역이 시골을 개발시켰다. 이런 역행은 정부의 개입에 의한 것이다.

CHAPTER 2

로마 제국의 몰락 후
유럽 국가들의 농업 방해

로마 제국이 게르만족과 스키타이인에 의해 뒤집힌 이후, 수 세기 동안 혼란스러운 시기가 지속되었다. 오랑캐들의 약탈과 폭력이 도·농간의 교역을 방해해서 도시는 황폐해지고 시골은 경작되지 않은 채로 남아 로마 제국 시절 번성했던 서유럽 국가들은 제일 가난한 상태가 되었다.

그런 혼란이 계속되면서 오랑캐 나라들의 지도자들은 대부분의 땅을 자기 것으로 귀속시키며, 몇몇 땅 주인이 모든 땅을 소유하는 상태가 되었다.

이 거대한 땅은 상속과 양도를 통해 쪼개질 것이었는데 장자상속법과 한정상속제도로 인해 나뉘지 않았다.

땅이 단순히 생계의 수단이었다면 부모에게 똑같이 귀한 자식들인 만큼 똑같이 나누어졌을 것이다. 하지만 땅이 단순히 생계의 수단을 넘어 권력과 안전의 수단이 되자 사람들은 큰 덩어리 채로 있는 것이 낫다고 여겼다.

혼돈의 시절, 땅의 주인은 왕자들이었고 입주자들은 백성들이었다. 땅의 주인은 백성들의 판사였고, 평화 시의 입법자였으며, 전쟁 시의 지도자였다. 그는 재량껏 이웃과 왕을 상대로 전쟁을 일으켰는데, 땅의 크기가 곧 힘이었고 힘이 곧 백성과 영지의 안전이었다. 땅을 나누면 힘도 나뉘고 곧 이웃의 침략을 받아 잡아먹히기 때문이었다.

이런 이유로 한 자식에게 땅을 상속시켜 땅이 갈라지지 않도록 하는 제도적인 움직임이 생겼다.

한 자식을 선택할 때, 분쟁의 여지를 없애기 위해 주관적인 적합성 판단보다 객관적 지표인 나이와 성별을 따지게 되었고 장자가 선택된 것이다.

법은 만들 때의 이유가 이미 사라졌더라도 존속될 수 있다. 지금의 유럽은 법에 의해 보호받기에 땅의 크기와 안전은 상관없다. 그런데도 한정상속제는 유지되고 있고, 그래서 땅은 잘 나누어지지 않는다.

큰 땅을 갖고 태어난 귀족들은 매우 무능해서 이익을 노리고 투자를 하는 것보다 그냥 사치나 부리면서 사는 것이 더 경제적이기에 땅은 잘 개발되지 않은 채로 남게 된다.

그 땅에 실제로 살면서 경작하는 사람들도 사실상 노예 신분에 지나지 않기에 땅을 개발하려는 의지는 없다. 노예는 열심히 해 봐야 얻는 게 없으므로 언제나 적게 일하고 많이 먹으려는 생각밖에 없다. 그래서 어느 시대, 어느 국가를 보아도 노예처럼 비용이 많이 드는 고용은 없다.

사람은 우월한 위치에 서기를 좋아하고 아랫사람을 설득하려 할 뿐, 자신을 굽히려고는 잘 하지 않는다. 그래서 법이 허락하고 여건이 되기만 하면 자유인을 고용하기보다 노예를 부리는 것을 선호한다.

설탕과 담배 농사는 비용이 비싼 노예를 부릴 만하고, 곡식 농사는 그렇지 않다. 영국 식민지는 대체로 자유인들에 의해 곡식 농사를 짓고, 설탕과 담배 식민지는 이익이 커서 대부분 노예에 의해 경작되고 흑인 노예의 수가 매우 많다.

프랑스에서는 옛날의 노예들이 메테예(Metayer) 소작농이 되었는데, 이는 주인이 땅과 자본과 기구를 모두 대고 농부는 농사를 지어서 생산물을 나누는 체계다. 이들이 노예와 다른 점은 많이 생산할수록 본인들도 많이 가져갈 수 있다는 점이다. 이는 점차 유럽 전체의 노예가 해방되는 결과를 불러올 정도로 모두에게 이로웠다.

그러나 이런 소작농도 땅을 개발해 봐야 신경도 안 쓴 땅 주인과 생산물을 나눠야 하니, 자기 돈 들여서까지 땅을 개발할 이유는 없었다. 생산물을 나누는 십일조나 세금도 땅의 개발을 방해했다.

서서히 이런 메테에 소작농들이 정해진 땅 사용료를 내고 자기 자본으로 농사를 짓는 농부가 되었다. 이들은 수년 단위로 임대계약을 맺으면 계약 기간 내에 충분히 회수할 수 있고 추가로 더 많은 이익을 낸다고 봤기에 자기 돈을 들여가며 땅을 개발했다.

그런데 이런 농부들의 권리는 매우 취약해서 갑자기 쫓겨나는 경우가 많았다. 그래서 영국은 헨리 7세(Henry VII, 1457~1509년) 시절에 부당하게 쫓겨난 농부들의 피해뿐 아니라 손실까지 보상하게 하는 법을 만들었고, 평생 임대라는 제도까지 생겨났다.

지금의 영국이 누리는 번영은 그들이 자랑하는 상법체계보다 이렇게 농부의 권리를 보장하는 제도의 덕이 더 크다.

지주에게 노력·봉사해야 하는 제도나 공공 근로를 해야 하는 제도 그리고 각종 세금이 소작농의 땅 개발을 방해했다. 그들은 자작농보다 임대료만큼 자본축적이 더딜 수밖에 없었고 그만큼 땅 개발도 더딜 수밖에 없었다.

유럽에서 대부분의 농부는 이런 소작농이었고, 농부는 낮은 계층으로 인식되었다. 돈이 있는 사람이 굳이 낮은 계층이 되고자 할 리는 없었으니, 땅의 개발은 더뎠다.

수출을 금지하거나 갖가지 이유로 내수유통을 방해하는 유럽의 오랜 정책도 땅의 개발을 방해했다.

CHAPTER 3

로마 제국의 몰락 후
도시의 성장과 발전

로마 제국 몰락 후 도시에 사는 것이 시골에 사는 것보다 선호되었던 것은 아니다. 고대 그리스나 이탈리아의 도시민들과는 다른 부류의 사람들이 로마의 도시에 살았다.

고대에는 영토를 나눠 받은 지주들이 한곳에 모여 살며 안전을 위해 담을 쌓았다면, 제국의 몰락 후에는 그들이 각자의 시골 영토로 내려가 요새화된 성을 쌓고 그곳 백성들 속에서 살았다. 도시에는 그때까지 노예와 다를 바 없던 상인들과 기능공들이 살았다.

도시민들에게는 특권이 주어졌는데, 딸을 주인의 허락 없이도 시집 보낼 수 있고, 죽으면 주인이 아닌 자식에게 상속할 수 있고, 소지품을 맘대로 처분할 수 있었다.

그들은 몹시 가난했고 지금의 행상이나 노점상처럼 여기저기 장을 따라 떠돌아다녔다. 당시의 유럽 국가들은 영지를 지날 때, 다리를 건널 때, 상품을 운반할 때, 장마당에 매대를 펼칠 때마다 세금을 매겼는데, 영국에서는 이것들을 각각 통행세, 다리세, 짐세, 자릿세라고 이름 붙여 세금을 걷었다.

어떤 상인들에게는 면세 혜택을 줬는데 자유 상인이라 불렸다. 그들은 다른 세금을 면제받는 대신 인두세를 냈다.

자유인이 된 도시민들은 그들끼리 뭉쳐서 그들의 지방정부를 만들고, 조례를 만들고, 스스로를 지키기 위해 담을 쌓고, 군대를 조직했다. 도시는 도시끼리 연합해서 봉건시대의 영주들과 대항했고, 똑같이 영주들을 싫어하고 두려워하는 왕들과도 서로 돕는 입장이 되었다.

시골의 농노들이 온갖 폭력에 노출된 동안, 도시민들에게는 질서, 좋은 정부, 개인의 자유와 안전이 주어졌다.

많이 가져봤자 빼앗길 뿐인 상황에서는 겨우 먹고사는 이상 원하지도 않게 되지만, 스스로 노력한 결실을 즐기는 것이 보장된다면 사람은 자연스레 더 좋아지기 위해 애쓰고, 단순히 필요한 것을 넘어 편한 것, 예쁜 것을 추구하기 마련이다.

왕이 영주들을 견제하기 위해 도시에 준 여러 가지 특권 중에 농노가 도시에 숨어서 1년이 지나면 자유인이 되도록 한 제도가 있다. 농노들은 그들의 영주 몰래 재산을 축적해 도시로 탈출했다.

도시는 식량을 시골에서 공급받아야 하지만 바다를 낀 도시는 그 대상이 주변의 시골에 국한되지 않고 전 세계를 상대로 교역할 수 있었고 그래서 번성하게 되었다.

세계를 상대로 교역하다 보면 각지의 발달한 공산품과 비싼 사치품이 소개되고, 한 번 맛을 들인 사치품은 지속적인 수요를 낳게 되고, 수요가 생기면 스스로 공장을 세워 만들려고 하게 되어 더욱 번성하게 된다.

CHAPTER 4

도시의 상업이 국가발전에 어떻게 기여하는지

첫째, 자연 생산물에 대한 큰 시장을 제공함으로써 땅의 개발과 경작을 자극하고, 연쇄적으로 관련한 모든 산업과 지역이 발전한다.

둘째, 도시에 쌓인 부는 시골의 땅을 사는 데도 투자되고, 상인들이 땅을 사면 개발하는 데 특히나 적극적이다.

상인은 돈이 생기면 투자하고, 시골 지주들은 돈이 생기면 소비한다.

상인은 투자에 과감하고, 지주는 소심하다.

상인은 겁이 없고, 지주는 모험을 안 한다.

상업의 특성상 상인은 어떤 개발 계획이든 실행하고 이익을 내며 성공하는 데 적합하다.

셋째, 이것이 가장 큰데, 상업과 제조업은 사회의 질서와 좋은 정부를 낳고, 그로 인해 사회 구성원들은 자유와 안전을 확보한다.

이전의 봉건사회는 끊임없는 예속, 복종, 의무, 전쟁, 견제, 폭력이 지배하는 사회였는데, 상업과 제조업이 조용한 변화를 가져왔다.

상업과 제조업이 없는 곳에서 큰 지주가 초과 생산물을 쓸 데라고는 촌스러운 손님 접대밖에 없었지만, 상업이 번성하자 사고 싶은 것이 생겼고, 지주들은 그들의 초과 생산물을 더 이상 주변에 나누지 않고 그들 자신을 위해 썼다.

그들 권력의 근원인 수천 명의 백성을 먹여 살릴 것을 가지고 전혀 쓸데없는 물건들을 샀지만, 그렇게 해서 사실은 훨씬 더 많은 사람을 간접적으로 먹여 살리게 되었다.

그들이 사는 작은 사치품들은 그것을 그에게 전달하기까지 관여한 수 없이 많은 노동자와 기업가들에게 임금과 이익의 형태로 주어졌다.

그 각각의 노동자의 생계에 각각의 지주들이 갖는 영향은 수백분의 일 수십만분의 일로 작아져, 이전과 같은 예속은 더 이상 존재하지 않게 되었다.

지주들의 소비는 커졌고, 더 이상 그 많은 소작인과 하인들을 거느릴 수 없게 되었다. 땅을 농사지을 최소한의 소작인들을 빼고는 모두 내보내자 지주에게 더 많은 소득이 돌아갔고, 상인과 제조업자들은 지주의 허영을 만족시킬 물건들을 만들고 팔았다.

지주는 점점 임대료를 올리고자 했고, 소작인들은 올라간 임대료를 맞출 수 있게 땅을 개발해야 했고, 개발비용을 뽑기 위해 장기적인 임대를 요구했다. 높은 임대료와 장기 임대는 서로가 필요한 것들이지 한쪽이 다른 쪽에 주는 혜택이 아니었기에 양자는 평등했고, 소작인은 더 이상 계약 이외의 자잘한 의무들을 이행할 필요가 없게 되었다.

소작인은 독립되었고 하인들은 내보내져서, 지주들은 더 이상 예전처럼 마을의 왕이 아니었다. 지주들은 보통의 사람들처럼 되었고 시골에도 보통의 정부가 세워졌다.

이렇게 유럽의 혁명은 공공의 이익에는 아무런 관심도 없던 두 부류에 의해 일어났다. 하나는 유치한 허영을 만족시키려는 지주들이고, 다른 하나는 순전히 개인의 이익을 위해 자본을 굴린 상인과 제조업자들이었다.

농업으로 시작해 급속히 부유해진 미국과는 달리, 상업과 제조업에 의존했던 유럽의 발전은 당연히 느리고 불확실했다. 유럽의 인구 증가는 500년 동안 2배도 안 된 반면, 미국은 20년 만에 2배가 되었다.

유럽에서는 장자상속제가 작은 지주들이 생겨나는 것을 방해했다. 작은 지주들은 대개 활동적이고 자신들의 땅 구석구석 관심을 가지고 개발에 적극적일 수밖에 없는데, 그런 작은 지주들이 생겨나질 못했다. 작은 지주들이 없으니 땅 거래도 뜸했고, 매물이 없으니 가격이 비쌌다.

미국에서는 농업이 가장 이익이 좋았고 땅은 매우 싸서 매우 활발히 땅 거래가 일어났다.

14

『국부론』 제4권

제4권에서는 '정치경제의 체계'에 대해 설명한다.

CHAPTER 1

상업 체계의 원리

돈이란 것은 상업의 도구인 동시에 가치 측정의 방법으로서 기능한다. 이 때문에 '부는 곧 돈이다.'라는 대중적 인식이 있다.

돈은 상업의 도구이기에 가지고 있으면 원하는 것을 얻을 수 있다. 그래서 사람들은 돈을 갖고자 부단히도 노력한다.

돈은 가치 측정의 방법이기에 돈을 얼마만큼 가지고 있느냐는 곧 얼마나 많은 다른 물건들을 가질 수 있는지를 의미한다.

부자가 된다는 것은 돈이 많아지는 것을 의미하고, 사실상 돈과 부는 동의어로 여겨진다.

국가도 부유한 국가는 돈이 많은 국가라고 생각할 수 있다.

스페인이 신대륙을 발견하고 현지인들에게 물어본 것이 금과 은이 있는지의 여부였다. 즉, 정복할 가치가 있는지를 물어본 것이다. 프랑스의 왕이 칭기스칸의 아들에게 사신을 보냈을 때, 칸은 사신에게 프랑스에 양과

소가 많이 있는지 물어봤다. 즉, 정복할 가치가 있는지를 물어본 것이다.

유목민 국가에서 돈은 사용되지 않았다. 대신 상업의 도구인 동시에 가치 측정의 방법으로서 기능했던 것은 가축이었다. 그들에게 부유한 국가란 가축이 많은 국가였다.

돈과 가축 중에서 어느 쪽이 더 진짜 부에 가까운가 한다면 가축이다.

존 로크가 말하기를 가축은 사람이 금세 식용으로 소모하여 이를 통해 국가의 부를 유지하기 힘든 반면, 돈은 계속 있으므로 국가의 정치경제는 돈을 늘리는 데 집중해야 한다고 했다. 또 혹자가 말하기를 이 세상에 하나의 국가만 있다면 국가가 돈이 많거나 적거나 상관없이 실질적인 부는 그 국가 안에 유통되는 소비재의 풍부함으로 결정되지만, 다른 나라가 존재하고, 그들 나라와 전쟁도 하고, 군대도 파견하고 하는 한은 돈을 해외로 보낼 일이 생기므로 평시에 충분히 돈을 쌓아두지 않으면 전쟁을 치를 수 없다고 했다.

이런 대중적인 인식을 바탕으로 하여 유럽 각국은 금과 은을 쌓으려고 노력했다. 금은을 다른 나라에 보내는 것을 법으로 금지한 것도 그 일환이었다.

상업이 발달하면서 무역업자들이 외국과 물건을 사고파는 일이 많아졌는데, 금과 은을 외국으로 보내는 것이 법으로 금지되어 있어 매우 불편했다.

그래서 무역업자들은 다음과 같이 주장했다.

첫째, 금과 은을 해외로 보낸다고 해서 왕국의 금과 은이 줄어드는 것은 아니라고 했다. 해외에서 수입한 제품들은 모두 소비되지 않고 다시 해외로 나가 더 많은 금은으로 되돌아온다고 했다. 토머스 먼은 이것을 씨 뿌리는 농부에 비교했다. 그는 "좋은 곡식을 밭에 버리는 것만 봐서는 안 된다. 그가 추수철에 뿌린 것보다 훨씬 더 많은 것을 거두어들일 것을 알아야 한다."라고 말했다.

둘째, 금과 은의 유출을 금지해 봤자, 부피가 작기 때문에 필요하면 밀수로 어차피 빠져나간다는 것이다. 금은의 유출을 막는 방법은 무역 균형에 주의를 기울이는 것밖에 없다. 수입이 수출보다 많아지면 지불해야 할 돈이 생기고 반대면 받을 돈이 생기는데, 금의 유출을 금지해 봤자 어차피 밀수로 빠져나가므로 괜히 지불해야 할 액수만 늘릴 뿐이라고 했다.

똑똑한 상인들이 어리숙한 귀족과 지주들을 설득해서 무역에 장애가 되는 법들을 고쳤다. 이를 통해 금은의 해외유출 방지법도 풀렸다.

그러나 상인들은 그들이 부를 얻는 방법에만 명석했지, 국가의 부에는 별 관심이 없었다.

동일한 자본을 투입했을 때, 내수경제가 더 많은 소득을 내고 많은 국민을 고용할 수 있음에도 내수경제를 해외무역의 들러리쯤으로 여겼다.

포도 농장이 없으면 와인을 사 올 수밖에 없듯이, 광산이 없으면 금은을 해외에서 사 오는 수밖에 없다.

정부가 특정 물건에 대해 다른 물건보다 더 주의를 기울일 필요는 없다. 와인을 살 방법이 있으면 언제라도 와인을 살 수 있듯이, 금은을 살 방법이 있으면 언제라도 금은을 가져올 수 있다. 물건들의 가격이 금은으로 표시되어 금은으로 살 수 있듯이, 금은도 언제든지 물건으로 살 수 있다.

정부의 주의가 전혀 없어도 자유로운 시장에서는 언제라도 부족한 것을 조달할 수 있다. 금은도 필요하면 언제든지 조달할 수 있다.

어떤 물건을 얼마만큼 사고 생산할지는 그 물건에 대한 유효 수요에 의해 결정되는데, 특히나 금과 은은 그 부피가 작고 운반이 용이해서 매우 정확하게 유효 수요에 대응한다.

어떤 나라에 금이 유효 수요를 초과해서 수입되었다면, 그 초과분이 다시 나가는 것은 아무도 못 막는다.

스페인과 포르투갈의 어떤 엄격한 법도 금은의 유출을 막지는 못했다. 남미에서 들어온 다량의 은은 스페인의 은값을 주변 나라들보다 떨어뜨리게 했다. 반대로 어떤 나라가 은이 부족해진다면 주변 나라들보다 은값이 올라서, 스페인에서 은을 가진 사람들은 어떻게든 은값을 더 쳐주는 나라로 은을 유출하려 하고, 정부는 결코 그것을 막지 못한다.

재료가 떨어지면 공장은 서야 하고 식량이 부족하면 사람은 굶어야 하지만, 금은은 부족해도 대체 수단이 많다.

불편하지만 물물교환으로라도 거래는 일어날 수 있고, 신용거래 후 정산하는 방법도 있다. 종이돈은 불편하기는커녕 오히려 더 이로울 때도 있다. 어찌 됐건 정부가 금은을 지키거나 늘리기 위해 노력할 필요는 전혀 없는 것이다.

돈이 없다는 불평은 늘 있다. 낭비하는 사람만 그런 것도 아니다. 도시 전체가 없기도 하고, 국가 전체가 돈이 없기도 하다. 대개는 과잉 거래가 원인이다.

성실한 사업가도 매출이 회수되기 전에 자본이 바닥나고 아무 데서도 돈을 빌려주지 않는 경우가 있다. 과잉 거래는 보통 장사가 잘될 때 일어나는 실수다. 신용으로 물건을 사고 결제할 때 돈이 없는 그런 상황은 시중에 유통되는 금과 은이 모자라서가 아니다.

부(富)라는 것은 돈으로 이루어진 게 아니고, 돈으로 사는 것들로 이루어진다. 돈도 하나의 도구로써 분명히 국가자본의 일부다. 그러나 작은 부분이고, 이익을 내지 않는 자본이다.

돈으로 물건을 사는 것이 물건으로 돈을 사는 것보다 더 흔한 이유는 돈이 상업의 도구이기 때문이다.

물건으로 갖고 있으면 일부가 상하거나 분실할 수도 있는 반면, 돈으로 갖고 있으면 그런 일이 거의 없으며, 장사의 이익이란 대개 물건을 팔 때 생기는 것이기에 상인들은 물건을 빨리 돈으로 바꾸려 한다.

국가에서 생산된 것은 거의 그 안에서 소비되고 초과 생산물이 해외로 보내진다. 이 중 대부분은 필요한 다른 물건을 사는 데 쓰인다.

조금 불편할지는 몰라도 금과 은이 없어도 상업은 가능하고, 땅과 노동의 생산물은 여전할 것이다.

물건은 돈으로 바꿀 수 있는 용도 외에도 그 쓰임이 많다. 그러나 돈은 물건으로 바꿀 목적 외에는 없다. 물건이 있어야 돈도 있는 것이다.

물건을 사는 사람 중 대개는 소비하는 사람이다. 되팔기 위해 사는 사람도 곧 다시 물건을 사야 하므로, 대부분의 거래가 돈으로 물건을 사는 것으로 보일 뿐이다.

그들이 돈을 좋아하는 것은 돈 자체를 원해서가 아니다. 돈으로 물건을 살 수 있기 때문이다.

소비재는 금세 없어지지만, 금과 은은 계속 존재한다. 그래서 만약 금은을 유출하지 않고 모으기만 한다면 몇 세대 후 국가의 부는 엄청나게 증가할 것이라고 생각할 수 있다. 그래서, 써서 없애버리는 소비재와 계속 남아있는 금은을 바꾸는 무역은 바보짓이라고 생각할 수도 있다.

하지만 영국이 프라이팬을 프랑스에 팔고 프랑스의 와인을 사 오는 것을 손해라고 생각하는 사람은 없다. 프라이팬은 요리할 양만큼 있으면 되는 것이다. 부유해져서 요리를 자주 하게 되어 더 필요해질 수는 있을지 모르지만, 프라이팬이 많다고 부유해지는 것은 아니다.

마찬가지로 금과 은도 국가 내에서 유통되는 물건의 양만큼 있으면 된다. 부유해져서 생산물이 많아지면 유통해야 할 물건들이 많아지니 더 필요해질 수 있을지는 모르지만, 금과 은이 많다고 부유해지는 것은 아니다.

오히려 쓸데없이 많은 프라이팬을 갖추느라 돈을 써버린 것처럼, 필요한 이상의 금과 은을 갖추느라 자본을 소모해 그만큼 생산량이 줄어든다면 국가의 부는 감소하는 것이다.

전쟁을 수행하느라 금과 은을 모으고 있을 필요도 없다. 함대와 군대는 금과 은으로 유지되는 것이 아니라 소모품으로 유지되는 것이다. 해외의 군대를 유지할 소모품을 살 만큼 국내에서 생산하면 되는 것이다.

해외에 주둔한 군대에 식량을 공급하는 방법은 대략 세 가지다. 첫째, 그곳에서 식량을 살 만큼 금과 은을 보내는 것, 둘째, 그곳에서 식량을 살 만큼 여기서 생산한 제품을 보내는 것, 셋째, 그곳으로 식량을 보내는 것. 이런 여러 가지 방법이 있는데 거의 모든 지불은 상인들을 통해 두 번째 방법으로 이루어진다.

외국과 무역을 하는 이유는 금과 은을 얻을 수 있어서가 아니다. 남는 물건을 보내고 모자라는 물건을 가져올 수 있어서다.

무역을 함으로 인해서 시장이 커지고, 분업이 발달하고, 생산은 증대되는 것이다.

무역에 참여하는 모든 나라가 이런 이점을 누리게 된다.

금과 은도 모자라면 사는 무역의 한 가지 아이템일 뿐이다.

아메리카대륙이 유럽을 부유하게 한 것은 금과 은을 줘서가 아니다. 오히려 풍부한 금과 은은 가치를 떨어뜨렸고, 결제할 때 괜히 전보다 더 무겁게 들고 가야 하는 불편만 생겼을 뿐이다.

유럽이 부유해진 것은 새로운 시장이 크게 열렸기 때문이다.

유럽과 미 대륙은 서로 간에 새로운 물건을 소개했고, 이로 인해 새로운 분업이 생겨났으며, 생산 기술은 발달하게 되었고, 더 많이 생산하게 되어 사람들은 부유해졌다.

이것은 모두에게 이로워야 할 일이었지만, 유럽인들의 못된 만행으로 신대륙의 불운한 몇몇 나라는 파괴되고 말았다.

희망봉을 지나 아시아로 가는 항로가 열린 것도 국제무역의 범위를 크게 넓혔다.

미 대륙에는 2개의 나라밖에 없었지만, 아시아에는 발달한 많은 나라가 있었고 거래할 것도 많았다. 그러나 아시아와의 거래에서는 유럽이 별로 득을 본 게 없다. 미 대륙과의 무역은 자유롭게 참여할 수 있었지만,

아시아와의 무역은 독점 형태였기 때문이다.

금과 은이 곧 부라는 생각에 수출을 장려하고 수입을 방해하는 것이 정치경제의 목적이 되었다.

수입 제한은 첫째, 국산이 있으면 수입을 제한하는 것, 둘째, 무역 적자가 나는 상대국으로부터의 수입을 제한하는 것, 이렇게 두 종류가 있다. 수입을 제한하는 방법은 높은 관세를 부과하든가 완전히 금지하든지 하는 것이다.

수출 장려는 첫째, 세금 환급, 둘째, 보조금, 셋째, 유리한 통상조약, 넷째, 식민지 건설 등의 방법이 있다. 세금 환급은 소비세나 관세 등 물품에 부과되었던 세금을 수출할 때 다시 돌려주는 것이다. 보조금은 새로 시작하는 제조업이나 보호해야 하는 산업이라고 생각되는 곳에 주어진다. 유리한 통상조약은 특권을 갖게 되는 것이고, 식민지 건설은 특권을 넘어 독점권을 갖게 된다.

이상의 여섯 가지 국부를 증대한다고 여겨지는 정책들을 각각 자세히 살펴보겠다.

CHAPTER 2

국내에서 생산되는
상품의 수입 규제

어떤 상품의 수입을 제한하면 관련 산업은 내수시장을 안정적으로 확보하게 된다. 가축 수입을 금지하면 목축업자는 내수시장을 독점하게 되고, 곡식 수입을 금지하면 농부들이 이익을 얻으며, 울의 수입을 금지하면 울 공장이 좋아한다.

관세법을 잘 이해하지 못하는 자들에 의해 수없이 많은 상품의 수입이 제한되고 있다.

이런 식의 내수 독점은 많은 자본이 해당 산업으로 흘러가게 하는데, 이것이 사회 전체의 산업을 증진하고 득이 되는지는 의문이다.

어느 사회의 산업은 절대 그 사회의 투입 가능한 자본의 양을 넘지 못한다. 고용되는 노동자의 수도 자본에 비례할 뿐, 절대로 그 비율을 넘어 고용될 수는 없다.

단지 투자의 방향을 인위적으로 바꿀 수는 있겠지만, 그것이 사회에 득이 된다고 할 수 있는지에 대해서는 아무 근거도 없다.

개인들은 어떻게든 득이 되는 쪽으로 자신들의 자본을 투입하려 하지만, 그것은 개인들의 득이지 그들이 사회에 득이 되는 것을 생각하며 결정하지는 않는다.

하지만 그들이 그렇게 각자의 이익을 위해 생각하다 보면, 결국은 사회에 가장 이익이 되는 방향으로 가게 된다. 그 이유는 다음과 같다.

첫째, 개인들은 되도록 집에서 가까운 곳에 자본을 투입하는데, 이는 결국 내수산업을 받치게 된다. 가까운 곳에 투자하는 이유는 사업이 가까운 데서 벌어질수록 눈으로 확인하기 쉽고, 상황을 알기 쉽고 대처하기 쉬우며, 법 제도에 대한 지식도 더 많아서 바른 판단에 유리하기 때문이다.

둘째, 내수에 투자한 개인들은 그 생산물이 최대의 가치를 갖도록 애쓴다. 그들은 각자의 재산을 보다 안전하게 지켜보기 위해 가까운 데 투자했을 뿐이고, 각자가 더 벌기 위해 애썼을 뿐인데, '보이지 않는 손'에 이끌려 의도하지 않았던 목적을 고취하게 된다.

> **저자 주** 애덤 스미스를 상징하는 표현인 '보이지 않는 손(Invisible hand)'은 1,000 페이지에 달하는 『국부론』에서 여기 단 한 군데, 그것도 지나가는 말 정도로 쓰였을 뿐이다. 흔히 '보이지 않는 손'을 수요와 공급이 저절로 맞춰지는 현상을 표현하는 것으로 알고 있는데, 정작 애덤 스미스는 이를 개인의 사적 이익 추구가 보이지 않는 손에 이끌려 공익을 실현함을 표현하는 것으로 사용했다.

사회의 이익을 의도적으로 추구하는 것보다 개인의 이익을 추구하는 것이 오히려 더 사회의 이익을 효율적으로 가져온다.

그 어떤 정치인이나 공무원보다 자기 자본을 직접 투자한 사람이 상황을 훨씬 잘 알고 잘 판단할 수 있기 때문에 최고의 가치를 낼 수 있다.

정치인이 개인들을 지도하려고 해 봐야 괜한 수고일 뿐이다. 또한, 어차피 아무도 그의 말을 신뢰하지 않을 것이기에 그는 괜히 권위를 부리려 할 것이고 그래서 위험하기만 하다.

국산품이 있다고 수입을 규제하는 것은 대부분 쓸데없는 짓이거나 손해만 나는 짓이다.

국산품이 충분히 저렴하다면 쓸데없는 규제이고, 비싸다면 괜히 남한테 싸게 살 수 있는 것을 직접 만들겠다고 덤비는 격이니 그 또한 손해다.

옷 만드는 사람은 열심히 옷을 만들어 번 돈으로 신발을 사면 되는 것이지, 신발을 직접 만들어 봐야 그 시간에 옷을 만들지 못해 손해이고 그렇게 만든 신발도 좋지 않아 손해다. 남들보다 옷을 잘 만드는 사람은 옷을 열심히 만드는 것이 훨씬 이익이다.

국가마다 자연스레 어떤 물건을 생산하는 데 유리한 부분이 있다.

스코틀랜드에서 포도가 나고 좋은 와인을 만들 수 있을지언정 외국에서 사 오는 것보다 30배나 비싸게 비용이 드는데, 와인 산업을 육성하겠다고 와인 수입을 금지하는 게 과연 합리적일까?

유리한 이유가 선천적인지 후천적인지는 중요한 게 아니다. 여하간 잘 만드는 나라가 있고 필요한 나라가 있으니 서로 사고팔고 하는 것이 모두에게 이롭다.

국내 산업을 위해 수입을 규제하는 것이 나은 경우도 있다. 첫째는 국방에 관련된 경우로, 국방은 번영보다 중요하기 때문이다. 이때는 규제가 번영을 다소 방해하더라도 현명한 것이다. 둘째는 국산에 어떤 세금이 붙어 있을 경우로, 균형을 맞추기 위해서다.

외국의 어떤 나라가 우리나라 제품의 수입을 규제하는 경우, 우리는 이에 대해 보복할 수 있다.

보복으로 외국의 규제가 폐지된다면 다행이지만, 대개는 일관성 없는 정치인들의 판단에 의해 분쟁의 규모만 확대될 뿐이다. 그리고 연이은 수입 규제로 생필품의 가격만 올라가게 되어, 외국의 규제로 피해를 받은 국내의 노동자들에게 또 다른 피해를 얹어주는 결과만 초래한다.

자유시장이 바람직하다고 해서 많은 노동자가 종사하고 있는 분야의 수입 규제를 급격히 풀어버리면 해당 분야의 많은 회사가 망하고, 많은 사람이 직장을 잃고 고통을 받게 될 것으로 생각하지만, 사실 그런 경우는 잘 발생하지 않는다. 그 이유는 다음과 같다.

첫째, 많은 사람이 종사하는 분야는 이미 우리가 경쟁력을 갖추고 있는 분야인 경우가 대부분이라 이미 자유시장이 되어 외국의 물건이 들어와도 망하는 회사는 별로 없다.

둘째, 망하는 회사가 있어도 실직한 노동자들은 곧 다른 일에 종사하게 되어 굶는 일은 없다. 전쟁이 끝나 많은 수의 젊은 군인이 실직 상태가 되어도, 잠시 불편할 뿐이다. 곧 각자 다른 분야에 취직해서 먹고살게 된다. 하물며 업무에 능숙한 노동자들은 실직 상태가 된다고 한들 군인보다 훨씬 쉽게 다른 직장을 얻을 수 있다.

이것은 국가에 필요한 노동자 수는 어디까지나 국가가 가진 자본의 양에 비례할 뿐이기 때문이다. 많은 회사가 망할지라도 그 시점의 국가자본은 그대로이기에 필요한 노동자의 수도 같을 수밖에 없다. 실직과 새로운 취직이 불편할 수는 있어도 굶거나 하는 일은 없다.

영국에 완전한 자유시장이 완성되기를 기대하는 것은 유토피아가 건설되기를 기대하는 것처럼 웃긴 일이다.

대중의 무지뿐 아니라 개개인의 이해관계가 자유시장에는 반대되기 때문이다.

어느 사업가도 자신의 시장에 경쟁자가 늘어나기를 원치 않으며, 모든 종사자를 동원해 자유시장을 주장하는 사람을 억누르려 하고, 정치인들은 다수인 그들의 의견에 따를 수밖에 없다.

큰 제조업자가 갑작스러운 시장 개방으로 망하게 되면 순환자본이야 다른 곳으로 돌리면 되지만, 고정자본은 온전히 회수가 불가능하고 큰 손실을 볼 수밖에 없다.

변화는 예고되어야 하고, 천천히 진행되어야 한다. 정치인들은 이런 고통이 생기게 됨을 인지하고 애초에 규제를 만들 때 매우 신중해야 한다. 한 번 심어진 무질서는 다른 무질서를 낳고 이는 고쳐지기 어렵다.

정부 수입을 올리려고 관세를 매기는 것에 대해서는 뒤에 논하겠다. 수입을 막으려고 세금을 부과하는 것은 자유무역만큼이나 세수입이 없다.

CHAPTER 3

무역 적자가 나는 국가로부터의 모든 수입을 과도하게 제한하는 것

1. 그런 제한의 불합리성 — 상업 체계의 원칙상

두 나라가 자유무역을 하다 보면 한쪽이 더 득을 볼 수도 있지만, 그것이 다른 쪽의 손해를 의미하는 것은 아니다.

프랑스의 와인이 포르투갈보다 싸다면 프랑스에서 사는 것이 영국에게 이롭다. 그런 식으로 프랑스로부터 수입하는 게 늘어난다고 해도, 영국의 총수입액은 포르투갈에서 와인을 사 오는 것보다는 줄어든다. 게다가 수입된 물건 대부분은 이익을 붙여 재수출되기에, 수입이 곧 지출인 것은 아니다.

두 나라 사이의 무역에서 누가 득을 보는지를 판단할 기준도 없다. 특정 상인의 개인적 이해로 생긴 국가적 편견이나 적개심이 우리를 그렇게 생각하도록 만들어 갈 뿐이다.

어떤 나라와 무역을 하면서 산 것과 판 것을 상계하고 나면, 산 것이 많은 쪽에서 돈 줄 일이 생길 것이다. 그래서 두 나라 간에 돈이 오가는 것이 곧 무역 균형 여부를 알 수 있는 지표라고 생각할 수도 있다. 하지만 영국에서는 함부르크, 단치그, 리가 등에서 산 물건 대금을 홀랜드에 지불하기 위해 매년 홀랜드에 돈을 보내지만, 사실 영국은 홀랜드를 상대로 수출을 더 많이 하고 있다. 그것으로 보아 돈이 오가는 것이 곧 무역 균형의 지표가 되는 것은 아님을 알 수 있다.

국가마다 유통되는 돈의 금은 함량의 차이, 국가마다 다른 조폐비용의 부담 주체, 은행권으로 결제할지, 실물화폐로 결제할지의 여부 등에 따라 결제금액은 차이가 난다.

여기서 잠깐 여담으로 예금 은행, 특히 암스테르담 은행에 관하여 말해 보고자 한다.

영국이나 프랑스처럼 큰 나라의 통화는 대부분 그 나라에서 발행한 동전이다. 이 통화가 닳거나 깎여서 그 표준가치보다 떨어지면 국가는 그 동전을 리폼하는 것으로 가치를 재생할 수 있다.

> **저자 주** 애초에 동전을 만든 이유는 금은의 무게를 일일이 재는 불편을 없애기 위함이었다. 10그램의 금이라고 찍혀있는 금화가 10그램의 금값을 가지려면 실제 무게가 10그램이 되어야 한다. 세월이 흐르는 동안 닳고 닳아 9그램이 된 동전이 있다면 10그램의 동전에 비해 받는 사람 입장에서는 꺼려질 것이고. 꺼려지는 만큼 주는 사람 입장에서는 가치를 양보하지 않을 수 없게 될 것이다. 거래할 때마다 동전의 무게를 일일이 잴 수는 없고. 대략 상당수의 동전이 낡게 되면 시장은 자연스레 동전의 가치를 평가 절하해서 사용하게 되고, 10그램짜리 새 돈을 가진 사람도 적당히 긁어내며 시장의 가치에 맞추려 할 것이다. 이런 상황은 상업 활동에 불편을 초래하며 경제에 나쁜 영향을 끼치므로 국가는 동전의 가치가 하락하지 않도록 주의를 기울이지 않을 수 없다. 지속해서 낡은 동전을 회수하고 새 동전을 방출하는 작업을 해야 한다.

그런데 제노바나 함부르크처럼 작은 나라의 통화는 자국의 동전만으로 돼 있지 않고 자주 교류하는 인접 국가의 동전도 같이 쓴다. 그런 경우는 자국의 동전을 리폼하여도 통화의 가치는 좀처럼 재생되지 않는다.

이런 불확실한 가치로 인해 이런 나라들의 통화는 저평가되고 상인들이 손해를 보다 보니, 환어음의 지불은 통화가 아닌 은행권으로 하도록 하였고, 그런 은행들은 은행권에 대하여 항상 표준가치의 양화로 지불하도록 하였다.

국가가 매번 번거롭게 낡은 동전을 회수해서 새 돈을 방출하는 일을 하지 않더라도, 언제든지 새 돈으로 바꿔주겠다는 약속만으로 동전의 가치는 유지될 수 있다. 하지만, 그런 약속을 했다가는 사람들이 일부러 갉아 내는 금가루를 감당하지 못할 것이다. 이때 '10그램짜리 새 금화로 바꿔주는 약속증'이란 것이 있다면, 그 증서는 언제든 금화 10그램의 가치를 가질 것이지만, 약속 개념에 불과하니 갉아 낼 수도 없고 닳지도 않는다.

베니스 은행, 제노바 은행, 암스테르담 은행, 함부르크은행, 뉘른베르크 은행 들이 이런 목적으로 생겨난 은행들이다. 그런 은행들의 은행권이 그곳의 통화보다 좋다 보니 프리미엄이 붙었고, 함부르크 은행의 경우 그 프리미엄이 14% 정도에 이르렀다.

1609년에 암스테르담시의 보증으로 한 은행이 생겼다. 이 은행은 외국 동전, 닳은 동전을 최소한의 수수료만 떼고 원래 가치대로 받아 주고 계좌의 '맡기신 금액'에 기록했는데, 이것을 '은행 돈'이라 불렀다. 은행 돈은 조폐국의 표준가치와 같으며 유통되는 통화보다는 좀 더 가치가 높았다.

이와 동시에 600길드 이상의 어음은 반드시 은행 돈으로 지불해야 한다는 법이 제정되었다.

이것으로 어음의 가치 불확실성은 일거에 해소되었다.

모든 상인은 환어음 결제를 위해 은행 돈이 필요했기에 은행에 계좌를 개설했다.

은행 돈은 본질적으로 통화보다 우월하기 때문에 가치가 높았고, 화재나 강도 등 사고로부터 안전했으며, 암스테르담시가 보증했고, 잘못 센다거나 운반상의 위험 없이도 간편하게 송금할 수 있었다.

실제 돈은 조폐국에서 방금 나온 양화라도 기존의 통화와 구별하기 쉽지 않아 악화와 동급 취급을 받을 수밖에 없었고, 결국 누구도 은행에서 실제 돈으로 인출하려 하지 않게 되었다.

그렇게 맡기는 동전들이 원래 은행의 자본이며 은행 돈이라 불리는 것의 전체 가치였는데, 지금은 은행 돈의 전체 금액에서 동전 예금이 차지하는 부분이 매우 작아졌다.

외국 동전, 금 덩어리, 은 덩어리 등으로 이루어지는 거래의 편의를 위해 암스테르담 은행은 네덜란드가 발행한 동전 이외의 금은도 받아 주었다.

그곳에서는 통상 조폐 가격보다 5% 정도 낮은 가격에 받아 주면서 이에 대한 보관증을 써 줬는데, 6개월 이내에 보관증과 원금 그리고 은의 경우 0.25%의 보관료를 내면 맡긴 금은을 찾아갈 수 있었다. 6개월이 지나면 은행이 갖게 되는 체계다.

저자 주 전당포와 같은 개념이다.

이로 인해 누구도 금은을 은행에 헐값에 팔게 되었다고 걱정하는 일은 없었는데, 보관증 자체가 가치를 지녀 시장에서 거래되었기 때문이다.

현재 암스테르담 은행이 공표한 은 1마르크의 매입가는 22길드이고, 조폐 가격이 23길드 그리고 시장 가격이 23길드 6스타이버(Stiver)에서 23길드 16스타이버 정도다.

저자 주 1마르크(Mark)=8온스=0.5파운드, 1길드=20스타이버

보관증의 가격은 보통 시장 가격과 조폐 가격의 차액이었다. 이렇게 되면 금과 은의 소지자들은 저렴하게 금은을 보관하게 되는 격이며, 최소한 현재 시세를 보장받을 수 있으면서 금 가격이 오르면 언제든 되찾아갈 수 있었다. 자연스럽게 암스테르담 은행은 유럽에서 금은을 가장 많이 보관

하는 곳이 되었고, 거기다가 6개월마다 반복되는 연장 비용까지 더해서 은행 돈이 발행되었다. 이것이 은행 자본 대부분을 구성하게 되었다.

동전에 대해서도 액면가보다 5% 정도 낮은 가격의 은행 돈과 함께 보관증이 발행되었으나, 아무도 되찾아가려 하지 않아서 보관증은 사실상 의미 없는 것이었다. 이렇게 쌓인 동전들이 초기 은행의 원천 자본이었으나, 금은 덩어리에 의해 발행된 은행 돈에 비하면 작았다.

은행 돈을 가진 사람은 언제든지 시장에서 보관증을 구할 수 있었고, 금은 덩어리를 인출할 수 있었다.

1672년 프랑스가 침공하자 사람들은 금은 덩어리로 인출하려 몰렸고, 통상 액면가의 2~3%(금은의 시장 가격과 조폐 가격의 차이)에 형성되어 있던 보관증의 가격이 치솟아 50%를 요구하는 상황까지 이르렀다. 이에 은행은 규정을 바꿔 보관증이 없이도 금은을 인출할 수 있도록 하였고, 보관증에도 원래 시세인 2~3%의 가격을 보상해 주었다.

평시에도 보관증을 가진 사람은 보관증의 가격이 높아지기를 원하고 은행 돈을 가진 사람은 은행 돈의 가격이 높아지기를 원하게 되어 은행 돈과 실물통화 간의 차액이 변동하게 되는데, 투기 현상까지 생겨 그 변동 폭이 커지자, 은행은 언제든지 은행 돈과 실물통화를 정해진 요율(4%, 5%)대로 환전해 주기로 하여 이를 안정시켰다.

암스테르담 은행은 맡겨진 돈이나 금은 덩어리를 대출하지 않고 그대로 저장소에 보관했기에 언제든 출금 요청에 응할 수 있었고, 그렇기에 신뢰받았다.

또, 시(市) 정부가 은행을 보증했는데, 매년 바뀌는 정권은 선서와 함께 장부를 대조하며 혹여나 있을 부정을 감시했다.

은행에 계정을 가진 고객은 2천 명이고 평균 1,500파운드를 갖고 있었다. 이는 합이 300만 파운드, 즉 3,300만 길드의 은행 돈이었고, 광범위하게 유통되기에 충분한 양이었다.

암스테르담시는 은행에서 상당한 소득을 얻었다. 원래 이익을 노린 것도 아니었는데, 보관 수수료, 이체 수수료, 잔고 불일치 수수료, 금은 덩어리 판매 등으로 얻는 수익은 은행을 경영하는 데 드는 비용을 치르고도 남았다.

2. 그런 제한의 불합리성 — 다른 원칙상

두 나라 간의 무역에서 한 쪽이 얻는 것이 있으면 다른 한쪽은 그만큼 잃는다고 생각하는 것은 큰 잘못임을 '1. 그런 제한의 불합리성 — 상업 체계의 원칙상'에서 설명했다.

'얻는다'는 것은 금과 은이 증가하는 것을 말하는 것이 아니라, 그 나라의 땅과 노동이 생산한 것에 대한 교환가치의 증가 혹은 국민의 소득이 증가하는 것을 의미한다.

두 나라의 무역이 전적으로 그 나라에서 난 생산물로만 이루어지고 균형을 이뤄 적자도 혹자도 아닌 상태라면, 양쪽 모두 똑같이 얻는 것이 생긴다.

상대 국가의 물건에 대한 시장이 생기고, 그 물건들이 시장에 나오기까지 투입된 자본들이 결국 양국의 해당 종사자들을 직간접적으로 먹여 살리고 소득을 가져다준다.

만약 두 나라의 무역이 한 쪽은 그 나라의 생산물로만 이루어지고 다른 쪽은 여러 수입품으로 이루어져 있을 때, 자국의 생산물로만 이루어진 나라가 더 많은 것을 얻게 된다. 실제로는 모든 무역이 자국의 생산물과 수입품들이 적당히 섞여서 이루어지며, 이때 자국 생산물의 비중이 높은 쪽이 언제나 얻는 게 더 많다.

모든 나라는 이웃으로부터 더 얻기를 원하고, 함께 교역하는 상대국의 번영이 자신의 손해로 여겨져 불편해한다. 상업은 원래 친밀한 것이지만 불화와 적대감의 가장 치명적인 근원이 된다. 변덕스러운 왕들의 야망보다 사업가들의 질투가 더 유럽의 안정을 해친다.

대개의 사람은 싸게 사고 싶어 하지만, 대개의 상인은 비싸게 팔고 싶어서 내수시장에 대한 독점을 유지하기를 원하고 수입품에 대해 추가적인 관세를 물리려 한다.

이웃 나라가 잘살면, 전쟁의 위협과는 별개로, 교역 측면에서는 확실히 이롭다. 잘사는 이웃은 더 큰 시장을 갖추고 좀 더 나은 가격에 우리 물건을 사 준다. 근면한 사람에게 가난한 손님보다 부자 손님이 더 나은 이치와 같다.

부자 나라가 만드는 물건들과 경쟁해야 하는 업자들은 힘들지 모르지만, 대개의 사람은 싸게 살 수 있어서 이롭다.

돈을 벌고 싶은 사람이 시골로 가는 경우는 없다. 적은 돈이 도는 곳에서는 얻을 것도 없고, 큰돈이 도는 곳에서라야 자신에게 떨어질 몫이 생기는 법이다. 국가 간의 교역도 마찬가지로 이웃들이 많고 부유하고 빈번히 교류할수록 자국의 부 역시 쉽게 증가한다.

영국과 프랑스 사이에는 유독 무역 제한들이 많은데, 그들은 상인들의 질투심이나 민족적 적대감을 제거하고 그 둘 사이에 교역하는 것이 다른 나라들과 교역하는 것보다 더 이롭다는 것을 알아야 한다.

그들은 매우 가까이 있어서 서로 간에 무역을 해도 자본 회수가 내수 유통처럼 자주 일어날 수 있기에 더 많은 사람을 고용할 수 있다.

프랑스와의 교역은 사람들이 자랑하는 미 대륙과의 교역보다 몇 배 더 이롭다. 프랑스의 인구는 2,400만 명으로 미국의 3백만 명보다 8배나 많고, 부자들도 많아서 영국 상품들을 위한 훨씬 큰 시장을 제공해 줄 수 있다.

하지만 인접국들은 언제나 매우 적대적이고, 한쪽의 부강함은 다른 쪽의 부담이기 마련이다. 산업화된 나라들끼리는 많은 부분에서 서로 경쟁

할 수밖에 없어서 상업적 질투심은 고조되고 적대감이 불붙는다.

아무리 자유무역이 서로에게 이롭다 하여도, 무역수지란 것은 한쪽으로 기울 수밖에 없기에 상인들의 투정에 힘이 실리게 되고, 결국 자유무역은 지속되지 않는다.

자칭 경제전문가라는 사람들이 떠들기를 무역 불균형은 늘 파멸로 이어진다고 한다. 그리고는 이 불균형을 잡느라 온갖 쓸데없는 시도들을 한다. 하지만 자유무역을 할수록 번영한다는 것을 유럽의 많은 자유무역항과 홀랜드가 증명한다.

무역 균형과는 별개로 연간 생산과 소비에 대한 균형도 있다. 생산이 소비를 초과하면 자본이 늘어나게 됨을 앞서 언급했다. 이렇게 늘어난 자본은 다시 투자되어 다음 생산을 더욱 늘린다. 반대로 소비가 생산을 초과하면 자본이 줄어든다.

생산과 소비 사이의 균형이 국가에 미치는 영향은 언제나 같지만, 무역 균형은 그렇지 않다.

반세기 이상 수입이 수출보다 많았던 미국은 당연히 금과 은이 줄어들고 주요국들에 진 빚도 늘어났지만, 실질적인 부는 더 많이 늘어났다. 적자무역도 국부의 증가를 가져올 수 있음을 미국의 예가 잘 보여 준다.

CHAPTER 4
환급세

사업가들은 내수시장의 독점에 만족하지 않고 해외에도 물건을 팔고 싶어 한다. 그들의 국가들이 해외시장을 통제해 줄 수는 없지만, 대신 수출을 독려해 달라는 그들의 청원을 들어 준다.

그런 정책 중에서 환급세는 가장 합리적이라고 생각한다.

수출 시에 내국소비세 등을 돌려주는 것이 수출관세를 물리지 않는 것보다 더 많은 수출을 유도하지는 않는다.

환급세가 특정 분야에 자본이 쏠리게 하는 것은 아니지만, 자본이 다른 분야로 가려는 것을 막아준다. 또한, 환급세가 업종 간의 자연스러운 균형을 뒤집는 것은 아니지만, 세금에 의해 뒤집히려는 것을 막아준다.

환급세는 사회의 자연스러운 분업이 망가지지 않게 하고, 지킬수록 좋은 것들을 지키려 한다.

수입할 때 붙었던 관세를 재수출할 때 돌려주는 것도 환급세라 할 수 있다. 미국 식민지에서 들여오는 담배나 설탕은 국내에서 소비되는 양보다 훨씬 많아서 상당 부분은 다른 나라로 재수출되는데, 이렇게 일정 기간 이내에 재수출되면 들어올 때 부과됐던 관세를 모두 환급받는다.

수입 및 재수출되는 어떤 상품은 혹시라도 내수시장으로 흘러들어올까 우리 제조업자들이 의심하여 재수출되어도 관세를 환급받지 못한다. 비단, 케임브릭, 론, 캘리코 등의 옷감들이 그렇다.

우리는 프랑스 상품의 단순한 운반책이 되고 싶어 하지 않는다. 프랑스인들이 우리를 통해 이익을 얻는 꼴을 보느니 프랑스 상품들이 재수출될 때는 환급을 안 해 주고, 25%의 수출관세까지 부과해 우리가 이익을 뗀다.

외국으로부터 받는 해상운임은 국가에 유입되는 금과 은을 늘린다고 봤기 때문에, 'Carrying trade'를 독려하려고 줬던 것이 환급세의 기원이다. 그것은 근거 없는 생각이었지만, 어쨌든 환급세는 충분히 합리적이라 보인다. 환급세로 인해 'Carrying trade'에 자본의 유입이 생겼던 것은 아니지만, 'Carrying trade'가 완전히 배제되는 것을 막을 수 있었다.

환급세가 없으면 수출입은 줄어들 것이고, 이로 인한 세수입감소가 환급해 주는 세금보다 더 클 것이다.

국내 산업에 부과되었던 각종 세금이나 해외로부터의 수입에 붙었던 관세가 산업의 자연스러운 균형과 노동의 자연스러운 분업을 방해하고, 환급세는 그런 방해를 어느 정도 완화하는 역할을 한다.

CHAPTER 5
장려금

영국에서 특정 분야에 대한 수출 장려금은 자주 청원되었고 또 주어졌다. 그것으로 사업가들은 해외에서 경쟁자들에 비해 싸게 팔 수 있었다. 그래서 많이 수출할 수 있게 되고, 무역 균형은 우리 쪽에 유리하게 되었다.

우리가 외국을 통제할 수는 없으니, 우리 시골 사람들에게 그랬던 것처럼 우리 제조업자들이 만든 물건만 사라고 독점 환경을 만들어 줄 수는 없는 노릇이다. 그래서 생각한 게 외국인들에게 우리 물건을 사라고 돈을 주는 것이다. 이런 방법으로 무역수지가 좋아지면 우리 주머니로 돈이 들어와 부자가 될 것이라는 생각에서다.

장려금은 그것 없이 생존이 불가한 업종에만 지원한다면 모르겠지만, 사실 모든 업종은 장려금 없이 수행될 수 있다.

어떤 업종을 장려하거나 시작하려고 장려금으로 국가자본을 써버리고 또 다른 업종들도 그렇게 하다 보면, 국가자본은 곧 바닥나고 말 것이다.

장려금을 받으며 수행되는 무역은 시장에 놓이기까지 실제 들어간 비용보다 낮은 가격에 팔릴 수밖에 없는 것들을 대상으로 하므로 실제로는 손해다.

만약 장려금이 없었다면 손해를 본 사업가는 곧 보통의 이익을 낼 수 있는 다른 사업을 찾을 것이다. 이렇게 자연스레 적당한 사업을 찾아갈 것을 막고 강제로 이익이 덜한 곳에 머무르도록 하는 것이 장려금이다.

풍년에 장려금을 주며 수출하면 떨어져야 할 곡물값이 떨어지지 않을 테고, 흉년에 공급 부족을 완화할 쌓아 둔 곡물이 없을 테니 가격이 높게 형성된다.

장려금을 줘서 수출을 독려하면 시장이 커지고 좋은 가격이 유지되어서 경작자가 많아지니 종국에는 곡물 가격을 안정시킬 것이라는 논리다. 하지만 커진 해외시장이란 국내시장의 희생으로 커진 것일 뿐이다.

사람들은 떨어졌어야 할 값 대신 오른 값으로 곡물을 사고, 이런 차이가 만들어낸 세금으로 또 장려금을 준다.

이렇게 오른 값은 농부에게 이익을 줘서 생산을 독려하게 된다고 하는데, 그것은 곡물의 실질 가격이 올랐을 때의 얘기지, 장려금으로는 명목 가격만 올릴 뿐이어서 나머지 국민들에게 짐만 지울 뿐, 농업에 고용이 증가한다든가 하는 효과는 없다.

장려금은 곡물의 실질 가격을 올리는 것이 아니라 명목 가격만 올린다. 이것은 돈의 가치 하락을 의미하고, 결국 모든 생필품 가격이 오르게 되며 노동의 명목 가격도 오르게 된다.

은을 많이 캐서 은의 가치가 떨어진 것은 어느 특정 국가에 영향을 미치지 않는다. 은으로 표시된 명목 가격이 올라 봐야 그걸 받은 사람을 더 부유하게 하지도, 더 가난하게 하지도 않는다.

하지만 정책에 의한 은 가치의 하락은 그 나라에만 영향을 미쳐 그 국민을 더 가난하게 만드는 것이며 모든 산업을 기운 빠지게 해서 상대적으로 외국의 상품에 힘을 실어주는 꼴이 된다.

스페인과 포르투갈은 신대륙에서 금과 은을 캐서 다른 유럽 국가로 공급한다. 그래서 두 국가 내의 금과 은은 다른 나라보다 쌀 수밖에 없지만, 그 싼 정도는 부피가 작아 얼마 안 드는 운반비와 어차피 가치만큼 책정되는 보험료 정도로만 싸야 했다. 그래서 잘못된 정책만 없었다면 특별히 두 국가가 명목 가격의 상승으로 어려울 것은 없었다.

그런데 스페인은 세금으로, 포르투갈은 아예 금지하는 법으로 금과 은의 수출을 막았다. 그래서 다른 나라로 유출되는 금과 은은 밀수로 나가게 되고, 이는 보통 비용보다 더 들게 되어 다른 나라의 금은값을 올리게 되었다.

댐을 쌓아 봐야 어차피 물이 꽉 차고 나면 댐 위로 넘쳐서 댐이 없는 것과 똑같은 양의 물이 흐르는 것처럼, 금은의 유출을 막아 봐야 수요를 채우고 나면 넘쳐 흘러나가기 마련이다.

댐이 넘쳐도 가둬놓은 물이 많은 만큼 두 나라에 머무르는 금과 은이 두 나라를 풍요롭게 해야 했을 텐데, 은 쟁반이 다른 나라들보다 흔하게 보이는 것 말고는 아무런 풍요도 없었다.

스페인과 포르투갈에서 금과 은은 다른 나라보다 쌌고, 이것은 은으로 표시되는 모든 상품의 가격이 다른 나라들보다 비싼 것을 의미하며, 비싼 명목 가격은 농업과 제조업의 의욕을 꺾고 상대적으로 저렴한 다른 나라의 물건들이 들어오도록 했다.

금은의 유출을 막지 않았다면 다른 나라들과 비교해 금은의 가치가 차이 나지 않았을 테고, 유출된 가치만큼의 물건들이 들어와 재생산에 투입되어 또 가치를 낼 것이었다. 그렇게 해서 무의미한 'Stock'일 뿐인 금과 은이, 활발하게 작동하는 'Stock'이 되어 더 많은 노동력이 고용되고, 점진적으로 많이 생산하여 부유해졌을 것이다.

곡물 수출에 대한 장려금도 스페인, 포르투갈이 취했던 이런 이상한 정책들과 똑같이 작용한다.

경작 상태와 상관없이, 장려금은 곡물의 국내 가격을 올리고 해외 가격을 떨어뜨린다. 그리고 곡물값이 다른 물건들의 가격에 영향을 미치는 만큼 은값을 상당히 떨어뜨리고 다른 모든 것들의 가격을 살짝 올린다.

이렇게 국내 물가는 올리고 외국, 특히 네덜란드의 물가는 떨어뜨려서 네덜란드 산업이 우리보다 2배로 유리하게 한다.

국내시장에서 곡물의 값이 올랐다는 것은 같은 양의 곡물로 바꿀 수 있는 은의 양이 많아진 것일 뿐 노동량은 거의 그대로다. 즉, 명목 가격만큼 실질 가격은 오르지 않아서 농부나 지주에게 별 득이 되지도 않은 채로 제조업자들의 의욕만 떨어뜨린다.

실제로는 돈의 가치가 떨어져서 별 도움이 안 됨에도, 농부나 지주의 주머니로 들어가는 손에 잡히는 돈의 양이 늘었기에 그들에게 장려금의 폐해를 설득하기란 어렵다.

곡물 장려금으로 인해 득을 보는 것은 곡물 무역업자밖에 없다. 흉년에는 원래 풍년일 때 먹고 남은 곡물로 어느 정도 충당해야 하는데, 이를 수출해버리고 없으니 다시 수입해야 할 경우가 되어버린 것이다. 이렇게 장려금은 그들에게 수출입 양방향으로 일거리를 늘려주는 데다, 흉년에 비싼 곡물값으로 팔게 해 주어 또 추가로 이익을 안겨주니, 그들은 적극적으로 장려금을 유지하려 애쓰게 된다.

시골 아저씨들이 제조업자들을 흉내 내서, 곡물의 수입에 고관세를 부과하여 국내시장을 독점하려 하고, 수출에 장려금을 책정해 국내시장의 물량을 조정하여 곡물의 실질 가격을 올리려 하지만, 곡물은 공산품들과는 달리 모든 가치의 척도가 되는 생필품이라서, 그 실질 가격이 오르거나 내리거나 하는 성질의 것이 아니다. 같은 양의 곡물을 더 많은 양의 은을 주고 사야 한다면 그것은 은의 가치가 떨어진 것이지 곡물의 가치가 오른 것이 아니다.

수출에 장려금을 주는 것은 자꾸 덜 이로운 것을 하게 할 뿐 아니라 손해 보는 일이 되기도 한다.

장려금 없이는 안 되는 장사라면, 기본적으로 손해 보는 장사다.

곡물 수출에 장려금을 주어 봐야 곡물의 실질 가격은 그대로고 돈의 가치만 떨어뜨려 모든 국민에게 부담을 주고 산업 의욕을 꺾어 결국 농업의 발전도 막고 만다.

어떤 분야를 독려하고자 장려금을 준다면 수출에 주는 것보다 생산에 주는 것이 더 직접적이다. 이때 장려금을 주느라 진 국민 부담은 늘어난 생산량으로 인해 저렴해진 가격이 곧 상쇄해 준다.

하지만 수출이 돈을 유입시켜 곧 국부로 이어진다는 일반적 상식 때문에 생산에 장려금을 주는 정책은 좀처럼 시행되지 않는다. 그리고 이런 정책의 창안자인 사업가들이 생각하기에 공급을 늘리는 것은 바람직한 것이 아니다. 그들은 자기들끼리 갹출해서 수출 장려금을 마련하기도 하며, 그런 식으로 국내 공급을 줄여 가격을 두 배로 만들기도 했다.

생산에 주어지는 장려금으로는, 고래 낚시나 청어 낚시에 주는 장려금이 있다. 그걸로 국민이 저렴하게 그런 물고기들을 먹을 수 있다는 이점이 있기도 하지만, 장려금은 회수되지 않는 국가자본의 소모이기에 국가 번영에는 기여하지 못한다. 하지만 일정 숫자의 어부들을 유지함으로써 위급 시 해군으로 복무할 자원을 확보한다는 의미가 있기는 하다.

이런 이점에도 불구하고, 나는 입법부가 매우 심하게 이용당한 정책으로 본다. 그 이유는 첫째, 청어는 절여서 팔리는데, 가공 전의 무게로 지급되는 장려금과 소금에 부과된 소비세 및 관세의 환급 등이 엮여 업자들에게 과도한 세금이 쓰였다. 둘째, 청어 장려금은 무게 기준이었는데, 얼마나 많이 낚았는가가 아니라 낚싯배의 크기에 비례해 지급되느라 많은 배가 실제 낚시는 하지 않고 그냥 장려금만 받는 목적으로 운영되었다. 셋째, 청어 장려금의 원조인 홀랜드는 원래부터 멀리서 낚시했지만, 스코틀랜드는 근해에서 작은 배로 낚았었다. 그런데 큰 배에 지급되는 장려금 때문에 작은 배들이 모두 사라져 장려금의 본래 의미가 없어졌다. 넷째, 서민에게 중요한 식량인 청어가 장려금으로 인해 가격이 내려가기는커녕 수출되느라 오히려 가격이 올랐다.

청어 업자들에게 넉넉한 장려금이 주어졌음에도 청어는 오히려 더 비싸게 팔렸다. 이렇게 그들이 얻은 이익은 매우 컸으나, 대부분 무모하게 잘 알지도 못하는 다른 사업에 도전하여 탕진하고 말았다.

어떤 특정 제조업이 꼭 필요하다고 할 때, 예를 들어, 국방산업 같은 경우에 해외에서의 공급에 전적으로 의존하는 것은 부적절할 수 있다. 그런 경우 다른 업종이 세금을 내서 지원하는 것이 불합리하지는 않다. 돛이나 화약산업에 수출 장려금을 지원하는 것은 이런 의미에서 정당하다.

특정 산업을 지원하기 위해 다른 산업에 종사하는 대부분의 사람으로부터 세금을 걷는 것이 대체로 불합리하기는 하지만, 풍족할 때는 그럴 수도 있다고 여겨질 수도 있다. 그런데 어려운 시기에도 그런 제도를 유지하는 것은 분명히 불합리한 일이다.

여기서 잠깐 여담으로 곡물 장사와 곡물법에 관하여 말해 보고자 한다.

곡물 수출에 장려금을 주는 법을 만든 것은 잘못이다. 그 이유는 다음과 같다.

첫째, 국내 장사일 경우 상인과 일반인의 이해관계는 언뜻 달라 보이지만 사실은 똑같다. 곡물값이 너무 오르면 수요가 줄어 상인들이 큰 손해를 입을 수 있다. 반대로 너무 낮으면 상인들은 이익이 줄고, 소비가 늘어 자칫 식량부족 사태에 직면할 수 있다.

소비와 공급이 대체로 일치해야 한다는 입장은 소비자나 상인들 모두에게 동일하다.

공급 부족이 예상될 때는 상인의 욕심이 가격을 올려 소비를 줄게 하는데, 이는 의도치 않게 식량부족 사태를 예방한다. 상인의 지나친 욕심은 판매 부진으로 큰 손실을 야기할 수 있어서 적절히 조절된다.

곡물에는 워낙 많은 사람이 종사하고 넓게 퍼져 있어서 담합이 될 수 없다. 공급이 부족하다면 그것은 상인들의 담합이 아니라 여러 요인으로 생산이 부족해서다.

그러나 단순히 불편할 뿐인 공급 부족 사태에 정부가 개입하면 이는 기아 사태로까지 발전될 수 있다.

적당히 큰 나라에서 한 지역의 흉년은 다른 지역의 풍년으로 언제나 충분히 상쇄할 수 있다. 자유롭게 거래할 수만 있다면 말이다.

그러나 정부가 공급 부족의 불편을 해결하겠다고 상인들에게 곡물 가격을 올리지 못하게 하면, 시장에 물건 자체가 나오지 않아 기아가 발생한다. 혹은 시장에 나왔어도 애초에 물량이 부족했던 만큼 소비가 줄지 않는다면 결국에는 기아가 발생한다. 규제 없는 자유로운 시장만이 공급 부족의 불편을 해결할 가장 좋은 방법이다.

곡물의 공급이 부족할 때 서민들은 모든 불편을 상인들의 탓으로 돌리고 미워하기 시작한다. 그럴 때에 상인들은 이익을 얻기는커녕 약탈과 파괴의 폭력에 노출되기도 한다.

상인들이 공급 부족 시에 이익을 높일 수 있는 경우란 농부와 미리 계약을 통해 평소 가격대로 공급받은 경우일 것이다. 그러나 그 평소 가격이란 것도 여러 가지 손해가 발생할 수 있는 상황을 미리 고려하여 책정된 것이라 보기처럼 그리 큰 이익을 볼 수도 없다.

장사는 공공에 이로운 것인데, 전통적인 유럽의 정책은 장사에 대한 대중의 증오를 부추겨 왔다.

에드워드 6세(Edward VI, 1537~1553년) 때는 다시 팔려는 의도로 곡물을 사는 사람은 불법으로 보고 벌을 줬다. 옛사람들의 생각에는 상인에게 사는 것보다 농부에게 사는 것이 더 싸고, 상인이 이익을 붙이는 것을 욕심이라고 봐서 상인들에게 많은 제재를 가했다.

어떤 제품이 너무 싼 가격에 팔리면 그 제조업이 망가질 것이라 보아 제조업자가 직접 가게를 내지 못하게 해 놓고서는 곡물이 싸게 팔리라고 농부가 직접 장사를 하도록 하는 것은 앞뒤가 맞지 않는다.

사실 제조업이 가게를 겸한다 해도 어차피 공장에 들어갈 자본을 빼서

가게를 운영해야 하고, 투입된 자본만큼 이익이 나지 않으면 의미가 없기에 가게를 할 이유도 없다.

마찬가지로 농부에게 판매를 시켜도 어차피 농부가 판매를 위해 추가로 투입해야 할 시설과 자본에 대한 이익을 회수해야 하므로 그냥 상인이 개입하는 것보다 결코 쌀 수 없다.

노동자가 한 가지 작업을 할 때 더 잘하듯이, 사업가도 한 가지 사업에 투자할 때 더 잘할 수 있고 더 이롭다. 대부분의 농부도 장사는 상인들보다 못할 수밖에 없기에 싸게 팔 여력을 만들지 못한다.

공장이 가게를 하지 못하도록 하는 법이 제조업을 촉진하듯이, 농부가 가게를 하도록 하는 법은 농업의 촉진을 방해한다. 어느 쪽이든 타고난 자유를 억압하는 것이고 부당하며 무례하다.

자유롭게 노동하고 투자하는 사람이 스스로 손해를 볼지는 몰라도 이웃에 피해를 주는 일은 없다.

법은 사람들이 각자의 이해관계에 따라 스스로 돌볼 수 있음을 믿어야 한다.

각자가 처한 상황에 대한 판단은 정치인들보다 각자가 더 잘한다.

곡물 상인을 금지하는 법은 사회자본이 더 유리한 곳에 투입되는 것을 방해할 뿐 아니라, 땅의 경작과 개발을 방해하기도 했다. 상인에게 한꺼번에 팔아 금방 회수된 자본으로 가축을 사고, 노동을 고용하고, 땅을 개발해서 다음에 더 많이 수확하기 위해 애써야 하는데, 소매를 하느라 자본이나 정신이 분산되어 그러지 못한다. 결국, 생산은 늘지 않고 물량은 부족해 곡물값이 더 비싸지는 결과를 초래한다.

제조업에서도 마찬가지다. 도매업자들이 제조업자들로부터 한꺼번에 물건을 사기 때문에 제조업자들은 빠르게 회수된 자본으로 생산에 전념할 수 있게 된다.

도매업자의 큰 자본이 여러 공장의 작은 자본을 대체해 주는 상호 교류는 작은 자본가들의 자칫 치명적일 수 있는 손실과 불행으로부터 도와주는 역할이 되기도 한다.

농부와 곡물 상인 간의 상호 교류도 농부들의 자본이 곡물 생산에 전부 혹은 더 많이 투입될 수 있게 해 준다. 또한, 농부들을 통해 이익을 얻는 상인의 이해관계와 능력은, 간간이 있을 수 있는 불행으로부터 농부들이 의지할 수 있게 해 준다.

지금의 법만 없어진다면 경작이 얼마나 좋아지고 확장되고 발전될지 쉽게 상상할 수 있다.

에드워드 6세 때 곡물 상인을 통한 곡물 거래를 없애려 법안을 만들었고 이후 조금씩 완화되기는 했지만, 여전히 쿼터당 48실링 이상의 가격을 곡물 가격으로 책정하는 것은 불법이다.

이런 법이 힘을 갖게 된 데는 다음의 두 가지 선입견이 작용한다.

첫 번째, 가격이 높이 오르면 사재기되어 국민을 괴롭힐 것이라는 견해인데, 48실링이 평소에는 비싼 가격 같지만, 흉년에는 추수하자마자 그 가격에 도달해 큰 상인이라도 사재기는 어렵다.

두 번째, 어떤 시장에서 해당 물건을 싹 걷어 다시 같은 시장에서 팔려는, 그래서 사람들을 괴롭히게 되는 독점 행위가 가능한 가격이 있다는 견해다.

어떤 상인이 곡물을 매점(買占)해서 다시 같은 시장에 판다는 것은 그 시장의 공급이 충분치 않다는 판단에서일 것이다.

하지만 그의 판단이 잘못되어 가격이 오르지 않는다면 그는 투입된 자본에 대한 이익은커녕 곡물의 보관에 따른 비용과 손실로 자신을 괴롭히게 되는 결과를 초래한다.

반대로 그의 판단이 옳아서 가격이 올랐다면 그것은 사람들을 괴롭힌 게 아니라 사람들에게 가장 중요한 봉사를 한 결과가 된다.

사람들이 가격이 올라 미리부터 불편함을 느끼게 된 것은, 나중에 있을 심각한 상황을 방지한 것이다. 만약 가격이 저렴해 평소처럼 소비했다면 나중에 굶게 되었을 것이다. 부족할 때는 불편함을 균등하게 배분하는 것이 최선의 방책이다.

곡물 상인은 자신의 이익을 위해 이런 상황을 누구보다 많이 연구하게 되고, 이를 통해 지식과 능력을 갖추게 되어 중요한 역할을 맡게 되는 것이다.

국내공급에 관한 한 곡물 장사는 완전하게 자유롭도록 놔둬야 한다.

매점매석 행위에 대한 대중의 공포는 마녀사냥보다 억울하다. 권력자의 개인적 감정 표출에 지나지 않던 마녀사냥법이 없어지자 마녀에 대한 두려움과 의심이 사라졌듯이, 장사할 자유를 회복시키면 매점매석에 대한 대중의 두려움은 없어질 것이다.

찰스 2세(Charles II, 1630~1685년) 때의 법이 미숙하나마 곡물의 국내 거래에 대한 자유와 보호를 가져왔고, 이것이 국내공급을 풍부하게 하고 경작을 증진했다.

둘째, 국내 소비를 위한 수입의 경우 분명하게 국내시장에 공급되며 대부분의 국민에게 즉각적으로 이롭다.

수입은 곡물의 명목 가격을 떨어뜨리지만, 그 실질 가격은 그대로다. 수입이 자유로우면 농부와 지주들이 곡물을 팔아 챙기는 돈이 줄어들지만, 돈의 가치가 올라 더 많은 소비를 할 수 있고, 더 많은 고용을 할 수 있다.

> **저자 주** 은화 아홉 닢에 쌀 100kg이라는 가격이 형성되어 있을 때, 쌀을 수입하여 시장에 물량이 많아져 은화 여덟 닢에 쌀 100kg이 된다면, 쌀값이 싸졌다고 볼 수도 있고 은화의 값이 비싸졌다고 볼 수도 있다. 그러나 실질적인 가치를 측정하는 데는 쌀의 가격이 더 가까우므로, 은화의 값이 비싸진 것으로 보는 것이 맞다. 쌀 100kg으로 바꿀 수 있는 것은 시대와 상관없이 대체로 일정하지만, 은화 아홉 닢으로 바꿀 수 있는 것은 많이 변하기 때문이다.

수입을 막으려는 많은 규제사항이 흉년에는 임시법으로 완화되었는데, 이런 임시법이 필요하다는 것은 애초부터 그런 규제들이 적절치 않음을 보여주는 것이다.

셋째, 해외 소비를 위한 수출의 경우 국내시장의 공급에 직접적으로 기여하지 않는다. 하지만 간접적으로는 기여한다.

경작이든 수입이든 국내시장에 공급되는 물량은 보통 소비되는 만큼이다. 그런데 이때 초과물량이 생겼을 경우 이를 수출하지 못하면 농부도, 수입업자도 조심스러워서 그 물량을 함부로 늘리지 못하게 된다. 그런 시장은 좀처럼 초과공급이 일어나지 않고 자주 공급 부족이 일어나게 된다.

또한, 수출이 자유로우면 경작이 늘어난다.

수출 상인들은 장려금으로 득을 볼 뿐 아니라, 내수 상인들보다 자유로웠다. 내수 상인들이 쿼터당 48실링 이상일 때는 매점할 수 없었던 반면, 수출을 위해서는 얼마든지 매점할 수 있었다.

내수 상인들의 이해관계는 국민과 일치하는 반면, 수출업자들은 국내의 공급 부족과는 상관없이 이웃 나라의 가격이 좋으면 수출하여 국내의 공급 부족을 가중시킨다.

수출 정책의 목적은 풍족한 국내공급이 아니라 가격을 올리기 위해 대체로 국내공급을 부족 상태에 두는 데 있다.

때때로 수출을 금지하는 임시법과 수입 관세를 풀어주는 임시법들이 현재의 체계가 얼마나 부적절한지 잘 보여준다.

큰 나라가 여러 지방으로 나뉘어 있지만 자유롭게 교역하는 것처럼, 국가 간에 수입과 수출이 완전히 자유로워지면 마치 한 나라처럼 흉년을 완화하고 기아를 방지할 수 있다. 하지만 그런 자유를 도입한 나라는 거의 없다. 오히려 흉년의 고통을 가중시키는 이상한 규제를 하고 있다. 또한,

한 나라의 나쁜 정책이 좋은 정책을 가져가려는 다른 나라를 위험에 빠뜨릴 수도 있어서 연쇄적으로 나쁜 정책을 취하게 만든다.

농부가 자신의 생산물을 가장 좋게 팔 수 있는 시장을 선택할 자유를 방해하는 것은 정의롭지 않다.

사람들은 자신들이 지금 세상에서 먹고살 식량에 관심이 많고, 다음 세상에서 누릴 행복을 얘기하는 종교에도 관심이 많다. 평화를 위해 정부는 사람들의 그런 생각에 따라 체계를 확립해야 하는데, 좀처럼 그러지 못한다.

넷째, 'Carrying trade'나 수출하려고 수입하는 것은 국내시장의 공급을 풍부하게 하는 데 기여한다. 원래 국내시장에 팔려고 했던 것은 아니지만, 언제라도 가격만 맞으면 국내시장에 내놓기 때문이다.

국내시장에 팔면 선·하적 비용이나 해상운임 및 보험료가 절약된다.

'Carrying trade'를 하면 국민이 일종의 창고 역할을 하기 때문에 좀처럼 부족해지지 않는다.

영국은 'Carrying trade'를 못하게 제도적으로 방해하고, 장려금 제도 등을 만들었는데, 이것이 영국을 번영케 했다고 칭송받고 있다. 사실은 그것이 번영의 원인이 아니라 거의 동시대에 정비된 다른 법들, 즉 개인 노동의 결과물을 누릴 수 있게 보장하는 법들이 영국 번영의 유일한 이유이다.

각자의 개인이 더 나은 상황을 누리려고 자유롭게 그리고 빼앗기지 않는다는 보장과 더불어 노력하는 것이야말로 사회의 부와 번영을 가져오는 유일한 원리다.

자유와 보장을 갉아먹는 수없이 많은 불합리한 법들이 방해하지만, 어쨌든 영국은 유럽의 다른 어느 나라보다 산업이 자유롭게 보장되는 나라다.

CHAPTER 6
통상조약

어떤 상품에 있어 특정 나라의 것만 수입을 허가하거나 관세를 감해 주는 조약은 그 나라의 사업가들에게 큰 이익을 안겨 주는 반면, 수입국은 불이익이 생긴다. 그렇게 수입된 상품들은 다른 나라의 상품들과 자유로운 경쟁을 하는 것보다 비싸기 마련이다. 양국 간의 교역에서 한쪽이 비싸게 산다는 것은 다른 한쪽은 싸게 판다는 것을 의미하며, 이것으로 어떤 손실을 보는 것은 아니지만, 어떤 얻을 수 있는 것을 줄인다.

어떤 조약은 다른 목적을 가지고 맺어지기도 하는데, 1703년 영국과 포르투갈이 맺은 조약은 영국에 불리한 것이었음에도, 많은 금과 은이 영국으로 유입되게 하는 역할을 함으로써 왕성하게 무역을 하는 영국에 필요한 금과 은을 충분히 조달하게 하였다.

수입되는 금과 은의 대부분은 접시나 동전을 만들기 위한 것이 아니라 무역을 하면서 생기는 것이다. 금과 은은 어디에서든 상업의 도구로써 쓰이기 때문에 언제든 물건과 바꿀 수 있고 부피가 작아서 운반비가 거의 들지 않기에 장소의 이동이 쉬워서 금과 은이야말로 무역의 결제 수단으로 가장 편리한 매체다.

매년 동전을 만드는 데 소요되는 금은 80만 파운드 정도다. 주조 비용을 국가가 대는 곳에서는 동전의 금은 함량이 꽉 차 있어도 그 가치는 그냥 금은 덩어리보다 높지 않다. 조폐청으로 가져가는 비용과 주조되기까지 걸리는 시간 등의 불편 때문이다.

하물며 대부분의 나라는 항상 동전이 닳아 있고, 아무리 갓 주조된 싱싱한 동전이라도 금고 안에서 섞이다 보면 따로 골라내기 어려우니 일반의 동전 가치와 같아지기 마련이다. 이렇게 낮아진 동전의 가치로 인해 조폐청에서 열심히 동전을 만드는 이상으로 다른 한쪽에서는 열심히 동전을 모아 녹여 금은 덩어리로 만들고 있다.

주조 비용을 개인이 대는 곳에서는 은쟁반이 은 덩어리보다 비싼 것처럼 동전에 가치가 더해지는데, 이것을 '시뇨리지'라고 한다.

시뇨리지가 없다면 아무도 동전을 만들려고 하지 않을 것이며 시장에 나오지도 않을 것이다. 반면에 시뇨리지가 지나치게 높게 책정되면 위조 동전을 만드려는 시도가 빈번히 발생하여 공식 동전의 가치를 떨어뜨릴 것이다.

적절한 시뇨리지는 금은 덩어리를 동전으로 바꾸려는 은행과 개인들에게 이익이나 손실이 없는데도, 영국의 경우, 은행들이 당장의 지출이 싫어서 정부를 압박해 주조 비용을 정부가 대는 것으로 했다.

이 쓸데없는 제도 때문에 영국 정부는 주조 비용과 주조세 등의 자잘한 소득을 포기했는데, 그렇다고 은행과 개인들이 가져가는 이익도 없다.

게다가 동전값이 금은 덩어리 값보다 떨어지니, 많은 양이 해외로 유출되거나 다시 녹여져 금은 덩어리로 만들어졌다. 이것을 보완하느라 8배나 더 주조해야 했고, 그만큼 비용이 들었다. 은행은 필요한 만큼 금은 덩어리를 조폐청에 들고 가는데, 주조 후의 가격이 떨어지는 만큼 손실이 발생했다.

왜 시뇨리지 얘기를 앞선 제1권에서 다루지 않고 여기서 언급하냐 하면, 금과 은으로 만들어진 돈이 곧 부라고 생각하는 중상주의자들의 어리석은 선입견이 결국 돈의 생산에 장려금을 지급하는 형태로 나타났기 때문이다.

CHAPTER 7
식민지

1. 새로운 식민지 건설의 동기

고대 그리스와 로마가 식민지를 건설한 이유는 명확한 반면, 미 대륙과 서인도제도에 식민지를 세운 유럽의 이해관계는 분명하지 않다.

고대 그리스의 경우 영토가 수용할 수 있는 이상으로 인구가 늘어났는데, 주변으로 영토를 늘리지 못하면 인구의 일부를 다른 먼 곳으로 보냈다. 이때 모국은 식민지를 자식으로 여기며 도움을 주는 대신 감사와 존경을 기대하고, 식민지가 스스로 독립하여 통치할 수는 없다고 생각한다. 하지만 너무나 당연하게도, 식민지는 모국의 허락 없이 스스로 정부를 세우고 법을 정하고 지도자를 선출하며 외교권을 가지려 한다.

로마 같은 고대 공화국들은 처음에는 시민들끼리 적당히 영토를 나눠가졌지만, 점차 결혼, 상속, 양도 등의 인간사로 인해 헝클어졌고, 빈번하게 특정인에게 쏠리는 현상이 생겼다. 이것을 조정하기 위해 개인당 가질 수 있는 땅의 크기를 350에이커로 제한해 보기도 했지만, 부의 쏠림은 계속되었고 땅이 없어진 시민이 많아졌는데, 당시로는 땅이 없이는 자유인으로서 존속하기 어려웠다.

지금이야 땅이 없어도 최소한의 자본이 있으면 땅을 빌려 농사를 짓든 조그만 장사를 하든 할 수 있고, 그도 없으면 취직을 하여 먹고살 수도 있지만, 로마 시절에 노동은 노예들에 의해서만 이루어졌던 때라서 땅이 없는 자유인들은 생계가 막막했다. 결국, 그들은 해마다 선거에서 후보들이 약속하는 선심에 생계를 의존하게 되는데, 정치인들은 그런 가난한 시민들에게 옛날의 공평했던 시절을 상기시키며 부자들에 맞서도록 부추겼고, 사유재산을 제한하는 법이야말로 공화국의 기본이라고 주장했다.

사람들은 땅을 갖기 위해 소요했지만, 부자들은 주지 않으려 했기에 새로운 식민지가 하나의 방법이 되었다. 그들을 아무 데나 보내는 게 아니라 로마가 정복하여 지배력을 행사할 수 있는 곳, 독립은 아니지만 모국의 관리하에 적당히 사회제도를 갖춘 곳에 보낸다. 그리고 군대를 주둔시켜 식민지의 복종을 유지한다.

유럽이 미 대륙과 서인도에 식민지를 건설하는 데 어떤 필요가 있었던 것은 아니다. 처음엔 미 대륙에 대해 아무것도 몰랐다.

14, 15세기에 베니스는 독점적으로 향신료와 동인도 상품들을 이집트에서 사들여 유럽 국가로 유통하며 이익을 보고 있었다. 베니스가 챙겨가는 이익이 탐이 난 포르투갈은 15세기 내내 무어인들이 상아와 금가루를 가져오는 나라로 가는 바닷길을 찾으려 애썼다.

아프리카 서해안으로 확장되어 간 그들의 노력은 결국 희망봉을 찾게 되고, 1497년 인도로 가는 항로를 열어 향후 100년간 안정적으로 무역하게 되었다.

그리고 이로부터 몇 해 전, 포르투갈이 가진 계획의 성공이 여전히 의심되던 때에 제노바 출신의 어느 선장이 서쪽을 통해 동인도로 가는 계획을 구상했다.

당시 유럽에는 동인도에 가본 사람도 워낙 적었고 그들이 여러 이유로 그 여정을 과장하는 바람에 콜럼버스로서는 서쪽으로 돌아가는 것이 오히려 가까울 것이라 쉽게 결정을 내리고 이를 스페인 여왕에게 확신시킬 수 있었다.

1492년 2~3개월의 항해 끝에 바하마섬을 발견했다. 하지만 콜럼버스가 발견한 곳은 그동안 들어왔던 인도나 중국에 대한 설명과 너무 달랐다. 인구가 많고 경작된 땅들로 부가 넘치는 곳이 아니라 그냥 자연 상태였고, 벌거벗은 야만인 부족들이 사는 곳이었다. 그런데도 콜럼버스는 끝까지 자신의 도착지가 다른 곳이라는 것을 인정하지 않았고, 그곳을 인도라고 칭했는데, 결국 완전히 다른 곳임이 밝혀진 이후에야 진짜 인도와 구분하기 위해 서인도라 불리게 된다.

콜럼버스로서는 그가 발견한 곳을 어쨌거나 매우 중요한 곳으로 묘사할 수밖에 없었다. 그곳은 매우 부유하고 작물이 넘친다고 사실과 다르게 묘사했지만, 당시로서는 그 진위를 확인할 방법도 없었다.

그곳에는 별 의미 없는 짐승들과 당시로서는 대단하게 여기지 않은 작물들밖에 없었다. 그러나 콜럼버스는 원주민들이 몸에 두르고 다니는 금이 산의 계곡에서 난다는 얘기를 듣고, 그곳은 금이 많은 곳이며 끝없는 부의 원천이라고 묘사했다.

콜럼버스는 배에 원주민 예닐곱 명과 여러 진기한 새와 식물들 그리고 금으로 만든 장신구들을 실어 스페인으로 돌아왔다.

스페인 의회는 스스로 저항할 힘이 없는 그 나라들을 점령하기로 했고, 그 원주민들을 기독교인으로 개종시킨다는 경건한 핑계로 불의한 계획을 합리화했다.

하지만, 스페인의 관심은 금에만 있었고, 거기서 캐는 금의 절반은 스페인 왕실의 것이라 의결했다.

저항할 힘이 없던 원주민들이 가진 것을 약탈했던 초반의 7년여 동안에는 이런 비싼 세금을 내기가 그리 어렵지 않았을 것이다.

하지만 곧 광산을 파지 않을 수 없게 되자 1/2의 세금은 너무 비쌌다. 엄한 세금 징수가 광산개발의 포기로 이어지자 세금은 곧 1/3, 1/5, 1/10 그리고 결국에는 1/20로 낮춰졌다. 초기 모험가들에게 별 관심이 없던 은은 한동안 1/5을 유지하다가 금세기 들어 1/10로 낮아졌다.

많은 스페인 기업이 금을 좇아 신대륙을 방문했고, 금이 있는지의 여부로 정착할지 아니면 다시 다른 곳을 찾아 떠날지를 결정했다. 이런 비싸고 불확실한 복권 같은 계획들이 신대륙 사업과 관련된 대부분의 사람을 파산시켰고, 금을 캐도 자본 회수조차 안 되는 경우가 보통이었다.

이런 상황에서도 국가자본을 늘리려는 스페인 정부에 의해 신대륙 사업은 장려되었고, 많은 사람이 근거 없는 자신감으로 행운을 믿고 달려들었다.

금은 원래 희소하고 한 곳에 몰려있지 않아서 그것을 캐고 가지려면 많은 노동과 비용이 필요하기 때문에 비싼 것이다. 하지만 사람들은 다른 광물들처럼 어딘가 한 장소에 금이 몰려 있는 것을 찾을 수 있을 것이라 꿈꾼다.

동인도와 장사하려는 계획이 서인도를 발견하게 했고, 금에 관심을 둔 정복 계획이 스페인 사람들을 이주케 했으며, 현명함이나 이성과는 거리가 먼 많은 우연을 거치며 신대륙은 번성했다.

초반에 터무니없는 생각을 가지고 아메리카로 간 많은 모험가는 하나같이 성공하지 못했다. 100년이나 지나서야 겨우 브라질에서 은광, 금광, 다이아몬드 광산이 발견됐다. 영국, 프랑스, 네덜란드, 덴마크의 식민지는 아직도 발견하지 못했다.

2. 새로운 식민지들이 번영하는 이유

버려진 곳이나 거주자가 거의 없던 곳이 문명국가의 식민지가 되면 빠르게 부유해진다. 수 세기가 걸려야 터득할 수 있는 농업 지식과 다른 유용한 기술들이 전수되기 때문이다. 법과 행정 체계도 함께 건너가서 그들을 보호한다.

식민지 사람들은 보통 스스로 경작할 수 있는 것보다 더 큰 땅을 가지고 있는데, 여기에는 임대료도 없고, 세금도 거의 없어서 그 많은 수확물을 다 가질 수 있다는 것이 동기가 되어 할 수 있는 최대한 생산하게 된다.

하지만 그의 땅은 너무 크기 때문에 한계에 다다르고, 곧 노동자를 적극적으로 찾아 나서게 된다. 그러니 노동자의 임금은 매우 가파르게 오르고 땅은 여전히 저렴해서 그 노동자는 금세 독립해서 자신의 땅을 경작할 수 있다.

풍족한 노동의 대가가 결혼을 장려하고, 아이들은 잘 먹고 잘 커서 이내 곧 아버지처럼 땅을 사고 경작을 한다.

다른 나라들은 땅 임대료와 자본 이익이 임금을 먹어버리고 그렇게 두 상위계층이 하위계층을 억압한다. 그러나 새로운 식민지에서는 두 상위계층의 이해관계가 하위계층을 보다 관대하고 인간적으로 대하도록 한다. 최소한 하위계층이 노예 상태에 있지 않은 곳에서는 말이다.

땅은 비옥하고 싸며, 지주 겸 농부들의 소득은 땅을 개발할수록 늘어난다. 큰 땅을 일구기 위해서는 노동이 많이 필요한데, 땅은 많고 사람은 적으니 임금은 달라는 대로 주게 된다.

임금이 높으니 인구가 늘어나고, 땅은 싸고 비옥하니 개발이 촉진되어 비싼 임금을 감당할 수 있다.

임금으로는 비싸게 여겨져도, 땅값이란 게 거의 개발에 들어간 노동비다 보니, 임금은 오른 땅값으로 쉽게 회수될 수 있고, 그렇게 따지면 오히려 싸다고 여겨진다.

이렇게 인구와 땅의 개발을 촉진한 요인이 실질적 부와 위대함을 촉진한다.

고대 그리스의 식민지들도 불과 한두 세기만에 모국의 라이벌이 될 정도로 금세 부유해졌고 각종 사회문화도 모국과 대등한 수준으로 발전했다.

그 식민지들은 대체로 소수의 미개인이 사는 곳에 세워졌고, 미개한 원주민들은 쉽게 땅을 내줬다.

그 식민지들은 모국으로부터 독립적이었기에 스스로의 이해관계를 적절히 판단해 관리했다.

로마의 식민지들은 별로 현명하지 않았다. 대체로 이미 많은 인구가 살던 땅을 정복한 것이라 이주자들에게 할당해 줄 땅이 별로 없었으며, 독립되어 있지도 않아서 스스로 적절히 판단하고 관리할 자유가 없었다.

아메리카와 서인도의 유럽식민지들은 좋은 땅이 많은 것으로는 고대 그리스를 능가하지만, 독립적이지 못한 것은 로마 식민지를 닮았다. 다만 거리가 멀어 종속성이 좀 약했을 뿐이다. 유럽 식민지들은 대개 급속하게 부유해지고 인구가 늘고 발전했다.

스페인은 금과 은을 나누는 것으로 처음부터 식민지에서 소득을 챙겼다. 스페인 식민지는 처음부터 많은 관심을 받았고 나머지 국가들의 식민지는 오랫동안 별로 흥미를 끌지 못했다. 하지만 스페인이 많은 관심을 받은 만큼 흥한 것도 아니고, 나머지가 별 관심을 못 받은 만큼 안 된 것도 아니다.

아직 원시 상태에 머물러 있는 원주민들에게 현대문물을 전수하며 스페인 식민지도 매우 빠르게 발전했지만, 규모에 비하면 다른 데보다 덜 번성했다. 이때 멕시코의 인구가 10만 명이라고 한다.

스페인의 정착 이후 포르투갈이 브라질에 정착했다. 그러나 금은광이 발견되기까지 오랫동안 별로 왕실에 바칠 것이 없어서 무시되었다. 하지만 이렇게 무시되던 기간 동안 매우 크고 강력한 식민지로 성장했다.

포르투갈이 스페인의 지배를 받는 동안 브라질은 네덜란드의 공격을 받고 14개주 중에서 7개 주를 내주었다. 포르투갈이 스페인으로부터 독립하고 네덜란드와 동맹이 되어 브라질을 그대로 반반씩 갖기로 합의했지만, 브라질 식민지가 스스로 네덜란드인을 쫓아내 버렸다. 이때, 브라질의 인구가 60만 명이라 한다.

15세기 말부터 16세기 전반에 걸쳐 스페인과 포르투갈은 강력한 해군을 갖고 있었다. 스페인이 아메리카를 발견하고 자신들의 것이라 선언하자 포르투갈을 제외한 다른 나라들은 겁을 내며 어쩌지 못했다. 실제로 플로리다에 정착하려 했던 프랑스인들은 모두 스페인에 의해 살해되었다. 그러다가 스페인의 무적함대가 패배하고 해군력이 기울자 다른 나라들이 속속 신세계로 진출했다.

스웨덴 식민지는 모국의 보호 아래 뉴저지에서 번성했는데, 모국이 외면하자 바로 네덜란드 식민지였던 뉴욕에 먹히고, 다시 1674년 영국의 지배하에 놓이게 된다.

덴마크의 식민지는 작은 섬 두 곳에 있었는데, 처음엔 독점 회사의 관리하에서 억압받다가 그 회사가 해산되자 곧 번영하게 되었다.

네덜란드도 동인도에서처럼 독점 회사를 통해 서인도의 식민지를 통치했는데, 발전이 더뎠다. 독점 회사가 노예무역에 전념하느라 아프리카와 아메리카 간의 무역을 제외한 나머지를 개방하자, 이내 빠르게 번영하기 시작했다.

캐나다에 있는 프랑스 식민지도 독점 회사를 통해 통치하는 동안은 발전이 느렸으나, 미시시피사(社)가 망하면서 그 독점 회사도 망하자 곧 빠르게 발전하기 시작해서 불과 2, 30년 사이에 인구가 두 배로 늘었다.

세인트 도밍고의 프랑스 식민지는 프랑스 정부의 보호나 권위 따위에 관심 없는 해적들에 의해 세워져 독점 회사의 통치가 원래부터 원활하지 않았고, 빠르게 발전했다.

다른 어디보다도 북아메리카의 영국 식민지가 가장 빠르게 발전했다. 많은 좋은 땅과 스스로 관리하는 자유가 그 번영의 이유로 보인다. 땅의 크기는 스페인, 포르투갈, 프랑스의 식민지에 비해 작았으나 정치 제도가 땅의 개발과 경작에 더 적합했다.

첫째, 경작되지 않은 땅의 독점이 금지되었다. 땅을 가지면 개발할 의무가 주어졌는데, 일정 기간 개발하지 않으면 다른 사람에게 소유권을 줬다.

둘째, 펜실베이니아에서는 장자상속제가 인정되지 않고 자식들에게 골고루 나누어졌다. 뉴잉글랜드는 장남에게 오직 2배의 몫만 인정하면서 골고루 상속되었다. 나머지 영국 식민지들은 영국에서처럼 장자상속 되었지만, 다른 나라들과 달리 자유롭게 토지소유권이 양도될 수 있었다.

싸고 비옥한 땅이 식민지 발전의 주요인이었는데, 누군가에게 독점되면 그 이점이 사라지는 것이다.

땅에 노동이 투입되어 생산물을 내는데, 땅 임대료로 빠지는 만큼 노동은 덜 투입되고, 그만큼 땅의 개발은 더뎌지게 된다.

셋째, 영국 식민지는 세금이 적어서, 사람들은 더 많이 축적할 수 있었고, 더 많은 노동을 고용하여 더 많이 생산할 수 있었다.

그들은 모국의 비용으로 보호받았고, 그들의 시민 정부는 지사, 판사, 경찰 및 약간의 공무원으로 제한되었기에 비용은 매우 저렴했다. 모든 주를 합해서 연간 64,700파운드 정도였는데 300만 명을 위한 행정 비용으로는 기록적으로 적은 비용이다.

청교도적인 정부라 각종 의식도 저렴하게 치렀고, 성직자들도 약간의 급료나 사람들의 모금으로 살아갈 뿐이었는데 그 수도 적었다.

스페인, 포르투갈, 프랑스는 많은 세금을 거뒀으며, 새로 부임하는 총독을 환영하는 의식을 비싸게 치르는 등 낭비가 심했으며, 그들의 성직자는 십일조의 강제징수나 탁발승이 너무 많은 등 극단적으로 억압적이었다. 무엇보다 그들의 성직자들은 가장 큰 독점지주들이었다.

넷째, 스스로 소비하는 이상의 초과 생산물을 처분할 때, 영국식민지는 더 큰 시장을 갖고 있어 좋았다.

다른 유럽 국가들은 외국 배를 금지하거나 다른 유럽 국가들로부터의 수입을 금지하는 식으로 그들 식민지의 상업을 독점하려 노력했고 그 방법도 여러 가지였다.

어떤 나라들은 식민지의 상업 모두를 독점 회사에 줬다. 그곳의 식민지는 그 회사에만 물건을 팔 수 있었고, 유럽으로부터 필요한 상품은 그 회사를 통해서만 살 수 있었다. 당연히 그 회사는 유럽 물건을 비싸게 받고 식민지 생산물은 싸게 샀을 뿐만 아니라 가격을 유지하기 위해 매입을 멈추기도 했는데, 이것은 식민지의 생산 증대 욕구를 심각하게 꺾었다.

어떤 나라들은 독점 회사를 세우는 대신 모국의 특정 항구를 통해서만 상당한 면허 비용을 지출한 선박에 한해 자신들의 식민지와 교역할 수 있게 했다. 이것은 모국의 모두에게 열린 것이었지만, 비싼 면허를 가진 상인들 몇이 쉽게 담합하여 독점 회사와 같은 효과를 냈으며, 식민지는 비싸게 사고 싸게 팔 수밖에 없었다.

어떤 나라들은 모국의 모든 항구에서 면허 없이 모든 국민이 자유롭게 교역할 수 있게 했다. 이로써 담합은 불가능해지고, 식민지는 합리적 가격에 물건을 사고팔 수 있었다. 영국에서는 식민지 초기 플리머스회사가 청산된 이후 계속 이 정책이었고, 프랑스는 미시시피사가 청산된 후 이런 정책이었다.

영국 식민지의 물건을 팔 때, 항해법에 열거된 상품은 영국으로만 수출할 수 있었고, 열거되지 않은 상품은 영국 배를 통해서라면 어디로든 팔 수 있었다.

곡물, 목재, 소금, 생선, 설탕, 럼 등 많은 중요 품목이 비열거 품목이어서 자유롭게 거래되었고, 이로 인해 특히 식민지 문화에서 가장 중요한 곡물에도 큰 시장이 허락되면서 곡물 생산은 더욱 장려되었고, 늘어나는 인구에 미리 충분히 대비할 수 있었다.

목재의 경우 땅을 개발하면 생기는 귀찮기만 한 존재일 수 있는데 시장이 생김으로써 또 다른 소득원이 되었고, 이로 인해 땅 개발은 더욱 촉진되었다.

인구도 적고 경작지의 비율도 작은 곳에서 가축은 소비량보다 저절로 많아져 가치가 떨어지는데, 앞서 언급했듯이 고깃값은 곡물값에 비례하기에 곡물값도 낮아진다. 이때 고기를 수출할 수 있게 허락해 곡물값이 유지되어 땅의 개발이 방해받지 않도록 했다.

어업을 장려해 선박과 선원을 늘리면 영국 해군의 힘이 유지된다는 관점은 일관되게 작용해서 식민지에서도 어업은 자유롭게 교역할 수 있도록 장려했고 그로 인해 번성했다. 고래잡이의 경우, 장려금만큼도 소득을 못 올리는 영국의 다른 포경선들과 달리 식민지의 뉴잉글랜드는 장려금 없이도 매우 번성했다.

설탕은 원래 열거 품목이어서 영국으로밖에 수출할 수 없었는데, 1731년에 설탕 농부들의 주장대로 풀리게 됐다. 이후 생산이 크게 늘었으나 영국과 영국 식민지들의 소비도 크게 늘어 다른 곳으로 수출되는 양은 거의 없었다. 이전의 규제가 무의미했음을 보이는 예다.

럼은 아프리카와 노예무역을 하는 데 중요한 품목이다.

열거 품목은 크게 두 가지였다.

첫째, 식민지 특산물로써 모국에서는 나지 않는 것으로, 당밀, 담배, 코코넛, 커피, 피망, 생강, 고래수염 등등이 있다.

둘째, 모국에서도 나지만 공급이 달려 수입하던 품목들로, 선박용품, 선철, 구리, 가죽, 냄비 등이다.

첫 번째 품목들은 많이 수입해도 모국의 산업에 영향이 없을 뿐 아니라, 모국으로만 수출할 수 있게 해서 모국이 상대적으로 싸게 살 수 있고, 여기에 이익을 붙여 다른 나라로 팔 수도 있다는 기대에서 열거된 것이다.

두 번째 품목들은 적당히 관세를 붙여 모국의 산업에는 영향 없이 무역 적자 상태에 있는 나라들로부터의 수입을 관리할 수 있다는 생각에서 열거되었다.

선박용품의 수출제한은 식민지에서 땅을 개발할 때 반드시 생기는 나무의 가격을 떨어뜨렸고 그로 인해 땅의 개발 비용이 증가했다.

스웨덴이 선박용품 수출을 제한해 가격이 오르자 대응조치로 식민지에서의 수입에 장려금을 지급했으나, 기존의 제한이 함께 작용하느라 식민지 땅의 개발에서는 방해보다 겨우 나은 정도에 그쳤다.

선철은 열거 품목이었지만 관세가 면제되어 아메리카에서 용광로가 장려되었다. 용광로는 나무를 소비하기에는 최고여서 땅을 개발하는 데 기여했다. 이것은 정치인들의 머리에서 나온 것은 아니고 우연히 맞아 떨어졌을 뿐이다.

가장 자유로운 무역이 영국과 아메리카 사이에서 이루어지자 식민지들은 번성했고, 각자의 시장도 커져서 그들끼리 교역하는 거대한 내부시장을 갖게 되었다.

영국이 식민지에 부여한 무역 자유는 대부분 원자재와 기초적 제조품들에 한해서였다. 더 정교한 제조업은 식민지에 생기면 안 된다는 인식이 모국의 제조업자들에 의해 정치인들에게 심어졌고, 고율의 관세나 완전 금지 등의 방법으로 막았다.

선철에 관세를 면제해 주는 방법으로 아메리카에서의 용광로를 장려하는 동시에 제철소의 건립은 절대 금지했다. 영국은 식민지가 그들의 수요를 위해 이런 정교한 공장을 짓는 것을 허락하지 않고 필요하다면 모국에서 사서 쓰도록 강요하며, 식민지끼리의 교역도 불허했다.

유럽 상품의 수입 면에서 영국은 다른 나라들보다 식민지에 관대했다. 영국도 다른 나라들처럼 식민지에 유럽상품을 공급할 권리를 독점했는데, 영국에서 식민지로 수출될 때도 세금 환급이 이루어져서 식민지는 꽤 저렴하게 유럽 상품들을 살 수 있었다. 그러나 1763년에 이르자 몇몇 상품을 제하고는 식민지로의 수출에 주어지던 세금 환급이 폐지되었다.

식민지와의 교역에 부과되던 규제는 대부분 그 교역을 하던 상인들의 조언에 의했다. 그러니 그런 규제는 식민지나 모국을 위한다기보다 그들의 이익이 더 고려될 수밖에 없었다. 식민지에서의 수입 독점이나 모국에서의 세금 환급 등은 모두 그들을 위한 것이었다.

영국 역시 식민지와의 교역은 다른 나라들처럼 중상주의적 관점에서였지만, 비교적 덜 억압적이었다.

해외 무역을 제외하고 모든 면에서 영국 식민지는 그들의 일을 그들의 식대로 관리할 수 있었다.

그들은 모든 면에서 모국의 국민과 동등했고, 식민지 정부를 위한 세금을 부과할 권리를 가진 식민지 의회에 의해 같은 식으로 보호받았다.

의회의 권위는 공권력을 능가해서, 누구라도 법을 지키는 한 공권력을 두려워하거나 억울한 일을 당하지 않도록 할 수 있었다.

식민지 의회는 영국의 하원처럼 민중을 잘 대변하는 편이었고, 공권력과 결탁할 이유도 없었으며, 대체로 구성원의 성향에 따라 영향을 받을 뿐이었다.

영국의 상원에 해당하는 자문위는 귀족과 특별한 연관이 없었고, 어떤 주는 왕의 임명을 받지 않고 의회에서 선택되었다.

식민지의 사람들 가운데도 좀 더 존중받는 경우는 있었지만, 어떠한 특권을 갖지는 않았다.

식민지 의회는 부분적으로 행정권을 갖기도 했다. 어떤 주는 의회가 지도자를 선출하기도 했고, 어떤 주는 의회가 세금을 걷는 역할을 하기도 했다.

영국 식민지는 모국의 국민보다 더 평등했고 공화적 습관을 지녔으며 그들의 정부는 더 공화적이었다.

스페인, 포르투갈, 프랑스의 절대적 정부들은 그들의 식민지에 대하여 영국과는 반대 입장을 취했다. 멀리 떨어져 있어서 통치가 어려우니 영국은 자율을 준 반면, 이 나라들은 더욱 폭력적으로 다뤘다.

절대적 정부들은 수도에서 멀어질수록 억압적이다. 군주들은 대체로 정의로운 질서가 틀어지지 않기를 바라고 대부분 국민을 억압하려 하지 않지만, 군주의 영향이 멀리까지 미치지는 못하기 때문이다.

영국 식민지는 군주로부터 멀리 떨어져 있음에도 자율권을 행사한 첫 경우일 것이다. 프랑스 식민지도 영국 식민지보다는 못하지만, 스페인이나 포르투갈의 식민지보다는 합법적이었고 자유로웠다.

결과적으로 북아메리카의 진보를 통해 영국식 정책이 우월했음을 알 수 있다.

프랑스의 설탕 식민지는 자유 정부의 이점을 가진 영국의 설탕 식민지만큼, 혹은 그 이상 진보했는데, 흑인 노예에 대한 더 좋은 관리법을 제시했기 때문이다. 모든 유럽의 설탕 식민지는 흑인 노예를 썼는데, 영국의 공권력이 사유재산이었던 노예의 보호에 소홀할 수밖에 없었던 반면, 프랑스의 절대적 공권력은 개인의 사유재산에 좀 더 개입할 수 있었고, 자연스럽게 인권의식이 작용해 노예를 보호할 수 있었다. 법에 의한 보호는 그 주인들이 노예를 대하는 태도를 바꾸었고 태도가 바뀌자 노예들은 좀 더 믿음직스럽고 똑똑해졌으며 그런 의미에서 좀 더 유용해졌다.

아메리카 식민지의 번영에 대해 유럽의 정책이 자랑할 것은, 설립 면에서나 운영 면에서나 별로 없다.

친절하게 맞아준 원주민들의 재산을 착취하며 오로지 금과 은을 좇던 부정함이 새로운 식민지를 찾아간 계기다. 영국 청교도들은 자유를 찾아 아메리카로 도망간 것이고, 영국 가톨릭은 더더욱 부정한 대우를 피해 도망간 것이고, 포르투갈 유대인은 종교재판의 박해를 피해 브라질로 추방된 것이었다. 즉, 아메리카가 번성한 것은 유럽의 현명함이나 정책에 따른 것이 아니라 유럽 정부들의 혼란과 부정에 따른 것이었다.

식민지가 생기고 모국의 관심을 받게 되자, 모국은 식민지와의 상업적 독점에만 관심이 있어 각종 규제를 만들기 시작했고, 이런 규제들은 식민지의 번성을 방해했다.

식민지가 유럽 정책의 덕을 본 것이 있다면, 활동적이고 진취적인 초기 모험가들과 정착자들을 길러낸 그들의 교육 및 가치관이다.

3. 유럽이 미 대륙을 발견해서 얻은 이익과 희망봉을 거치는 동인도로의 통로를 발견해서 얻은 이익

아메리카 식민지가 유럽으로부터 끌어낸 이점이 있다면, 유럽이 아메리카를 식민지화해서 얻은 것은 무엇일까?

유럽을 하나의 큰 덩어리로 봤을 때, 아메리카 식민지는 유럽에 즐거움과 산업 증진이라는 이점을 줬다. 아메리카의 초과 생산물은 유럽으로 들어와 유럽인들의 편의와 즐거움에 기여했고, 아메리카라는 더 큰 시장이 생김으로 인해서 유럽의 생산은 더욱 장려되었다.

개별 식민지로 봤을 때, 보통의 경우에는 지배하는 지역으로부터 군사적 도움과 추가적인 소득을 기대할 수 있지만, 아메리카 식민지는 스스로를 방어하기에도 부족해서 대체로 모국의 전쟁에 방해만 되었고, 소득을 안겨주기는커녕 대체로 비용을 쓰게 했다.

식민지를 가진 국가들은 그 식민지와 독점 무역을 함으로써 식민지를 갖지 않은 국가들도 챙겨갈 긍정적인 효과를 방해하는 대신 그만큼 더 상대적인 이익을 챙겨간다. 자유무역을 하면 더 큰 절대적인 이익을 얻겠지만, 다른 나라를 억누르면 상대적인 이익이 커진다.

영국이 식민지와의 무역에서 가능한 한 다른 나라들을 배제하며 상대적인 이익을 얻으려고 했는데, 이것은 해당 분야의 절대 이익을 희생하는 것에 그치는 것이 아니라 다른 모든 분야의 절대 이익과 상대 이익 둘 다를 제한하는 결과라고 생각한다.

항해법으로 영국이 식민지 무역을 독점하자 그때까지 투자되었던 외국의 자본이 빠져나갔다. 자본이 빠져나간 만큼 식민지로의 공급이 부족해지고 식민지에서의 구매도 부족해지니, 식민지는 비싸게 사고 싸게 팔게 되었으며 상인의 이익은 커지게 되었다.

이 업종의 이익이 좋아지다 보니 다른 업종에서 자본이 유입되었다. 그러자 이 업종의 이익률은 점진적으로 줄고, 다른 업종의 이익률은 점진적으로 늘어나서 영국의 자본 이익률을 전체적으로 이전보다 올려놓는 불이익이 생겼다.

이것은 독점이 시작된 그때만 발생하는 현상이 아니라 그 이후로도 계속해서 생기는 현상으로, 국가 전체가 비싸게 사고 비싸게 팔아야 하므로 생산의 증가가 더뎌지는 절대 이익 감소가 발생하고, 또 다른 나라들과 비교하여 모든 분야에서 경쟁력이 떨어지므로 상대 이익 역시 감소하게 되는 것이다.

자본을 투입할 때 가장 득이 되는 방향은 생산 노동을 가장 많이 유지하며 가장 많이 생산해 내는 것이다.

해외무역에 투입되는 자본은 오로지 그 회수 빈도에 비례해서 생산적 노동을 고용한다. 투자가 이익과 함께 회수되는 데 1년이 걸리는 장사가 노동자를 10명 고용한다면, 6개월이 걸리는 장사는 20명 고용할 수 있다.

따라서 먼 곳과 거래하는 무역보다 이웃과 거래하는 무역이 더 이롭다. 하지만 식민지와의 무역 독점은 영국 자본을 근거리 무역에서 끌어내 원거리 무역으로 이동시키는 것이며 더 나아가 직접 무역으로부터 간접 무역으로 가게 하는 것이다.

첫째, 신대륙은 늘 모든 것이 부족하고 땅의 개발과 경작에 따르는 큰 이익에도 불구하고 투입할 자본이 부족한 상태에 있다. 그들은 늘 모국으로부터 자본을 빌리게 되는데, 이것은 모국의 아는 부자한테 돈을 빌린다는 것이 아니라 상인으로부터 공급받은 물건값에 대한 지불 연체의 형태로 나타난다.

상인들은 자본 회수가 점점 더 늦어져 3년~5년의 기간이 소요되고, 이는 통상의 여타 다른 산업에 투자되는 것보다 1/3~1/5의 고용률밖에 보이지 않게 된다.

아메리카와의 무역은 근거리 무역에 비해 멀고 일정치 않으며 불확실하다.

둘째, 영국에서밖에 판매가 되지 않는 열거 품목 중에서, 일부는 영국 내에서 소비를 다 못하기에, 그 일부가 다른 나라로 다시 나갈 수밖에 없다. 이것은 식민지와의 무역에 소요되는 자본 회수 기간에 더해 더욱 늦어지게 될 뿐이며, 만약 열거 품목이 아니었다면 그만큼의 자본이 더 유용한 곳에 투입되었을 것이다.

결국, 독점 무역은 영국의 산업을 지원하는 것이 아니라, 부분적으로는 식민지를 지원하고, 또 부분적으로는 다른 나라를 지원하는 것에 불과하다.

식민지와의 독점 무역은 자본이 특정 분야에 쏠리게 해서 영국 산업 각 분야 간의 균형을 깨뜨린다. 영국의 상업은 수없이 많은 작은 유통경로와 시장이 사라지고 대신에 몇몇 큰 시장으로 대체되어 덜 안정적이고 정치적으로 불안해진다.

독점 무역을 완화하고 자유롭게 하는 것만이 괜히 커진 몇몇 특정 분야에 손해를 끼칠지 몰라도 다른 모든 분야에 골고루 건강을 회복하는 유일한 방법이고 완전하게 자유롭고 정의로운 자연의 체계가 회복되는 길이다.

우리는 식민지 무역과 독점 무역의 효과에 대해 구분할 수 있어야 한다. 식민지 무역은 언제나 이롭지만, 독점 무역은 언제나 해롭다. 식민지 무역은 독점 무역의 해로움을 상쇄하고도 크게 남을 만큼 이롭다.

소득의 근원은 노동 임금, 땅 임대료, 자본 이익 이렇게 세 가지인데, 독점은 특정 나라 특정 계층의 이익을 증진시키기 위해 나머지 계층 나머지 나라들을 희생시키며, 총소득을 감소시킨다.

독점이 갖는 폐해 중에 또 하나 치명적인 것은 상업 국가들의 특징인 검소함을 파괴한다는 것이다. 이익률이 높으면 사치를 좀 부려도 괜찮은 것으로 여기게 된다. 대개 각 분야의 실행자이자 지도자 위치에 서는 사업가들의 이런 행동은 노동자 전체에 영향을 미쳐, 사회 전반에 걸친 축적은 사라지고 이어서 고용의 증가도 멈추게 된다.

최근의 여러 가지 일에 대한 영국의 관리 체계는 식민지지배로부터 손해만 볼 뿐이었다.

식민지가 독립하도록 영국이 자발적으로 권리를 포기하라고 하는 것은 이 세상 어느 나라에도 없었던 일이고 받아들여질 리도 없는 일이다. 어느 나라도 골치 아프거나 이익이 적다고 하여 스스로 영토를 포기하지는 않는다.

하지만 만약 식민지의 독립이 인정된다면 영국은 식민지의 유지에 들어가는 모든 비용으로부터 자유로워지고 그들과 상업조약을 맺어 안정적인 자유무역을 할 수 있다. 그럼으로써 지금까지 독점을 누렸던 상인에게는 손해가 가겠지만, 나머지 대부분의 사람을 이롭게 할 수 있다.

그들은 지금처럼 골치 아픈 파당이 아니라, 안보 면에서나 상업 면에서 우리의 가장 믿음직한 동맹이 되어 서로를 보호하고 존중하게 될 것이다.

제국에 속한 어떤 지방이 제국에 이익이 되려면, 평시에 얻는 소득이 그 지방의 평상시 운영비용을 지불하기에 충분할 뿐 아니라, 제국 정부의 지원에도 일정 부분 기여할 수 있을 정도여야 한다.

모든 지방은 각기 비용이 드는데 어떤 지방이 이 비용 부담에서 제외된다면, 나머지 다른 지방들의 부담이 그만큼 늘어나게 된다. 각 지방이 평시에 비용을 부담하는 비율대로 전쟁 비용도 부담해야 한다. 평시든, 전시든 이 비율은 쉽게 인정되지는 않는다.

독점은 영국의 특정 개인들의 소득을 증가시켜 그들에게 세금을 더 내게 하면 식민지의 손해를 상쇄할 수 있을 것으로 여겨지지만, 사실 독점은 대부분의 사람들의 소득을 감소시켜 세금 낼 능력을 감소시키는 것이다.

독점으로 소득이 늘어난 특정 사람들이라고 해서 다른 사람들이 부담하는 비율 이상으로 부담시킬 수는 없고, 그런 시도 자체가 현명하지도 않다.

식민지는 그들 의회나 영국 의회에 의해 세금이 매겨진다. 식민지 의회가 그들의 운영에 필요한 비용뿐 아니라 영국 정부가 쓰는 비용까지 일정 부분 부담하기 위해 주민들에게 세금을 부과하는 것은 기대하기 어렵다.

그리고 식민지 의회는 모국에서의 일에 관심이 덜할 수밖에 없고, 잘 모르기 때문에 얼마만큼 부담해야 할지 적절한 판단을 하기도 어렵다. 그래서 영국 의회의 요청에 따라 식민지 의회가 결정하고 부과하는데, 영국 의회에 대표단이 있는 것도 아니라 이 요청 금액이 적절한지 판단할 수도 없다. 따라서 실제로는 식민지에 세금을 약하게 할당할 수밖에 없는데도, 식민지 의회는 그조차 피하려 한다. 영국 의회가 직접 식민지에 세금을 부과하려고 하면 식민지 의회의 지도자들은 스스로의 존엄을 지키기 위해 격렬하게 저항할 것이다.

식민지에 직접 세금을 부과하려면 영국은 의회에 일정한 수의 식민지 대표를 참여시켜야 하며, 세금을 내는 만큼 자유로운 상행위를 허락해야 한다. 그리고 이후로도 식민지의 기여도가 증가하는 만큼 대표자의 수도 증가시켜야 하고, 식민지 지도자들의 야망을 충족시킬 길도 열려야 한다. 그렇지 않으면 충돌은 피할 수 없다.

우리는 식민지 대표들이 헌정 체계를 흔들까 두려워하지만, 그들의 인원수를 그들이 내는 세금에 정확하게 비례시켜 관리하는 방법이 있다면 그들이 왕당파와 민주파 중에서 어느 쪽에도 치우치지 않도록 관리할 수 있다.

식민지 사람들은 정부가 너무 멀어서 그들이 억압받을까 두려워하지만, 의회에 있는 그들의 대표가 모든 억압으로부터 그들을 보호할 수 있을 것이다. 아무리 멀어도 그들의 대표가 그들에게 종속되어 있음은 변함없으며, 대표들이 영국 의회에 자리를 가지고 있는 것은 오로지 식민지 사람들에 의한 것임을 잘 안다.

아메리카의 발견과 희망봉을 거치는 동인도로의 길을 발견한 것은 인류 역사에 기록된 가장 중요한 사건일 것이다. 그 결과는 매우 큰 것임을 이미 겪었지만, 앞으로 어디까지 갈지 아직 모른다.

어떤 면에서는 지구가 하나가 되어 서로의 부족을 채워주고 즐거움을 늘려주며 서로의 산업을 증진시키는 것으로 보아, 인류에게 득이 된 것으로 보인다. 반면, 두 지역의 원주민들이 챙길 수 있었던 상업적 이익은 큰 불행과 함께 사라지고 말았다. 두 지역이 발견되었을 때 유럽이 가진 힘의 우월함은 아무런 제제 없이 부정함을 저지를 수 있었다.

이제부터는 아마도 원주민들이 강해지고 유럽인들이 약해져서 세상의 모든 주민이 동등하게 힘을 가지게 되는 시절이 오고, 그러면 서로 두려워 서로의 권리를 침해하는 일이 없게 될 것이다. 그런 시절이 오기 위해서는 상호 간의 지식 교류와 상업 교류가 모든 나라로 확장되어 발전하는 방법보다 좋은 것은 없어 보인다.

두 지역의 발견은 중상주의(重商主義)를 영광스럽게 하였다.

중상주의란 땅의 개발과 경작보다는 상업과 제조업을 통해 그리고 시골보다는 도시의 산업을 통해 국가를 부유하게 하는 것이 목적이다.

두 지역의 발견은 유럽의 상업 도시들이 유럽 지역에 머무르지 않고 번성하는 아메리카의 농부들을 위한 공장이자, 아시아, 아프리카, 아메리카 모두를 상대로 한 유통 거점이 되게 하였다.

아메리카에 식민지를 소유하고 동인도와 직접 거래하는 국가들은 이 대단한 상업을 그대로 즐겼다. 다른 나라들 역시 많은 제한 조건에도 불구하고 꽤 이익을 봤다.

스페인과 포르투갈의 식민지에 공급할 제품을 만든 것은 주로 프랑스, 플랑드르, 홀랜드, 독일이었고, 그 나라들의 산업은 증진되고 여기에 투입되었던 자본은 그들의 소득으로 재분배되었으며, 이 자본에 추가된 이익은 이것들을 가져다 판 스페인과 포르투갈의 상인들이 사치를 부리는 데만 쓰였다.

이렇게 독점 무역을 유지하려 애쓴 노력은 오히려 독점 무역을 가진 나라에 더 피해를 줬다.

예를 들어 함부르크의 상인이 아메리카에서 쓸 천을 런던 시장에 보내고, 아메리카에서 생산된 담배를 런던 시장에서 사 오는데, 그렇게 하는 이유는 독일이 직접 아메리카에 물건을 팔고 살 수 없기 때문이다. 이런 규제로 인해 그 상인은 직접 거래하는 것보다 다소 비싸게 사고 싸게 팔 수밖에 없게 되어, 그의 이익은 줄어들게 된다. 반면 그의 자본 회수는 아메리카와 직접 거래하는 것보다 훨씬 빨라지고 명확해져서, 훨씬 큰 자본을 상시로 해당 산업에 투입할 수 있게 된다.

이익률이 좀 떨어진다고 해서 그의 나라에 덜 이로운 것은 아니다. 반대로 해당 분야에 투입된 런던의 자본은 이익률은 높을지라도 회수가 늦어지므로 국가에 더 이로운 것도 아니다.

무엇보다도 그들 식민지와의 거래에서 생기는 이익을 독점하기 위한 노력은 전시든, 평시든 비용만 들었을 뿐이고, 결과적으로 괜히 불편만 독점하는 꼴이 되고 말았고, 이익은 어차피 나누어 가질 수밖에 없었다.

국가의 상업 자본은 제2권에서 언급했듯이, 국가에 가장 이로운 쪽으로 저절로 움직이기 마련이다.

'Carrying trade' 하기 위해 수입된 상품이라도, 국내에 팔면 편하고 안전하며 비용이 절감되니까 저절로 상당 부분 국내 소비로 빠지게 된다.

다시 같은 이유로 아예 국내 유통으로 또 빠지게 되며 이런 식으로 자본은 점점 먼 곳을 피하고 가까운 곳으로 이동하게 된다. 이것은 좀 더 이로운 쪽으로 이동하는 것이다.

하지만 임의로 먼 곳의 이익을 높인다면 가까운 곳의 자본이 그쪽으로 이동하게 되어 자연적인 선호 균형이 깨지고, 피해를 보는 계층이 생기며, 국가는 덜 이롭게 된다.

원래 사람들은 이익을 쫓게 되어 있고, 그렇게 몰리게 되면 그 분야의 이익이 줄어 다시 다른 곳으로 빠져나가게 되어 있다.

법이 따로 간섭하지 않아도 개개인의 이해관계와 열정이 사회자본을 각 분야로 알맞게 나누고 집어넣고 하여 그 사회의 이익에 가장 맞아떨어지도록 한다.

중상주의적 모든 규제는 이런 자연스럽고도 이로운 자본 배분을 필연적으로 방해한다.

처음 아메리카와의 무역이 국가 차원의 독점이었던 것에 비해, 포르투갈의 몰락 이후 모두에게 허락된 동인도와의 무역은 각 국가가 허가한 회사 차원의 독점이었다.

회사 차원의 독점은 독점으로 인한 비싼 가격에 더해 방만한 조직이 갖는 낭비와 실수에 대한 비용까지 소비자가 부담하게 한다.

국가 차원의 독점이 특정 분야의 매력을 높이고 자본이 그쪽으로 쏠리게 한다면, 회사 차원의 독점은 상황에 따라 다양하게 전개된다. 가난한 나라는 그쪽으로 자본이 쏠리게 하고, 부유한 나라에서는 오히려 그쪽에서 자본을 빠지게 한다.

스웨덴이나 덴마크 같은 가난한 나라들은 이전에 동인도로 보낸 배가 한 척도 없었을 것인데, 그런 회사가 생김으로써 모험가들을 끌어들였을 것이다. 또한, 독점이 주어짐으로써 안정적이고도 많은 수익이 생겼을 것이다. 만약 이런 특혜가 없었다면 그런 가난한 나라들에서는 아무도 선불리 멀고 불확실한 모험에 자본을 투입하지 않았을 것이다.

네덜란드 같은 부자 나라는 가까운 곳에는 이미 투자가 넘쳐 있는 상태고, 자연스레 자본이 먼 곳으로 흘러 들어갈 것인데, 동인도회사가 그런 자본들이 흘러들어오는 것을 막는다.

자본이 특정 분야에 유입되건 그 반대이건, 자본의 자연스러운 배분을 교란하는 것은 반드시 그 사회에 해악을 끼친다.

동인도회사가 없었다면 네덜란드의 거래는 더욱 커졌을 것이고, 스웨덴과 덴마크의 독점 회사가 없었다면 동인도와의 거래는 없었을지라도 원래 필요한 곳에서 자본을 빼낼 일이 없었으므로 더 이로웠을 것이다.

동인도의 물건이 필요하면 필요한 대로 약간 비싸더라도 다른 나라를 통해 사면 되는 것인데, 국내의 생산적 노동에 투입되기에도 늘 부족한 상태의 자본을 회수도 늦은 원거리 무역에 투입하느라 국내 생산은 더욱 줄어들게 되었다.

독점 회사 없이 동인도와 직접 거래하는 것이 어렵다면, 독점 회사를 세울 것이 아니라 직접 거래를 하지 않으면 되는 것이다.

동인도와 거래하는데 그런 회사가 꼭 필요한 것은 아니라는 것을 한 세기 동안 독점 회사 없이 동인도와의 무역을 거의 독점하다시피 했던 포르투갈의 예를 통해 알 수 있다.

개인으로서는 동인도의 여러 항구에 지점과 직원을 유지하기에 충분한 자본을 갖기 어렵다. 직원이 없으면 배에 실을 물건을 적시에 준비시킬 수 없고 시간의 지연은 이익을 크게 갉아먹으며 때로는 시기를 놓쳐 큰 손실을 볼 수 있다. 그래서 독점 회사 말고는 큰 규모의 사업을 할 수 없다는 의견이 생긴다.

그런데 큰 규모의 사업이 이루어지는 데 필요한 여러 줄기의 작은 사업들을 한꺼번에 할 수 있는 자본을 가진 개인들도 없다. 한 국가가 어떤 분야의 사업이 성숙하면 어떤 자본은 그 사업에, 또 어떤 자본은 그 작은 줄기로 투입되는 것이지, 어느 한 개인의 자본으로 모두 영위되는 경우는 거의 없다.

동인도와의 무역도 마찬가지로 어떤 상인은 동인도에 거주하면서 배에 실을 물건을 찾고 구비하는 사업을 할 것이다. 만약 그렇게 건너갈 상인이 없다면 그것은 아직 그 나라가 동인도와의 무역을 할 상황이 아니라는 것을 의미한다. 그때는 그냥 다른 나라로부터 사다 쓰는 것이 더 이롭다.

유럽인들이 아프리카의 해안과 동인도에 많이 거주하지만, 아메리카처럼 번성하는 식민지를 세우지는 않았다. 완전히 무방비 상태였던 아메리카와는 달리 아프리카와 동인도는 미개할지라도 유목국가여서 훨씬 인구가 많았기에 유럽인들이 그들을 몰아내고 자리를 차지하기 어려웠기 때문이다.

영국과 네덜란드는 동인도에 식민지를 세우지는 못했지만, 의미 있는 점령이 있었고, 그곳을 통치하는 데 독점 회사들이 그 기질상의 능력을 보였다.

네덜란드인은 그들이 처분할 수 있는 양을 넘는 모든 향신료를 불태워 버리고, 클로브나 넛멕나무를 파괴했다. 또 여러 방법으로 억압해 포르투갈 정부 시절만 해도 많았던 원주민들을 네덜란드인들에게 식량을 제공할 만큼의 인구만 남도록 줄이기도 했다.

영국은 아직 충분히 파괴적인 체계를 갖추지 못했지만, 그 경향만큼은 똑같다. 원주민들에게 양귀비를 경작하도록 하고 아편을 팔기도 했다.

이런 파괴적인 계획들은 사실상 점령지의 군주 역할을 하는 독점 회사들의 진짜 이해관계와 완전히 반대된다.

모든 나라에서 군주의 수입은 국민에게서 나온다. 국민의 소득이 높을수록 군주에게 낼 것도 생기는 것이니 군주는 되도록 국민들이 많이 생산하기를 바란다.

벵갈의 군주처럼 땅 임대료로 소득을 챙기는 경우는 생산량뿐 아니라 시장에서의 가격도 중요하게 된다. 이것은 시장의 크기와 관련되는데, 공급량은 소비량과 일치해야 하고, 가격은 언제나 경쟁의 열기에 비례한다. 따라서 군주는 시장을 최대한 넓히고 경쟁자를 늘리기 위해 상업의 완전한 자유를 허락하고, 독점과 수출입의 모든 규제를 없애 최대한 생산물의 양과 가치를 올리려 한다.

하지만 상인의 회사는 군주처럼 생각할 수 없고 당장 팔기 위해 사는 것만 그들의 사업으로 생각할 뿐이다.

그들의 운영 방식이 필연적으로 잘못된 것일 수밖에 없다면, 인도에서는 더하다. 그곳의 운영진은 당연히 상인들의 모임이다. 상인이란 직업이 훌륭한 것은 맞지만, 사람들을 압도하여 복종을 끌어내는 것과는 거리가 멀기에 군대를 동반하여 폭압적으로 복종시킨다.

그들의 본분은 상인이기에 싸게 사서 비싸게 팔려 노력하고 경쟁자를 없애고 싶어 한다. 결국, 운영은 회사의 이해관계를 따르게 되고 성장을 막아 공급이 회사의 수요에도 못 미치는 결과를 초래한다.

모든 운영진이 각기 자기 장사를 하게 되는데 이것을 막을 길은 없다. 본국과 10,000마일이나 떨어져 있고 감시자도 없는데 이미 알고 있는 지식으로 큰돈을 벌 기회를 단순한 규율에 따라 포기할 사람은 아무도 없다. 게다가 그들의 급여는 넉넉지 않음에도 수익성이 한계치에 달한 회사로서는 더는 올려 줄 여력이 없다.

이런 상황에서 직원들이 원하는 대로 하는 것이 용인되었다면 직원들의 장사는 공개적이고 직접적으로 이뤄졌을 것이다. 그러나 런던에서 아예 법으로 금지하다 보니 간접적이고 비밀리에 수행되느라 더욱 파괴적이었다.

그들은 행정의 권위를 업고 제멋대로 방해물을 제거했다. 개인들의 장사는 회사의 공적 거래보다 훨씬 종류가 다양했고 그 거래선도 회사처럼 유럽에 그치는 것이 아니라 내륙과 다른 외국에도 미쳤다.

회사의 독점은 유럽으로 향할 그곳의 초과 생산물의 성장만 저해했을 뿐인데, 개인들의 독점 장사는 모든 분야 모든 지역의 생산을 줄게 해 인구마저 줄게 했다.

이런 상황의 특성상, 직원들은 그들의 이익을 위해 그들이 운영하는 나라들을 상대로 그들 사장보다 더 엄해진다. 그들의 사장은 어느 정도 그 나라들과 이해관계를 같이 하지만, 직원들은 그 나라들의 운명에 전혀 관심이 없다. 여기서 얘기하고자 하는 것은 그 직원들의 도덕성이 아니라 그런 독점 체계가 그렇게 갈 수밖에 없다는 것이다.

모든 면에서 독점 회사는 골칫거리일 뿐이다. 독점 회사를 만든 나라에 불편만 안겨 줄 뿐이고 독점 회사가 관리하는 나라는 파괴될 뿐이다.

CHAPTER 8

중상주의 체계에 대한 결론

중상주의적 체계는 국가를 부유하게 하기 위해 수출을 장려하고 수입을 방해하는 두 가지 엔진으로 되어 있다. 반대로 어떤 생필품들은 수출을 방해하고 수입을 장려하는 계획을 갖고 있다. 그 목적은 무역 균형을 이로운 쪽으로 맞춰 국가를 잘살게 하자는 것이다.

수출을 방해하고 수입을 장려하는 경우는 대체로 원자재들인데, 이것은 수입원 자재에 관세를 면해 주거나 장려금을 주는 형태로 가격을 떨어뜨려 그것으로 만들어진 제품들의 경쟁력을 더해 주기 위함이다. 하지만 리넨 산업을 예로 들면, 실의 수입을 장려하고 천의 수출을 장려하는데, 대체로 가난한 시골의 아낙네들이 뽑아내는 실의 가격이 이런 제도로 인해 더 싸지고 공장에서 만들어내는 옷감은 더욱 비싸져서 결국 가난한 자들에게 빼앗아 부자들에게 나누어 주는 꼴이 되고 만다.

중상주의 체계가 장려하는 것은 주로 부자의 이익이고, 가난한 자들의 이익은 쉽게 무시되고 억압받는다.

영국에서 오랜 기간에 걸쳐 양털의 수출을 엄격하게 금지하자 양털의 가격은 낮아졌다. 낮아진 가격이 생산을 줄였어야 했는데, 농부들은 양털만을 목적으로 양을 키우는 것이 아니라 고기로도 판매하기 때문에 생산은 줄지 않고, 대신 양털로 소득을 챙길 수 없는 만큼 고깃값이 올랐다. 낮아진 양털 가격은 제조업자들에게 이익을 주고, 해외로 빼돌리는 밀수출업자들에게 이익을 줬을 뿐이다.

그 밖에도 여러 가지 규제들이 있었고, 심지어 기술자들이 자신의 기술을 외국에 가르치는 행위까지 제한되었다.

이런 모든 규제는 우리의 제조업을 확장하기 위해서라는 동기를 가지고 있는데, 그것이 스스로의 발전을 통해서가 아니라 다른 사람들을 억누르고 힘겨운 경쟁을 포기하는 방법으로 이루려 하는 것이다.

우리의 제조업자들은 견습생의 수와 기간을 조정하고, 기술의 해외유출을 금지하는 방식으로 그 업의 지식도 독점한다.

모든 생산의 유일한 목적은 소비다.

생산자의 이익은 소비자의 이익을 증가시키는 데 필요한 정도까지만 관계해야 한다.

하지만 중상주의 체계는 생산자의 이익을 위해 소비자의 이익이 항상 희생된다.

국산제품과 경쟁 관계에 있는 외국제품의 수입을 제한하는 것도 국내 소비자를 희생시켜 생산자를 돕는 것이다. 소비자들은 독점으로 높아진 가격을 지불해야 하고 이것은 생산자에게 완전한 이익이 된다.

국산품의 수출에 장려금을 지급하는 것도 생산자에게 이익이 된다. 국내 소비자는 이 장려금을 주기 위해 세금을 내야 하고, 비싸진 그 상품 가격을 지불하기 위해 세금보다 더 많이 돈을 내야 한다.

포르투갈과의 통상조약에 의해, 우리 소비자들은 비싼 관세 때문에 품질 좋은 이웃 나라의 물건을 살 수 없고, 대신 먼 포르투갈에서 온 질 떨어지는 물건을 써야만 했다. 이 조약은 우리의 몇몇 제품의 생산자들이 포르투갈에서 더 좋은 여건을 갖도록 해 주려는 것이었다.

다른 무엇보다 아메리카를 관리하려 만든 법체계가 가장 생산자의 이익을 위해 소비자의 이익을 희생한 경우다.

제국을 세운 목적은 우리가 생산한 물건들을 의무적으로 팔아 줄 구매자를 늘리는 것이었다. 하지만 이 법체계가 가져온 독점으로 인해, 비싸진 물건값과 비싸진 물건을 구매하는 식민지들을 지키는 비용까지 우리 국내 소비자가 감당해야 했다.

오로지 식민지의 그 구매자들을 지키려는 목적으로 벌어진 최근의 두 전쟁에 쓰인 비용이 2억이고, 그중 1억 7천만 파운드를 새롭게 빚졌다. 이 이자 비용만으로도 독점으로 챙긴 이익은커녕 매년 식민지로 보내는 물건값의 합계보다 많다.

누가 중상주의 체계를 열심히 고안하는지 알기는 어렵지 않다. 이해관계가 철저히 무시당하는 소비자가 아니라, 이해관계가 소중하게 다뤄지는 생산자들이고, 생산자 중에서도 상인과 제조업자들이 주요 설계자들이다.

CHAPTER 9

중농주의 체계 혹은 땅의 생산물만이 국가의 소득과 부의 원천이라 주장하는 정치경제 체계

중농주의는 중상주의처럼 길게 설명할 것이 없다. 땅에서 생산되는 것만이 국가의 부와 소득의 원천이라 주장하는 이 체계는 프랑스에 많이 있는 몇몇 지식인의 추측으로만 존재할 뿐, 어느 나라에서도 받아들여진 적이 없고 앞으로도 없을 것이라서 세상에 아무런 해를 끼칠 리 없기 때문이다.

어쨌든 내가 아는 범위에서 그 대략을 설명해 보겠다.

루이 16세(Louis XVI, 1754~1793년)의 유명한 총리인 콜버트 씨는 모든 면에서 뛰어나고 지식이 충분해서 사회소득에 대한 방법과 질서를 제시하는 데 어울리는 사람이다. 하지만 불행히도 규제 덩어리일 수밖에 없는 중상주의 체계를 받아들여 많은 것을 규제하고, 규제들을 감시하고 관리하는 체계를 세웠다.

특정 분야에 특혜를 주고 다른 분야를 제한했으며, 도시를 지원하기 위해 시골을 억압했다.

도시민에게 식량을 싸게 공급하고 제조업을 장려하느라 곡물의 수출을 완전히 금지하여 시골 사람들을 어렵게 했다. 게다가 국내 지역 간의 이동에도 세금이 부과되던 종래의 제도까지 있어, 그 비옥한 땅과 좋은 날씨에도 불구하고 프랑스의 농업은 매우 낙후되어 있었다.

이런 낙후성의 원인을 찾으려는 연구가 시작되었다.

"휜 것을 펴려면 반대로 휘라."라는 속담이 있다. 농업만이 국부의 원천이라 주장하는 이 프랑스 학자들은 이 속담에 따르기라도 한 듯, 도시를 지나치게 고평가한 콜버트와 정반대로 도시를 지나치게 저평가했다.

중농주의자들은 국가의 생산에 기여하는 사람들을 세 계층으로 나눈다.

첫째, 지주 계층이다.

둘째, 경작자, 농부, 시골 노동자 계층으로 그들이 생산 계층이라 특별히 칭하며 존경하는 계층이다.

셋째, 기능공, 제조업자, 상인 계층으로 그들이 비생산 계층이라 비하하며 낮추는 계층이다.

경작을 증진시키기 위해 지주 계층이 땅을 개발하고, 건물을 짓고, 배수 시설과 울타리 등을 만들고 유지하는 데 들인 비용과, 농부가 경작하기 위해 농기구, 가축, 씨앗 및 1년간 먹고살 식량 등을 처음 갖추는 비용, 그리고 다음 해의 농사를 위해 매년 반복적으로 지출하는 씨앗과 식량과 농기구 유지 비용, 이렇게 세 가지만이 중농주의자들이 보기에 생산적 비용이고, 나머지는 모두 비생산적 비용으로 여긴다.

보통 사람들이 이해하기에 제조업자들과 기능공들은 원자재에 큰 가치를 부여함에도, 중농주의자들에게는 비생산적 계층일 뿐이다.

중농주의자들에게 그들의 노동은 그들을 고용하는 데 들어간 자본을 대체할 뿐이고, 거기서 생기는 이익은 그 자본을 투입한 고용자를 먹여 살리는 데 소요될 뿐이다.

중농주의자들이 보기에 농부의 생산은 그 생산에 필요한 모든 비용을 만회하고도 남아 땅 임대료도 지불하지만, 제조업자는 그렇지 못하다.

제조업에 들어간 비용은 그 자신의 가치를 지속하기 위한 만큼만 벌어들일 뿐, 새로운 가치를 창출하지는 못한다.

반면, 농부는 그 자신의 가치를 지속하는 것에 더해 땅 임대료라는 새로운 가치를 추가로 생산한다.

상인들도 제조업과 마찬가지로 그 업을 영위하기 위한 만큼 벌 뿐 새로운 가치를 생산하지는 못한다.

기능공, 제조업자, 상인들은 그들이 소비해야 할 것을 절약하는 방법 외에는 사회의 부를 증대시킬 수 없다. 반대로 농부와 시골 노동자들의 노동은 그들의 소비를 실컷 즐기고도 사회의 부를 증진할 순생산을 추가로 만들어낸다.

대체로 지주와 농부로 구성된 영국이나 프랑스는 열심히만 하면 즐기면서 부유해지는 반면, 네덜란드나 함부르크처럼 상인, 기능공, 제조업자로 구성된 나라들은 오로지 쓸 것을 아껴서 궁색해야만 부유해질 수 있다.

이렇게 이해관계가 다르다 보니 전자의 나라들은 친절하고, 넉넉하고, 솔직하며 좋은 교우관계를 갖지만, 후자의 나라들은 속이 좁고, 비열하고, 이기적인 성격을 가진다.

비생산 계층, 즉 상인, 기능공, 제조업자들은 지주와 농부가 대는 비용으로 고용되어 먹고 사는 것이다.

농부와 지주가 결국 비생산 계층의 월급과 수익을 대는 것이며, 비생산 계층은 농부와 지주의 하인들이라고 볼 수 있다.

비생산 계층은, 땅에서 나는 자연 생산물의 합계에 아무런 가치도 더하지 않으며, 오히려 그 생산물로 지불해야 할 비용 같은 존재다.

하지만 비생산 계층도 나머지 두 계층에게 무척 필요한 존재이긴 하다. 그들이 일해서 지주와 농부들이 외국 물건이나 공산품을 살 수 있게 해주는데, 이것들을 지주와 농부들이 직접 하려면 더 오래 걸리고 좋지도 않다. 그들로 인해 지주와 농부는 생산에 전념할 수 있다. 그렇게 집중해서 얻는 생산성은 비생산 계층을 먹여 살리는 데 드는 비용을 감당하고도 남는다. 이런 식으로 비생산 계층도 간접적으로는 생산의 증대에 기여하기는 한다.

지주와 농부가 상인, 기능공, 제조업자를 방해할 이유는 없다. 비생산 계층이 자유로울수록 경쟁은 치열해지고, 지주와 농부들은 더 싸게 물건을 살 수 있게 된다.

비생산 계층으로서도 농부와 지주를 억압할 이유는 없다. 땅에서 나는 생산물에서 우선 농부가 필요한 부분을 빼고, 그다음으로 지주가 필요한 부분을 빼고, 그리고도 남은 초과 생산물로 비생산 계층이 고용되고 먹고사는 것이다. 이 초과 생산이 많을수록 비생산 계층에게 할당되는 것도 많다.

완전한 정의, 완전한 자유, 완전한 평등을 세우는 것이 모든 계층이 번영하는 비결이다.

주로 비생산 계층으로 구성된 네덜란드나 함부르크도 지주와 농부의 비용으로 먹고살기는 마찬가지다. 다만, 다른 점은 그들의 지주와 농부는 멀리 있는 다른 나라 다른 정부의 국민이라는 점이다. 그런 다른 나라의 국민에게 상업 국가의 존재는 매우 필요한데, 무언가의 이유로 그들 나라에 그런 상인이나 제조업자가 없기 때문이다.

농업 국가가 상업 국가를 방해할 이유는 없다. 고율의 관세를 부과하는 등의 방법으로 방해해 봤자 괜히 상품값만 올려 자신들의 농산물값만 상대적으로 떨어뜨리고 스스로의 생산력을 점차 감소시키는 데 일조할 뿐이다.

자신들의 산업을 장려하는 가장 효과적인 방법은 상업 국가들의 무역에 완전한 자유를 허락하는 것이다.

또한, 이 자유는 그들이 필요로 했던 상인, 기능공, 제조업자들을 가장 효율적으로 얻는 길이다.

계속된 땅의 생산 증가는 보통의 이익을 기대하고 땅을 개발하는 데 투입했던 것보다 더 큰 자본을 만들고, 그렇게 초과한 부분은 자연스레 기능공과 제조업자를 고용하는 쪽으로 향한다.

그렇게 생긴 초기의 기능공과 제조업자들은 비록 다른 상업 국가의 제조업자들과 비교해 기술이 떨어지고 싸게 만들지 못하지만, 멀리서 가져올 수밖에 없는 수입품들과 경쟁 정도는 할 수 있고, 얼마 지나지 않아 기술도 생겨서 더 싸게 팔 수 있게 된다. 더 싸게 팔면 외국 업자들은 밀려나게 되고, 이어서 외국으로까지 진출해서 경쟁하게 된다.

이렇게 자연 생산물과 공산품의 생산 모두가 증가하여 더 큰 자본이 만들어지면, 이 초과 자본은 국내의 수요를 초과하여 생산된 물품을 수출하게 된다.

이때 상업 국가의 상인들은 멀리서 무역할 상품을 찾는 반면, 이렇게 발전된 농업 국가의 상인은 무역할 물건을 국내에서 찾으므로 무척 유리하다. 이 때문에 초기에 항해술 등이 부족하여도 경쟁 정도는 할 수 있고, 얼마 지나지 않아 더 싸게 팔 수 있게 된다.

이 관대한 체계에 따르면, 농업 국가가 상업과 제조업을 일으키는데 가장 유리한 방법은 다른 상업 국가들의 상인과 제조업자들에게 최대한의 자유를 허락하는 것이다. 그러면 그들의 땅에서 난 생산물의 가치를 높이게 되고, 자본을 축적할 수 있게 되고, 필요한 제조업과 상업을 일으키게 된다.

하지만 반대로, 수입을 제한하면, 두 가지 측면에서 손해를 보게 되는데 이는 다음과 같다.

첫째, 수입품의 가격과 공산품의 가격이 높아져서, 상대적으로 자신들의 땅에서 나온 초과 생산물의 실질 가격이 내려간다.

둘째, 자신들의 상인과 제조업자가 독점으로 높은 이익을 취할 수 있게 하니, 곧 자본이 그쪽으로 몰려 농업의 발전을 방해한다. 이것이 상인과 제조업자들을 더 일찍 일어나게 할 수는 있어도, 생산 계층에게 돌아가야 할 자본이 비생산 계층으로 향하는 것이므로 생산적 노동을 부진케 한다.

중농주의 체계를 주장하는 매우 독창적이고 지식이 풍부한 케네(Fran-çois Quesnay, 1694~1774년)는 땅의 생산물이 위의 세 계층에 분배되는 과정과 비생산 계층이 가치를 생산하지 못하고 소모하기만 한다는 것을 그의 저서 『경제표(Tableau economique)』를 통해 어떤 산술적 공식으로 보여 주었다.

이 공식의 첫 번째는, 완전한 자유가 주어져서 최대의 순생산을 내고 최고의 번영을 누리며 각 계층이 합당한 몫을 즐기는 상태에서 어떻게 분배가 이루어지는지를 보여 주었고, 이어지는 공식에서는 각각 다른 규제와 제한들 속에서 어떻게 분배가 비생산 계층에 유리하게 이루어지는지, 또 이것이 어떻게 총생산을 점점 떨어뜨리는지 보여 주었다.

어떤 의사들은 이론적으로 사람의 몸은 어떤 정확한 식습관과 운동에 의해서만 건강을 유지할 수 있으며 아무리 작은 위반도 몸의 균형을 깨고 병을 일으킨다고 보았다. 그래서 몸에 좋은 것과 거리가 멀어도 다양하게 섭취하는 것이 중요하다고 보았다.

케네 또한 의사로서, 정치적 몸체 또한 완전한 자유와 완전한 정의라는 식습관하에서 번영할 수 있다고 보았다

> **저자 주** 중농주의는 중상주의에 대한 상대성을 맞추려고 선택된 단어로 보인다. 물론, 중농주의자들이 농사를 가장 중요한 요소로 본 것도 맞고, 중상주의자들이 상업을 가장 중요한 요소로 본 것도 맞긴 하다. 하지만 중농주의의 원어는 'Physiocratie'로 '자연법칙' 혹은 '만물의 이치'를 의미하는 말이다. 이 학파가 이렇게 불리게 된 이유는 확실히 모르겠지만, 아마도 시조 격인 케네의 원래 직업이 'Physician(의사)'인 것, 그리고 그가 공자와 노자 등 동양 사상에 심취해 무위자연(無爲自然, Laissez faire)을 주창해왔던 것 등과 연관된 것으로 보인다.

하지만 인간의 몸도 스스로 좋은 상태를 유지하려는 능력을 갖추고 있듯이, 정치적 몸체도 개개인이 자연스레 각자의 이익을 추구함으로

써, 정치경제의 나쁜 영향으로부터 스스로를 지킨다고는 생각하지 못한 듯하다.

중농주의의 가장 큰 오류는 기능공, 제조업자, 상인을 비생산 계층으로 보았다는 것이다. 다음으로 그 주장이 부적절함을 설명하고자 한다.

첫째, 2명이 결혼해서 2명의 아이를 낳았을 때, 3명을 낳은 경우보다 덜 생산적인 것은 맞더라도 결코 비생산적이라고는 할 수 없는 것처럼 어느 한 계층의 생산이 탁월하다고 해서 다른 계층이 비생산적인 것은 아니다.

둘째, 기능공, 제조업자, 상인들을 하인들과 같이 본 것도 잘못이다. 하인들의 노동은 행위와 동시에 소멸하며 다시 팔 수 있는 형태로 인식되거나 고정되지 않고 그들을 고용하는 데 들어간 비용은 유지되지 않는다. 나는 앞선 챕터에서 하인을 비생산적으로, 그리고 기능공, 제조업자, 상인을 생산적으로 분류했다.

셋째, 기능공, 제조업자, 상인이 사회의 실질소득을 증가시키지 않는다고 한 것도 잘못이다. 이 계층이 나날이 생산하는 가치가 단지 그들이 나날이 소비하는 것과 일치한다고 해서 그 사회의 실질적 부가 늘어나지 않았다고 본 것은 오류다.

어떤 기능공이 추수가 끝나고 6개월 동안 10파운드어치의 곡식을 소비해 먹고살면서 10파운드어치의 물건을 생산했다고 가정해 보자. 그는 이 물건으로 나머지 6개월 동안 아무것도 하지 않고도 먹고살 수 있는 곡식을 또 살 수 있으므로 그가 처음 6개월간 생산한 가치는 20파운드이며, 그중 10파운드는 사회의 부에 추가로 보탠 것이다.

만약 군인이나 하인들이었으면 처음 6개월간 먹고산 10파운드어치 곡식은 그냥 그것으로 끝나는 것이다. 그리고 나머지 6개월도 하던 대로 계속해서 일해야 먹고살 수 있다는 것이 그들과 기능공의 차이점이다.

넷째, 농부도 검약하지 않고서는 사회의 실질소득을 기능공, 제조업자, 상인들보다 더 올릴 수는 없다.

어떤 사회의 생산은 두 가지 길로 증대되는데, 첫째, 노동의 생산력을 발전시키는 것, 둘째, 노동의 수를 늘리는 것이다.

생산력을 증대시키는 방법은 노동자의 능력을 발전시키는 것과 기계를 도입하는 것인데, 그런 면에서 분업화가 잘되어 있는 기능공과 제조업자들의 노동 생산력이 농부들보다 크게 뛰어나다.

다음으로, 노동의 수는 오로지 자본에 비례하는데, 기능공, 제조업자, 상인들이 본질적으로 절약하여 자본을 모으고 점점 더 많은 노동자를 고용하는 반면, 농부나 지주는 그렇지 않다.

기능공, 제조업자, 상인들도 사회의 실질적 부를 늘린다.

다섯째, 중농주의가 보기에 모든 나라의 국민 소득은 그 국민들이 먹고살 식량(자연 생산물)의 합이다. 하지만 그렇게 보더라도 상업과 제조업이 있는 국가는 원재료를 사와 가공하고, 그것을 팔아 또 원재료와 그동안 그들이 먹을 식량을 사 오기 때문에, 상업과 제조업이 없는 국가보다 늘 더 많은 양의 자연 생산물이 머무르니 더 많은 소득을 올린다고 볼 수 있다.

이 체계는 그 미숙함에도 정치경제와 관련해 사실에 가장 근접해 있다. 누구라도 이 중요한 과학의 원리에 주의를 기울이고 연구하려는 자들은 반드시 깊이 생각해 볼 가치가 있다.

중농주의자들은 비록 농부만이 생산적인 노동이라고 편협하게 주장하고는 있어도 국가의 부를 구성하는 것은 소비할 수 없는 돈이 아니라, 소비할 수 있는 노동 생산물임을 주장하고, 완전한 자유만이 생산을 최대한으로 만들 수 있다고 주장하고 있어서 이념적으로는 모든 면에서 매우 적절해 보인다.

상당히 많은 중농주의자들이 영향력을 행사해 프랑스의 여러 정책이 긍정적인 방향으로 향하게 했다.

현대 유럽이 시골보다 도시의 제조업과 해외무역을 우선했던 반면, 어떤 나라들은 농업을 우선시했다.

중국은 시골 노동자의 상황이 도시 기능공보다 좋았고, 무역 상인들은 멸시당하며 무역은 제한됐다. 고대 이집트나 인도도 농업을 우선했으며, 무역을 등한시했다. 그들의 정부는 소득 대부분을 토지세나 토지 임대료로 얻었기에 농업에 우선적인 관심을 두는 것이 당연했다.

상업 중에서도 가장 중요한 것은 국내의 도농 간 거래다. 자연 생산물이 도시로 들어가고, 그 대가로 공산품이 농촌으로 들어간다.

공산품의 가격을 높이려는 시도는 농산품의 가격을 낮춰 농업을 부진하게 하지만, 반대로 상인 기능공 제조업자를 줄이려는 시도는 시골의 시장을 줄이는 것이라서 더더욱 농업을 부진하게 한다.

중농주의 체계는 농업을 장려하려고 상업과 제조업을 제한하는데 이것이 역으로 농업을 부진하게 한다.

중상주의는 상업과 제조업을 장려하느라 자본을 가장 이로운 산업에서 빼내어 덜 이로운 산업으로 향하게 하는 정도이고, 어쨌거나 결국에는 증진하고자 한 산업을 장려하게 되지만, 중농주의는 반대로 증진하고자 한 산업을 부진하게 만든다.

특정 산업을 장려하거나 방해하여 국가의 부를 증대시키고자 하는 노력은 언제나 그 목적에 방해가 될 뿐이다.

그런 체계들은 모두 제거되어야 하고, 대신 명확하고 단순하고 자연스러운 자유의 체계가 세워져야 한다.

모든 사람은 자신의 방법대로 자신의 이익을 추구하고, 자신의 노동과 자본을 다른 사람과의 경쟁에 끌어들이는 데 완벽하게 자유를 가져야 한다.

사람들이 어리석기 때문에 전체의 이익을 위해 관리해 줘야 한다고 믿는 국가의 망상은 완전히 사라져야 한다.

자연스러운 자유 체계에서 국가는 세 가지 중요한 역할을 한다.

첫째, 외부로부터의 보호다.

둘째, 사회 구성원들이 다른 구성원들로부터 받을 수 있는 부당함과 억압으로부터의 보호다.

셋째, 특정 개인이나 소수의 이익과는 상관없는 공무와 공기관을 세우고 유지하는 일이다.

국가가 그런 역할을 적절히 하기 위해서는 비용이 든다. 이 비용을 대기 위해서는 소득이 있어야 한다.

제5권에서는 다음의 사항들을 설명하고자 한다.

첫째, 국가의 어떤 것이 필요한 비용인지, 어떤 것이 모두가 함께 부담해야 할 비용이고, 어떤 것이 특정인들이 부담해야 할 비용인지에 대해서다.

둘째, 사회에 필요한 비용을 대는 방법들과 각 방법의 이점과 불편한 점에 대해서다.

셋째, 왜 모든 국가가 소득의 일부를 빚으로 충당하는지, 그 빚이 실질적 부에 미치는 영향은 무엇인지에 대해서다.

그것들을 크게 세 챕터로 나누어 알아보고자 한다.

15

『국부론』 제5권

제5권에서는 '국가의 소득'에 대해 설명한다.

CHAPTER 1

국가의 비용

1. 국방에 드는 비용

국가의 첫째 임무는 외부의 침략과 폭력으로부터 우리 사회를 보호하는 것이며, 그 임무는 오로지 군사력에 의해서만 수행될 수 있다.

군사력을 준비하고 쓰는 데 드는 비용은 각 국가의 상태에 따라 다르다.

사회의 가장 미개한 상태인 수렵 국가일 때는 모두가 사냥꾼이고 상황이 발생하면 모두가 싸움에 참여하므로 특별히 드는 비용이 없었다.

조금 진보한 유목 국가일 때도 모두가 전사이고 늘 전쟁을 염두에 두고 대비하기에 전시에도 평시와 생활이 특별히 달라지지 않는다. 그래서 군주로서는 따로 비용을 들이지 않는다. 대신 정복지에 대한 약탈을 통해 전쟁에 참여한 대가를 얻고는 했다.

그보다 조금 더 진보한 농업 국가일 때도 유목민들처럼 싸움에 능숙하지는 않을지라도 농사를 짓던 남자라면 바깥 생활에 익숙한 상태라 전시의 가혹한 환경에 나름 익숙한 상태였고, 농한기를 틈타 훈련을 받거나 전쟁을 치르고, 또 징집 대상을 일정한 연령대의 남자로 한정한다면 농사일은 나머지 늙은이나 여자들이나 아이들이 어느 정도 보살필 수 있으므로 특별히 크게 잃는 것 없이 전쟁을 치를 수 있기에 국가로서는 특별히 비용을 들일 것이 없었다.

더 진보한 사회에서는 자기 돈을 들여 참전하는 것이 불가능해졌다. 그 이유는 첫째, 공업의 발달이고, 둘째, 전쟁기술의 발달 때문이다.

농부들은 설령 농번기에 전쟁을 나간다 하더라도 그 손실은 그리 크지 않다. 어차피 농사일의 대부분을 담당하는 것은 자연의 힘 그 자체이기에, 씨를 뿌리고 추수하는 그사이에는 일손의 부족이 심각한 손실을 야기하지는 않는다.

하지만 기능공이나 제조업자 등은 일터를 떠나는 즉시 먹고살 것을 마련할 방법이 없어지며, 소득 없이 공공을 위해 봉사하기 위해서는 그 공공이 그를 먹여 살려야 한다. 진보된 국가에서 인구의 상당수는 이런 계층이며, 그들은 공공의 비용으로 전쟁에 참여할 수밖에 없다.

전쟁을 수행하는 기술은 계속 진보하여 매우 복잡해졌고, 많은 기계가 도입되어 그것을 능숙하게 다루는 정도가 중요해져서 분업화되고 전문화될 필요가 생겼다. 그래서 평시에는 훈련하고 전시에는 전쟁을 수행하는 특정 직업이 국가에 의해 편성되었다.

발달한 국가의 국민은 그 직업과 상황의 특성상 군사 훈련을 상시로 받을 만한 여가가 나지 않는다. 반면, 발달한 산업에 따르는 부유함은 늘 주변 국가로부터 침략당할 요인이 된다.

이런 상황에서 국가가 스스로를 지키기 위해 취할 방법은 첫째, 모든 국민을 엄격하게 군사 훈련 시키는 방법, 둘째, 국민의 일부를 군인이라는 직업으로 두는 방법이 있다. 전자의 경우는 일종의 민병으로서 평시에는 그들의 직업적 성격을 갖고, 후자의 경우는 상비군으로서 완전한 군인으로서의 성격을 갖는다는 차이가 있다.

민병에도 여러 종류가 있어서, 고대 그리스나 로마처럼 전쟁이 있기 전까지는 조직되지 않고 오로지 군사 훈련을 받는 경우와 영국이나 스위스처럼 평시에도 조직되어 군사 훈련을 받는 나라들이 있다.

총이 발명되기 전까지는 개개의 군인이 무기를 얼마나 잘 다루는가와 신체적 조건 등이 군대의 우월함을 결정하는 요소라서 개별적 훈련이 중요했다. 그러나 총이 발명된 이후에는 무기에 대한 숙달 여부보다는 명령과 복종, 정렬 등이 더 중요한 요소가 되어 단체훈련이 중요해졌다.

그래도 어쨌거나 민병은 잘 규율되고 잘 훈련된 상비군에 비해 뒤떨어질 수밖에 없다. 이것은 여러 역사적 사실에서도 증명된다.

문명화된 국가가 국방을 민병대에 의존하면 이웃한 야만 국가의 침략에 늘 노출되며, 아시아의 문명국가들이 자주 타타르족에게 정복당하는 것을 보면 발달한 국가의 민병이 야만 국가의 민병보다 약하다는 것을 잘 알 수 있다.

하지만 잘 규율된 상비군은 어떤 민병보다 강하고, 상비군을 운영하기에는 문명국가가 더 유리하므로, 국가의 문명은 오직 상비군에 의해서만 보호받으며 지속될 수 있다.

상비군의 존재로 인해 야만 국가가 문명화되기도 한다. 저항할 수 없는 힘을 가진 상비군을 통해 제국의 멀리까지 군주의 법을 세우고 정규화된 정부를 운영한다. 러시아 제국의 발전을 가져온 표트르 대제의 경우도 잘 살펴보면 상비군의 설치로 많은 것들을 해결했다.

공화 체제에서 사람들은 자유에 대한 위협요소로써 상비군을 경계한다. 장군들과 다른 국가지도자들 사이의 이해관계가 상이한 곳에서 그럴 수 있다. 카이사르의 군대가 로마의 공화정을 무너뜨렸고, 크롬웰의 군대가 의회를 내보냈다.

하지만 왕이 곧 장군인 곳이나 귀족이나 지주들이 군의 수뇌부인 곳은 사회의 권위를 유지하고자 하는 사람들이 군대를 움직이니까 그런 위험이 되지 않으며, 오히려 자유를 수호하기도 한다.

때로는 정부가 대부분의 국민에 의해 지지받더라도 일부 소수집단의 소동에 의해 위협받을 수 있는데, 이럴 때 정부의 권위는 그 소동을 진압해야 한다. 그것이 공공의 안전을 보장한다.

외부사회로부터의 부당함과 폭력으로부터 우리 사회를 지켜야 하는 국가의 첫 번째 임무는 사회가 발전할수록 점점 비용이 들게 되었다.

야만 시절에는 전쟁을 해도 돈이 들지 않다가, 문명화, 산업화하면서 평시에도 군사력을 보유하느라 돈이 들게 되었다. 게다가 총의 발명으로 그것을 보유하는 데 드는 매우 비싼 비용과 훈련하는 비용까지 들게 되었다. 진보된 대포도 점점 비싸고 그것을 막는 비용도 점점 비싸진다.

현대전에서는 비싼 무기일수록 비싼 값어치를 톡톡히 한다.

비싸기 때문에 문명화되어 번영하는 국가에게 더 이롭다.

처음엔 치명적이고 유해한 것으로 보였던 총기의 발명이 문명을 지키고 확장하는 데 이롭게 작용했다.

2. 정의에 드는 비용

국가의 두 번째 임무는 사회의 구성원 간에 있을 수 있는 부당함과 억압으로부터 그들을 보호하는 것이다. 이것을 집행하는 데 드는 비용은 사회의 발전 단계에 따라 매우 다르다.

수렵 사회에서는 재산이랄게 거의 없어서 정규 사법행정 혹은 판관이 존재하지 않았다. 재산이 없는 사람이 다칠 것이라고는 몸과 명예밖에 없고, 이때 가해자라고 해서 특별히 얻는 것도 없다. 이런 경우 가해행위는 기분에 의한 것인데 그런 기분이 자주 일어나는 것도 아니고 오래 가는 것도 아니다. 기본적으로 사람들이 모여 사는 곳에서는 특별히 판관이 없어도 어느 정도 안전이 보장된다.

부자들이 느끼는 탐욕과 야망, 가난한 자들이 느끼는 노동 기피와 안락함에 대한 선호 같은 것은 남의 재산을 탐하게 하는데 이런 기분은 누구나 지속해서 느끼는 것이다.

언제나 부자는 매우 적고 나머지는 모두 가난하다. 부자들의 풍요는 가난한 자들의 분노를 자극하고, 궁핍과 부러움이 종종 부자의 재산을 침략하게 한다.

부자가 수년간 혹은 수세대 동안의 노동으로 쌓은 부를 가지고 편하게 잠을 자기 위해서는 판관이 필요했고, 그래서 정부를 세우게 된다.

정부는 어떤 종속성을 전제로 한다.

재산이 생겨 정부를 필요로 하는 이유가 커지는 만큼 종속될 이유도 커지게 된다.

어떤 사람들에게 나머지 사람들보다 우월한 위치를 안겨 주는 종속 관계가 자연스레 형성되는 이유나 환경은 크게 네 가지로 나누어 볼 수 있다.

첫째, 힘이나 현명함 같은 개인적 자질이 뛰어난 사람이 약한 사람들을 복종케 하는 경우다. 하지만 이런 자질들은 눈에 보이는 것이 아니라 늘 논란과 다툼의 여지가 있고, 어떤 사회도 이런 모호한 것을 기준으로 종속관계를 정하지는 않는다.

둘째, 나이가 많은 경우다. 비슷한 사람 사이에서 나이가 많다는 것은 언제나 존경과 순종의 이유가 되며, 다툼의 여지가 없는 명료한 기준이다.

셋째, 재산이 많은 경우다. 수렵 사회는 모두가 가난해서 의미가 없지만, 조금이라도 재산의 차이가 인정되는 사회라면 어디든 부자들은 권위를 갖게 되고, 덜 문명화될수록 그 권위는 크다.

만약 타타르 족장이 1,000명을 먹여 살릴 가축을 가졌다고 가정해 보

자. 달리 돈 쓸 곳도 없는 사회라서 그는 그대로 1,000명을 거느리게 되고, 그 1,000명은 완전히 그 족장에게 삶을 의지하게 되어, 전쟁 시에 목숨을 바치고 평시에 그의 판단에 복종하게 된다.

반면, 문명화되어 번성하는 사회에서는 수천 명을 먹여 살릴 재산을 가진 부자라도 그 수천 명과는 서로 필요한 것을 동등하게 주고받는 관계일 뿐 딱히 종속관계는 아니다.

어쨌거나 어느 사회에서든 재산은 나이나 개인적 자질보다 훨씬 큰 권위를 가진다.

넷째, 잘 태어난 경우다. 잘 태어났다는 것은 재산이 많은 조상이 있었다는 것을 의미한다.

외부의 적에 대한 경멸이 내부의 권위에 대한 애착과 존경으로 나타나고 따르던 자를 따르는 것은 자연스럽지만, 아래로 보던 자를 따르기란 견디기 어려운 일이라 대체로 오랜 위대함은 새것보다 더 존경받으며 그 가족까지 자연스레 권위가 이어진다.

출신을 따지는 것도 유목 사회가 더 심한데, 그들은 특별히 사치할 것이 없어서 재산이 흩어지지 않기 때문이다.

출신과 재산, 이 두 가지가 어떤 사람을 다른 사람의 위에 올려놓는 가장 명확한 조건이며, 사람을 구분 짓는 가장 큰 근원이자 자연스레 권위와 종속관계가 성립되는 이유다.

특히나 유목 사회에서 그 두 가지는 절대적이어서, 출신 좋고 재산 많은 사람이 많은 사람을 모아 힘을 발휘할 수 있고 자연스레 행정적인 권력을 갖추게 된다. 그는 사람을 모아 그 힘으로 누군가를 벌할 수 있게 되었고, 약한 사람들은 그에게 보호를 기대하게 되었다. 누군가 피해를 보았다고 생각하면 그를 찾아가 얘기했고 그의 중재는 가해자마저 순순히 따르게 하였다.

정부가 생겨난 것이 재산을 지키기 위해서라면, 부자를 가난한 자들에게서 지키는 것이고, 조금이라도 소유한 사람을 무일푼으로부터 지키는 것이다.

처음에는 사법권을 행사하는 데 비용이 든다기보다 오히려 수익이 생겼다. 청원하는 사람은 선물을 들고 왔고, 잘못한 사람은 벌금을 내야 했다.

처음엔 지도자가 직접 판관 역할을 했지만, 점차 대리인을 내세우게 되었다. 헨리 2세(Henry Ⅱ, 1133~1189년) 시절에 지방에 파견되는 관리에게 주어진 지침서를 읽어 보면 역시나 왕의 소득원으로써의 역할이 있음을 알게 된다.

하지만 이런 목적으로 관리를 파견하는 것은 거의 예외 없이 나쁜 행태를 낳게 되었다. 선물의 양에 따라 판결의 내용이 달라지고, 죄인에게 물리는 벌금은 유무죄와 상관없이 가혹해졌기 때문이다.

유목 사회나 초기 농경 사회에서 군주는 자신의 가축이나 영지에서 소득을 얻었기 때문에 그의 백성들이 특별히 그의 권위를 필요로 할 때, 즉 재판을 부탁할 때 말고는 그를 위해 돈을 내는 일은 없었다.

하지만 국방에 드는 비용이 점차 증가하고, 군주가 얻는 소득만으로 국가의 비용을 대기 어려워지면서 사람들은 세금을 내게 되었다. 세금을 내기 시작하자 재판에 선물을 대던 관습은 사라지게 되었다. 관리에게는 고정된 급여가 지급되었고 재판은 무료가 되었다.

재판은 공짜가 아니다. 재판에 들어가는 비용이라는 것은 판관의 급여를 보전해 준다고 해도 여전히 큰 비용이 든다.

영국의 법정들은 주로 재판 수수료로 유지된다. 이런 경우 각 법정은 더 많은 사건을 수임하려 애쓰게 된다. 소송 당사자가 법정을 고르게 하면 법정들은 신속함과 공정함으로 경쟁하며 사건을 끌어오려 하게 된다.

각 법정에서 진행되는 절차에 인지를 붙이게 하는 것으로도 법정을 유지할 수 있다. 이런 경우 판관은 괜히 절차를 늘려 인지대를 많이 발생시킨다.

마찬가지로 현대 유럽에서 변호사 비용을 계산할 때, 작성한 문서의 페이지 수로 할 때가 있는데, 이런 경우 역시 괜히 글자를 늘리고 문장을 늘려 수입을 높이려는 폐해가 발생한다.

법정 경영이 스스로의 비용을 마련하려 애쓰든지, 판관이 공적 기금으로부터 급여를 받든지, 행정 권력을 가진 사람이 그것을 관리할 필요는 없어 보인다.

산업이 발달하면서 사법과 행정이 분리되었다. 판관은 업무량이 매우 복잡하고 많아서 다른 데 신경 쓰기 어려워졌고, 행정 권력자는 세세한 일에 신경 쓸 여유가 없어서 분야별로 대리인을 세우게 된 것이다.

사법과 행정 권력이 하나가 되면, 정의가 천박한 정치에 희생되는 일이 종종 벌어질 것이다.

국가라는 거대한 이해관계를 생각해야만 하는 사람은 특별히 부패하지 않더라도 개인들의 권리를 침해할 수 있다.

모든 개인의 자유와 안전은 공정한 사법체계에 의한다.

개인이 가진 모든 권리를 확실하게 가졌다고 각자가 느낄 수 있으려면, 단순히 사법과 행정이 분리되는 것을 넘어 사법체계가 최대한 행정 권력으로부터 독립되어야 한다.

판관은 변덕스러운 권력에 의해 해임되거나 보수가 정해져서는 안 된다.

3. 공적인 일과 공적인 기관에 드는 비용

국가의 세 번째이자 마지막 임무는, 비록 사회에 가장 이로울지라도 그 이익이 어떤 특정인이나 집단에 돌아가지 않는 것, 그래서 어떤 특정인이 할 수 없는 공적인 일이나 기획을 만들고 진행하는 것이다. 이 임무는 사회의 단계별로 매우 다르게 비용이 든다.

앞서 언급한 국방이나 사법 역시 공적 기관이자 업무이지만, 중요한 것은 상업의 발달과 국민의 교육을 위한 공적 기능들이다. 교육에는 어린이 교육과 평생 교육이 있다.

Article 1 사회의 상업을 효율적으로 하기 위한 공적 기관과 일들, 그리고 일반적으로 상업을 효율화하는 데 필요한 것들

도로, 다리, 운하, 항구 등 국가의 상업을 효율화하는 시설들을 만들고 유지하는 것은 사회의 발전 단계별로 비용이 매우 다르게 든다.

보통 그런 시설들을 만드는 것은 행정 권력에 의해 모이고 집행되는 공적 소득으로 지출해야 하는 것으로 보는데, 꼭 그런 것은 아니다. 대부분의 그런 시설들은 공적 자금 없이도 만들고 유지하는 데 충분할 만큼의 소득을 내게끔 운영할 수 있다.

마차가 도로를 지나거나 나룻배가 운하를 지날 때 무게만큼 통행료를 내는데, 이것은 정확하게 그들로 인해 닳고 낡은 것을 고치는 데 들어가는 비용에 비례한다. 공공시설들을 유지하는 데 이보다 공평한 방법은 아마 없을 것이다.

이런 통행료는 일단 운송인이 내지만 결국 그들이 운반한 상품 가격에 골고루 나뉘어 최종적으로는 소비자가 부담하는 것이다. 최종 소비자가 통행료를 부담하긴 해도 줄어든 운반비만큼 다시 상품 가격이 싸지기 때문에 소비자는 잃는 것이 없고 오히려 매우 득을 본다. 소비자는 낸 만큼 얻는 것이기에 이보다 공평한 세금은 없을 것이다.

고급 마차에 화물 마차보다 좀 더 통행료를 물린다면 부자의 허영과 게으름이 가난한 자의 부담을 경감시키는 데 기여하게 된다.

도로, 다리, 운하 등이 이런 식으로 상업에 의해 지어지고 유지되고 또 상업은 그것들에 의해 수행된다면, 그것들은 딱 상업이 요구하는 곳에 만들어질 것이다. 결과적으로 그곳은 매우 적절한 곳이다. 고속도로를 상업이 없는 사막에 짓지 않고, 아무도 건너지 않는 곳에 다리를 놓지 않는다.

운하는 개인이 통행료를 받아가며 관리하기도 하는데, 관리가 소홀해 통행이 불가하면 아예 소득을 올릴 수 없기에 충분히 적절한 관리가 이루어지며 이는 공기관이 운영하는 것보다 효율적이다.

반면, 도로의 경우 관리가 소홀해도 통행이 아예 불가한 것은 아니기에 개인이 통행료를 받으면 부당한 이익이 될 수 있고, 공기관이 운영하는 것이 옳다고 주장할 수도 있다.

하지만, 공기관은 자주 부적절한 사람이 임명되고 운영은 방만하여 도로의 통행료가 너무 비싸다는 불평이 생기게 된다.

국가가 직접 도로를 운영하면 도로의 유지·보수에 들어가는 돈보다 많은 돈을 통행료로 걷어도 결국 국가의 운영에 필요한 다른 용도의 지출에 쓰일 수 있어서 괜찮다고 할 수 있지만, 그래서는 안 되는 다음의 이유가 있다.

첫째, 통행료가 올라간다. 국가는 걸핏하면 이 자금으로 급한데 쓰려고 할 테니 결국 통행료는 올라가고, 애초에 상업을 활성화하려는 목적의 도로이거늘 올라간 통행료로 물가를 올리고 상업을 방해하게 된다.

둘째, 불공평하다. 무게에 따라 통행료를 매기는 것은 그 짐이 도로에 부담을 주는 만큼 그 도로를 수리하는 비용이 되는 것이다. 하지만 통행료를 다른 목적에 쓴다면, 짐의 가치가 아닌 무게에 비례하는 통행료 체계 아래에서는 국가의 비용을 상대적으로 가난한 자들에게 더 부담시키는 꼴이 된다.

셋째, 관리가 잘 안 된다. 중앙정부는 지방의 큰 도로까지는 관심을 둘지 몰라도 이면의 세세한 도로까지는 관심을 가질 수 없기에 도로의 상태가 완전히 무시되고 통행할 수 없는 지경까지 이를 수도 있다.

특정 분야의 상업을 효율적으로 하기 위한 공적 기관과 일들

앞에서 언급한 것은 상업 일반을 효율화하기 위한 공적 기관과 일들에 대해서이고, 특정 분야의 상업을 위해서는 어떤 비용이 요구되는지 알아보자.

야만 국가나 정치 상황이 불안한 곳에서는 상인들을 보호하기 위해 그들이 머무는 곳을 요새화하거나 그들을 보호할 인원을 파견할 필요가 있다. 터키회사(The Turkey company)가 콘스탄티노플에 대사관을 설립한 것, 러시아에 영국 대사관을 처음 세운 것도 상업적 이해관계 때문이었다.

각자의 자본으로 각자가 위험을 지지만, 규정에 따르며 일정한 회비를 내는 개인들의 집단인 '규정회사'가 있고, 자본을 합쳐 지분만큼 이익이나 손실을 나누는 형태의 '합자회사'가 있다.

규정회사가 여러 면에서 외교관들을 지원하기는 하지만, 합자회사들처럼 요새를 운영하지는 않는다. 규정회사는 개별 이익에만 관심이 있을 뿐 공동의 이익에는 별 관심이 없기도 하거니와, 합자회사처럼 큰 자본을 운영할 수도 없기 때문이다.

합자회사와 개인적 동업회사의 차이는 다음과 같다.

첫째, 자유롭게 지분을 양도 및 양수할 수 있다.

둘째, 회사가 진 빚에 대한 책임을 자신이 가진 지분의 범위 내에서만 진다. 합자회사는 이사회에 의해 운영되는데, 이 이사회는 주인회(주식회사의 주주총회)의 통제를 받는다. 하지만 대부분의 주인은 회사 경영에 대해 잘 모르며, 이사회에 의해 정해진 배당을 받아갈 뿐이다.

이렇게 걱정과 위험으로부터 자유로우니 많은 자본이 합자회사로 향했다.

합자회사의 이사들은 개인회사의 경영진과 달리 꼼꼼히 회사를 관리하기 어려워 많은 실패를 낳기도 했다. 저명한 프랑스의 저자 아베모를레에 의하면 1600년 이후 유럽에 생긴 55개의 합자무역회사 모두가 독점권을 가졌음에도 실패한 것으로 나타났다.

독점 없이 성공적으로 수행될 수 있는 합자회사는 운영이 반복적이고 정형화된 업종뿐인 것 같다. 이런 업종은 은행, 보험, 운하, 상수도업이 있다. 이 업종들은 매우 큰 자본이 필요하고, 규정을 만들고 지키는 것이 중요한 업종들이라 합자회사의 형태로 운영되는 것이 적합하다.

Article 2 어린이의 교육을 위한 기관에 드는 비용

어린이의 교육을 위한 기관은 그 비용을 지출하기 위한 충분한 소득이 있어야 한다. 학생이 교사에게 내는 사례금이나 수업료는 자연스레 그 소득원이 되며, 그 밖에도 지방소득이나 부속토지에서 얻는 임대료 혹은 군주나 개인 기부자가 낸 기금에서 나오는 이자 등이 소득원이 된다.

어떤 직업이든 노력을 끌어내는 것은 무언가 필요한 것이 있는 정도에 따른다. 그것이 가장 큰 경우는 생활에 필요한 돈을 오로지 그 직업의 보수에서 얻는 경우다. 그 돈을 얻으려고 매일매일 주어진 일을 하고, 경쟁이 자유로운 곳이라면 서로를 밀쳐내기 위해 더 잘하려고 애쓰게 된다.

어떤 직업의 성공으로 얻을 수 있는 거창한 목표는 특별한 야망과 정신을 가진 몇몇 사람에게는 그럴지 모르지만, 최고의 노력을 끌어내는 데 필요한 것은 아니다.

경쟁이야말로 최고의 노력을 끌어낸다.

학교에 기부되는 돈은 교사들의 궁색함을 달래 주고, 그들의 생계가 그들의 성공이나 명망과는 상관없이 급여로 이루어지게 한다. 반면, 어떤 학교는 교사의 보수 대부분을 학생으로부터의 수업료와 사례금으로 얻는데, 이 경우 교사들은 학생으로부터의 평판에 매우 의존하게 되어 더욱 분발하게 된다.

교사를 관리하는 권위가 교사들 자체 집단에 있게 되면 그들은 서로가 서로에게 관대하여 각자의 의무를 이행하는 데 게을러지게 된다. 옥스퍼드 대학 대부분의 교사가 최근 몇 년간 아예 가르치려는 흉내조차 포기한 이유다.

교사를 관리하는 권위가 성직자나 관료 등 외부에 있는 경우, 교사들을 일정 시간 성실히 수업에 복무토록 할 수는 있을지언정 어차피 수업에 참여하는 당사자들도 아니고 학문적으로도 무지할 수밖에 없어 실질적인 교사의 성실한 복무를 판단할 수는 없다. 또한, 교사들로서도 스스로를 지키는 방법은 본분에 충실하기보다 관리자들에게 잘 보이려는 것이 되기 쉽다.

학생이 교사를 선택할 수 없는 체계의 학교도 마찬가지로 경쟁이 배제되어 교사들이 학생들에게 충실하지 않게 된다.

정상적인 사고를 하는 교사라면 수업 중 엉뚱한 소리를 했을 때 학생들이 보이는 반응을 걱정할 것이고, 좋은 수업을 위해 노력할 것이다.

어떤 교사는 적당한 교재를 대충 읽어주는 것으로 의무를 한 척할 수도 있으며, 학교의 규율은 그런 수업일지라도 학생들이 군말 없이 듣도록 강제할 수도 있다.

학교의 규율은 대체로 학생의 이익을 위한 것이 아니고, 교사들이 편하려고 있는 것이다. 교사가 그의 의무를 다하든 말든 학생들은 수업에 충실해야 한다고 하는데, 이것은 마치 교사는 언제나 완전하고 학생은 언제나 어리석다고 전제하는 것이다.

하지만 교사가 진심으로 그의 의무를 다한다면 학생들이 교사를 무시할 수는 없다. 들을만하다고 알려진 수업에는 딱히 잘 들으라고 규율을 세울 필요가 없다.

대체로 공교육이 취급하지 않는 분야의 교육은 잘 가르쳐진다. 펜싱,

무용, 읽고 쓰기 등의 교육은 대체로 사교육이고 효율적으로 가르칠 수 있는 반면, 공교육 기관인 승마 학교는 비용이 많이 드는 데도 그 효과는 의문스럽다.

문명화, 상업화된 사회에서 보통 사람들에 대한 교육은 특권층보다 더 사회적 주의를 기울여야 한다.

특권층이야 그들이 특권적 직업을 갖기 전에 19년 정도 부모로부터 지원을 받아가며 교육을 충분히 받지만, 보통 사람들은 어려서부터 단순하고 고된 직업을 갖느라 교육에 할애할 시간도 없고, 돈도 없다.

하지만 보통 사람들도 직업을 갖기 전에는 시간이 좀 나는지라 읽고 쓰는 정도의 교육은 받을 수 있고, 받아야 한다. 그리고 이때 드는 비용은 온 사회가 함께 부담해야 한다. 단, 교사들의 보수는 상당 부분 수업료로 충당케 하여 느슨해지지 않도록 한다.

공립학교를 지어서 보통노동자의 자녀들도 쉽게 교육받을 수 있게 해야 하고, 그 내용은 읽기, 쓰기, 셈하기, 기하학, 기계학 등 모든 분야에서 쓰이는 학문이어야 한다.

또 그중 우수한 학생에게 상을 주어 교육을 장려하고, 모두가 직업을 갖기 전 필수적인 교육을 받도록 의무화해야 한다.

Article 3 모든 연령의 교육을 위한 기관에 드는 비용

모든 연령의 교육을 위한 기관은 대개 종교 교육을 위한 곳이다.

종교 교육은 사람들을 이 세상의 훌륭한 시민으로 만들거나 더 나은 세상을 대비토록 하는 데 그 목적이 있지는 않다.

교사들 혹은 성직자들은 청중의 기부로부터 보수를 얻거나 국가의 법이 정한 체계(십일조, 세금, 땅 등)로부터 보수를 얻는데, 후자인 전통적 교회는 전자인 신흥 교회에 비해 게으르고 나태해질 수밖에 없다. 비록 전통 교회의 경우가 더 우아하고 지식이 많을지라도 사람들은 신흥 종교의 열정과 노력에 따른 설교를 더 좋아하게 된다.

이 시대의 가장 훌륭한 철학자이자 역사가가 다음과 같이 말했다.

"모든 직업은 누군가에게 쓰이며 사회를 이롭게 하므로 국가는 그 직업들과 그 직업들로 이익을 얻는 개인들의 활동을 방해하지 말아야 한다. 그 직업인들은 그들의 노력과 능력으로 고객을 만족시켜 이익을 얻고, 부당한 간섭만 없다면 공급은 언제나 수요에 맞춰진다."

"하지만 어떤 직업은 사회에 이롭지만, 개인이 챙길 것은 없어서 국가가 특별히 보수나 존경을 챙겨주는 식으로 유지 및 장려하는 경우도 있다. 금융, 뱃일, 관료 등이 그 예다."

"변호사나 과학자들처럼 성직자들도 매일 열심히 연구하고 훈련하여 사람들의 마음에 다가가는 기술을 증진해 합당한 보수를 고객들로부터 얻는 것처럼 일견 보인다. 하지만 모든 종교는 진실을 왜곡하고, 미신, 어리석음, 망상이 섞여 있어, 성직자가 노력할수록 사회에는 치명적이라 정치인들은 그것을 막아야 한다. 성직자들은 추종자들에게 귀하고 성스럽게 보이기 위해 다른 분야에 대한 혐오를 부추기고, 신기한 것을 동원해 나른한 예배를 흥분시킨다. 모든 교리는 진실, 윤리, 품위 등을 고려하지 않고, 인간의 무분별한 감정에 맞게 받아들여질 뿐이다. 남의 말을 쉽게 믿는 사람들을 상대로 훈련된 새로운 성직자들의 노력이 이런 사람들을 신흥 종교의 비밀 집회로 끌어들이고, 결국에는 관료들도 관여하게 되어 종교는 곧 정치가 된다."

모든 문명사회에서 계층 간의 구분이 완전히 정착되고 나면 윤리적 흐름에 두 가지 구분이 생기는데, 하나는 다소 경직되고 소박하며, 다른 하나는 여유롭고(리버럴, Liberal) 느슨하다.

전자는 보통의 사람들이 주로 따르고, 후자는 상류층의 사람들에게 더 잘 받아들여 진다. 이 두 가지 구분은 어떤 풍요와 즐거움으로부터 생기기 쉬운 일탈에 대한 반감의 정도로 나누어진다.

여유롭고 느슨한 쪽은 사치, 방탕, 헤픈 웃음, 어느 정도 무절제한 정도의 즐거움 추구, 순결의 위반 등이 총체적으로 저속하지만 않다면, 그래서 그릇되고 부정한 곳으로 끌려가지만 않는다면, 대체로 완전히 용인되는 편이다.

반대로 소박한 쪽은 그런 일탈을 혐오한다.

보통 사람들은 달랑 한 주만 그렇게 생각 없이 보내도 평생을 망칠 수 있기에 그런 죄악에 경멸감을 느끼게 된다. 반면 상류층의 사람들은 설령 수년 동안 그렇게 보내도 별 탈이 없으며, 오히려 그런 일탈이 가능한 것을 자신들이 가진 특권이나 이점으로 여기기까지 한다.

모든 종교는 보통 사람들 사이에서 시작하기에 소박한 쪽의 윤리 체계를 취하고, 어느 정도 지나친 절제도 그들에게는 추앙받는다.

주목받는 사람은 주변의 시선에 신경을 쓰게 되고, 그의 성향이 여유로운 쪽이든 소박한 쪽이든 대체로 강직한 입장을 취할 수밖에 없다. 반면, 낮은 지위의 사람은 시골에 있는 동안은 몰라도 도시로 나와 주변의 이목으로부터 자유로워지는 순간 일탈하기 쉬워진다.

이런 익명에 숨어있는 개인이 어느 날 종교 집단에 속하면서 다시 주변을 신경 쓰게 된다. 작은 종파일수록 규율이 엄격한데, 때때로 사회적으로 용인되기 어려운 정도까지 엄하다.

국가를 분열시키는 작은 종파들의 이런 비사회적이고 납득하기 어려운 엄격함을 치유할 방법이 두 가지 있다.

첫째, 과학을 공부하는 것이다. 어떤 전문직이나 공무직에 임하기 전 의무적으로 견습 기간 같은 제도를 두어 좋은 직업의 중산층이 공부하도록 한다. 과학은 미신과 맹신의 해독제이고, 중산층이 과학으로 굳건하다면 하층민도 미신에 많이 노출되지 않는다.

둘째, 취미 활동을 통한 유쾌함을 얻는 것이다. 회화, 시, 음악, 춤, 연극, 전시 등 기분 전환을 즐기려는 모든 사람이 어떤 수치스러움이나 무례함을 느끼지 않고 맘껏 누릴 수 있도록 장려하는 것으로 우울한 미신과 맹신을 없앨 수 있다. 대중적인 취미 활동과 거기서 얻는 유쾌함과 즐거움은 광신도들의 목적에 맞지 않아 증오의 표적이 된다.

이런저런 연유로 유럽에서 종교의 권위는 국가의 권위를 능가하며, 종교적 두려움이 다른 두려움을 압도했었다. 로마 교회의 근본 체계가 시민 정부의 권위와 안정에 대항했던 만큼, 정부의 보호를 통해 누릴 수 있는 개인의 자유, 이성, 행복 등의 가치도 도전받았다.

로마 교회 체계는 인간의 이성을 배제한 채 온갖 미신의 망상으로 채워졌는데, 이런 망상이 나약한 인간 이성에 의해 공격받았더라면 더욱 견고해져 영원했을지 모르나, 오랫동안 도전받지 못한 채 모순은 쌓여만 갔고 결국 잠깐 사이에 무너져내렸다.

기술과 공업과 상업의 발달은 귀족의 힘을 무너뜨렸듯이 성직자들의 힘도 무너뜨렸다.

그들은 원래 그들이 소비하고 남는 자연 생산물로 사람들을 거느리고 손님을 접대하는 것으로 힘을 가졌다. 그러나 공업과 상업의 발전에 따라 새롭게 갖고 싶은 물건들이 생겨나며 이전에 남에게 나누어주던 초과 생산물은 고스란히 그들 자신의 소비를 위해 쓰이며 그들이 가졌던 힘은 소멸하였다.

특히나 가난한 자들에게 자선을 베풀며 정신적인 권위를 누렸던 성직자들은 사라진 자선 대신 생겨난 그들의 허영과 사치로 인해 존경 대신 역겨움의 대상이 되었다.

이런 상황이 되자 정부는 교회를 누르기 시작했고, 약해진 교회를 상대로 독일에서 종교개혁이 시작되자 이는 곧 전 유럽으로 확산됐다. 새로운 교리의 선생들은 환영받았고, 그들의 소박함은 보통 사람들에게 인정받

왔다.

교파별로 정부와의 관계나 서민들과의 관계가 달랐다. 교회에서의 자리가 대학보다 못한 나라에서 지식인들은 대학으로 흘러 들어갔고, 반대의 경우 교회로 흘러갔다.

고대 그리스나 로마에서 저명한 지식인들은 공교육이나 사교육의 교사였다. 어떤 사람에게 가르칠 기회를 준다는 것은 그가 그 분야에서 점점 더 깊이 있게 연구하고 공부하며 뛰어나게 되는 것이다. 교회의 자리가 별로면 지식인들은 사회에 유용한 곳으로 가게 되며, 그들이 받을 수 있는 최고의 교육을 받게 된다.

교회가 얻는 소득은 국가를 지키는 데 쓰일 국가소득에서 일부가 빠져나가는 것이다. 그것이 십일조이든 땅 임대료이든, 농부가 국가에 낼 수도 있는 것을 교회에 낸다. 교회에 낼수록 국가에 낼 것은 줄어드는 것이다. 교회가 부유해질수록 개인이나 국가는 가난해지며 결국 국방은 약해진다.

교회가 사회나 종교에서 하는 역할은 가난하거나 부유하거나 어차피 같다. 그들이 받는 보수는 그 본연의 역할에 비례해야 할 것이다.

직업이 무엇이든지 소득이 높으면 그만큼의 소득을 가진 다른 사람처럼 살고 싶어지기 마련이고, 많은 시간을 유흥과 허영과 방탕한 행위에 쓰게 된다.

하지만 성직자라는 직업이 그렇게 살면 단순히 업에 종사할 시간을 빼앗기는 것뿐 아니라, 그 직업의 근간인 사람들로부터의 존경과 성스러운 이미지를 망치게 된다.

4. 국가의 위엄에 드는 비용

국가의 의무를 수행할 수 있도록 하는 데 필요한 비용에 덧붙여, 국가의 위엄을 지키는 데도 비용이 필요하다. 이 비용도 정부의 발전 단계별, 형태별로 다르다.

발전되고 번성하는 사회에서 모든 계층의 사람들이 점점 비싼 집, 비싼 가구, 비싼 옷 등을 누리는데 국가만 궁상을 떨고 있을 리는 없다. 국가는 자연스럽게 혹은 국가의 위엄이 요구하는 대로 비싼 것을 갖추게 된다.

권위라는 관점에서 보면 공화국의 정부보다 왕국의 군주가 더 비싼 것이 필요하다. 왕궁을 총리관저보다 더 화려하게 상상하는 것은 당연하다.

결론

국방에 드는 비용과 지도자의 위엄을 지키는 데 드는 비용은 모두 사회 전체의 이익을 위한 것이기에 각자 능력껏 모두가 함께 부담하는 것이 합리적이다.

사법행정에 드는 비용도 사회 전체의 이익을 위한 것이고, 전체 사회가 함께 부담하는 것이 부당하지 않다. 하지만 이런 비용은 법정을 통해 부당함으로부터 보호와 보상을 바라는 사람들로 인해 생기는 것이다. 또 이런 비용으로 직접적 이익을 얻는 사람들은 법정을 통해 권리의 회복이나 유지를 구하는 사람들이다. 따라서 사법행정에 드는 비용을 이런 두 부류의 사람들에게 수수료의 형태로 부담시키는 것도 합당하다. 수수료를 낼 돈이 없는 범죄자를 빼고는 전체 사회의 기부에 의지할 필요는 없다.

지방이 득을 보는 데 필요한 비용은 지방이 부담해야 하고, 전체사회에 짐을 지워서는 안 된다.

사회의 일부분에 국한되는 이익을 위해 사회 전체가 비용을 내는 것은 부당하다.

도로와 통신을 유지하는 데 드는 비용은 모든 사회에 이롭기에 전체 사회가 부담해도 별로 부당하지 않을 것이다. 하지만 직접적으로는 그 길을 통해 물건을 운반하거나 여행을 하는 사람들이 이익을 얻는 것이고, 간접적으로는 그렇게 운반된 물건을 소비하는 사람들이 이익을 얻는 것이다. 영국의 유료 도로는 그런 당사자들에게 비용을 부담하게 하여 전체 사회의 짐을 상당히 덜었다.

교육 기관이나 종교 시설에 드는 비용도 모든 사회에 이롭기에 전체 사회가 부담해도 별로 부당하지 않을 것이다. 하지만 이런 비용은 그 교육이나 가르침을 통해 직접적인 이익을 얻는 사람들이 내거나 혹은 그것이 필요하다고 여기는 사람들의 기부로 충당하는 것이 좀 더 낫다.

모두에게 이롭지만, 특정인의 기여만으로 완전하게 유지될 수 없는 시설이나 공적인 계획들은 사회 전체의 부담으로 유지되어야 한다.

사회의 소득은 국방과 지도자의 위엄에 드는 비용 외에도 다른 많은 분야의 부족을 메우는 데 쓰여야 한다.

사회소득이 어디에서 나오는지는 다음 장에서 설명하고자 한다.

CHAPTER 2

사회의 일반적이거나
공적인 소득의 근원

국가에 필요한 모든 비용은 첫째, 국민소득과는 상관없이 군주나 국가에서 나오거나, 둘째, 국민소득에서 나온다.

1. 군주나 국가에 속한 소득원

군주나 국가에 속한 소득원은 땅이나 'Stock(쌓아둔 것, 자본)'으로 되어 있다. 군주는 다른 자본가들처럼 그걸 직접 운용해서 이익을 내거나 남에게 빌려줘서 이자를 받아 소득을 낼 수 있다.

타타르나 아라비아 지도자들의 소득은 그들이 직접 관리하는 그들의 가축에서 나오며, 이런 미개한 상태의 정부는 그 공공 수입의 대부분이 그런 이익으로 구성된다.

함부르크, 베니스, 암스테르담 같은 작은 공화국들은 직접 상업을 운영해서 낸 이익이 공공 수입의 상당한 부분을 차지한다. 은행이나 우체국은 꽤 성공적인 소득원이 되었지만, 그 외의 계획들은 좀처럼 성공하기 어려웠는데, 무한대로 자금 지원이 가능하다고 믿는 대리인을 통해 운영할 수밖에 없는지라 잘 관리되지 못했기 때문이었다.

상인의 기질과 통치자의 기질은 무척 다르다. 동인도회사에서 그들이 장사꾼의 기질 때문에 나쁜 통치자가 된 것이라 본다면, 통치자의 기질 때문에 그들이 나쁜 상인이 된 것으로 볼 수도 있다. 그들이 그냥 상인이 었을 때 회사는 이익을 내어 주주들에게 배당도 했었는데, 통치자가 된 후로는 당장의 파산을 막고자 정부에 도움을 구걸하는 처지가 됐다. 인도에 거주하는 직원들이 처음에는 자신을 상인의 직원이라고 생각하다가 요새는 관료라고 생각한다.

베르네 같은 국가는 다른 나라나 국민에게 돈을 빌려줘 이자로 수입을 얻기도 한다. 이자 수입의 안정성은 첫째, 그런 기금을 잘 관리하는 가와, 둘째, 채무국과 얼마나 안정적으로 평화로운가에 달려 있다.

함부르크는 국민을 상대로 6%의 이자를 받고 돈을 빌려주는 공공 전당포를 열었는데 이걸로 연간 33,750파운드의 수입을 국가로 가져 왔다.

펜실베이니아 정부는 재산의 축적 없이 돈을, 사실은 돈이 아니라 돈과 동등한 것을 빌려주는 방법을 고안했다. 땅을 담보로 담보 가치의 2배만큼 돈 대신 15년 만기의 신용장을 줬는데, 이 신용장은 은행에서 발행하는 어음이나 지폐처럼 양수·양도 될 수 있었고, 법정 통화로 지정해 모든 지불의 수단으로 쓰일 수 있게 하였다. 이런 방법으로 펜실베이니아 정부는 충분한 수입을 얻었다.

이런 방법이 통하려면 첫째, 금은 이외의 상업 도구에 대한 수요가 있거나, 대부분의 금은을 해외로 보내지 않고서는 구할 수 없는 소비재에 대한 수요, 둘째, 정부의 신용, 셋째, 발행하는 신용장의 총가치가 신용장 없이 유통되었을 금은의 총가치를 넘지 않을 것, 이렇게 3가지 조건이 충족되어야 한다. 실제로 펜실베이니아 외의 다른 주 정부들도 이를 따라 해 보았지만, 편리보다는 혼란만 생기고 말았다.

자본을 운영하는 것이나 여신을 주는 것은 불안정해서 안정적이어야 할 국가의 수입원으로서는 적절하지 않다. 겨우 유목 사회를 벗어난 정도의 국가나 그런 것을 수입원으로 할 뿐이다.

국가나 군주 소유의 땅을 빌려주고 임대료를 받거나 땅을 장기 할부로

파는 것은 좀 더 안정적인 수입원이 된다. 많이 발전한 나라들은 그것을 주요 수입원으로 삼는다.

현대의 모든 큰 나라들은 전쟁과 전쟁의 대비에 국가가 쓰는 비용이 매우 크다. 고대 그리스나 로마는 모든 국민이 군인이기도 했기에 각자의 비용으로 대비하고 전쟁을 치러서 따로 국가가 부담할 비용은 별로 없었다. 그래서 약간의 땅만으로도 정부가 쓸 돈을 대기에 충분했다.

군주의 땅을 팔면 직접적으로 그 판매 대금이 국가의 수입이 될 뿐 아니라, 개인들에 의해 개간되고, 그에 따라 생산이 늘고 인구도 늘어나 결국 국가가 걷는 각종 세금 수입도 늘게 된다.

공원이나 정원 같은 땅은 수입원이 아니라 오히려 지출원일 뿐이기에 왕의 소유로 하는 것이 낫다.

여하간에 이런 공공 수입은 문명국가로서 필요한 지출을 대기에 충분하지 않다.

국가가 필요로 하는 비용들은 개인들의 소득에서 일정 부분 떼어 기부하는 세금으로 충당할 수밖에 없다.

2. 세금

개인의 소득은 임대료, 이익, 임금에서 나온다. 모든 세금은 결국 그런 소득에서 나온다. 이제부터 임대료에 매기려는 세금, 이익에 매기려는 세금, 임금에 매기려는 세금 그리고 그 세 가지와 상관없이 매기려는 세금에 관해 설명하겠다.

각 세금을 자세히 살펴보기에 앞서, 세금에 관한 네 가지 중요한 격언을 전제하겠다.

첫째, 국민은 각자 능력에 비례해 정부에 기여해야 한다. 즉, 국가의 보호 아래 각자 소득을 누린 만큼 부담해야 한다는 것이다. 이것은 세금의 공평함에 관한 문제다.

둘째, 각 개인이 내는 세금은 임의대로 정하면 안 되고 반드시 정해진 대로여야 한다. 내는 때, 내는 방식, 내는 양은 모두 명확하고 단순해야 한다. 그렇지 않으면 세금 징수원이 힘을 갖게 되고 부패하게 된다. 불명확한 세금은 불공평한 세금보다 나쁘다.

셋째, 모든 세금은 납세자가 내기 가장 쉬운 때와 방식으로 부과되어야 한다. 임대료에 부과하는 세금은 지주들이 임대료를 받을 때 부과되는 것이 편하다. 소비세는 소비자들이 물건을 살 때마다 조금씩 부과되는 것이 편하다.

넷째, 모든 세금은 사람들 주머니에서 나온 것이 가능한 최대로 국고로 들어가게끔 노력해야 한다. 즉, 징수 비용이 최소가 되도록 노력해야 한다.

징수 비용이 많이 드는 경우는 다음과 같다.

첫째, 급여를 줘야 하는 징수공무원이 많이 필요하거나, 그들이 뇌물을 먹을 때, 납세자는 더 부담해야 하는 경우가 생긴다.

둘째, 세금이 과하면, 어떤 일에 종사할 의욕을 저하시켜 점점 세금원이 줄어들어 쉽게 걷힐 세금을 괜히 어렵게 만든다. 탈세자를 벌주느라 아예 망하게 만들어 그가 앞으로 낼 세금도 없게 만들 수 있다.

셋째, 부당한 세금은 탈세의 유혹을 키우고, 탈세의 벌칙은 그런 유혹만큼 커진다. 세법은 정의의 원칙과 반대되게 일단 유혹한 다음 벌주는 식으로 점점 범죄와 처벌을 확장해 간다.

넷째, 세금 징수원이 세무 조사를 한답시고 자꾸 방문해서 괜한 문제와 짜증과 억압을 만든다. 짜증이 비용이라 할 수 없을지 몰라도 사람들이 보상받고 싶어 한다는 면에서는 비용과 같다고 할 수 있다.

임대료에 매기는 세금

땅의 임대료에 매기는 세금

땅의 임대료에 매기는 세금은 어떤 규정에 따라 고정되는 방식일 수도 있고, 땅의 성쇠에 따라 오르고 내리는 실제 임대료에 따라 변동되는 방식일 수도 있다.

영국 같은 곳에서 땅의 임대료에 매기는 세금은 처음에 어떤 규정에 의해 정해진 후, 시간이 갈수록 개발되거나 버려지거나 해서 실제로는 상황이 땅별로 달라짐에도 금액의 변함이 없다.

이것은 앞서 언급한 세금 격언 1조에는 매우 어긋나지만, 나머지 3개 조항에는 완벽하게 부합한다. 완전하게 명확하고, 임대료를 받아서 내는 것이니 편하고, 적은 수의 공무원으로도 충분히 징수할 수 있다.

땅이 개발되어 임대료가 오르고 주인의 소득이 늘어나는데도 국가가 그 이익을 공유하지 못한다. 하지만 세금 부담이 없어서 땅 개발은 촉진되고 생산은 늘어나며 가격은 내려가서 사람들의 근로 의욕을 촉진한다.

땅의 생산이 늘어나 임대료가 느는데 세금은 옛날에 정해진 대로라면 땅 주인은 그 차이만큼 이익이다. 반대로 생산이 줄어 임대료가 줄었는데 세금이 그대로라면 땅 주인은 손해다.

세금을 금과 은의 돈으로 낸다면 돈의 가치 변동에 따라 땅 주인은 이익을 보기도 하고 손해를 보기도 한다. 이런 식의 변동은 땅 주인과 국가 모두에게 불편하다.

가장 공평한 세금으로서 임대료의 변동에 따라 세금도 변하도록 할 것을 프랑스의 자칭 경제학자들은 권하지만, 동의하기 어렵다.

베니스에서 모든 소작농지에는 임대료에 10%의 세금이 부과되며, 임대료는 각 지방의 세무서에 등기된다. 이것은 공평하지만 불명확하고 세금

산정에 많은 문제가 발생해 징수 비용이 많이 든다.

소작인과 짜고 임대료를 낮게 등기할까 봐 벌금 제도를 두기도 한다. 어떤 지주는 임대료를 올리는 대신 선금으로 부담금을 내게 하기도 하는데, 이렇게 되면 농부는 농사에 투입될 자본이 줄어들어 지역사회의 생산을 줄이게 된다. 이것은 지주, 농부, 사회 모두에게 이롭지 않으므로 그런 부담금에 임대료보다 높은 요율의 세금을 물리는 것으로 또 막는다.

임대료에 따라 세금을 부과하는 것이 고정된 세금을 부과하는 것보다 더 많은 징수 비용이 드는 것은 사실이나, 다른 세금들에 비하면 그래도 괜찮은 편이다. 진짜 문제는 이것이 땅의 개발을 방해한다는 것이다. 개발에 따르는 이익을 정부와 나눠야 한다는 것은 확실히 지주들의 의욕을 경감시킨다.

땅의 임대료가 아닌, 땅의 생산물에 비례하는 세금

임대료에 비례하지 않고 땅의 생산물에 부과하는 세금도 결국은 임대료에 부과하는 세금과 같은 것이다. 비록 이렇게 부과되는 세금은 우선 농부에게 걸게 되지만, 결국 세금을 고려해 감당할 수 있는 임대료의 선이 정해지는 것이다.

생산량에 세금을 부과하는 것은 얼핏 공평해 보이지만, 전혀 그렇지 않다.

어떤 크고 좋은 땅의 농부가 100개를 생산해서 50개만 가져가면 농사에 들인 원가와 기대 수익 모두를 회수할 수 있다고 할 때, 그는 지주에게 50개를 임대료로 줄 수 있다. 여기에 10%의 세금이 개입되면, 세금으로 10개가 빠져나가고, 농부는 50개를 갖지 않을 수 없으므로, 결국 지주는 40개밖에 못 가져가게 되는 것이다. 이렇게 결국 세금은 지주가 부담하게 되는 것이고, 크고 좋은 땅에서 지주가 부담한 세금은 50개 중 10개이므로 20%의 세율이 된다. 또 10개를 생산해서 농부가 8개를 가져가야만 하는 어떤 작고 별로인 땅을 가정해 보면, 세금이 없을 때 지주는 2개를 가질 수 있었지만, 세금으로 1개를 빼고 난 후 농부는 자신의 몫 8개를 챙기지 못하면 처음부터 농사를 짓지도 않았을 것이므로 그대로 8개를 가지고, 결국 지주가 남는 1개를 챙기게 된다. 이때 지주가 부담한 세금은 2개 중 1개이므로 50%의 세율이 된다. 부유한 지주는 임대료에서 20%의 세금을 냈고 가난한 지주는 임대료에서 50%의 세금을 낸 것이다.

생산량에 부과하는 세금은 지주가 땅을 개발할 의지를 경감시킬 뿐 아니라, 농부가 더 열심히 생산할 의지도 경감시킨다. 그나마 국가가 걷어가면 생산량을 늘려 세금을 늘리려는 국가의 이해관계로 도로나 운하 등 생산과 유통을 돕는 시설이라도 증설하는데, 교회가 걷어가면 걷고 말 뿐이다.

집의 임대료에 매기는 세금

집세는 땅 임대료와 건물 임대료로 나누어 생각할 수 있다.

건물 임대료는 통상의 자본 이익에 더해 집을 유지·보수하는 데 드는 비용이 된다. 만약 그보다 수익이 높으면 금세 다른 분야에 머무르던 자본이 건물임대로 넘어와 수익률을 낮출 것이며, 반대로 수익이 나쁘면 금세 다른 분야로 자본이 빠져나가 집세를 올려 수익을 높이게 될 것이다.

땅 임대료는 세입자가 그 집의 위치에 지불하는 비용인데, 시골에서는 경작지로 받을 수 있는 임대료 수준이다. 도시 근교의 빌라 단지는 그 편의성과 쾌적함으로 더 비싸고, 수도권에서는 일, 문화, 허영 등의 이유로 제일 비싸다.

집세에 부과되는 세금은 건물 임대료에는 전혀 영향을 미치지 않고, 세입자와 땅 주인이 부담하게 된다.

예산이 60파운드인 세입자가 집을 고르는데 세금이 없다면 60파운드 짜리 집을 선택했을 것인데, 세금이 20%라면 72파운드를 내야 하기에 그는 예산에 맞춰 50파운드의 20% 세금인 10파운드를 내는 집을 선택할 것이다. 이때, 60파운드짜리 집의 임대인들은 수요가 줄어들게 된 만큼 경쟁이 심화되어 집세를 내리게 된다. 결국, 연쇄적으로 집값은 내려가 이 세입자가 선택하게 될 집은 세금이 없던 때의 50파운드짜리보다는 더 좋은 집이 된다. 이 경우에도 건물 임대료는 떨어지지 않는다. 결국, 세금을 부담하는 것은 세입자와 땅 주인이다.

집 임대료와 경작지 임대료는 얼핏 같아 보이지만, 경작지 임대료는 생산적 사용에 지불하는 것, 즉, 그 땅에서 만들어서 주는 것이고, 집 임대료는 비생산적 사용에 지불하는 것이라서 임차인은 다른 곳의 소득을 가지고 지불해야 한다. 집세에 붙는 세금은 결국 노동 임금, 자본 이익, 경작지 임대료로부터 지급되는 것이고, 다른 모든 소비재와 같은 이치다.

일반적으로 어떤 사람의 지출이 많은지 적은지 판단하는데 집세만 한 것은 없다.

집세에 비례해 부과되는 세금은 상당한 수입이 될 것이다.

경작지 임대료는 생산의욕을 저하시키지만 집 임대료는 상관없다.

영국에서는 정확한 집세를 가늠하기 위해 여러 방법을 썼다. 난로의 개수를 세는 방법이 있었는데, 세금 징수원이 집으로 들어와 방마다 조사하는 것이 역겨워 결국 폐지되었다. 이후 밖에서 창문을 세는 방식이 도입되어 납세자의 불쾌감은 없었으나, 이것도 시골의 많은 창문이 달린 집이 도시의 적은 창문이 달린 집보다 일반적으로 저렴한데 오히려 세금은 반대가 되는 등 불공평의 문제가 생겼다.

Article 2 <u>이익에 매기는 세금, 자본으로부터 생기는 소득에 매기는 세금</u>

자본 이익은 두 부분으로 나눌 수 있다. 이자를 내는 부분과 이자를 내고 난 후 자본주에게 속하는 부분이다. 후자는 직접적으로 과세 대상이 될 수 없다. 그것은 자본주가 위험과 곤란을 감수하고 자본을 투입한 것에 대한 그만그만한 보상이며, 만약 이게 없다면 그는 자본을 빼가고 말 것이다. 그래도 과세한다면, 이익률을 높여 부담을 소비자에게 전가하거나 이자율을 낮춰 채권자에게 전가하거나 임대료를 낮춰 지주에게 전가할 뿐이다.

이자소득은 얼핏 보기에 땅 임대료처럼 직접 과세할 수 있어 보인다. 하지만 땅은 뻔히 보이는 반면, 개인들이 소유한 자본은 얼마인지 알 수 없어서 국가가 가용한 총자본이란 것은 상황에 따라 변동할 수 있다. 또한, 땅은 없어지지 않는 반면, 자본은 언제든지 다른 나라로 빠져나갈 수 있다. 자본이 땅을 경작하고 사람을 고용하기에 세금을 매기는 만큼 자본은 줄어들고, 줄어든 자본만큼 경작과 고용도 줄어들어 국가가 세금을 매길 수 있는 소득원이 줄어들게 된다.

자본으로부터 생기는 소득에 부과하는 세금은 그 소득을 조사함에 있어 어느 나라든지 느슨할 수밖에 없다. 극단적으로 불명확해서 극단적으로 불공평할 수밖에 없으니, 극단적으로 느슨하게 해야 반발이 없는 것이다. 영국에서 세금을 부과하기 위한 땅이 실제 가치의 1/2로 산정되어 있다면, 자본은 1/50도 안 될 것이다.

어떤 나라들은 특정한 업에 특별히 더 세금을 매기기도 한다. 영국에서는 행상, 노점, 마차, 의자 등에 그런 세금을 매기고, 술집에 면허세를 물리기도 한다. '상업을 지키기 위해 전쟁을 하는 것이다.'라는 명분으로 지난 전쟁 때는 가게마다 특별세를 물리기도 했다.

상인들에게 물리는 세금은 무조건 상품 가격에 더해져 소비자에게 전가된다.

매상에 비례해 세금을 물리지 않고 균일하게 물리면 작은 상인들이 억압받고 망하게 되어, 큰 상인들이 독점을 누리게 된다.

생산량을 임의로 조절할 수 없는 농민들에게 세금을 물리면, 농민들이 고스란히 피해를 보거나, 다음에 있을 농지 계약 때 지주에게 줄 임대료에 전가된다.

특정 분야에 세금을 더 물리는 것이 이자율에 영향을 미치지는 않지만, 자본소득 일반에 세금을 물리는 것은 그대로 이자율에 전가된다.

Article 1과 2에 덧붙여

재산이 상속되거나 증여될 때, 부동산은 숨기기 어려워 직접 세금을 부과해도 되지만, 동산은 숨기기 쉬우니 직접 세금을 부과하기 어려워 간접적인 방법을 쓴다. 첫째, 어떤 인지대를 물지 않는 한 증여증은 증서로 인정하지 않는 방법, 둘째, 등기하도록 하는 방법이 있다.

상속세는 직접적으로 상속인에게 부과되는 것이고, 땅을 매매할 때 내는 세금은 파는 사람에게 부과되는 것이다. 파는 사람은 반드시 팔아야 할 이유가 있지만, 사는 사람은 상대적으로 여유롭기에 가격이 안 맞으면 안 사면 그만이다. 사는 사람은 땅값과 세금을 합쳐 생각하고, 세금을 내는 만큼 땅값으로 지불할 부분이 줄어들 뿐이다. 결국, 세금은 급한 사람에게 부과되는 것이다.

새 건물이 매매될 때 세금은 사는 사람에게 부과되는 것이다. 건물을 지은 사람은 건물 짓는 데 든 비용과 기대수익이 회수되지 않으면 애초에 건물을 지을 이유가 없었다.

헌 집은 땅처럼 파는 사람에게 부과되는 것이다.

재산의 상속이나 증여에 부과하는 세금은 그만큼 그 재산의 자본 가치를 줄여서, 생산적 노동으로 향할 기금을 줄여 비생산적 노동을 유지하는 데 쓰일 국가 수입으로 향하게 하는 것이다.

재산 가치에 비례해서 상속이나 증여에 세금을 부과한다고 해도 소유권 이전의 빈도가 다르므로 여전히 불공평하게 된다.

보통 부동산의 권리에 대해 행해지는 저당권 등기는 채권자나 채무자 모두에게 안전한 거래를 보장해 주므로 우리 사회에 매우 이로운 것이다.

Article 3 노동 임금에 매기는 세금

노동자의 임금은 노동에 대한 수요와 식량의 평균값에 의해 정해진다.

임금에 세금을 부과하면, 세금을 제하고 남는 금액이 같아질 만큼 임금은 오른다.

100실링을 받는 노동자에게 20%의 세금을 물리면 120실링을 받아서는 96실링만 남게 되므로 부족하고, 125실링을 받아야 20% 세금인 25실링을 제하고 남는 것이 100실링으로 같아지므로 임금은 25%가 오른 125실링이 된다.

임금에 직접 부과하는 세금은 결국 도시에서는 공산품의 가격을 올려 소비자에게 전가되고, 시골에서는 땅 임대료를 깎아 지주에게 전가된다.

세금을 부과한 만큼 임금이 오르지 않았다면 그것은 오른 임금으로 인해 노동 수요가 감소했기 때문이다. 세금으로 인해 노동 고용이 감소하고 생산이 감소하면, 결국, 감소한 생산량에 비해 노동 가격은 높은 것이 되며 이 부담은 지주와 소비자가 지게 된다.

이런 세금은 이상하고 파괴적이지만 여러 나라에서 도입되고 있다. 프랑스에서는 지역별 평균임금을 산출해 노동자에게 세금을 물리고, 보헤미아에서는 계층을 나눠 세금을 물리고 있다.

Article 4 소득과는 관련 없이 매기는 세금

인두세

인두세를 각자의 재산이나 소득 수준에 따라 차등하게 매기려 한다면 엉망진창이 된다. 사람의 재산 상황은 매일 바뀌고 최소한 1년에 한 번은 조사하고 갱신해 줘야 겨우 가늠할 수 있다. 그 조사 결과도 조사관에 따라 달라질 수 있어 불확실하다.

인두세를 계층별로 매기는 것은 불공평하다. 같은 계층의 사람이라도 재산 상황은 매우 다르기 때문이다.

이런 세금을 공평하게 하려면 불확실하고 상황만 꼬이며, 쉽고 명확하게 하려면 불공평해진다.

세금이 가볍든지 무겁든지 '불확실성'이 가장 나쁘다.

작은 세금은 좀 불공평해도 견딜 만한데, 큰 세금은 안 된다.

낮은 계층의 사람들에게 인두세는 노동 임금에 직접 부과되는 세금이면서 온갖 불편한 점을 다 가지고 있다.

인두세를 엄격하게 걷으면 상당한 국가 수입이 될 수 있다. 실제로 낮은 계층 사람의 복지에 별 관심이 없는 국가에서는 일반적인 세금이다.

큰 나라에서는 인두세가 국가 수입의 작은 부분을 차지할 뿐이며, 그 정도는 얼마든지 다른 편한 방법으로 걷을 수 있다.

소비세

인두세로는 소득에 비례해 세금을 매기는 것이 불가능하지만, 소비재에 세금을 매겨 그것을 사는 사람이 부담하도록 하면 간접적으로 그들의 소득에 비례하게 된다.

소비재는 생필품과 사치품이 있다.

생필품이라는 것은 꼭 살기 위해 필요한 것뿐만 아니라, 생활 습관상 갖추지 않으면 안 되는 것들도 포함한다. 예를 들어, 와이셔츠는 살기 위해 필요한 것도 아니고 옛사람들은 입지도 않았다. 그러나 지금 시대에는 그렇게 입지 않으면 창피해서 남들 앞에 설 수 없다. 그런 면에서, 영국에서는 가죽 구두도 생필품이다.

사치품이라는 것은 꼭 비난하기 위해 붙인 이름이 아니다. 맥주나 와인처럼 살아가는 데 꼭 필요한 것도 아니고, 갖추지 않았다고 해서 문화나 관습적으로 무례한 것도 아닌 것들을 나는 사치품으로 구분한다.

노동 임금은 노동 수요와 생필품의 가격에 의해 정해지는데, 생필품에 세금을 매기면 상품 가격이 오르고 그에 따라 노동 임금도 상승하게 된다.

고용인이 제조업자라면 이렇게 상승한 임금에 비례해 상품 가격을 또 올려야 하고, 이것은 최종적으로 소비자가 부담한다. 고용인이 농부라면 상승한 임금만큼 땅 임대료를 줄이게 되고, 결국 지주가 부담하게 된다.

담배, 설탕, 차, 초콜릿 등 사치품은 세금을 매겨도 노동 임금에 영향을 주지 않는다.

사치품은 가격이 올라도 가난한 노동자가 가족을 부양하는 능력을 감소시키지 않으며, 성실한 노동자들의 사치를 방지하는 역할도 한다. 오히려 이렇게 강제로 검소하게 된 것이 가족을 부양하는 능력을 증대시키기도 한다.

모든 노동자가 성실한 것은 아니기에 사치품의 비싸진 가격에 아랑곳하지 않고 가족을 곤궁에 빠뜨리는 노동자가 있을 수도 있지만, 그런 사람들은 어차피 원래부터 가족을 제대로 부양하지 못하던 사람들이고 소수에 지나지 않는다.

생필품이든 사치품이든 과세하는 방법은 두 가지가 있다. 소비자가 소비한 상품을 매년 합산하여 과세하는 방법과 상인이 가지고 있는 상품에 과세하는 방법이 있다.

전자의 예로써 마차세가 있는데, 보통 10년은 타는 마차에 물리는 마차세는 소비자에게 건네질 때 마차 제조업자에게 한 번에 48파운드를 과세하는 것보다 마차의 소유자에게 매년 4파운드씩 과세하는 것이 편하다.

즉각적이고 빠르게 소비되는 생필품들은 상인에게 미리 걷지 않고 소비자에게 소비 면허세의 형태로 과세해야 한다고 매튜 데커 경은 제안한다.

이것은 상인들의 세금 부담을 덜어 해외무역을 장려하자는 계책이지만, 여기에는 다음의 네 가지 불만이 생길 수 있다.

첫째, 불공평함이다. 술을 마실 때 그 세금을 그냥 상인에게 걷으면, 소비자가 누구이든 마신 만큼 과세하는 것이 되는데, 술 소비 면허를 도입하면 조금 마시는 사람이 상대적으로 큰 부담을 지게 되는 것이다.

둘째, 불편함이다. 그냥 술 한 잔 마실 때 3.5펜스를 낸다면 거기에 이미 몰트, 홉, 맥주, 그리고 술집 주인의 이익까지 포함해서 마시는 만큼 세금을 내고 마는 것이다. 그런데 소비 면허세가 적용되면 그러지 못하게 된다.

셋째, 사치 방지 역할도 못 한다. 한 번 면허를 사면 많이 마시든 적게 마시든 똑같은 세금을 내는 것이니 그냥 마시게 된다.

넷째, 소비자에게 일정 기간 동안 소비한 것을 계산하라고 하는 것은 아무리 강제해 봤자 그냥 편하게 매번 내던 때보다 덜 걷힐 수밖에 없다.

관세를 'Customs(습관)'라고 하는 이유는 그냥 옛날부터 습관적으로 내던 세금이기에 그렇게 부르는 것이다.

이것은 원래 상인의 이익에 과세하려던 것인데, 무지하던 그 시절에는 상인에 과세해 봤자 결국 그 부담은 소비자가 지는 것이라는 이치를 몰랐다. 또한, 외국 상인들이 더 미우니 세금을 더 내게 하자는 것이 국내 상인에게 독점을 주는 꼴이 된다는 것을 몰랐다.

사회 구성원 모두가 각자의 소비에 비례해 국가 수입에 기여하자고 모든 소비 하나하나에 세금을 부과할 필요는 없다. 관세가 그러하듯 가장 일반적인 소비 몇 가지에 소비세를 부과하는 것으로 똑같은 효과를 내며 국가 수입을 얻을 수 있다.

높은 세금은 밀거래만 장려하게 되어 낮은 세금보다 국가 수입이 덜 걷히기 쉽다.

소비가 줄어 국가 수입이 줄어든다면 오로지 세금을 낮추는 것만이 해법이다.

밀거래 때문에 국가 수입이 준다면 그 해법은 두 가지다. 밀거래의 유혹을 줄이거나, 밀거래를 어렵게 하는 것이다. 전자는 세금을 낮추는 것, 후자는 더욱 견고한 관리 체계를 갖추는 것이다.

경험상으로 보건대, 소비세가 관세보다 밀거래를 방지하는 데 효과적이다. 관세에 소비세와 같은 관리 체계를 도입하면 밀거래는 더욱 어려워질 것이다.

수입업자가 물건을 자신의 창고로 옮길 때 세금을 모두 내도록 하거나, 세관원의 통제하에 있는 창고로 옮겨 출하 시마다 내수용인지 재수출용인지를 따져 가며 과세할 수도 있다.

국내 소비를 위해 수입되는 사치품에 과세하는 것도 와인, 커피, 초콜릿, 차, 설탕 등 중상류층이 주로 부담하게 되는 부분과 몰트, 홉, 맥주, 에일 등 모든 계층이 소비한 만큼 부담하게 되는 부분이 있다.

중산층 이하의 계층이 소비하는 총합이 수량으로써뿐만 아니라 금액으로도 그 위 계층보다 훨씬 많다.

첫째, 사회 자본의 대부분은 생산적 노동의 임금으로 서민들에게 분배된다.

둘째, 땅 임대료와 자본 이익으로 형성된 소득의 많은 부분이 하인들 같은 비생산적 노동의 임금으로 서민들에게 분배된다.

셋째, 자본 이익의 상당 부분은 서민들의 소액 저축에 대한 이자와 영세한 자영업자들의 이익이다.

넷째, 땅 임대료의 일정 부분도 서민들이 가진 조그만 땅들에서 나온다.

서민들 각자가 소비하는 양은 매우 적지만, 모두 합치면 양으로도, 금액으로도 사회 전체 소비의 가장 큰 비중을 차지한다. 그래서 상류층의 소비에 과세해 봐야 얼마 되지 않는다.

반드시 알아둬야 할 것이 서민에게 과세하여야 할 것은 생필품이 아닌 사치품이어야 한다는 것이다.

모든 생필품에 매기는 세금은 최종적으로 상류층이 부담하게 되는 것이고 국가 수입으로서는 결코 주 수입원이 될 수 없다. 생필품에 세금을 매겨 봐야 임금이 오르거나 그 수요를 줄일 뿐이다. 오른 임금을 부담하는 것은 결국 상류층이고, 그 부담이 한계치에 도달하면 노동 수요를 줄이는 수밖에 없다. 따라서 세금의 근원인 총생산이 감소한다.

소비세가 간접적으로 소득에 비례하기는 하지만, 사치품에 부과되는 소비세는 그렇지 않다.

소비라는 것이 기분에 따른 면이 있기 때문에, 펑펑 쓰는 사람은 국가 수입에 더 많이 기여하고, 검소한 사람은 덜 기여하게 된다.

국가의 보호 아래 많은 재산을 가질 수 있었던 사람이 소비를 안 해 국가에 기여하지 못하는 경우도 생긴다.

사치품에 부과하는 세금은 조금씩 공평하게 편하고 확실하지만, 세금에 관한 네 번째 격언, 즉, 징수 비용이 최소화되어야 한다는 것에는 반하는데, 그 이유는 다음과 같다.

첫째, 세금공무원이 많이 필요하다.

둘째, 과세 품목의 가격을 올려 해당 분야의 발전을 방해한다.

셋째, 밀거래 범죄자를 양산한다.

넷째, 세무 조사관의 잦은 방문으로 짜증이 난다.

소비세를 상인의 이익에 부과하려는 것이 어떤 나라에서는 확장적으로 모든 거래에 부과하기에 이르렀고, 모든 거래를 조사하기 위해 더욱 많은 세무 공무원이 빈번히 상인들을 조사해야 해서 많은 산업에 큰 피해를 줬다.

영국의 균일한 세금 체계는 국내 상업을 완전하게 자유롭게 했다.

영국의 한쪽 끝에서 다른 쪽 끝으로 상품들이 이동할 때, 아무런 허가나 통행세도 요구되지 않고, 세무 공무원이 묻지도, 따지지도, 방문하지도 않고 자유롭게 거래되었다.

지금 영국의 번영은 자유로운 상업의 영향이라 볼 수 있다.

반면, 프랑스는 지방마다 세법을 만들고 세무 공무원을 둬 상품이 그 지방으로 유입되는 것을 막아 국내 상업을 방해했다. 지방마다 금지 품목이 있었고, 소비세가 달랐고, 관세도 달랐다.

소비세를 징수하는 행정은 정부에 의해 임명된 관리가 할 수도 있고, 세법에 따라 하도급을 줘서 도급업자의 직원이 징수할 수도 있다.

도급업자는 도급비, 직원 급여, 관리비용 그리고 적당한 이익까지 얻어야 하기 때문에 세금은 비싸질 수밖에 없으며, 관련 지식과 큰 자본과 신용이 필요한 업무라 아무나 함부로 뛰어들 수 없어 쉽게 독점 상태가 되어 불합리한 부를 가져가며, 불합리한 부를 가져간 자들이 흔히 그러하듯 허영과 과시를 보여 공공의 분노를 사게 만들었다.

세금 징수의 업무를 도급을 줘서는 안 된다. 군주는 왕실의 존엄과 번영이 백성들에게서 나온다는 것을 알기에 백성을 위하는 마음이 있지만, 도급업자들은 그런 이해관계가 없어서 잔인하게 징수하곤 한다.

세금을 걷는 모든 합리적 방법이 동원되었다면, 비상시에 추가징수 해야 할 것은 불합리할 수밖에 없다.

CHAPTER 3
공공부채

공업과 상업에 의해 비싼 사치품이 소개되는데, 공업과 상업이 없던 미개했던 사회에서는 부자가 돈 쓸 데라고 해 봐야 주변의 많은 사람을 먹이는 것밖에 없었다.

부자의 큰 소득은 많은 사람을 부리는 데서 나오는 것이고, 그들을 먹이고 입히는 데 또 많은 지출을 한다. 또 손님들을 접대하는데도 많은 지출을 했지만, 그래 봐야 소득의 범위 내에서 이루어졌고, 당시로서는 허영과 사치를 부려 봐야 소득의 일부일 뿐 나머지는 그냥 쌓아 뒀다.

장사는 신사에게 천한 일로 여겨졌고, 이자를 받고 돈을 빌려주는 것은 더욱 천박하게 여겨졌으며 법으로도 금지되어 있었다.

폭력과 무질서가 난무하는 당시에는 돈을 직접 갖고 있는 것이 편했고, 뺏기거나 도둑맞을까 봐 숨겨둬야만 했다. 당시에는 주인 없는 보물이 발견되는 것은 빈번한 일이었고, 지금으로서야 얼마 안 되는 돈이지만, 그렇게 발견되는 돈은 당시로서는 꽤 중요한 국가의 수입원이었다.

아끼고 저축하는 것은 백성들만이 아니라 국가도 마찬가지였다.

별로 허영과 사치를 부릴 데도 없었고 상비군도 필요 없을 때였기에, 기껏해야 신하와 백성들에게 베푸는 데 지출할 뿐이었다. 하지만 허영을 부리는 것처럼 백성들에게 베풀지는 않았다. 옛날 유럽 국가들이나 지금의 타타르족의 군주들은 보물을 쌓아두기만 한다.

상업 국가가 되면서 비싼 사치품이 많아지고, 군주나 영주들은 그런 사치품을 구입하는 데 많은 돈을 썼다. 별것도 아닌 장식품을 사려고 영주들은 하인을 해고하고 소작인들을 독립시키며 점점 사회적 지위를 잃어 갔다.

군주도 국방력을 유지하는 데 드는 비용을 제하고는 모두 그런 즐거움을 누리는 데 돈을 써서, 이제 수입과 지출은 같아지게 되었고, 더이상 쌓아둔 보물은 없게 되었다.

이제 비상 지출이 요구되는 비상사태가 생기면 백성들에게 비상 지원을 요청해야만 했다.

평시에 아끼지 않으면 전시에 빚을 진다. 전시에는 평소의 서너 배의 비용이 들고, 전쟁이 시작되면 바로 엄청난 비용이 소요되는데, 세금을 올린다고 해 봐야 1년은 되어야 걷힐 테니 결국 정부는 빌리는 수밖에 없다.

상업 사회는 돈을 빌려야 할 필요가 있고, 그런 체계가 있다.

상업과 공업이 번성하는 나라에는 자기 돈, 남의 돈, 남의 물건을 계속해서 돌리는 일련의 사람들이 있다. 그런 사람에게 있어서 그의 소득은 연간 한 번 그를 거쳐 갈지라도 그가 사업상 운영하는 자본과 여신은 훨씬 여러 번 그를 거쳐 간다. 그런 사람들이 많은 국가의 정부는 큰돈을 빌릴 수 있다.

자신의 재산을 안전하게 지킬 수 있다고 믿고, 계약에 대한 믿음은 법으로 지켜지고, 국가의 권위로 빚의 변제를 강제할 수 있는 그런 정의가 서지 않은 국가에서는 상업과 공업이 번성할 수 없다.

상업과 공업은 정부가 정의롭다는 확신이 없는 한 번성할 수 없다.

상인과 제조업자들이 평상시 정부의 보호 아래 자신들의 재산이 지켜진다고 믿는 것처럼, 비상시에 정부가 그들의 재산을 쓸 수 있음을 인정한다.

정부에 돈을 빌려줌으로써 그들은 업을 계속해서 영위할 수 있을 뿐 아니라, 업을 확장시키기까지 한다.

이런 빚은 정부의 필요로 인한 것이라 채권자들에게 좋은 조건을 제시하게 되고, 채권자들은 정부가 정의롭다는 공통된 전제하에 서로 채권을 시장에서 사고팔며, 정부에 돈을 빌려주는 것으로 이익을 내기까지 한다.

개인의 재산을 지켜주지 못하는 정부의 국민은 재산을 숨기려 하고, 그런 정부는 돈을 빌릴 수 없으므로 비상 상황을 대비해 저축하지 않으면 안 된다.

국가도 개인처럼 처음에는 신용으로 돈을 빌리고 이것이 안 되면 어떤 기금을 담보로 돈을 빌린다.

예전에 영국에서 무담보채무라 불렸던 것은 이자 없이 계정을 두고 빌리는 경우와 어음의 형태로 이자를 붙이는 두 가지 형태가 있었다.

군대에서 봉사한 것에 대해 나중에 지불하기로 한 것이나, 재무부가 발행하는 어음이나 해군이 발행하는 6개월짜리 어음 등으로 지불하는 것이 그런 경우인데, 이런 어음들은 영국 은행에서 현재가치만큼 할인하던가, 나중에 정부로부터의 이자를 바라고 액면가대로 매입해 줬기 때문에 가치가 유지될 수 있었고, 유통될 수 있었으며, 그래서 영국 정부는 대량의 빚을 질 수 있었다.

돈이 더 필요해서 기금을 담보로 할 때, 이자와 함께 갚을 돈이 충분히 예상될 때는 단기적으로 빌리고, 이자밖에 갚을 수 없거나 연금의 형태로 갚을 때는 장기적으로 빌린다. 말하자면 전자는 가불이고, 후자는 융자다.

영국에서 토지세와 몰트세는 매년 걷히는 것이 일정하게 예상되므로 이것들을 담보로 영국 은행이 돈을 선지급해 주고 세금이 걷히는 대로 이자와 함께 변제받는다. 항상 그렇지만 부족하게 되면 다음 해의 수확으로 변제받는다.

결국, 아직 담보 잡히지 않은 공공 수입도 이렇게 미리 쓰이고 말아서 빚은 영구적이 되고, 세금은 공공자본이 되는 대신 이자를 갚는 데 쓰이고 만다. 공공행정은 언제나 당장의 현안을 해결하는 데 급급할 뿐이라 빚은 후대로 떠넘겨 버린다.

앤 여왕(Anne, 1665~1714년) 시절에 이자율이 6%에서 5%로 떨어지자 공공부채의 이자로 갚아야 할 돈에 1%의 여유가 생겨 감채기금이라 불리는 채무상환용 돈이 형성되었고, 이후로도 이자가 계속 떨어지면서 감채기금은 더 커졌다. 원래는 공공부채를 갚으려는 목적으로 형성된 감채기금이 새로운 빚을 내기 위한 담보 기금으로 사용되었다.

평시에는 번 만큼 쓰지만, 전시에는 쓸 곳이 늘어난다. 세금을 갑자기 크게 늘리면 사람들은 싫어할 것이고 전쟁을 경멸할 것이다. 그런데 돈을 빌리면 세금을 약간 올리는 것으로도 모든 비용을 충당할 수 있으니 그런 걱정에서 자유롭다.

큰 제국의 국민은 전쟁터에서 멀리 떨어진 곳에 있어서 전쟁의 어떤 불편이나 공포를 느끼지도 않고, 오히려 신문에 게재되는 그들 군대의 활약과 국가의 영광과 미래의 희망을 즐기기도 한다. 그렇기에 조금 올라간 세금 정도는 신경 쓰지 않는다. 전쟁이 끝난다 해도 이미 다른 빚의 담보 기금으로 잡힌 세금이라 줄지는 않는다.

새로운 세금은 오로지 빌린 돈의 이자를 갚으려는 목적으로 부과된다. 정부는 갑자기 돈이 필요할 때 세금을 부과하는 것보다 빚을 내는 것이 편리함을 잘 안다.

사람들이 세금에는 민감하지만, 정부가 빚을 지는 것은 잘 모르기 때문이다.

국가가 채무로 형성한 공공기금은 기존의 국가자본에 또 큰 자본을 보태어 상업, 공업, 농업이 더욱 확장될 수 있는 바탕이 될 수 있다고 어떤 작가는 말한다.

하지만 그가 간과한 것은 애초에 국가에 빌려준 돈이 그런 자본, 즉 생산적 노동을 먹일 돈에서 떨어져 나와 비생산적 노동을 먹이는 데 쓰였다는 사실이다.

애초에 그런 자본을 국가에 빌려주고 받은 것은 같은 가치의 연금일 뿐이고, 개인적으로는 그런 연금들을 다시 자본화할 수 있을지는 몰라도 국가적으로는 자본 양에 변동이 없다.

공공비용을 세금으로만 충당하는 것보다 빚을 내어 충당하면 세금이 상대적으로 가벼워지고 그만큼 개인소득이 자본으로 축적되어 근면한 개인들이 새로운 자본을 창출하며 비용을 감당해 내는 면도 있지만, 한 번에 끝날 부담을 계속 지는 꼴이 될 뿐이다.

빚을 내는 습관은 국가를 점점 쇠약하게 한다. 국가의 빚이 어느 정도 쌓이고 나면, 이를 갚을 수 없게 된다.

결국, 파산하거나 갚는 척하여 상황을 모면하는데, 갚는 척이란 동전의 액면가를 높이거나 금은의 함유량을 낮춰 갚는 시늉을 하는 것을 말한다.

영국 역시 그렇게 동전을 주조하면서 사기를 쳤는데도 공공부채에서 완전히 벗어나는 것은 물론이고 어느 정도의 진전도 기대할 수 없었다.

늘 지출은 많고 남는 것은 조금이라서, 공공 수입을 상당히 올리던가 공공 지출을 상당히 줄이지 않으면 어쩔 수 없다.

영국이 아일랜드와 미국 식민지의 사람들에게 정치적으로 똑같은 권리를 부여하며 똑같이 세금을 걷는다면, 현재 잉글랜드 사람 800만 명이 1,000만 파운드의 세금을 내고 있는데, 아일랜드 사람 200만 명과 미국 사람 300만 명을 합치면 총 1,300만 명의 사람들이 1,600만 파운드의 세금을 내게 되어 600만 파운드의 여유가 생기게 된다. 이 거대한 돈으로 빚을 갚으면 매년 내야 할 이자도 줄어들어 급속도로 모든 빚을 갚을 수 있고, 쇠약해진 제국의 활력을 되찾게 될 것이다.

사람들은 점점 가벼워지는 세금을 좋아할 것이고, 가벼워진 세금으로 물가가 내려가면 노동자들은 더 좋은 삶을 영위하고 저렴한 노동을 제공할 수 있어 또 물가를 떨어뜨린다. 떨어진 물가는 수요를 증가시켜 노동 수요를 늘리게 되고, 늘어난 노동 수요는 노동자의 수를 늘리고 노동 환경을 개선하게 된다. 그들의 소비가 늘어난 만큼 소비에 매겨진 세금이 또 잘 걷힌다.

미국인들은 금이나 은으로 된 돈이 없다. 그들은 종이돈으로 물건을 사고팔며, 어쩌다 금과 은이 생기면 영국에서 사 간 물건값으로 지불하고 끝이다.

금과 은이 없다면 어떻게 세금을 낼까? 그들에게 금은이 없다고 해서 그들이 가난한 것은 아니다. 그들은 더 많이 벌며 물가는 더 저렴하다.

금과 은이 상거래에 쓰이는 것은 필수가 아니라 그냥 그게 더 편해서일 뿐이다.

미국인들은 그냥 종이돈이 편하니까 종이돈을 쓸 뿐이다. 그들이 세금을 낼 지불 수단은 언제든지 있으며, 그것이 꼭 금과 은이 되어야 한다면, 그냥 그들의 구매력으로 금과 은을 사서 지불하면 그만이다.

영국 정부가 이렇게 수입을 올리는 것이 불가하면, 남은 방법은 지출을 줄이는 것이다.

영국은 세금을 걷고 쓰는 효율 면에서 다른 이웃 나라보다 효율적으로 보이고, 군대도 이웃 나라와 비교해서 과하지 않다. 하지만 식민지를 건설하는 데 들이는 비용은 상당하다. 만약, 식민지에서 소득을 끌어내지 못한다면 이 지출을 줄여야 한다. 이 지출의 대부분은 전쟁 비용이다.

순전히 식민지를 방어하기 위해 벌인 지난 전쟁에서 영국은 9,000만 파운드를 썼다. 1739년 스페인전쟁과 그로 인한 프랑스전쟁에 영국은 4,000만 파운드를 썼다. 이 두 전쟁으로 식민지가 영국에 부담 지운 빚이 그 이전 빚의 2배가 넘는다. 전쟁이 없었다면 빚은 다 갚았을 것이고, 식민지가 없었다면 전쟁도 없었을 것이다.

식민지를 지원하는 비용이 식민지에서 나올 것이 아니라면 영국은 식민지를 내려놓아야 한다.

영국의 왕은 대서양 건너에 거대한 제국을 소유하고 있다는 상상으로 사람들을 기쁘게 해 줬지만, 그 제국은 그냥 머릿속에만 존재했을 뿐이다. 그것은 제국이 아니라 제국 계획이었고, 금광이 아니라 금광 계획이었다. 이것은 어마어마한 비용이 드는 계획임에도 이익은 없었고, 오히려 독점으로 인해 많은 사람에게 손실만 안겨주었다.

이제 우리의 왕이나 국민들은 한 세기 동안 실컷 즐긴 황금의 꿈에서 깨어나야 하고, 다른 사람들도 깨워야 한다.

계획을 성공시킬 수 없다면 포기해야 한다.

전체 제국에 기여하지 못하는 지방이라면 놔 줘서 비용이라도 들지 않아야 한다.

16

전자화폐

우리는 이미 전자화폐를 사용하고 있다. 인터넷뱅킹도 전자화폐고, 신용카드도 전자화폐다.

우리는 아직 동전과 지폐 등 재래화폐도 동시에 사용하고 있다.

이제 재래화폐를 완전히 없애고, 전자화폐만 쓰자고 하는 것이다.

핀테크 *FinTech*
전자화폐를 사용할 때 생기는 기술적인 문제들

수천 년을 지속해온 동전의 사용과 수백 년을 지속해온 지폐의 사용을 대체하는 것에 막연하더라도 염려를 가질 수 있다. 하지만 우리는 이미 수십 년 동안 지폐나 동전 없이 인터넷뱅킹, 텔레뱅킹, 신용카드 등의 결제 수단을 통해 지불을 해 왔고, 지불을 받아 왔다. 따라서 기술적으로나 경험적으로나 전자화폐를 전면화함에 있어 이미 염려할 것은 없다.

최근 2010년대에 접어들어 IT업계의 큰 이슈 중 하나가 바로 핀테크 (FinTech)다. 인터넷뱅킹이나 신용카드보다 더욱 편리하게, 자잘한 금액의 결제까지 재래화폐를 쓰지 않고도 경제 활동을 할 수 있도록 하자는 것이다. 이것은 곧 거추장스럽고 문제 많은 재래화폐를 없애자는 것이다.

비트코인
Bitcoin

2017년에 비트코인 열풍이라는 엉뚱한 일이 생겼다. 아마도 화폐에 대한 경제학적 이해와 전산 기술적 시스템에 대한 이해를 동시에 갖춘 전문가가 드물어 서로 평가를 유보하는 바람에 마치 전문가도 특별히 문제를 발견하지 못했으니 문제가 없다는 것처럼, 혹은 현재의 전문가들이 잘 이해하지 못해서 마치 미래의 것처럼 여겨진 듯하다. 그런 느낌만으로 많은 어리석은 사람이 비트코인 열풍에 달려들었고, 불과 수년 전에 1달러에도 못 미치던 코인 1개가 25,000달러까지 가격이 치솟는 현상이 발생했다.

비트코인을 긍정하는 사람들에게는 몇 가지 논리가 있다.

첫째, '블록체인'이란 기술로 인해 절대 해킹이 불가하다. 즉, 안전하다.

둘째, 총발행량이 정해져 있고 발행량이 증가할수록 채굴하기 어려운 알고리즘이라서 인플레이션의 위험이 없다. 즉, 금과 같은 것이다.

셋째, 중앙은행이나 정부에 의해 관리되는 것이 아니고, 사용자 모두가 견제하기 때문에 투명하게 운영된다. 즉, 사기를 칠 수 없다.

넷째, 국가가 배제되어 어디로든 제약 없이 이동시킬 수 있다. 즉, 설령 불법 자금이라도 빼앗길 염려가 없다.

대략 이런 것들인데, 그들의 논리는 많은 무지와 오해로 이루어진 것임을 설명하고자 한다.

첫째, 시스템의 안전과 관련해서다.

현재 시중의 은행들에 의해 운영되고 있는 체계도 어차피 해킹은 불가능하다. 간혹 들리는 해킹 소식은 사용자와 시스템의 사이에서 발생하는 것이지 은행 시스템의 근간을 뒤흔든 일은 없었다.

블록체인은 안전하고 RDBMS(관계형 데이터베이스 관리 시스템)는 불안한 것이 아니라 어느 쪽이든 시스템을 설계하고 운영하는 기술자들이 예견되는 불안전성을 사전에 제거하는 작업을 계속 반복하는 것이 보안이다.

현행 체계는 수십 년간 그렇게 보완되어 온 것이기에 충분히 신뢰할 수 있다. 또한, 보완이라 하면 사용자와 기간망 사이에서 일어날 수 있는 오류에 대한 보완이지, 기간 시스템 자체의 논리는 애초부터 충분히 신뢰할 수 있는 것이었다.

비트코인은 그 짧은 경험으로 인해 사용자와 시스템 간의 보안이 대단히 취약하다. 사용자의 컴퓨터에 침입하는 것은 지금도 수없이 일어나고 있는 일이고, 사용자의 암호를 알아내는 것도 수없이 일어나고 있는 일이다. 사용자의 컴퓨터에 침입해 비트코인 지갑을 터는 것은 얼마든지 가능하다.

블록체인과 기존의 DB체계와의 차이를 한마디로 표현하자면, 한 권의 장부에 기록하던 것을 누군가 숫자를 조작하면 큰일 나니까 여러 권의 장부에 동시에 기입하고, 새로운 행을 기입할 때마다 이전의 행과 대조하여 엉뚱한 숫자가 절대 개입하지 못하도록 하자는 것이다. 하지만 이것은 기존의 체계에 대한 무지에서 비롯된 것이거나, 편의와 안전 간의 균형을 이해하지 못한 데서 비롯된 잘못된 아이디어다.

기존의 DB 체계까지 논할 것도 없이, 그냥 옛날부터 전해져 온 복식부기 체계에서도 엉뚱한 숫자는 개입할 수 없도록 되어 있었다. 이미 충분히 견고한 것을 왜인지 쓸데없이 더욱 견고히 하자며, 한 줄을 새로 기입하는 데 10분에서 1시간씩 유효성을 검증하자는 발상인데, 무척 잘못된 것이었음에도 엉뚱한 안전성만 부각되며 문외한들에 의해 띄워졌다.

둘째, 금과의 유사성과 관련해서다.

총발행량이 정해져 있다는 것은 일단 디플레이션이 확정적이라는 것인데, 지금까지의 경제학에서는 디플레이션에 대한 견해가 전적으로 부정적인 것이어서, 이에 대한 염두가 있었던 것인지도 모르겠다.

일단, 전자화폐기 때문에 화폐 단위는 하위로도 얼마든지 쪼개질 수 있으니 디플레이션이 발생해도 상업의 도구로써 불편한 점을 야기하지는 않을 것이다. 하지만 경제적으로 염려되는 점은 대체로 화폐 가치의 상승은 투자 심리의 위축으로 이어질 것이기에 경제 환경에 악영향을 끼칠 것이라는 점이다. 예를 들어, 오늘 1억 원이 나에게 있고 10%의 인플레이션이 꾸준히 발생하는 경제 환경이라고 가정할 때, 내년에 내가 가진 1억 원의 가치는 오늘의 9천만 원에 지나지 않는다. 그럴 경우 나는 1천만 원을 어디선가 복구하지 않으면 점점 가난해지는 것이 되므로, 적극적으로 1억 원을 투자해 1천만 원 이상의 소득을 얻으려 노력하게 된다. 반면, 오늘 1억 원이 10%의 디플레이션 환경에서는 1년 후 1억 1천만 원의 값어치를 하게 되므로, 괜히 엉뚱하게 일을 벌이느니 돈을 가만히 두는 게 더 낫다는 판단을 하게 되며, 이것이 국가 전체로는 급속도로 경제 침체를 불러오게 된다는 것이다. 이에 대해서는 뒤에 다시 논할 것이다.

의도한 것인지는 모르겠으나, 비트코인은 채굴이라는 용어를 써서 비트코인이 마치 금과 같은 개념이라는 이미지를 심어주는 데 성공했다.

아직도 많은 사람이 금이야말로 진짜 돈이고, 미국의 달러나 각국의 화폐는 언제라도 아르헨티나와 짐바브웨처럼 하이퍼 인플레이션을 맞이할 수 있고, 햄버거 하나를 사 먹기 위해 돈을 트럭으로 싸 들고 가야 하는 경우도 발생할 수 있다고 생각한다. 하지만 앞서 『국부론』에서 애덤 스미스가 많은 부분을 할애해 설명했듯이, 금이나 은은 그 자체로 가치를 지니는 것이 아니다. 금이든 달러든 그 자체로 가치를 지닌 것이 아니라, 화폐란 실제로 가치 있는 것들을 교환하는 수단에 지나지 않음을 알아야 한다.

금은 오랜 역사를 통해 해당하는 가치만큼 바꿀 수 있다는 신뢰를 확보하였기에 화폐로 기능했던 것일 뿐이고, 달러는 미국이라는 거대한 국가의 거대한 생산과 그에 따른 정부의 거대한 세수입을 통해 신뢰를 확보하였던 것뿐이다. 그러니까 금조차 근원적인 신뢰성을 확보한 매체는 아닐

진대, 하물며 금 '같은' 것에 무슨 신뢰가 형성될 수 있을까? 실제로 금과 은을 화폐로 사용하던 때에도 금과 은의 가치는 계속해서 변했었음을 알아야 한다.

셋째, 분산시스템과 관련해서다.

중앙통제식이 아니라 분산 체계라서 누군가의 개입에 의한 조작이 불가하다는 것은 일장일단의 양면이 존재하는 명제다.

과거 금화를 주조해 사용하던 시절에 군주들이 금의 함량을 속여 시뇨리지 이익을 챙겼다든가, 짐바브웨의 무가베 정권이 나라의 빚을 갚느라 화폐를 마구 찍어 시민들이 갖고 있던 돈이 휴지가 되었다든가 하는 이야기 때문에 아마도 사람들은 막연하게 중앙은행식 화폐 발행 체계에 의심을 가진 듯하다. 이렇듯 깊은 지식이 없는 일반인들에게 "비트코인은 분산 체계라서 누군가 임의로 돈을 마구 찍어낼 수 없다."는 주장을 하는 것이고, 이는 상당히 어필하였다.

처음 화폐는 은행이 발행하는 금 보관증이었다. 금을 맡기고 대신 종잇조각을 받아온다는 것은 그 은행이 충분히 믿을 만했다는 것이다. 식민지 시절의 미국은 각 주 정부가 발행하는 지폐가 화폐로써 유통되었다. 일한 대가를 종잇조각으로 받는다는 것은 그 정부가 충분히 믿을 만했다는 것이다.

이처럼 화폐의 근간은 발행 주체에 대한 믿음이다.

그 발행 주체가 없다는 것은 발행 주체가 속일 수 있다는 의심보다 더 위험한 것이다.

어느 날 갑자기 모든 사람이 미국 달러를 믿지 못해 유통이 멈췄다고 가정해 보자. 그래서 다른 사람에게 달러를 주고 물건으로 바꿀 수 없다고 해도, 최소한 미국 정부에 달러를 제시하면 미국 정부가 가진 무언가의 물건으로 바꿔 받을 수 있다는 -실제로 그런 일이 그렇게 일어나지는 않겠지만- 그런 믿음이 달러를 유통할 수 있게 하는 것이다. 미국이라는 나라는 연간 18조 달러의 가치를 생산하는 나라이고 미국 정부는 연간 3조 달러 이상의 소득을 올리는 경제 주체다. 미국 정부가 얻는 소득은 3조 달러어치의 지폐나 계정상의 숫자가 아니라, 미국이 생산한 쌀, 고기, 자동차 등등의 물건이나 서비스를 3조 달러어치 걷어가는 것이다. 다만, 그것들을 물건으로 갖고 있기에는 불편하니까 대신 종이나 숫자로 보관할 뿐이다. 이런 미국 정부의 소득 규모로 보아, 어떤 상황에서도 내가 제시하는 불과 수천 달러, 수만 달러짜리 약속 증서(화폐)는 곧 내가 필요로 하는 쌀이나 고기나 자동차로 바꿔 받을 수 있다는 믿음을 주기에 충분하다.

하지만 비트코인은 어느 날 갑자기 사람들이 믿지 않으면 그것으로 끝이다. 아무 데도 하소연할 곳이 없다.

분산 체계라고 해서 조작의 위험성이 없는 것도 아니다.

비트코인은 채굴업자들끼리의 협의체가 구성되어 있고, 오픈소스이기에 개발자 협의체도 구성되어 있다. 각 협의기관은 비트코인 체계상 있을 수 있는 문제점들을 해결하는 긍정적인 역할을 하는 것으로 되어 있지만, 그런 역할을 할 수 있다는 자체가 언제든 체계에 개입하여 제도적·기술적 변형을 가할 수 있다는 것을 의미하기도 한다. 예를 들어, 채굴업자 협의체에서 코인량을 늘릴 필요와 당위성을 만들어주면 개발자 협의체에서 이를 늘릴 수 있다는 것이다.

많은 사람에게 있어서, 채굴량에 한계가 있다는 것, 갈수록 채굴이 어렵다는 것, 그래서 마치 금 같다는 것이 대단한 아이디어나 기술처럼 보이겠지만, 그것은 단순히 소수(Prime number) 개념의 빈번히 사용되는 알고리즘 중 하나일 뿐이며, 시스템에 변형을 가할 수 있는 존재가 있다면 그 로직(Logic) 역시 얼마든지 변형시킬 수 있다.

넷째, 국가의 간섭을 받지 않는 것과 관련해서다.

국가가 배제되어 국가 간 이동이 자유롭다는 것은 어디까지나 제도상의 공백일 뿐, 국가들이 굳이 신경을 쓰지 않을 때까지만 유효한 이점이다. 국가가 비트코인의 거래를 금지하자면 얼마든지 금지할 수 있고, 해외 송금에 과금하자면 얼마든지 과금할 수 있다. 화폐조차 없던 시절에도 국가는 갖은 방법을 동원하여 세금을 걷어갈 수 있었을 만큼 국가는 개인들을 통제하는데 생각보다 큰 능력을 갖추고 있다.

국가가 개인 간 비트코인의 거래 상황을 알 방법은 매우 다양하다. 깊이 생각할 것도 없이, 일상생활에서 비트코인으로 결제하는 시점에 과세할 수도 있고, 비트코인 거래소를 통해 과세할 수도 있으며, 데이터 패킷으로부터 잡아낼 수도 있다. 그조차 생각하기 귀찮으면 자진 신고라는 제도를 두어 스스로 보고하도록 할 수도 있으며, 위반에 대한 강력한 처벌과 신고자에 대한 포상을 두는 것만으로도 충분히 원하는 것을 얻을 수 있다.

이상으로 비트코인이 내세우는 장점조차 사실은 그렇지 않다는 것을 설명했고, 실제로는 더욱 치명적인 결점들이 많이 있지만 각설하겠다.

여러 가지 문제에도 불구하고 전자화폐라는 주제 아래 비트코인은 많은 의미를 지닌다. 화폐의 본질적 의의에 대해 여러 면에서 실증해 주었기에 곧 도래할 전자화폐 시대를 더 쉽게 상상할 수 있게 해 줬고, 안전하게 대비할 수 있게 해 줬다.

전자화폐 개혁

국가가 운영하는 은행 같은 시스템을 만든다.

전 국민, 모든 법인, 모든 기관, 체류 중인 모든 외국인, 방문 중인 모든 외국인 등 모든 경제 주체에 대한 계정을 만든다.

기존에 발급된 지폐 및 동전에 대한 보증을 중지한다. 중지하기 전에 일정 기간을 두어 사람들이 갖고 있던 기존 화폐는 모두 은행을 통해 전자화폐 계좌에 계상한다.

이후 모든 거래는 전자 지불 방식을 통해 이루어진다.

우리 삶에 엄청난 변화를 가져올 만큼 거대한 변혁임에도 그 시행은 의외로 간단하다. 단지 하려는 마음만 먹으면 당장이라도 몇 개월의 작업으로 충분히 시행할 수 있다. 그럴 수 있는 이유는 우리가 이미 수십 년 동안 다양한 형태로 전자화폐를 운영해 봤고, 사용해 봤기 때문이다.

이 책을 통해 제안될 모든 제도적 변형의 근간이 되는 것이고, 부작용도 없으며 장점만을 가졌기에 우리 사회가 반드시 실현해야 할 것이다.

전자화폐 시스템

은행의 인터넷뱅킹을 상상해도 좋고, 신용카드 회사의 결제 체계를 상상해도 좋다.

일단은 '한국 전자화폐 운영 관리국' 정도의 이름을 붙여 기관을 신설하자. 약칭 KOEM(KOrea Electric Money)이라 하자.

KOEM은 기술적 관리 부문과 제도적 관리 부문의 크게 두 가지 부문으로 나뉜다. 기술적으로는 컴퓨터 시스템의 보안, 유지·보수, 증설, 네트워크 관리 등의 업무를 담당할 것이다. 이것은 새로운 것이 아니고 수없이 많은 금융 관련 기술자들이 이미 하고 있는 일이다.

KOEM은 은행이 아니다. 은행은 기본적으로 예금과 대출이 그 본연의 업무인데 KOEM은 그런 역할이 없다. 미국의 연방준비은행이나 한국은행처럼 은행과 거래하는 기능도 없고, 통화량을 조절하거나 화폐를 발행하는 기능도 없다. 오로지 입출금의 기능만 할 것이며, 좀 더 확대되는 기능에 대해서는 뒤에 따로 언급하겠다.

　모든 경제 주체, 즉 돈을 주고받는 모두의 계정이 있어야 한다. 현금으로 주고받던 시절에는 그냥 세상에 존재하는 그 자체로 경제적 개체일 수 있었지만, 이제는 KOEM에 존재하지 않는 개체는 경제적으로 존재하지 않는 것이 된다. 인터넷뱅킹을 하려면 은행에 계좌가 있어야 하듯이, 모든 경제적 개체들은 KOEM에 계좌를 가지고 있어야 적어도 한국에서만큼은 돈을 주거나 받거나 할 수 있게 된다. 용어상 계정과 계좌를 혼동하는 경향이 있는데, 둘 다 영어의 'Account', 즉 장부나 명부상의 한 줄을 의미하는 개념이다. 일상에서 계좌라는 용어는 은행에서 쓰이고, 계정은 컴퓨터에서 쓰이는데 그 의미는 같다.

　계정을 만드느라 굳이 시간을 허비할 이유는 없다. 이미 존재하는 주민등록번호, 외국인등록번호, 법인번호를 그대로 등록하면 된다. 국가 기관에 대한 계정을 추가하고, 방문 중인 외국인들은 시중 은행을 통해 계정을 개설하면 되겠다.

　계정의 식별자가 주민등록번호라고 해서 꼭 실생활에서 경제적 소통을 하는데 주민등록번호를 가지고 소통해야 하는 것은 아니다. 모든 개체는 전산상의 ID를 별도로 갖고 있을 것이며, 주민등록번호나 외국인의 여권 번호 등은 여러 가지 식별 방법 중 하나에 지나지 않는다. 닉네임이나 전화번호, 지문, 홍채, 안면 인식, 목소리 등의 형태로도 등록하여 사용할 수 있다.

　KOEM은 결제 시스템을 갖지 않고, 민간의 은행이나 기업들이 각자의 장점을 가지고 운영하는 결제 시스템에 API(Application Programming Interface)를 제공하고, 그들에게서 들어 오는 요청이 조건에 부합하기만 하면 트랜잭션(Transaction, 거래)을 최종 처리하는 체계로 한다. 다시 말해서, KOEM은 데이터베이스만 관리하는 것이다. 그렇게 하는 이유는 어떤 편리하고 좋은 것을 개발하고, 발명하고, 발전시키는 것은 민간이 훨썬 잘하기 때문이다. 민간이 잘하는 이유는 더 성실하거나 똑똑해서가 아니라, 공무원은 이런 식의 편의를 발전시켜 직접적으로 좋을 것이 별로 없는 반면, 민간은 서로의 경쟁으로 인해 발전시킬수록 많은 이익을 가져갈 수 있을 뿐 아니라, 발전시키지 않으면 이용자들로부터 외면받고 결국은 도태되어 굶게 된다는 이해관계의 차이 때문이다.

기술적인 부분은 향후 타당성과 효용성에 대해 많은 기술자와 추가적인 논의가 필요하고, 전자화폐로 가는 길이 반드시 이 길만 있는 것은 아니지만, 일단은 대략에 대한 이해를 위해 기술적인 부분을 언급해 보겠다.

KOEM의 트랜잭션(거래)은 현금에 대한 인출이나 입금의 개념이 없으며, 타행으로의 이체도 없다. 오로지 당행 계좌 간 이체 같은 업무만 있다.

기존의 은행시스템은 은행마다 다르겠지만, 큰 맥락은 대동소이할 것이다. 계좌 이체를 하는 경우, A→B로 지불을 할 때, A의 계좌에서 해당 금액을 빼는 거래원장을 하나 작성하고, A의 잔고에서 해당 금액을 빼며, B의 계좌에 해당 금액을 더하는 거래원장을 또 하나 작성하고, B의 잔고에 해당 금액을 더한다. 이 일련의 과정은 거의 동시에 진행되며 최종까지 이상이 없으면 확정된다.

나의 제안은, B가 A에게 지불을 요청하는 청구서를 거래원장으로 하나 작성하고, A가 해당 원장에 대해 승인하면, 각각의 잔고에 해당 금액을 반영하는 것이다. 청구서 없이 돈을 지불할 수는 없게 된다는 것이 달라지는 점인데, 시스템적으로 간결해진다거나, 보안의 유지가 용이해진다거나 하는 점은 차치하고, 일단은 엉뚱한 곳에 잘못 보내거나, 엉뚱한 금액을 잘못 보내거나, 나도 모르게 돈이 나가는 일이 없어질 것이다.

예를 들어, 어떤 가게에 들어가 물건들을 고르고 계산대로 가면 점원은 각각의 물건을 바코드로 읽고, 합계 금액이 화면에 뜬다. 이 시점에 구매자는 카드, 지문, 홍채, 안면 인식 등의 장치를 통해 KOEM상의 계좌 정보를 시스템에 제공하게 되고, [거래번호 / 원장생성시각 / 수금계좌 / 출금계좌 / 금액 / 내역참조번호 / 출금계좌승인번호 / 처리단계 / 처리시각 / 연관거래번호 / …] 정도의 내용을 가진 원장이 KOEM에 생성된다. 이와 거의 동시에 구매자의 스마트폰이나 특정의 단말기로 청구서가 도착한다. 구매자가 비밀번호, 싸인, 음성, 지문, 홍채, 안면 인식 등의 절차를 통해 해당 청구서를 승인하면, 각각의 계좌에서 해당 금액이 더해지고 빠지게 된다.

다시, 좀 더 간략하게 거래가 이루어지는 상황을 몇 가지 예를 들어 묘사해 보자.

편의점에 들어가 필요한 담배를 꺼내어 결제 단말기의 바코드에 읽히니 담배의 가격인 5,000원이 화면에 표시되고, 내 스마트폰으로 전화가 와서 "GG마트에 5,000원을 지불하시겠습니까?"라고 물어보면 간단히 "예."라고 대답하고, 결제 단말기에 파란 등이 들어오는 것으로 종료된다.

아이가 자신의 스마트폰에 깔린 '○○은행 청구 앱'을 켜고 "아빠, 용돈 3만 원만 주세요."라고 하자, 내 스마트폰에 KOEM 지불 승인 앱을 통해 알림이 뜨고, 지문을 대면 내 계좌에서 3만 원이 빠져나가고 아이의 계좌에 3만 원이 더해진다. 그리고 각자의 단말기에 돈이 오고 갔음이 표시된다.

거래처에서 지난달 거래 내역과 2,709,450원짜리 가청구서가 영업1부 팀장에게 이메일로 왔다. 내역을 확인하고 승인 버튼을 클릭한다. 회계부서의 팀장은 아침에 출근해서 회계 관리 프로그램을 통해 KOEM에 접속해 부서별, 승인별, 계정별로 청구서 목록을 조회하며, 전자서명을 통해 최종 지불을 승인한다.

이상으로 몇 가지 거래 상황을 상상해 봤는데, 사실 일상생활 측면에서 보면 지금과 특별히 달라지는 것도 없다. 굳이 달라지는 점을 찾아보자면 나도 모르게 돈이 나가는 일은 일어나지 않는다는 점이 있을 뿐, 우리는 이미 일상적으로 카드, 지문, 홍채, 인터넷뱅킹 등을 통해 복잡한 결제를 하고 있다.

뭔가를 사기 위해서는 전화기를 꼭 휴대해야 하는가? 그렇다. 반드시 전화기는 아니지만, 현재로서는 상시 네트워크에 접속이 가능한 매체는 전화기다. 현금과 비교해도 전화기는 훨씬 편리하고 안전하다. 전화를 받지 못할 정도의 상태라면 이미 현금도 만질 수 없는 상황일 것이다.

공용 단말기로 거래 승인을 할 수도 있을 것이다. 그러니까 담배를 사고서 내 전화기로 연락이 오는 게 아니라, 내 얼굴을 인식한 편의점 단말기에 PIN 코드를 넣는 것으로 최종 거래 승인이 완료되는 것도 가능할 것이다. 특별히 지금의 단계에서 걱정하지 않아도 방법은 무궁무진하다.

결제 시스템은 민간에서 개발하더라도 거래 승인 프로세스는 KOEM이 직접 진행한다.

이는 간단한 절차이지만, 제삼자에게 맡기려면 너무도 많은 보안 이슈가 발생할 수밖에 없기 때문이다. 중요하면서도 간단한 만큼 KOEM이 직접 출금 계좌에 승인 여부를 물어보는 것이 제도적으로 가장 좋다.

단, 승인 방법에 관해서는 별도의 사업자가 참여하도록 하는 것이 옳다. 현재로서는 음성, 얼굴, 지문, 홍채, 정맥, 사인, 비밀번호, 공인인증서 등등의 방법이 있고, 앞으로 민간사업자들에 의해 더욱 편하고 안전한 방법들이 속속 개발될 것이다. 각각의 승인 솔루션 제공업자들은 KOEM을 통해 서비스를 제공하며, 사용자는 KOEM을 통해 승인 방법을 선택할 수 있다.

결제 요청자와, 승인 솔루션 제공자, 거래 승인 확인 요청자, 거래 승인 확인자 모두 이해관계가 서로 겹치지 않는 각각이라 부정이 개입할 여지는 별로 없다. 그만큼 관리 측면에서도 간단하고 비용이 들지 않는다. 이 말을 꺼내는 이유는, 안타깝게도 현재의 많은 결제 및 금융 체계는 그 복잡성에도 불구하고 부정이 개입할 여지가 매우 많기 때문이다. 그런 빈틈을 엄격한 관리로 막고는 있으나, 수없이 많은 사고가 지금도 생기고 있다. 실제로 현재로서는 카드 결제 대행사의 어떤 담당자가 자신에게 모인 수없이 많은 카드 정보를 가지고 특정 가맹점과 결탁해 임의의 거래를 일으키고 돈을 빼돌리는 것이 가능하다. 또한, 은행의 담당자가 특정인의 계좌에서 돈을 빼내 자신의 계좌로 이체시키는 것도 얼마든지 가능하다. 이런 일들은 실제로 발생했던 일들이며, 딱히 시스템적으로 그것을 막을 방법은 없고, 관리와 처벌을 엄격히 하여 최대한 막고 있는 실정이지만, 앞으로도 계속 불안함은 남아있다.

KOEM상의 거래원장을 발생시키는 것, 그러니까 지불 요청을 하는 데는 특별히 엄격한 보안이 필요 없다. 수없이 많은 똑똑한 은행과 IT 업체들이 거래 상황별로 편리한 방법들을 제시할 것이다. 지금 있는 카드 단말기로도 얼마든지 지불 요청은 할 수 있다.

누군가 불법으로 수집한 계좌 정보들을 가지고, 예를 들어, 어떤 IT 업체가 안면 인식 지불 요청 앱을 개발해서 지나다니는 사람들의 얼굴을 찍고 다니면서 데이터를 수집해서 그들에게 무작위로 스팸 메일처럼 청구서를 들이미는 허점을 상상할 수도 있겠다. 누군가 실수로 승인을 해 주기를 바라면서 말이다. 하지만 이런 일은 제도적·기술적으로 충분히 방지할 수 있다. 어디선가 엉뚱한 청구서가 날아오면, 사람들은 당연히 지불을 거절할 것이고, 여러 건의 거절된 지불이 동시에 발생하면 그 수취 계좌는 일단 범죄의 의혹을 가지고 자동으로 거래를 중지시킨 후, 자초지종을 조사하면 될 일이다. 그리고 기본적으로, 100% 기록이 남는 데도 범죄를 저지르는 바보는 이 세상에 없을 것이다.

화폐란 무엇인가

앞서 『국부론』에서 화폐에 대해 아주 많은 지면을 할애한 설명이 있었지만, 다시금 간략하게 정리해 보려고 한다.

모든 가치의 근원은 노동이다.

노동을 서로 교환하게 된다. 내가 오늘 하루 동안 만든 활은 친구가 오늘 하루 동안 잡아 온 사슴과 1:1로 교환된다.

물물교환을 하다가 물건들을 들고 다니기 귀찮으니 물건들로의 교환이 보장된 중간 매체가 등장하고, 이를 화폐라고 한다. 문화권에 따라 곡식, 조개껍데기, 돌, 금속, 옷감 등이 화폐로서 기능했다.

금속은 작고, 상하지 않고, 자를 수 있고, 다시 붙일 수 있어서 화폐의 재료로 가장 좋았다.

금속 중에 금과 은은 귀하고 예뻐서 사람들이 가장 좋아했다. 사람들이 좋아하니 누구도 금과 은을 물건과 바꾸는 데 주저하지 않았고, 절대적인 신뢰가 두 금속에 쌓였다.

금과 은을 화폐로 사용하는 데 있어 불편한 점은 매번 무게를 재야 한다는 것과 불순물이 섞이지 않았는지 확인해야 하는 것이었다.

국가에서 순금과 순은의 양과 함량을 보증하기 위해 일정량의 금은에 직접 도장을 찍고 유통한 것이 동전이다. 옆면을 갈아 금가루를 모으는 사람이 생기니 옆면에도 모양을 새겼다.

국가가 금을 빼돌리려고 동전에 싸구려 금속을 섞어 주조하고 유통시켰다. 동전에 표시된 금의 무게와 실제 함유된 금의 무게가 차이나는 만큼 국가가 이익을 챙겼는데, 이것을 시뇨리지라고 한다.

개인들이 순금, 순은을 들고 가면 동전으로 만들어주는데, 이런 곳을 조폐국(Mint)이라고 한다. 조폐 비용을 유료로 한 나라도 있고, 무료로 한 나라도 있었다.

동전이 닳았건, 함량을 줄였건, 조폐비용이 어떻게 되었건, 시장은 언제나 그 내용을 알고 그만큼을 가치에서 제했다.

금은을 은행에 맡기고 보관증을 받았는데, 이 보관증이 곧 금은이나 마찬가지가 되었고, 이것으로 물건을 살 수 있었다. 바로 지폐의 탄생이다.

은행은 대출을 해 주는데 이를 반드시 금은으로 줘야 할 필요가 없었다. 보관증으로 주면 되었다. 보관증을 가지고 와서 금은으로 바꿔 주기를 바라는 사람을 위한 소량의 금과 은만 가지고 있으면 되었다. 금이 10,000파운드 있으면 지폐로 50,000파운드를 유통할 수 있었다. 이렇게 되자 사람들은 불편하게 금을 갖고 다닐 필요가 없었고 지폐로 물건을 사고팔았다. 지폐가 완전히 화폐로서 기능하게 되었다.

1971년부터 지폐와 금과의 관계는 완전히 끊어졌지만, 사람들은 여전히 지폐를 화폐로써 잘 쓰고 있다.

금이 가치를 지닌 것이 아니다. 물론 지폐가 가치를 지닌 것도 아니다. 가치를 지닌 것은 노동뿐이다.

화폐는 노동을 세는 단위일 뿐이다.

화폐는 상거래의 도구일 뿐이다.

금은이 많으면 그만큼 부유해지는 줄 알았는데, 그냥 그만큼 금은의 가치가 떨어질 뿐이었다. 지폐를 찍어내면 찍어낸 만큼 국가가 돈이 많아지는 게 아니라, 지폐의 가치가 떨어질 뿐이다.

모든 가치의 원천은 노동이다.

화폐는 손에 만져지는 지폐의 형태로도 유통되지만, 은행의 장부상에 적혀있는 숫자의 형태로도 유통된다. 손에 만져지는 지폐가 없어도 얼마든지 물건은 사고팔 수 있다.

전자화폐 시대의 조폐국

조폐국(Mint)이란 금은 덩어리를 녹여 동전을 만들던 곳이다. 자연 상태의 금덩어리가 조폐국을 통해 돈이 되는 것은 아니고, 금덩어리든 동전이든 똑같이 그냥 금이다. 이를 동전으로 만드는 이유는 무게와 함량을 표시해서 매번 일일이 무게를 재고 성분을 확인하는 불편을 해소하기 위해서일 뿐이다. 따라서 조폐국이 없는 금을 만들어 내는 재주는 없고, 단지 시장에서 유통되는 금덩어리를 가공하여 좀 더 편하게 만들었을 뿐이다. 이런저런 이유로 돈이 다급한 정직하지 못한 왕들이 금을 빼돌리는 용도로 조폐국을 이용하기는 했어도, 조폐국은 기본적으로는 그냥 금으로 금을 만들 뿐 아무런 가치도 더하지 못하는 곳이다.

현대의 조폐국은 지폐를 인쇄하고 동전을 주조하는 곳이다. 조폐국은 가치가 거의 0인 종이를 가지고 천 배, 만 배의 가치를 지닌 지폐를 만들어 낸다. 지폐가 가치를 지녔다고 착각한 바보이거나, 단 며칠만이라도 시간을 벌어보자는 궁지에 몰렸거나 해서, 역사상 몇몇 정부가 아무런 근거 없이 지폐를 찍어 내기도 했다. 그럼 당장은 표시된 금액대로 유통될지 몰라도 시장은 바로 그것을 알아차리고 돈을 믿지 못하게 되고, 돈으로서의 기능을 곧 상실하고 만다.

조폐국이 돈을 찍어내는 근거는 발행 주체가 가지고 있는 자산이다. 자산은 부채를 포함하는 개념이고, 일반인들과 달리 정부와 중앙은행은 무제한의 부채를 질 수 있다는 특수한 지위 때문에 사실상 무제한의 돈을 찍어낼 수도 있다고 여겨지는 부분도 없지는 않다.

하지만 반복해서 언급하지만, 돈이 가치를 지닌 것이 아니다. 돈을 무제한 찍어 봐야 결국 돈의 가치가 떨어질 뿐이다.

정부가 얻는 소득은 어디까지나 국민이 노동으로 생산해낸 가치에서 일부를 세금으로 떼어 받은 부분이다. 그런 정부의 소득을 담보로 화폐라는 부채증서를 발행하는 것이고, 사람들은 그런 화폐를 신뢰하는 것이다.

조폐국은 돈을 만들어내는 곳이 아니다. 조폐국은 이미 존재하는 금을 다른 형태의 금으로 형태만 바꾸는 곳이었고, 이미 존재하는 돈(닳아빠진 낡은 돈이나 장부상의 숫자)을 지폐의 형태로 바꾸는 곳이다.

때로는 기념주화를 만들기도 하고, 늘 위폐와 싸우느라 발전된 인쇄기술을 바탕으로 각종 유가증권을 인쇄하는 역할을 맡기도 한다.

전자화폐 시대에 조폐국은 필요 없다.

전자화폐 시대의 은행

은행이란 고대로부터 돈을 빌려주는 역할을 하는 곳이다. 돈을 빌려주고 그 대가로 이자를 받는다.

돈 역시 일반의 상품과 똑같이 수요와 공급에 의해 사용료가 정해진다.

가만히 앉아서 돈을 버는 것 같은 대부업자가 밉다고 해서, 높은 돈 사용료를 받는 업자를 처벌해 봐야, 결국 처벌에 대한 위험 비용만큼 돈 사용료가 오를 뿐이고, 오른 돈값에 우는 것은 그들을 벌하라고 청했던 서민들이다.

이자를 주고 돈을 쓰겠다는 사람이 많은데, 대부업자가 굳이 가진 돈만큼만 장사를 할 이유는 없다. 다른 곳에서 빌려서 필요한 사람에게 빌려주면 그만이다. 그렇게 은행에 돈을 맡아 주는 기능이 생겼다.

은행은 돈을 맡아 주고 확인증을 써 주었다. 돈을 맡긴 사람이 돈이 필요할 때 확인증을 들고 은행에 가서 돈을 빼서 물건을 사고 그 돈을 지불하면, 돈을 받은 사람이 다시 은행에 돈을 맡기고 확인증을 받는다. 이런 과정이 반복되면 누구라도 당연히 중간 과정은 생략하고, 그냥 확인증을 서로 건네고 받는 것이 편하다는 것을 알게 되었을 것이다. 이 확인증이 곧 화폐고, 그렇게 은행에 화폐를 발행하는 기능이 생겼다.

확인증을 일일이 낱장으로 들고 다니기도 불편했을 것이다. 그냥 은행의 장부에 이름과 금액을 적어놓는 것으로 충분했을 것이고, 돈을 주고받는 각각의 장부에 더하고 빼는 한 줄씩 기입하는 것으로 거래는 충분히 이루어질 수 있었다. 그렇게 은행에 계좌기능이 생겼다.

확인증과 계좌를 통해 상거래를 하는 것이 금화나 금덩어리를 가지고 하는 것보다 훨씬 편리하다 보니, 금화를 인출할 일이 없었다. 은행 입장에서는 굳이 인출하러 오지도 않으니, 확인증이나 계좌만큼 금화를 가지고 있지 않아도 되었다. 돈이 필요하다는 사람에게 있지도 않은 금화를 꿔 줄 수가 있게 되었다. 그의 계좌에 숫자를 써주는 것으로 그에게는 금화가 생긴 것이다. 신용화폐가 생겼다.

어차피 은행 고유의 역할들은 시장의 필요에 의해 자연스레 형성된 것들이고, 전자화폐 시대라도 이런 부문에서는 달라질 것이 없다.

하지만 KOEM 체계는 모든 돈거래가 KOEM 계좌를 통해 이루어지게 할 것이기에(뒤에 깊게 다루겠지만, 국가 수입을 KOEM을 통해 이루어지는 모든 거래에 과세하는 것으로 대체하는 그런 새로운 세금 체계를 제안할 것이다), KOEM 체계에서의 은행은 예금과 대출의 기능만이 남게 될 것이다.

투자 은행으로서의 역할이나, 보험 영업 등 전통적인 은행의 역할과 상관없는 영업 행위는 각 은행의 필요에 따라 알아서 하든지 말든지 하면 될 것이다.

전자화폐와 법정통화

법정통화(Legal tender)라는 것은 어떤 지불이 법적으로 인정받는 것인지를 가르는 개념이다. 예를 들어, 한국 정부가 한국은행이 발행한 원화 화폐만을 법정화폐로 한다고 하면, 물건을 사고 돈을 줄 때 그 원화로 줘야 비로소 돈을 준 것이지 제멋대로 쌀이나 고철이나 비트코인으로 주고서는 채무가 없다고 주장할 수는 없다는 것이다. 아니, 주장이야 맘대로지만, 한국 법정에서는 인정하지 않는다는 뜻이다.

아무리 KOEM의 계좌를 통한 거래만을 법적인 지불 행위로 인정한다고 해도, 은행은 여전히 신용화폐를 유통시킬 수 있다. 즉, 은행 계좌상의 숫자나 은행이 발행한 수표가 사실상 별도의 법정통화 역할을 충분히 한다는 것이다. 마찬가지로 일반 개인이 발행한 수표나 어음 역시 또 하나의 통화로서 기능할 수도 있다.

중고차 딜러인 김 씨라는 사람이 있다고 하자. 1억 원짜리 자동차를 팔면 수익으로 2천만 원이 남는데, 마침 차를 보러 온 고객 박 씨가 지금은 돈이 없으나 다음 달에 들어올 돈이 많으니 일단 약속어음을 받고 차를 달라고 하면 어떻게 될까? 게다가 알고 보니 박 씨는 유명한 재벌의 아들이었고, 정확한 정보를 통해 그의 통장에는 대체로 10억 원 이상의 돈이 있다는 사실을 알았다면? 누구라도 그를 믿고 어음을 받고 차를 넘겼을 것이다. 일주일 후, 김 씨는 좋은 차를 매입해야 할 일이 생겼는데 아직 1억 원짜리 어음만 있을 뿐 현금을 갖고 있지 않았다. 그는 차를 파는 사람에게 박 씨가 준 어음을 줄 테니 차를 팔라고 했는데, 알고 보니 박 씨의 명성은 대단해서 상대방도 거리낌 없이 어음을 받겠다고 하는 것이다.

이런 식으로 어음은 현금화되지 않고서도 그 신용 정도에 따라 원활한 정도만 다를 뿐, 충분히 현금처럼 유통될 수 있다.

어음이나 수표는 부도를 내면 단순한 채무불이행의 민사적 책임만 묻는 것이 아니라 이를 사기 행위로 보고 형사적 처벌을 하는 법체계가 있기는 하지만, 그것은 어디까지나 보조적인 장치일 뿐이며, 어음이든, 수표든, 은행의 계좌든 근본은 믿을 수 있는가의 여부이다. 특히나 은행은 신용 면에서 국가의 보증까지 받는 터라 사실상의 통화를 발행할 수 있게 되는 것이다. 따지고 보면 법정통화도 역시 똑같이 신용의 문제다.

KOEM을 통해서만 거래할 수 있도록, 즉 사적인 통화가 유통될 수 없도록 하는 것은 간단하다. 법정통화 이외의 지불수단이 가질 수 있는 신용을 제거하면 되는 것이다.

은행 신용에 대한 법적 보장장치를 없애고, 수표나 어음의 부도에 대한 민형사상 책임을 묻지 않으면 된다. 단순히 그렇게 하는 것만으로 사적 통화는 상당한 거래에서 거부당할 것이다. 그러면 사람들은 상당한 거래에서 거부당할 것이 뻔한 것을 받으려 하지 않을 것이기에 기하급수적으로 금세 화폐의 기능을 상실하고 만다.

은행에 예금을 맡기는 사람은 KOEM에 있는 자신의 계좌에서 KOEM의 은행 계좌로 이체 송금하며, 은행에서 대출을 받는 사람은 KOEM의 은행 계좌에서 KOEM의 자신의 계좌로 송금을 받는다.

은행 계좌에 아무리 숫자를 넣어줘 봐야 그것으로 타인에게 결제하기 곤란하니까 대출을 받은 사람은 은행에 요구해서 KOEM으로 이체해 달라고 요구할 것이다.

은행의 입장에서도 나빠지는 것은 없다. 똑같이 수신하고 똑같이 여신하며 그 차액을 이익으로 가져가는 것에는 변함이 없다.

정부의 보증이 사라졌고 입출금의 편의를 위한 예금도 사라질 테니 그 규모가 대폭 축소될 것은 명확하지만, 지금도 투자은행들이 훨씬 규모가 큰 것으로 보아 예금과 대출 업무의 규모가 작아진 것이 곧 은행의 위기라고 말할 수는 없다. 또한, 사회의 상업상 지불 수단으로써의 역할을 온전히 KOEM이 가져갔으므로, 은행의 위기가 생긴다고 해 봐야 사회에 미치는 영향은 지금과 같지 않다.

은행에 예금을 맡기는 사람은 어디까지나 본인들의 판단으로 이자 소득을 얻기 위해 위험을 감수하고 맡기는 것이다. 은행이 더 이상 사회의 도구가 아닌데, 정부의 보증 같은 혜택을 줄 이유도 없다. 이제부터는 은행이 알아서 살아갈 일이다.

수표나 어음의 부도에 형사적 책임을 묻지 않는다면, 수표나 어음은 그냥 차용증과 같아지는 것이고, 민사적 책임마저 묻지 못한다면 수표나 어음 그리고 차용증도 그냥 종잇조각에 지나지 않게 된다.

이렇게 되면, 돈거래를 함에 있어 사적인 신용증표, 즉 사적 통화를 사용할 수 없게 되는 목적은 달성할 수 있을지 모르지만, 외상 거래가 막히는 불편함이 있을 수 있다.

앞선 예에서, 중고차 딜러 김 씨가 재벌 2세 박 씨에게 차량을 외상으로 판매한 것은 김 씨에게도 이롭고 박 씨에게도 이로우며 사회 전체로도 매우 이롭다. 외상 거래는 약속이 지켜진다는 전제하에 분명히 이 사회의 경제 활동을 보다 활발하게 하는 긍정적인 역할을 한다.

KOEM이 이런 역할을 할 수 있도록 기능을 하나 추가해 보고자 한다.

*KOEM*을 통한 외상 거래

앞선 예에서 어음이란 게 없어지면, 박 씨는 현금이 생긴 이후에나 차를 살 수 있을 것이다.

KOEM의 지불 방식은 판매자인 김 씨가 박 씨의 KOEM 계좌로 1억 원을 청구하는 것으로 시작된다.

그러면 박 씨의 단말기를 통해 1억 원이 청구되었다는 알림이 뜨게 되고 박 씨에게 해당 금액이 있는 경우 승인만 하면 박 씨의 계좌에서 1억 원이 빠지고 김 씨의 계좌에 1억 원이 더해진다. 그리고 해당 거래원장의 상태는 완결 상태가 되면서 거래가 종료된다.

이때, 박 씨에게 결제할 잔고가 모자란 경우, 거래 승인 과정에 결제일을 지정하는 기능이 있다.

2018-04-11에 차량을 구매하면서 청구가 발생했는데, 이 청구를 승인하면서 다만 결제는 2018-05-11에 이루어지도록 설정하는 것이다.

판매자 김 씨는 당장 자신의 계좌로 1억 원이 들어오지는 않았어도 해당 청구는 승인이 되었기에, 예전의 수표나 어음보다 더욱 강력한 신뢰를 바탕으로 차량을 넘겨줄 수 있게 된다.

구매자 박 씨는 사실상 외상으로 차량을 사 왔고, 2018-05-11에 돈이 빠져나가게 되어 있다.

만약, 2018-05-11에도 잔고가 부족하다면? 부족한 대로 일단은 판매자 김 씨에게 돈이 이체되면서 잔고는 0원이 되고, 이후 박 씨에게 생기는 소득은 들어오는 대로 김 씨의 계좌로 계속해서 빠져나가게 된다. 지금도 신용카드 결제 대금이 그런 식으로 빠져나가고 있어 특별히 낯설지 않다.

KOEM 잔고 0원으로는 전화비도 못 내고, 전기세도 못 내고, 수도세도 못 내고, 마트에서 식료품도 못 사고, 식당에서 밥도 못 먹고, 전철을 탈 수도 없으니, 박 씨는 수표나 어음으로 외상을 했던 시절보다 더욱 최선을 다해 차량값을 변제할 수밖에 없다.

같은 이치로 할부거래도 가능하다.

김 씨가 청구서를 아예 '2018-04-11 10,000,000원, 2018-05-11 10,000,000원, 2018-06-11 10,000,000원 … 2019-02-11 10,000,000원', 이렇게 청구서를 발행하고, 박 씨가 모두를 승인하면 된다. 11개월 치를 발행하여 총금액은 1억 1천만 원이 되었고, 추가된 1,000만 원은 할부에 대한 비용일 것이다.

물론, 이런 절차들의 복잡성에 대해서 일반인이 고민할 이유는 없다. 해당 분야에 종사하는 똑똑한 우리의 이웃들이 간편하고 이해하기 쉬운 프로그램을 만들어 줄 것이기 때문이다.

*KOEM*에 소유등기

돈에는 가치가 없다. 돈은 가치를 세는 단위일 뿐이다. 돈을 주고받는 것은 유무형의 어떤 가치를 주고받는 것에 대한 현시적 표현일 뿐이다.

돈이 오갈 때는 당연히 그 내용이 따로 있는데, 그것을 KOEM에 함께 기록하고, 어떤 가치에 대한 소유를 증명하는 기반으로 삼는다.

'거래 내역 테이블(관계형 데이터베이스에서 어떤 데이터 집단을 의미하는 용어)'은 [내역 번호(pk) / 거래 번호(fk) / 구분 / 이름 / 식별자 / 식별 번호 / 금액 / 수량 / 할인 / …] 정도로 작성할 수 있다.

앞선 예에서, 중고차 딜러 김 씨는 박 씨에게 대금을 청구하면서 청구 내역을 양식에 맞추어 작성한다. [874238749 / 29148238479 / 승용차 / 그렌다이저 / 차대번호 / KU9243294GD / 100,000,000 / 1 / -10,000,000 / 할부할증 / …] 정도의 내역이 될 것이다. 이런 것을 일일이 작성하는 것은 아니고, 김 씨의 판매 관리 시스템에서 자동으로 옮겨간다.

박 씨가 거래 승인을 완료하면 해당 거래 내역을 통해 이 차량은 박 씨의 소유임이 명확하게 증명된다. 같은 이치로 슈퍼마켓에서 음료수 한 캔을 사더라도 그 음료수의 소유 관계에 대한 증명이 가능하고, 그 물건에 고유 번호가 있는 경우 등기의 역할까지 겸하게 되는 것이다. 또한, 이렇게 기록되는 거래 내역은 그때까지의 거래 이력과 함께 기록되기 때문에, 특별히 내용의 정합성을 맞추기 위해 복잡한 제도적·기술적 장치를 둘 필요도 없다. 대개의 상품이 그 거래 내역을 추적하면 '공장→유통업체→소비자'로 이어지는 이력이 형성되므로, 서류가 조작되었는지, 실제 거래가 있었는지, 거래 금액에 이상이 있는지, 본인인지 등을 복잡하게 확인할 필요가 없다는 말이다.

매우 단순하고 간단하고 쉬우며, 비용은 아예 들지 않는 완벽한 등기 제도를 얼떨결에 갖게 된 것이다.

어떤 사람이 G마트에서 식료품을 많이 샀고, 총금액은 124,580원이 나왔다고 하자. 지금이라면 카드사에 [G마트-124,580원]으로 기록될 뿐, 무엇과 무엇을 샀는지에 대한 기록은 G마트의 시스템에만 남는다. 반면, KOEM에는 무엇과 무엇을 샀는지까지 전송되어 기록된다. [8742380001 / 29149000001 / 식품 / 싱싱계란 30구 특판 / 바코드 번호 / 8812564578 / 3,400 / 2 / 0 / …], [8742380002 / 29149000001 / 술 / 나중처럼(12팩) / 바코드 번호 / 8812532578 / 2 / 12,800 / 800 / …] 이런 식으로 기록된다. 영수증이 오갈 일은 없다. 단순히 영수증을 없애기 위해 이렇게 하는 것이 아니라, 국가적인 시스템 통합(System Integration)으로 효율을 증대하고, 새로운 편의를 도모하자는 것이다.

등기할 내용이 없는 거래도 있을 것이다. 자식에게 용돈 50,000원을 준다면, [8742382314 / 29149219837 / 용돈 / / / / 50,000 / …] 이런 식으로 기록되고 말 것이다.

전자화폐 시대의 중앙은행

중앙은행의 역할은 국가마다 다소 차이는 있겠으나, 대체로 화폐를 발행하고, 통화량을 조절하고, 시중 은행과 거래를 하기도 하는 등의 역할을 한다.

KOEM 체제에서는 화폐 발행이란 것 자체가 없어지므로, 화폐 발행에 대해서는 따로 논할 것이 없다.

시중 은행과 거래를 한다는 것은 중앙은행이 은행들의 은행으로서의 역할을 하는 것을 말한다. 중앙은행이 시중 은행에 돈을 빌려주기도 하고, 시중 은행 간의 거래를 정산할 때 각 은행이 가진 중앙은행 계좌를 통해 쉽고 빠르게 정산할 수 있게 해 주기도 한다.

KOEM 체제에서는 각 은행이 중앙은행에 계좌를 가진 것처럼 KOEM에 계좌를 가지고 있기 때문에, 시중 은행 간 거래는 KOEM을 통해서 하면 된다.

중앙은행이 시중 은행에 돈을 빌려주는 역할은 시중 은행들이 건전한 영업 상태임에도 생길 수 있는 뱅크런(Bank Run, 예금 대량 인출)을 방지하는 수단이 된다.

건전한 영업 상태의 은행이라면 당연히 대출채권이 예금채무보다 크고, 대출에서 나오는 이자 소득으로 은행의 운영비가 충당된다. 그렇기에 평상시 예금주들이 필요로 하는 현금만 보유하고 있으면 아무런 문제 없이 돈이 돌 수 있다. 그러나 어떤 특별한 상황이 발생해서 평소 이상으로 예금주들이 현금을 내어 달라고 요구한다면, 은행은 지급 불능 상태에 빠지게 되고, 이것은 어떤 심리적인 면으로도 작용해 연쇄반응을 일으키며 사회적 소요가 발생하게 된다. 이렇게 갑작스럽게 많은 예금주가 현금을 인출해 줄 것을 요구하는 것을 '뱅크런'이라 하며, 역사적으로 많은 사례가 있다.

은행에 아무런 문제가 없는데 뱅크런이 발생했을 때, 누군가 은행들의 대출채권을 무제한으로 사주고 현금을 내어준다면, 뱅크런은 아무런 문제가 되지 않을 것이다. 실제로 최근의 2008년 미국발 서브프라임 금융 위기 때 미국의 중앙은행(연방준비은행)은 문제가 있는 뱅크런까지 해결(?)했다. 시중 은행들의 대출채권은 사실상 회수가 불가한 것들이 많았음에도 그냥 현금으로 사 줬다. 그 현금은 그냥 허공에서 나온 것이지만, 마냥 허공은 아니고, 앞서도 언급했다시피, 돈을 찍어내는 것(계좌에 숫자를 더하는 행위 포함)은 발행 주체의 자산을 근거로 찍어 내는 것이다. 연방준비은행은 시중 은행의 대출채권을 자산(?)으로 확보하고 그만큼의 돈을 찍어

낸 것이다. 대단히 허점이 많은 방법이지만, 지금의 논제는 아니고 여하간 그렇게 할 수는 있다는 좋은 예시다.

뱅크런은 불안을 가중해가며 점점 커진다. 가만히 있다가도 남들이 달려가면 불안한 마음에 따라서 달리게 된다. 은행은 그럴수록 더욱 지급이 어려워지고, 다시 사람들은 더욱 불안해지는 악순환이 생긴다. 결국, 이는 은행의 파산(파산을 의미하는 'Bankruptcy'가 바로 은행이 망가진 것에서 유래한 단어다)을 불러오며, 다른 은행에까지 번진다. 많은 은행이 파산한다면 그만큼 돈의 원활한 유통이 방해받게 되어 사람들의 경제 활동이 불편해진다.

KOEM의 체제하에서도, 은행들은 입출금용 계좌를 취급하지 않지만, 이자 수익이나 투자 수익을 목적으로 하는 예적금 계좌는 지금처럼 똑같이 운영하므로 동일하게 뱅크런의 위험에 놓이게 된다.

뱅크런을 방지하는 다른 모든 제도적 기술적 장치는 동일하다고 치고, 중앙은행의 역할을 어떻게 지속할지에 대해 생각해 보자. 결론부터 말하자면, 중앙은행의 그런 역할은 더 이상 필요하지 않다고 본다. 게다가 은행이 파산해도 별 탈 없는 게 KOEM 체제다.

첫째, KOEM 체제에서 시중 은행의 고객은 전적으로 자신들이 위험을 감수하고 투자처를 찾은 투자자들이다. 그들의 투자실패를 제삼자가 신경 쓸 이유는 없다.

둘째, KOEM 체제에서는 은행들이 없어도 통화의 유통에 아무런 문제가 없고, 상거래에 아무런 불편이 없다. 사회적 파장이 없기 때문에 신경 쓸 이유도 없다.

셋째, KOEM 체제에서 은행들이 가진 채권은 전적으로 KOEM 시스템상의 승인된 청구서의 형태로 존재한다. 앞선 외상 거래의 예에서처럼, 매월 1,000만 원짜리 청구서를 11개월 어치 발행하고, 채무자의 승인과 함께 1억 원의 현금을 채무자의 KOEM 계좌로 넣어주는 식으로 대출 거래가 이루어진다. 이런 식의 채권은 몇 가지 기능만 추가하면 평가하기도 너무 쉽고 정확해서 매매하기 매우 좋다. 뱅크런이 생겨도 금세 시중에 채권을 팔아 대응할 수 있으며, 파산한다고 해도 예금주들은 청산과정을 통해 거의 보상받을 수 있게 되므로 심각한 피해는 발생하지 않는다.

KOEM이란 아주 단순한 체계일 뿐인데, 화폐와 거래라는 개념의 원래 의미에 가까워지다 보니 많은 문제가 저절로 해결되는 것이다.

통화량을 조절하는 것은 중앙은행의 주요 업무다. 그들은 물가 조절과 경기 조절이라는 두 가지 목적을 가지고 정책을 운영한다.

시장이 필요로 하는 돈의 양과 실제 유통되는 돈의 양이 달라질 때 물건의 값이 돈의 양에 따라 오르락내리락 하게 된다. 예를 들어, 도시 인구가 100명인 어느 나라에서 어느 해 곡식이 100kg이 유통될 만큼 생산되었고, 이때의 통화량은 100만 원이라고 하자. 사람들은 1kg에 1만 원씩 쌀을 사서 1년 동안 먹는다. 다음 해에는 도시 인구가 120명이 되었고, 농업기술도 발전해서 쌀이 120kg이 생산되었다고 하자. 총통화량이 여전히 100만 원이면 농부들은 100kg만 팔고, 20kg은 버릴 수도 있을 것이다. 하지만 어느 농부라도 버려지는 20kg의 주인이 되고 싶지는 않을 것이기에, 다른 농부들보다 앞서 9천 원, 8천 원에라도 쌀을 팔아 주어진 상황에서 손해를 최소화하려고 애쓰게 된다. 결국, 쌀값은 저절로 1,000,000원/120kg=8,300원/kg이 될 것이고, 이때 가치에 변동이 생긴 것은 쌀이 아니라 돈이다. 만약, 통화량도 20만 원 증가했다면 쌀값은 여전히 1만 원이었을 것이고, 지나치게 통화량이 늘어났다면 쌀값은 1만 원을 넘게 될 것이다.

돈의 가치가 위의 예와 같이 급격히 변하게 되면, 이전의 가치를 기준으로 이루어졌던 수없이 많은 거래가 의도치 않은 이익과 손실을 맞게 된다. 그렇게 되면 사회적인 혼란이 야기될 수 있고, 혼란은 불편과 위축으로 이어질 수 있다. 그런 상황을 방지하기 위해 적절히 통화량을 조절하겠다는 것은 나름 타당하다.

문제는 돈의 가치 변동이 가져오는 몇 가지 현상들이 어떤 패턴을 보인다고 여기면서 그런 현상들을 의도적으로 야기하려 시도하는 것이다. 사실상 오해에 불과한 그런 패턴 중 하나는 물가가 오르면 돈을 가지고 있으려 하지 않기에 소비와 투자가 촉진되어 경기가 활성화된다는 것이다. 물가가 오르는 와중에 경기가 위축되는, 소위 스태그플레이션이라는 현상을 겪었음에도 여전히 이런 믿음은 정책 당사자들에게 유효한 것으로 보인다.

돈의 가치가 떨어질 때, '갖고 있어 봐야 손해니 쓰자.'는 입장과 '이자는 받아 봐야 도움이 안 되니 투자를 하자.'는 입장으로 이어질 것이라는 생각은 한편으로는 논리적이다. 하지만, '물가가 올라 살 것이 없네.'라는 입장과 '미래가 불안하니 투자는 안 돼.'라는 입장으로도 얼마든지 이어질 수 있는지라, 사실상 어느 쪽으로도 상관관계는 성립하지 않는다. 아마도 사회 현상에는 너무나 다양한 요인이 교차 작용하기 때문일 것이다. 혹자는 '적절한 수준' 운운하며 여전히 인플레이션에 긍정적인 효과를 주장하겠지만, 그 적절함이라는 언어는 매우 무책임할 뿐이며, 정부는 절대로 그 적절함을 찾아낼 수 없다.

한편, 돈의 가치가 떨어지면 채권자들이 손해를 보고 채무자들이 이익을 얻는다. 어떤 사람이 100만 원을 빌리고 10년 후에 200만 원으로 갚기로 했는데 그간 물가가 10배로 올랐다고 치자. 채권자가 돈을 빌려줄 당시에는 100만 원으로 쌀 100kg을 살 수 있었는데, 10년 후에 200만 원을 받고 쌀을 사려고 보니 20kg밖에 살 수 없게 되었다. 채무자 입장에서는 100만 원을 빌려 쌀 100kg을 사서 잘 먹고는 10년 뒤 쌀 20kg만 팔아서 갚으면 되는 것이다. 디플레이션의 경우는 반대로 채권자들이 이익을 얻는다.

언제나 빚을 지는 국가의 입장에서라면 항시적 인플레이션은 필요할지도 모르겠다. 차라리 그런 이유라면 의도와 결과가 일치하기 때문에 그 의도의 불건전함은 논외로 치고 나름 수긍할 수는 있겠다. 하지만 인위적으로 경기를 부양하려는 시도나 진정시키려는 시도는 그 의도가 아름답다고 해도 의도와는 상관없는 결과로 이어질 뿐이기에 더 나쁘다.

시장은 누가 만든 것이 아니고, 자연스러운 어떤 형태의 인간 활동에 붙인 이름일 뿐이다. 사람이 모이기에 시장이 서고, 시장이 서기에 사람이 모이는 것처럼, 누구도 그 시작을 가늠할 수 없을 만큼 자연스러운 활동이고 진화다. 화폐 역시 그 시작을 알 수 없을 만큼 자연스럽게 시장에서 사용되었고, 화폐가 금과 은으로 정리된 것도 역시 그 시작을 알 수 없을 만큼 자연스러운 것이었다. 금화나 은화로 표준화한 것도 시장의 자연스러운 진화이고, 어음이나 지폐의 사용도 자연스러운 시장의 활동이다. 국가가 조폐국을 설치해 동전을 만들던 것이나, 중앙은행을 설치해 지폐를 발행하던 것, 모두 이미 있던 시장의 기능 중 일부분을 국가의 기능으로 이전시킨 것뿐이다. 국가의 이러한 시장에의 개입이 좋은 것인지 나쁜 것인지는 따져보기 어렵지만, 수차례의 하이퍼 인플레이션이라는 역사적 예로 보아 나쁜 경우도 있다는 것만큼은 확실하다.

『국부론』에서도 많은 부분을 할애하여 설명하듯이, 돈 역시 상품과 같이 수요와 공급에 따라 그 가치가 변동한다. 신대륙이 발견되고 금과 은의 채굴이 많아지자 통화량이 늘어나고 금은의 가치가 떨어졌으며, 같은 양의 금은으로 살 수 있는 것이 적어지고, 금은으로 표시된 여러 계약에 뜻하지 않은 손해나 이익이 동반되었다.

금과 은은 그 양이 극단적으로 늘거나 줄거나 하지는 않기 때문에 극단적으로 늘거나 줄지 않던 중세까지의 경제 상황과는 얼추 균형을 이룰 수 있었다. 근대 산업사회의 폭발적인 경제성장에는 근대적 은행에 의해 도입된 어음이나 지폐 그리고 계좌라는 개념들, 소위 신용화폐라 불리는 통화가 투입되면서 또 경제 상황에 얼추 맞춰진 통화량이 공급될 수 있었다. 하지만 20세기에 들어서 더는 금에 얽매인 통화 발행으로는 공급을 감당할 수 없을 만큼 경제 규모가 커졌고, 금본위제는 폐지되었다. 각 국가는 각자의 경제 상황에 맞추고, 국가 간의 교역에 영향을 받으며, 나름의 기준으로 통화량을 조절하게 되었다.

어떤 한 나라에서 한 해 동안 생산하는 모든 것은 그 한 해 동안 완전히 소비되는 것을 전제로 하는 것이다. 모든 생산물이 생산자로부터 소비자로 전달되기까지 계속하여 교환이 일어나는데, 이때 필요한 것이 화폐다. 하지만 정확한 생산물의 양이나 교환 빈도, 교환 시기를 가늠하는 것은 불가능하다. 또한, 화폐는 재산을 축적하는 수단으로도 사용되기 때문에 필요한 화폐의 양이란 것은 그냥 추측할 수 있을 뿐 정확하게 설정할 수는 없다. 그래서 정책적으로 통화량을 조절한다는 것은 시장을 잘 관찰하다가 나름의 판단으로 물가가 오르거나 내릴 때, 경기가 과열되거나 위축되었을 때 돈을 시장에 공급하거나 거두는 것을 말한다.

통화량을 조절한다는 것이 임의로 지폐를 찍어낸다는 것은 아니다. 금본위제의 폐지 이후 미국 정부는 돈을 찍어내는 권한으로 무한대의 부를 챙기고 있다고 많은 사람이 오해한다. 그러나 미국 정부는 돈을 찍을 권한이 없고 다만 돈을 마음대로 빌릴 수 있을 뿐이다. 뭐 어차피 그게 그것인지 모르겠으나, 매년 수조 달러의 수입을 올리는 경제 주체로서 돈을 좀 빌리는 것에 대한 신뢰와 허공에서 만들어진 돈에 대한 신뢰는 매우 다를 것이다.

미국이 통화량을 늘리는 방법은 세 가지 정도의 방법이 있다. 첫째, 지급준비율(시중 은행들이 맡아 놓은 돈에서 의무적으로 가지고 있어야 하는 현금 비율)을 낮춰 더 많은 돈이 대출로 시중에 유통될 수 있게 하는 방법, 둘째, 기준금리를 낮춰 시중에 대출 수요를 늘리는 방법, 셋째, 시장에서 각종 채권을 사들이면서 매매대금의 명목으로 시장에 돈이 흘러 들어가게 하는 방법이다. 2008년 금융 위기 때는 세 번째 방법만으로도 그때까지의 통화량보다 50%가량 통화량을 더 늘릴 수 있었다. 매우 위험한 상황에 매우 위험한 정책 결정이었을지 몰라도 여하간 그처럼 통화량은 큰 폭으로 조절될 수 있음을 보인 사례이며, 다른 국가들도 대략 비슷한 방법으로 자국의 통화량을 조절한다.

KOEM의 체제하에서도 얼마든지 같은 방법을 쓸 수는 있다. 그런 정책 결정의 주체로서 중앙은행을 그대로 둘 것인지, 별도의 금융정책 전문가들로 구성된 위원회를 둘 것인지, KOEM에 그 역할을 맡길 것인지의 여부는 그냥 적절한 절차를 통해 정하면 그만이다.

아니면 아예 통화량을 조절하는 역할을 하지 않는 것이 옳을지도 모른다.

어차피 시계추는 좌우로 왔다 갔다 하는 것이거늘, 한쪽으로 가 있는 시계추를 잘못된 것인 줄 알고 매번 가운데로 가라고 툭툭 치는 행위를 하고 있는지 모르겠다는 것이다. 결국 시계추의 진폭만 커져 안정시키고자 의도한 것과는 반대로 불안정의 크기만 키우게 될지도 모른다.

20세기 초 전 세계적으로 대공황이 발생했을 때, 케인스(John Maynard Keynes, 1883~1946년)라는 경제학자의 의견대로 정부가 적극적으로 개입하여 대공황을 해결한 듯 보였지만, 그 기간은 상당했으며, 하이에크(Friedrich August von Hayek, 1899~1992년)라는 경제학자의 의견에 따르면 정부가 그냥 가만히 있었다면 오히려 더욱 빨리 불황에서 벗어났을 것이라고도 한다. 두 개의 같은 세상이 존재해서 따로따로 정책을 시행해 보지 않는 한, 어느 쪽이 옳다고 확답을 낼 수는 없을 것이다. 하지만 분명한 것은 양쪽 모두 가장 높은 수준의 지식을 가진 자들의 의견이요, 따라서 어느 쪽도 옳다고 확언할 수는 없다는 사실이다.

다만 경제적 자유도가 높이 보장되는 국가, 즉 덜 개입하는 정부를 가진 국가일수록 더욱 번성해 온 것만큼은 사실이다.

하지만 늘 파렴치한 정치인들의 입장에서는 아무것도 안 하고도 상황이 좋아져서 자신들의 설 자리가 없기보다는 열심히 뭔가 하는 척을 해서 투표권자들의 마음을 움직이는 것이 더욱 이롭다고 판단할 수밖에 없다. 파렴치한 정치인들이 움직여서 설령 더욱 나빠졌다고 하더라도, 어차피 두 개의 세상이 존재해서 실증할 수 있는 것도 아니니 그냥 더욱 나빠지는 것을 막았노라고 주장하면 그만이고, 그렇다 보니 자연의 이치와 시장의 논리를 믿고 가만히 놔두는 정책은 늘 뒷전으로 밀려나기 마련이다.

시장은 누군가 움직이는 것이 아니다. 그냥 자연스러운 흐름일 뿐이다. 물은 산에서 내려오며 온갖 요동을 치지만, 결국은 고요해지며 바다로 흘러 들어가게 되어 있다. 자연이 균형을 유지하는 힘이 있는 것이 아니라, 자연의 상태를 우리가 균형이라는 이름을 붙여 인식하고 있을 뿐이다. 시장은 자연이다. 시장의 상태를 우리가 균형으로 인식하고 있는 것이다.

인플레이션이 야기할 수 있는 폐해는 모두 인위적으로 형성된 극단적인 상황(하이퍼 인플레이션)에서나 벌어지는 예일 뿐, 실제로는 대출이든, 저축이든, 소비든, 급여든 실시간으로 상황에 맞춰 조절되며 균형이 잡힌다.

디플레이션이 경기 하강으로 이어진다는 전통적인 주장도 최근에는 상당히 부정되고 있다. 17개 나라의 180년간 경기를 분석해서 그중 73건의 디플레이션과 29건의 불황을 조사한 앤드루 앳키슨(Andrew Atke-son)과 패트릭 키호(Patrick Kehoe)의 2004년 연구에 따르면 디플레이션과 불경기는 관련이 없다고 한다. 디플레이션은 경기 침체의 결과이지 원인이 아니다.

디플레이션과 불경기를 연관 짓는 것은, 돈의 가치가 계속 좋아지므로 돈을 쓰지 않게 될 거라는 주장이다. 그러나 그런 주장은 인간의 욕망에 대한 이해가 불충분한 것이 아닌가 생각된다. 인간은 아무리 돈이 많아도 더 갖고 싶기에 투자 의욕은 결코 사그라지지 않으며, 하고 싶은 일을 하루 이틀이야 미룰 수 있을지 몰라도 길게 미루지는 못한다. 또한, 오늘부터 하락이 시작된다는 가정이 아니라 연속적인 물가 하락 상태를 논하는 것이니 그런 상태에서 특별히 지출을 미룰 이유는 없다. 가령 오늘은 100만 원으로 쌀 100kg을 살 수 있지만, 내년에는 120kg을 살 수 있는 상황이라 치자. 내년에 많이 먹기 위해 굶을 사람은 당연히 없을 것이다. 생필품만으로 경제가 이루어지는 것은 아니니 사치품도 생각해 보자. 가령 오늘은 쏘나타 차량이 2,000만 원인데, 내년에는 1,800만 원으로 가격이 내려갈 것이라고 생각해 보자. 개중에는 내년까지 기다릴 사람도 있을지 모르겠으나, 오늘의 2,000만 원 역시 작년의 2,200만 원에서 내려온 가격이라면, 그냥 갖고 싶은 시점에 살 것으로 생각할 수 있다. 비유가 적절한지 모르겠으나 부동산이 호황일 때는 집값이 계속하여 오르고 놔두면 놔둘수록 더 이익이라 하여 매매가 위축되는 현상은 생기지 않는다. 오히려 더 크고 좋은 집으로 옮기기 위해 활발하게 매매가 이루어지는 것을 볼 수 있다. 사람들의 욕망 구조는 집값이 올랐으니 그것을 팔아 조금 후진 집으로 옮기고 나머지는 가지고 있다가 다른 데 써야겠다는 형태로는 잘 나타나지 않는다. 집은 집대로, 차는 차대로, 먹는 것은 먹는 것대로 점점 더 좋은 것을 찾아가는 것이 인지상정이며, 그런 욕구의 방향대로 계속하여 노력하는 것이지 절대로 어느 시점에서 만족하며 멈추지는 못한다. 돈도 마찬가지다. 현재 가용한 돈의 범위 내에서 최대한 욕구를 실현하고, 그 욕구는 점점 커지고 비싸지기에 또 노력하여 더욱 많이 벌어서 대응하는 것이지 과거의 욕구가 미래의 어느 시점까지 그 크기 그대로 가지는 않는다.

디플레이션은 오히려 경기 호황으로 이어질 수 있다는 것도 논리적으로는 부합한다. 시장은 물가 하락에도 반응하여 균형을 맞추겠지만, 물가가 급여에 앞서 선제적으로 떨어진다면 당연히 근로자들은 여윳돈이 더 많아질 것이고, 소비가 늘어나게 되며 경기는 호황으로 이어질 것이다. 사람들이 풍족해지면서 좋은 경제로 이어지는 순환에 대한 것은 『국부론』의 식민지 편에서 잘 보여주고 있다.

디플레이션의 정체는 액면 가격의 하락일 뿐, 상품의 실제 가치는 동일하다. 결국, 디플레이션 상태에서는 노동자들이 임금을 받는 시점의 상품 가격보다 실제로 소비하는 시점의 상품 가격이 더 저렴하므로, 경제 주체들은 기대했던 것보다 더 많은 것을 살 수 있다. 이것은 노동자들의 소득이 점차 늘어나고 있는 것으로 볼 수 있다.

국가에 의한 통화량 조절은 필요 없다. 아니, 그냥 놔두는 것이 훨씬 바람직하다고 본다.

KOEM이 처음 발행한 총통화량에서 추가로 공급되는 통화는 없다. KOEM은 아무것도 판단하지 않고, 기획하지 않으며, 통제하지 않는다. 시장으로부터 채권을 사들일 수도 없고, 시중 은행에 돈을 꿔 주지도 못한다. KOEM은 경제 주체가 아니라 단순히 상업의 도구다.

통화량이 추가로 공급되지 않으면 디플레이션은 당연히 일어난다. 기술의 진보와 인간의 욕망이 거꾸로 갈 일은 없기 때문에 경제 규모는 거의 무조건 성장할 수밖에 없고, 그에 따른 통화량 증가가 없다면, 당연히 디플레이션은 일어난다. 하지만 통화량 부족으로 인한 불편은 생기지 않는다. KOEM은 전산상의 숫자로만 이루어진 것이기에 물리적인 동전의 개수 부족으로 인한 불편은 생기지 않으며, 숫자는 0과 1 사이에도 무한대로 존재하기 때문에 현재의 통화 단위 아래로도 얼마든지 쪼개질 수 있어서 통화 단위의 한계로 인한 불편은 생기지 않는다.

KOEM 체제에서 중앙은행은 두지 않는다.

현재 화폐의 전자화폐화

시스템의 개발이 완료되고, 시뮬레이션을 통해 논리적 기술적 오류들이 해결되었으며, 시범 운영 절차도 원만히 마친 후라는 가정하에, 현존하는 모든 돈을 전자화폐화하는 과정을 생각해 보자.

가지고 있는 모든 현금은 시중 은행을 통해 KOEM의 계좌로 입금한다. 어느 시점 이후부터 돈으로 인정하지 않겠다는 법적 선언으로 모든 현금은 쉽게 회수될 것이다. 회수된 현금의 액수와 KOEM 계좌에 기록되는 금액의 합계는 정확히 일치할 것이고, 회수된 현금은 다시 밖으로 나갈 수 없도록 폐기 처분한다.

시중 은행이 한국은행에 갖고 있던 계좌상의 원화 예치금도 모두 KOEM의 계좌로 이전하며, 이 역시 금액은 정확히 일치할 것이다.

시중 금융기관에 예치된 돈 중에서 수시 입출금이 가능한 계좌를 제외한 모든 형태의 예적금은 모두 각 예금주의 KOEM 계좌로 이전시켰다가 다시 시중 금융기관의 KOEM 계좌로 이체한다. 이때의 모든 이체 과정은 일회성 특별법을 제정하여 특별히 각 예금주의 승인절차 없이 데이터상에서 일괄 처리한다. 각 예금주의 입장에서 달라지는 것은 아무것도 없고 따로 해야 할 일도 없지만, KOEM의 계좌상에 해당 금융기관으로 돈을 이체한 이력을 남기는 것이다. 각자의 적금이나 부금 및 예금 그리고 증권사나 보험사의 예치금 등은 모두 이런 과정을 거쳐서 각 예금주가 각 금융기관에 돈을 건네고 금융 상품을 산 기록을 남기게 되는 것이다. 이 후에는 그냥 전과 똑같이 기(旣)체결된 계약에 근거해 각 금융기관은 각 예금주가 원하는 시점이나 계약만료 시점에 KOEM상에서 돈을 돌려주면 된다.

약간 복잡한 것이 시중 은행에 예치된 요구불예금(수시입출식 예금)의 경우인데, KOEM의 체제하에서 각 예금주는 더이상 은행의 숫자를 돈으로 인정하지 않고(은행의 숫자로 거래처에 지불을 해 봤자 인정받지 못해서 그렇다. 물론, 은행이 KOEM 이체를 보증하면서 은행의 숫자로 이전받는 것도 변제로 여겨질 수 있겠지만, KOEM상의 거래 내역이 존재하지 않게 되므로 거래 내역의 이력이 비고, 구매한 상품에 대한 법적인 소유권을 주장할 수 없으며, 재판매가 곤란해진다. 실제로 처벌받을 일은 없다 하여도 문제의 소지가 다분한 형태로 지불을 받을 리 없다), 모든 예금을 KOEM의 계좌로 이체시켜 줄 것을 요구할 것이기 때문이다.

은행이 고객들의 인출 요구에 대응하기 위해 갖고 있는 돈을 지급준비금이라고 하는데, 앞에 이미 언급했듯이 중앙은행으로부터 각 은행의 KOEM 계좌로 이미 이체는 되어 있다. 하지만 은행들은 예금주들이 입출금용으로 잠시 맡긴 돈 중에서 7%만을 현금으로 보유하고 있기 때문에 (고객들 계좌상에 찍혀있는 금액의 93%는 실제로는 존재하지 않는 돈이며, 비율은 국가별로 다르다), 사실상의 뱅크런이 발생하게 된 것이다.

일단 일회성 특별법을 제정하여 KOEM에 특수계좌를 하나 설치한다. 그 계좌는 마이너스로 계상하는 것이 가능하며, 은행들의 대출채권과 연계해 은행들에 자금을 이체해 준다. 예를 들어 생각해 보자. ○○은행은 수시입출금용 계좌를 보유한 고객이 1천만 명이고, 그 예금 총액이 10조 원이다. ○○은행은 기존 한국은행의 지급준비금 계좌에 수시입출금 계좌용으로 7,000억 원의 지급준비금을 보유하고 있었다. 이제 한국은행은 사라지고 7,000억 원은 ○○은행의 KOEM 계좌로 이체되었다. 이후 ○○은행은 각 고객의 KOEM 계좌로 총 10조 원을 이체해 줘야 하는데, 가진 것은 7,000억 원밖에 없다. 이때 KOEM은 은행별로 일회성 마이너스계좌를 설치한다. [○○은행 요구불예금 지급준비 지원]이라는 0원짜리 잔고의 계좌에서 9조 3천억 원을 빼내어 '○○은행' 계좌로 이체한다. 이때, ○○은행의 모든 대출채권은 회수되는 대로 일정 비율씩 자동으로 [○○은행 요구불예금 지급준비 지원] 계좌로 이체되도록 설정한다. 이제 [○○은행 요구불예금 지급준비 지원] 계좌의 잔고는 [-9조3천억원]이고 '○○은행'의 계좌 잔고는 [10조원+저축성 계좌용 지급준비 금액]이 되었다. 곧, 10조 원은 예금 고객들의 계좌로 이체되고, '○○은행'의 잔고는 저축성 계좌용 지급준비 금액만이 남게 된다. 이후 수년간에 걸쳐서 [○○은행 요구불예금 지급준비 지원] 계좌는 결국 잔고가 0원이 될 테고, 그 역할이 끝나게 되어 역사 속으로 사라질 것이다.

그 밖의 기발행되었던 어음이나 수표 등 개인 간의 거래증권으로써 사실상 통화의 역할을 했던 것들은 은행 입장에서 특별히 달라지는 것 없이 기존대로 매입해 주면 그만이다. 그리고 은행이 매입하기 어려운 저신용의 어음들은 그 어음들이 애초부터 통화의 기능을 하지 못했기에 사회적 영향도 없으니 고려할 것도 없이 그냥 기존대로 당사자들끼리 해결하면 그만이다. 어차피 몇 개월이면 모두 소진된다.

KOEM 체제 이후로는 누구도 어음의 형태로 결제를 받지 않을 것이고, KOEM 시스템상의 '결제일 지정 청구승인'의 형태로 외상 거래를 할 것이다.

KOEM을 통한 채권 거래

돈을 받을 권리를 채권이라 하고, 돈을 갚아야 할 의무를 채무라고 한다.

뭔가를 주고받는 거래가 그 자리에서 종결되면 깔끔하고 좋을 텐데, 많은 경우 여러 가지 이유로 거래의 시작 시점과 종료 시점 간의 차이가 벌어질 수 있다. 아파트 담보 대출 같은 경우는 몇십 년이 걸리기도 한다.

내년에 1억 원을 받을 것이 있는 어떤 사람이 지금 당장 8천만 원짜리 사고 싶은 것이 생겼을 경우, '1억 원을 받을 권리'를 친구에게 8천만 원에 사겠냐고 물어볼 수 있다. 여윳돈이 충분히 있는 친구라면 어차피 묵혀

둘 8천만 원으로 이 채권을 사면 가만히 앉아서 2천만 원의 수익을 올릴 수 있으니 사겠다고 할 수 있다. 이렇게 채권은 흔하게 매매된다.

국가나 기업 같은 큰 규모의 경제 주체들에 대한 채권은 이미 상당히 정형화되어 있고, 정형화되어 있는 만큼 시장도 발달해 있다. 하지만 경제의 대부분을 차지하는 작은 상공인들이나 개인 소비자들의 거래에서 발생하는 채권은 매매되기 어렵다.

앞서 외상 거래에서 기술했듯이 KOEM 체제에서는 대금을 청구할 때, 결제 시점을 당 시점이 아닌 미래의 아무 때로 지정할 수 있고, 채무자는 지정된 그 시기에 동의하며 승인하는 것으로 신용거래가 성립하게 된다.

양 당사자 간에 어떠한 서류를 작성할 필요도 없고 공증을 받을 필요도 없이 간편하지만, 그 어떤 기존의 제도보다 강력하게 책임의 이행을 강제하기에 모든 경제 주체들에게 애용될 것이고, 대량으로 채권이 생산되며, 아울러 그런 채권의 매매수요도 급증할 것이다.

KOEM 체제하에서는 증권거래소 같은 위엄 있고 거대하며 믿을 만하지만, 둔하고 답답한 시장은 사라질 것이다. 뒤에 주식증권시장에 대한 것은 따로 주제로 삼을 것이지만, 일단 채권 거래에 있어서 기존 거래소들의 역할은 사라지고, 각종 금융기관이 IT 업체들과 함께 개발한 '청구앱'에 단순한 부가 기능으로 채권의 매도 및 매수 기능이 생겨, 당사자 간에 쉽고 간단하게 매매할 수 있게 된다.

KOEM은 단순히 청구서의 주인을 관리하는 체계를 하나 더하는 것으로 이 모든 편리를 누릴 수 있게 해 준다.

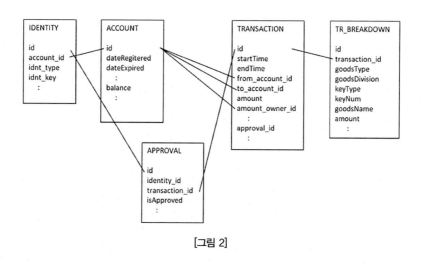

[그림 2]

예를 들어, [91111125 / 2018-04-02 / 2018-07-02 / 박○○ 씨 / 김△△ 씨 / 104,000원 / 김△△ 씨 / … / 승인됨 / …]라는 원장이 있다고 하자. 김△△ 씨는 이 채권을 90,000원에 팔려고 내놨고 이를 최□□ 씨가 사기로 했다. 김 씨와 최 씨 사이의 거래는 9만 원짜리 새로운 거래가 성립된 것이고, 거래 내역에 [transaction_id : 91111125]를 기록하고 거래 대금을 주고받으며 거래가 종결된다. 그리고 난 후, 해당 거래 번호 91111125번의 돈 주인을 김△△ 씨에서 최□□ 씨로 바꾸어 기록한다. 방법은 여러 가지겠지만, 대략 이런 식으로 채권은 흘러 다닐 수 있다. 모든 이력은 남지만, 애초의 거래 내역이나 채무자의 상세 정보는 알 수 없도록 관리된다.

채권을 매매할 때는 채무자의 거래 신용을 조회할 수 있도록 하는데, 개인의 신상정보는 전혀 공개할 이유 없고, 단지 신용거래 횟수, 신용거래 연체일수, 신용거래 금액 상위 10건, 현재 총 채무 금액, 최근 1년 수입 현황, 최근 1년 지출 현황 등을 조회할 수 있도록 해서, 매매에 도움을 준다. 개인의 신상은 전혀 알 수 없고, 오로지 해당 'Transaction'의 신용도라는 측면에서 보는 것이기 때문에, 개인의 재무 상황이 공개될 걱정은 없다.

채권의 매매 외에 외상 거래나 대출 거래 등 당사자들끼리 대면한 거래에서도 상대방의 신용을 알고 싶은 경우가 있을 것이다. 양방의 합의하에 적절한 수준의 신용 조회는 별도의 체계를 갖추어 할 수 있다. 신용평가 기관이나 업체를 통해 신용등급 정도를 조회할 수 있는 체계는 지금도 있는데, 그것을 좀 더 가볍고 쉽게 일상적으로 할 수도 있다는 것이다.

국채든 회사채든 일반 개인들의 대출이든 같은 체계로 매매가 이루어진다. 단순한 규칙은 쉽고 빠르고 폭넓게 적용할 수 있다.

또한, 채권의 회수가 용이해지면 이자가 저렴해지고, 저렴한 이자는 역동적인 경제 환경에 기여하며 우리의 삶을 더욱 풍요롭게 할 것이다.

17

세금

전자화폐로 개혁하는 목적은 여러 가지가 있다. 편해지고, 돈거래가 투명해지고, 범죄 예방에 유리하다는 등의 장점도 있지만, 궁극적으로는 과세 제도의 혁명을 제안하기 위한 전제조건이었다.

앞선 국부론의 세금 편에서 언급되었다시피, 좋은 세금 제도는 다음과 같은 특징을 가져야 한다.

첫째, 공평해야 한다. 많이 얻은 자가 얻은 만큼 공공에 기여해야 한다.

둘째, 명확하고 일관되어야 한다. 임의로 정해져서는 안 되고, 특정인을 노려서도 안 된다.

셋째, 내기 편해야 한다. 돈 있을 때 걷으면 편하다.

넷째, 징수 비용이 적게 들어야 한다.

무엇이 공평한 것인가에 대해서는 그 기준 자체가 매우 모호해서 논하는 그 자체로 소모적일 수밖에 없지만, 대체로 많이 버는 자가 많이 내게 하자는 데에는 별로 이견이 없다. 부자가 많이 벌 수 있었던 것은 공동체로부터 많은 혜택을 입었기 때문이라는 것이 애덤 스미스의 논조이고, 가난한 자들에게는 애정 어린 측은지심을 보이며 부자들에게는 질투심과 적대감을 보이는 것은 대개의 사람이 갖는 윤리적 공감이다. 이 역시 따져 봤자 끝도 없을 관점의 차이일 뿐이기에 따로 논하지는 않겠다. 하지만 부자에게 짐을 얹어 놓고는, 대부분의 사람이 괜찮다고 해서 부자에게만 또 얹고 또 얹는 것은 분명 공평함과는 거리가 있어 보인다. 소득세가 10%라면 10억 원을 버는 사람이 1억 원을 내고, 3,000만 원을 버는 사람이 300만 원을 내면 그것만으로도 많이 번 사람이 많이 기여하자는 의도에 부합할 것이거늘 현실은 10억 원을 버는 사람이 4억 원을 내고, 3,000만 원을 버는 사람은 0원을 낸다. 이것이 과연 공평한 것인가?

대체로 부자들은 정책 결정자의 위치에 서는 경우가 많아서 그들에게 많이 거둬 봤자 그 부담은 고스란히 시장과 타인에게 전가될 뿐이다. 일반 대중은 부자에게 많이 걷는 것을 즐거워하지만, 정작 그만큼 자신들이 쓸 물건값에 더해져 결국 자신들이 부담한다는 것을 모르니 가엾을 따름이다.

카드 사용이 많아지면서(이것이 바로 전자화폐화되어 가는 것이다) 차원이 다르게 명확해지기는 했어도, 여전히 자영업자들 사이에서는 누구는 내고 누구는 안 내는 상황이 계속되고 있다. 수없이 많은 노점상과 시장 상인들 그리고 전문직 종사자들이 현금을 주고받으며 자신의 소득을 감추고, 많이 벌었으면서도 세금을 내지 않는다. 또한, 예를 들어, 주거형 오피스텔을 구매한 사람들을 사업자로 볼 것인지 아닌지 기준을 명확히 제시하지 못해서 동일한 조건에 있는 사람들 간에도 누구는 수천만 원의 부가세 환급을 받고 누구는 못 받기도 했다. 또, 부동산 양도 소득세나 다주택자 중과세 등 그때그때 정책에 따라 세금 체계가 급조되었다가 사라졌다가 한다.

그런 경우, 성실한 실수요자들은 대체로 손해를 보고, 정책과 제도를 건너뛰며 소득을 올리려는 여우들이 대개 이익을 가져간다.

대개의 근로 소득자는 원천징수제도를 통해 매월 급여에서 일괄적으로 소득세를 제한다. 이것이 세금을 내기 편하게 해 주는 제도이고, 가장 거부감이 적다.

그 외의 소득자들은 1년의 소득을 종합 정리해서 신고하며 종합소득세를 내고, 사업자들은 분기마다 매출을 정리해서 신고하며 부가가치세를 낸다. 경험해 본 사람들은 알겠지만, 이렇게 3개월마다 내는 세금도 죽을 맛이다. 세상의 이치가 그러하듯, 소수의 풍요를 누리는 자와 또 소수의 빈곤을 누리는 자를 제외하고는 대부분은 간당간당한 선에서 지낸다. 사업체도 겨우 살림을 꾸리는 경우가 절대다수인데, 저렇게 3개월마다 내는 세금이란 것은 늘 돈이 완전히 말랐을 때 닥쳐드는 기분이 든다. 결국, 밀려서 가산세까지 내는 경우가 많은데, 어쩔 수 없기는 해도 여하간에 어려운 자들을 더욱 어렵게 하는 제도임은 틀림없다. 아마도 매주 세금을 걷어가는 것이 가능하다면 사업주들이 반가워할 리는 없겠지만, 죽을 것 같은 고통에서는 벗어날 수 있을 것이다.

한국은 공공업무의 효율이 굉장히 좋은 나라로 꼽힌다고 한다. 실제로 많은 선진 외국의 행정 업무를 겪어본 사람들이라면 한결같이 이에 대해 공감한다. 그런데도 국세청 자료에 따르면 국세청이 연간 인건비만으로 1조 원을 넘게 쓰고, 사업비와 경비를 포함해서 1조 6천억 원의 비용을 지출하고 있다. 이것은 그들이 점유하고 있는 전국 130여 개 건물과 땅에 대한 기회비용은 셈하지 않은 것이다.

세무 공무원이 하는 업무는 단순 사무 업무 외에도 세금을 성실히 납부하지 않는 자들로부터 제대로 세금을 받아내기 위해 조사하고 징수하는 업무도 포함된다. 하지만 대체로 추가로 비용을 들여 애쓰더라도 비용만큼의 세수입을 기대할 수 없는 선에서 그 업무는 방기되기 마련이고, 이것은 제도적으로 탈세를 용인하는 모순을 갖는다.

앞의 '전자화폐와 법정통화'에서, 모든 돈거래는 KOEM을 통해서만 할 수 있게 하였다.

KOEM 체제하에서는 기존의 모든 세금을 없앤다.

국세청이라는 국가 기관 자체를 없앤다. 해당 분야에 직간접으로 종사하는 모든 성실한 사람들에 대한 출구는 뒤에 논하겠다.

2017년 현재 한국의 250조 원가량 되는 세수입은 사라지게 된다. 국세청이 쓰는 1조 6천억 원은 절약되었지만, 그 나머지 국가를 운영하는 데 필요한 자금 248조 4천억 원은 따로 구해야 한다.

KOEM을 통해 거래되는 모든 자금에 1%의 수수료를 매긴다. 수수료 부담은 돈을 받는 쪽에서 한다. 돈의 이체 시에 자동으로 이체 금액의 1%가 국가 계좌로 빠져나가며, 여기에는 따로 거래원장을 작성할 필요는 없다.

1%는 예시고 국가의 필요 예산에 따라 그 요율은 달라질 것이지만, 대략 1%의 수수료가 현행 250조 원가량의 세수입을 대체할 것이라 예상되어서 제시한 요율이다. 이 책의 목적이 효율적이고 합리적인 정부를 만들어 부흥하자는 데 있으므로, 책의 말미에 가서는 국가 운영비가 현행 250조 원에서 100조 원가량으로 줄어들 것이고, 그에 따라 요율도 1%에서 0.4% 정도로 내려갈 것으로 기대한다. 게다가 가볍고 명확한 세금 체계가 경제 활성화를 가져올 것이라 기대하고, 활성화된 경제란 더 커지고 잦아지는 거래를 의미하므로 거래마다 수수료를 떼는 체계로서는 더 큰 수입이 기대되며 요율은 더 떨어질 수도 있다고 본다.

정확한 계산은 상당한 수의 전문적 인원이 동원되어야 하겠지만, 대략적으로는 몇 가지 방법으로 추정할 수 있을 것이다.

미국 연방준비은행이사회에서 발간한 「The Federal Reserve Payments Study 2016」에 따르면 2015년도에 미국 내에서 현금 이외의 방법으로 누군가가 다른 누군가에게 지불한 금액의 총합이 173조 달러라고 한다. 여기에는 같은 은행 간의 송금거래나, 'Wire Transfer'라고 하는 송금 체계 등은 제외된 것으로 보이며, 사실상 가늠조차 하기 어려운 현금 거래도 제외된 금액이다. 이러저러해서 대충 미국에서 연간 거래되는 돈의 규모는 250조 달러 정도라고 하자. 한국의 경제 규모가 GDP로 비교하여 미국의 대략 1/10이라고 했을 때, 한국에서 연간 오가는 돈의 규모는 25조 달러라고 볼 수 있겠다. 그것의 1%는 2,500억 달러니까 250조 원이다.

설령 수수료가 1%가 아니고 2%가 된다 한들, 어차피 사회 구성원 모두가 공평하게 공공에 필요한 비용을 부담하게 되는 것이니 누구를 탓하거나 원망할 것은 없다. 다만 좀 더 직접적으로 비용부담을 느끼게 됨으로써, 공공 업무의 구석구석 무관심 속에 방치되었던 비효율과 낭비에 눈뜨게 될 것이고, 이것이 개선의 원동력으로 작용할 것으로 기대한다.

흔히들 "내가 낸 세금으로~"라고 말은 하지만, 대부분의 사람은 자신이 얼마를 부담하고 있는지 완전히 가늠하지 못하고 있다. 막연하게 '부자들이 더 내야 해.'라고 생각은 하지만, 그 규모도 모르고, 그렇게 걷힌 돈이 어떻게 돌아다니는지, 또 부자들은 그 돈을 어떻게 마련해서 내는지 완전히 모른다. 더군다나 얼마나 많은 도둑(주로 정치인)이 그렇게 모인 돈을 훔쳐 가고 있는지에 대해서는 감도 못 잡는다.

한국 평균인 연봉 3천만 원의 근로소득자가 얼마를 세금으로 부담할까? 일단 근로소득세로 연간 30만 원가량 내고, 생활하면서 소비하는 모두에 부가가치세 10%를 부담하고 있으니, 매월 150만 원을 순수하게 소비한다면, 매월 15만 원가량, 연간으로 봤을 때는 대략 180만 원가량을 세금으로 내고 있다고 보면 얼추 맞을 것이다.

이렇게 연간 210만 원가량 부담했던 세금을, 새로운 체계에서는 매월 250만 원의 월급이 들어올 때 자동으로 25,000원씩 빠져나가도록 해 연간 30만 원이 되게 하자는 것이다. 세금이 1/7로 줄었다.

세금 문제는 워낙 복잡하게 꼬아놓아서 일목요연하게 정리하기 어렵고 이렇게 단편적으로 두서없이 나열하며 윤곽을 잡는 수밖에 없다. 부가가치세만 보더라도 논리적으로 부담하는 것은 소비자들이지만, 실제로 부담하는 것은 공급자들이기에 개념이 엉키고 설켜서 단순히 더하거나 빼며 계산할 수 없다.

다른 예로, 근로소득세는 매월 회사가 근로자에게 급여를 지급하기 전에 강제로 떼어내 국가에 내고, 각 근로자는 1년에 한 번 연말정산이라는 절차를 거쳐 세법상 정확한 세금을 계산하고 차액을 내든가 받는 제도로 되어 있다. 연간 100만 원을 내야 할 근로자에게 매월 10만 원씩 걷어서 연말에 20만 원을 돌려주면 아무런 저항이 없고 오히려 좋아하지만, 매월 5만 원씩 걷고 연말에 40만 원을 추징하면 날벼락이 난다. 사실상 국가 입장에서는 매월 더 걷는 게 훨씬 이익임에도 그렇다.

세금 문제는 단순히 덧셈, 뺄셈으로 계산하기 어려운 점이 있다. 매출액 11억 원 규모의 소기업을 예로 들어 보자. 기존에는 1억 원의 부가세를 내고, 원가 8억 8천만 원에 대한 8천만 원을 돌려받아, 결국 실제로 납입한 부가가치세는 2천만 원이었다. 이것을 그냥 11억 원의 1%인 1,100만 원만 내자는 것이다. 세금이 대략 1/2로 줄게 되는 것이다. 삼성전자처럼 연간 250조 원의 매출을 하는 기업은 아마도 실제 금전의 출납과는 다소 차이가 있을지라도, 입금받는 금액과 매출액은 대략 일치한다고 보면 2조 5천억 원의 수수료를 내게 될 것이다.

국세청 자료를 보면 2016년도 모든 사업자의 매출 총계가 3,216조 원으로 나와 있다. 여기서 발생하는 수수료는 대략 32조1,600억 원이 된다. 2016년을 기준으로 1,500조 원의 국내총생산이 있었고, 250조 원의 세수입 중 소득세가 75조 원, 부가세 67조 원, 법인세 59조 원, 기타 49조 원이다. 그럼 한 해 동안 사업체들이 냈던 법인세+부가세=126조 원의 돈이 32조 원으로 줄었으니 대체 나머지는 어디에서 나오게 될까?

저속하지만 화투판을 예로 들어 보겠다. 세 사람은 각각 백만 원씩 가지고 점당 1만 원짜리 화투 게임을 시작해서 10판을 놀았다. 10판의 결과를 종합해 보면 〈표 1〉과 같다.

김 씨	박 씨	최 씨	KOEM
1,000,000	1,000,000	1,000,000	
90,000	-30,000	-60,000	900
300,000	-150,000	-150,000	3,000
-90,000	-90,000	180,000	1,800
-90,000	180,000	-90,000	1,800
600,000	-400,000	-200,000	6,000
-300,000	-300,000	600,000	6,000
-600,000	800,000	-200,000	8,000
70,000	-30,000	-40,000	700
60,000	0	-60,000	600
1,040,000	980,000	980,000	28,800

　이전의 세금 체계는 최종적으로 4만 원의 소득이 있는 김 씨에게만 세금을 물렸다. 4만 원의 소득에 20%의 고세율을 물려도 국가 수입은 8천 원에 그친다. 반면, KOEM의 체제에서는 매번 돈이 오갈 때마다 세금(수수료)을 물리고, 각각 오간 돈에 1%만 해도 28,800원이 되어, 국가 수입이 3.5배나 많아졌다. 만약 국가가 필요한 돈이 8천 원뿐이라면 세율을 1%에서 0.3%로 내리면 그만이다.

　이전에는 김 씨만 세금을 냈지만, 이후에는 박 씨, 최 씨도 모두 세금을 내게 되었다. 잃은 사람에게도 세금을 물리는 것은 너무하지 않느냐고 생각할 수도 있겠지만, 그렇지 않다. 모두 땄을 때 세금을 물렸다.

　김 씨에게만 20%의 세금을 물렸을 때, 김 씨는 온갖 수를 동원해 이를 피해 가려고 궁리했고, 결국 돈을 내면서도 짜증이 났다. 하지만 KOEM 체제에서는 매판마다 돈을 딴 사람에게 딴 돈의 1%만 내도 된다고 하니, 다들 흔쾌히 세금을 냈다.

　기술이 없던 시절에는 매판마다 세금을 걷으려면 모든 게임판에 관리인이 하나씩 붙어야 하고 그러자면 2만 원을 더 걷자고 3만 원의 비용을 쓰게 되는 꼴이니 취할 수 없는 방법이었다. 하지만 이제는 전산으로 자동으로 처리되니 쉽게 취할 수 있는 방법이다.

공평하고, 쉽고, 명확하고, 일관되며, 버는 돈에 걷으니 흔쾌히 내고, 징수 비용은 들지 않으니, 세금으로서 갖춰야 할 4가지 덕목을 인류 역사상 처음으로 완벽하게 모두 갖추게 되었다.

양도세도 필요 없고, 증여세도 필요 없고, 상속세도 필요 없다. 이미 필요한 돈을 다 걷었는데 굳이 더 걷을 이유가 없다. 세금의 목적은 부자를 골탕 먹이는 데 있지 않으며, 복잡하고 주관이 개입할 여지가 있는 제도 체계는 부정과 오류의 여지를 낳기 때문에 없애는 것이 옳다.

자동차세도 없고, 기름값도 리터당 1,500원에서 500원으로 떨어지며, 관세도 없어서 모든 물가는 즉시 저렴해진다.

KOEM 체제에서 모든 세금은 사라진다.

다만, 계좌로 이체받는 모든 금액에서 1%가 수수료로 자동으로 떼어져 국가 수입이 된다.

사람의 인생, 벌었다가 잃었다가 하기 마련이다. 1년 단위로 얼마를 벌었는가 따져 세금을 매기든, 10년 단위로 따지든, 하루 단위로 따지든 번 시점과 내는 시점이 다르면 억울할 사람은 억울하고 힘든 사람은 힘들 수밖에 없다. 번 시점에 내도록 하는 것은 걷는 입장에서나 내는 입장에서나 매우 좋다.

노점상도 내고, 깡패도 내고, 아이도 내고, 노인도 낸다. 부자든 가난한 자든 당당하게 내고 당당하게 권리를 행사한다. 내가 받은 1만 원에도 백 원이 매겨지고, 삼성전자가 받은 1만 원에도 똑같이 백 원이 매겨지니, 이보다 공평하고, 이보다 당당할 수 있을까? 1년 동안 삼성전자가 3조 원가량을 내고, 내가 30만 원을 내니, 이보다 합리적일 수 있을까? 노점으로 팔든 백화점에서 팔든 똑같이 세금을 내니 이보다 정당한 게 있을까?

KOEM 체제에서는 아무런 세금도 없지만, 모두가 세금을 낸다.

18

상속

상속세, 증여세는 없애는 것이 낫다.

공평하지도, 명확하지도, 일관되지도 않을뿐더러 징수 비용도 많이 들고, 현금이 아닌 땅이나 주식으로 상속을 받았다면 내기도 쉽지 않다. 세금에 관한 4가지 격언 모두를 위반하는 세목이다.

상속세나 증여세가 갖는 단 한 가지 의미는 '부자 놈들 좀 힘들어하는 모습 보기'가 전부다. 250조 원가량의 국가 세수입에서 상속세가 차지하는 비중은 불과 1%도 안 되며, 증여세도 마찬가지다. 합쳐서 2%의 세수입일 뿐이니, 서민들이 누리게 되는 상대적 이익도 2%에 불과하다. 누군가 좋아지기 위해 있는 게 아니라, 누군가 골려주기 위해 있는 세금이다.

상속세의 이념적 배경은 오로지 공평함에 있다. "누구는 애비 잘 만나서 잘살고…"라든가, '금수저, 흙수저'라든가, 이런 세간의 푸념처럼 계층 간의 차이는 언제나 설득력 있는 불만이다. 계층 간의 차이를 넘는 것이 아예 불가능했던 옛날에는 오히려 당연하게 여기며 불만이 없었지만, 현대 민주주의 사회에서는 가난한 자가 부자가 되는 경우를 심심찮게 듣게 된다. 그래서인지 가능성이 있는 것 같기도 하다가 여전히 자신의 처지에는 변함이 없음에 더 큰 불만이 생기는 것 아닐까 싶다. 하지만 물려받는 것으로는 재산만 있는 것이 아니다. 재산이야 받는 순간일 뿐이지만, 똑똑한 머리나 성실한 습관을 물려받으면 평생을 잘 살게 된다. 유난히 아름다운 외모는 어떤가? 어릴 때부터 주변의 모두로부터 가득 받는 관심과 애정이야말로 더더욱 큰 것 아닌가? 강하고 건강한 신체는? 그 역시 부족한 사람에게는 많은 재산 이상으로 한탄스러운 삶의 중요 요소일 것이다. 더 좋은 것을 물려받은 모두로부터 일정 부분 떼어낼 것이 아닌 이상 물려받은 재산에만 과세하는 것은 불공평하다.

부는 원래 여러 대에 걸쳐서 이루는 것이다. 미개하던 시절에는 자유롭게 부를 축적할 기회를 주지 않아서 나쁜 것이었지, 부의 대물림이 나빴던 것이 아니다.

많이 물려받은 자들이 워낙 소수이기에 다수가 마음 놓고 괴롭히는 것일 뿐, 그 다수 역시 자신들의 최후에는 자식들이 물려받기를 원한다. 그래서 그들 다수의 상속에는 상속세를 물리지 않고, 보통의 그들보다 더 많이 가진 사람들에게만 빼앗으라 정해놓은 법이 상속세다. 정말로 치사하고 비열하다.

물론, 부자라고 해서 순진하게 빼앗기고만 있지는 않을 것이다. 빼앗길 것을 감안해 치사하게 모으고 비열하게 숨긴다. 세금이란 게 원래 그런 것이다. 사람들을 치사하게 만들고 답답하게 만든다.

상속이라는 개념 자체를 없앤다. 상속에 해당하는 모든 법적인 제도를 없앤다.

죽고 나서 KOEM 계좌에 남아있는 현금은 그대로 망자가 가지고 저승으로 간다. 현실 세계에서는 더 이상 존재하지 않는 금액이 된다. 가뜩이나 통화량 공급을 하지 않기로 한 KOEM 체제에서 돈의 가치 상승(디플레이션)은 더욱 가속화되겠지만, 어차피 현물통화를 발행하는 것도 아니고 숫자라는 것이 위로도 끝이 없지만, 소수점 아래로도 끝이 없으니 아무런 불편은 없다.

사람이 언제 죽을지는 누구도 모르는 일이다. 그래서 상당한 재산을 가진 누구라도 정말로 돈을 저승으로 가져가려고 하지 않는 한 자식에게 어떻게든 물려주고 싶을 것이다. 그럴 때는 평상시에 증여를 하면 된다.

어리고 어리석은 자식이 이를 펑펑 써 버리면 어찌할지 걱정하는 경우도 많을 것이다. 알아서들 할 일이다.

자본의 축적이 되지 않아서 장기적인 사회경제가 위축될까 걱정도 될 것이지만, 기업에 투자하고 주식으로 소유해 재산을 주식으로 남겨주면 된다. 뒤에 주식에 대해 따로 얘기하겠다.

부동산은 어찌하나? 살던 집과 갖고 있던 토지도 죽으면서 저승으로 가져가나? 다른 누군가가 활용해서 생산하는 기반이 되어야 하지 않는가? 물론이다. 뒤에 부동산에 대해 따로 얘기하겠다.

자동차나, 귀금속 등 값진 현물 재산들은 어떻게 하나?

아버지께서 타시던 중고 시세 3천만 원짜리인 차량이 있다고 하자. KOEM의 체제하에서 모든 물건은 매매 이력이 남기에 그 자체로 명의 등기 역할을 하게 된다. 메이커로부터 시작되는 매매 이력이 존재하지 않는 물건은 장물일 수 있어서 정상적인 구매자는 사려 하지 않는다. 아버지 명의의 차량을 자식이 팔려고 내놓으면, 명의자가 죽은 후라 도난 신고야 없을지라도 누가 매수하든 그다음 매매가 또 막히게 된다. 그러므로 정상적인 매매가 어려워지고 재산으로서의 가치를 인정받지 못할 것이다. 또한, KOEM의 체제하에서는 '선의 취득(장물 취득이라도 모르고 산 경우는 그 소유권을 인정하는 제도)'이라는 법적인 구제책을 둘 이유가 없기에(장물인지 모르고 살 이유가 없기 때문이다), 매매 이력이 끊긴 물건을 사는 사람은 언제든지 장물 취득의 죄를 쓰게 될 가능성이 있으니 아예 매매가 어렵게 될 것이다.

KOEM을 통해 증여하면서 결제일을 사망일로 지정하는 기능을 만들면 될 것이다.

현금을 증여하면서도 [974392347 / 나로부터 / 아들에게 / 100억 원 / 사망일에 / …] 이렇게 거래원장을 발생시키면 사실상의 상속이 가능해지겠다. 죽을 때 남은 현금이 건네기로 한 100억 원이 아니라 1억 원이어도 상관 없다. 그냥 남은 재산이 모두 아들에게 가고서는 그걸로 끝이다.

아들은 해당 원장을 채권으로써 팔 수도 있을 것이다. 하지만 결제일이 사망일로 되어있는 채권이라, 사망일 이후라면 채무를 이행하지 않아도 아무런 불이익이 발생하지 않으니, 제삼자에게는 사실상 신뢰할 수 없는 채권이라 매매는 거의 불가할 것으로 보인다.

자동차를 증여하면서도 [92187000047 / 아들로부터 / 나에게 / 0원(혹은 10 원) / 2018-04-22 / 사망일 / 승인 완료 / …]이라는 거래원장과 [294723947 / 92187000047 거래원장에 대해 / 차량 / 증여 / 차대번호 / KYKDYFJ29734JH / …] 이라는 거래 내역을 생성하면 되겠다.

이후 이런 원장들에 대한 프로세스를 완결 짓기 위해서 사망에 대한 증 명절차를 거쳐 KOEM 민원을 통해 트랜잭션을 완결하면 될 일이다.

이런 식으로 재산에 대한 증여 및 상속이 가능하지만, 국가 행정이 개 입할 일은 아예 없어진다.

19

주식

기업이 인간 사회에서 어떤 역할을 하는지, 얼마나 중요한지, 그리고 주식회사가 기업 활동을 얼마나 활발하게 만들었는지에 대해서는 따로 언급할 필요도 없다. 기업을 하나의 상품으로 보고, 잘게 쪼개서 나누어 소유하고, 사고팔기도 하며, 소유한 이상으로 책임지는 부담도 없으니, 개인들에게는 재산으로 갖고 있기에 더할 나위 없이 좋다.

'Stock'은 '쌓아두는 것'을 의미한다. 인간은 아주 오래전에는 배고플 때마다 먹을 것을 마련해야 하고 즉시 소비해 버리는 동물들과 다름없는 상태에서, 비축물이 생김으로써 교환이 일어났고, 분업이 생겼으며, 고용이 생기는 경제적 역사를 거쳐 왔다. 쌓아둔 먹을 것이 있어야 비로소 먹을 것을 마련하는 활동 외의 것을 시작할 수 있다. 그래서 'Stock'이 자본이라는 의미가 있는 것이다.

'Company'나 'Cooperation'은 모두 다른 사람들과 모이는 것, 힘을 합치는 것을 의미한다. 'Company'의 'Stock'은 참가자들끼리 나누어 마련하고, 그 각각에 대해 서류나 명단으로 참가원임을 증명한다. 때때로 사정이 생겨 그 모임에서 빠지게 되는 경우, 'Company'를 해체하는 것보다 대신할 사람을 찾는 것이 서로 이롭다. 일단 대신하는 것이 가능해진 이상 참가원 자격을 매매하지 않을 이유가 없다. 큰돈을 마련하는 데 굳이 모든 참가자가 같은 비중으로 참가할 필요도 없다. 돈이 많은 사람이 더 많은 돈을 내고 대신 더 많은 권리를 가져가면 그만이다. 이렇게 지분의 개념이 생기는 것도 매우 자연스럽고, 지분을 매매하는 것도 매우 자연스럽다.

'Stock(지분)'을 'Exchange(매매)'하는 형식의 기업을 'Stock式회사'라고 하고, 'Stock'을 나무그루터기나 '本'의 의미로 보아 '株'로 번역하여 주식회사라 명명하였다. 다시 말해서, 책임 없이 소유할 수 있고, 그 소유권을 사고팔 수 있는 형태의 기업을 주식회사라고 한다. 인류가 만들어낸 이 기발한 체계로 인해 거의 무제한으로 자본을 형성할 수 있게 되었고, 개인으로서는 상상할 수 없는 규모의 생산기반 구축이 가능해지며 인류는 더 좋은 삶을 누릴 수 있게 되었다.

주식 시장

시장은 클수록 좋다. 작은 시장에서는 사려는 게 없고 팔 수 있는 것도 없다. 그렇다 보니 사람들은 더 갖고 싶지도 않고, 더 가질 수도 없다. 어느 날 큰 시장을 가졌던 사람들의 번영을 보고 그저 놀라기만 할 뿐이다.

시장은 무조건 큰 게 좋다.

시장이 크기 위한 첫째 조건은 인구가 아니라 자유다. 1980년대 인구 10억 명의 중국보다 인구 4천만 명의 한국 시장이 더 컸었다. 지금도 인구 2천 5백만 명의 북한보다 인구 5백만 명의 핀란드가 더 큰 시장을 갖고 있다.

주식을 팔고 사기 위한 시장은 극히 제한적이다. 한국증권거래소, 코스닥을 통해서만 거래할 수 있고, 상품은 그런 거래소가 선별해서 가져다 놓은 상품밖에 없다. 그러니 아무리 참여인구가 많아도 시장은 작은 시장일 수밖에 없고, 답답하다. 아마도 유형의 재화가 아니면서 가치를 측정하기 매우 복잡하고 사회적 영향은 너무 크기 때문에, 정의롭고 현명한 누군가가 통제해 줘야 한다고 여겼던 모양이다. 최초의 주식 거래는 자유로웠으나, 역사상 빈번했던 주식 사기 사건들이 통제의 필요를 불러왔는지도 모르겠다.

하지만 시장보다 정의롭고 현명한 것이 무엇인지 전혀 동감할 수 없다. 게다가 그 역할을 정치인이나 관료들이 맡겠다고 나섰다면 그야말로 난센스다. 왜냐하면 언제나 대부분의 정치인들은 무식하고 악하기 때문이다.

자유로운 매매를 가로막는 모든 법적 장치를 제거하기만 하면 된다.

국가는 시장에 관여하지 않는다.

저절로 수없이 많은 주식 시장이 생겨날 것이고, 시장끼리 경쟁하면서 더 좋은 상품을 유치하려 할 것이다. 그리고 속임수를 방지하기 위해 또 많은 제도와 기술을 발명해 낼 것이다. 현물이 오가야 하는 시장이 아니므로, 그야말로 전자 상거래의 형태로 편리하고 발달한 시장들이 많이 생겨날 것이다.

주식 상품을 생산하는 기업가의 입장에서는 아무리 작은 비즈니스라도 좋은 아이디어와 성실한 경영과 좋은 수익을 약속하며 주식을 판매할 수 있게 되고, 주식 상품을 사는 투자자의 입장에서는 다양한 상품이 있으니 좋으며 다시 팔기도 좋다.

'지마켓'을 예로 들어 상상해 보자. 지마켓과 비슷한 온라인 주식 시장인 '에스마켓'이 있다. 그리고 떡볶이집을 하려고 마음먹은 기업가 이 씨가 있다. 그에게는 떡볶이를 맛있고 싸게 만들어 많은 사람에게 팔 수 있는 좋은 아이디어가 있다. 물론, 세상에 흔하디흔한 아이디어일지 모르지만 그건 제삼자가 왈가왈부할 일이 아니다. 전적으로 기업가와 투자자들이 알아서 판단할 일이다.

이 씨가 알아보니 매장을 얻는 비용, 시설 비용, 집기를 사는 데 드는 비용, 판매가 성숙할 때까지 매장 임대료나 직원 급여로 인한 손실 비용까지 모든 비용을 계산해 보니 1년 동안 총 3억 원의 비용이 들 것으로 계산되었다. 그 이후에는 점차 회복되어, 3년 후에는 투자 비용을 모두 만회하고 4년째부터는 연간 1억 원씩의 수익이 기대되었다. 이 씨는 300만 원씩 100주 총 3억 원의 자본금을 모으기로 했고, 자신의 의사결정권을 보호하기 위해 51주는 스스로 구매하고, 나머지 49주를 에스마켓에 상품으로 등록한다.

상품을 보고 어떤 판단을 하든 그것은 사는 사람 마음대로지만, 사실 300만 원이나 하는 실체도 없는 물건을 사는 데 달랑 판매자가 말하는 것만 듣고 지분을 살 사람은 별로 없을 것이다. 이 씨 역시 그 사실을 잘 알고 있을 것이다. 아니면, 몇 달이 지나도록 동조해 주는 사람이 없다는 것을 겪으며 알게 될 것이다. 사업 내용까지는 몰라도 최소한 이 씨가 하는 말을 신뢰할 수는 있어야 하는 것 아닌가?

이 씨는 우선 창업가인 자신의 신분부터 밝힐 필요가 있다. 자기소개와 이력서를 게시하고, ㈜○○신원증명에 의뢰해 자신이 올린 이력서에 거짓이 없다는 인증을 받아 첨부한다. 이 비용에 70만 원이 들었고, 회사가 정상적으로 설립되면 이는 비용으로 되돌려 받을 수 있다. 또, 사업계획서에 터무니없는 숫자나 무리한 계획이 없는지, ㈜□□기업컨설팅에 90만 원을 주고 의뢰해서 타당성에 문제가 있는 계획들을 수정 후 이를 인증받아 첨부한다. 그리고 스스로 투자하기로 한 1억 5천 3백만 원의 주금을 납입하고 그 증명을 첨부한다.

에스마켓에 광고비로 50만 원을 결제했더니 유망 스타트업 코너에 노출되었고, 투자자들은 이제 좀 관심을 두고 사업계획서를 읽어보기 시작한다. 곧 투자자는 모두 모집되었고, 이 씨는 떡볶이집을 창업할 수 있었다. 수년간 투자자들은 쏠쏠히 배당금을 챙기며, 주식을 다시 에스마켓에 몇 배의 가격으로 되팔았다.

기업 정보는 에스마켓을 통해 언제든지 확인할 수 있으며, 주주가 되면 더욱 민감한 내용까지 볼 수 있게 되어 있다.

새로운 체계하에서 기존의 한국거래소가 지속될지의 여부는 논의할 이유가 없다. 스스로 적응하여 살아가면 될 일이다. 기존의 증권 회사들은 아마도 각자 시장을 설립해 치열하게 경쟁하며 좋은 시장이 되어 기업가들과 투자자들을 즐겁게 해 줄 것이다.

수없이 많은 모험적이고 똑똑한 젊은이들이 창업에 뛰어들 것이고, 실패의 부담은 많은 투자자가 나누어 짊어질 것이다. 경제는 지금보다 수천 배 더 역동적으로 변할 것이고, 사람들의 삶은 수천 배 더 풍요로워질 것이다.

KOEM 주식 등기

주식은 통화만큼이나 중요한 국가 경제의 한 축이 되는 만큼 KOEM에 테이블 하나를 할당해도 좋을 만하다. [증권 번호 / 법인 identity_id / 소유자 identity_id / …]을 기록하기만 하면 그것으로 현금만큼이나 명확하게 존재하게 되는 것이고, 소유와 매매 관계가 기록될 수 있다.

매매가 일어나기 위해서는 여러 주식 시장의 여러 기능이 동원되어야 하지만, 막상 매매가 되면 단순히 어떤 상품을 사고파는 것과 같이 간단하다. 거래원장이 증권 번호를 참조하여 작성되고, 매수자에게 대금을 청구하고, 매수자가 승인하면, 대금이 이체되면서 증권의 소유자가 바뀌게 된다.

주식의 상속

현행 상속 체계에서는 금덩어리나 현금을 상속받는 사람에게 과세하는 것은 사실상 불가능하다. 당사자가 신고하지 않으면 이를 알 방법이 없기 때문이다. 오로지 부동산이나 기업을 상속받는 사람들만 빼도 박도 못하고 상속세를 물 수밖에 없는데, 이런 경우 대개 상속 재산을 팔아서 세금을 마련하는 수밖에 없다. 부동산이야 크게 상관없지만, 기업은 주식을 팔면 경영권이 사라지기 때문에 문제가 된다. 그래서 대를 이은 가업이라는 개념은 현행 한국의 상속 체계에서는 불가능한 것이 된다. 새로운 주주들이 잘 협의해서 좋은 경영인을 뽑으면 될 일이긴 하다. 하지만 좋은 경영인이란 어떤 것일까? 무엇이 '좋은' 것일까? 똑똑하면 좋겠고, 현명하면 더욱 좋겠고, 건강해서 오래도록 잘 돌봤으면 또 더할 나위 없겠다. 그런데 아마도 그중에서도 첫째 덕목은 '믿을 수 있느냐?'는 것일 테다. 너무 똑똑해서 회사의 값나가는 자산들을 헐값에 다른 회사에 넘기고 그 대가를 받는 사람이라면, 회사는 망하고 주주들은 큰 손해를 볼 것이다. 반면에 조금 모자라더라도 최소한 사적 이익을 위해 회사를 망가뜨리는 행위만큼은 안 할 것이라 보이는 사람이 있는데, 바로 이런 사람이 사적 이익과 회사의 이익이 겹치는 사람이다. 창업자가 그렇고, 대주주가 그렇고, 그들의 가족이 대체로 그렇다.

주주들이 투자한 것은 사업 내용에 대한 것만이 아니다. 그들은 그 이상으로 사업 주체를 중요하게 본다. 경영자를 누구로 할 것인가는 전적으로 주주들의 맘대로이고, 그 첨예한 이해관계는 매우 자연스럽게 합리적으로 지분에 의해 결정되며 균형을 이룬다. 그런데 그 균형을 뜬금없이 국가 제도가 깨고 나선 것이다.

부자들의 재산 상속이 불공평하다고 여긴다면, 지분을 현금화하는 시점에 과세하면 될 일이다. 하지만 어쩐 일인지 한국은 기업 자체를 부자의 소득원천으로만 인식하며 배 아파하는 듯하다. 천박하다. 성공한 1% 기업가들이 누리는 과실만 보았지, 그들이 열매를 맺기 위해 처절하게 몸부림쳤던 과정은 모르며, 과실을 맺지 못한 채 스러져나간 99% 모험가들의 한도 모른다.

앞선 세금 편에서 모든 세금을 없애자고 했다. 상속세도, 증여세도 없애자고 했다. 아예 상속이라는 개념을 없애자고도 했다. 하지만 기업은 영속되는 것이 좋고, 지분이 소멸하는 것은 매우 복잡한 문제가 뒤따르게 되므로, 주식은 상속되는 것이 좋다.

KOEM 체계에서 어떻게 실질적인 상속이 이루어지는지 언급했었다. 결제일을 사망일로 지정하여 거래원장을 작성하는 것으로 상속이 이루어지는 것이라고 했다. 주식도 그와 같은 식으로 상속이 이루어지면 된다. 다만, 상속자가 채 다음 상속인을 지정하기 전에 사망한다거나, 처음부터 피상속인과 상속인이 동시에 사망하였을 경우에는 문제가 될 것이다. 자동차나 귀금속을 상속하는 경우라면 큰일이 아닐지 모르겠으나, 기업의 지분이 상속되는 경우에는 모든 면에서 큰일이다.

KOEM의 거래원장 작성 시 결제일을 사망일로 하는 증여의 경우, 상대방의 인지 여부와 상관없이 원장은 성립하는 것으로 보고, 상대방을 1순위, 2순위, 그다음 순위 등의 식으로 지정하는 것이 가능하도록 기능을 넣어야겠다. 주식의 경우 매입하는 시점에 후계를 지정하지 않을 수 없도록 하고, 정말로 후계 대상이 없는 경우 나머지 주주들이 후계가 되도록 설정하면 적당할 것이다.

이런 모든 과정은 개개인이 복잡하게 정리하는 것이 아니라, 에스마켓 같은 주식 시장 운영 주체가 편리한 기능들을 제공할 것이다. KOEM은 데이터베이스만 관리·운영한다.

동적 계층형 주주 체계

주주란 본래 투자자다. Stock은 자본을 의미하고, 주식회사에서는 자본을 나누어 출자하므로 나누어진 자본, 즉 지분(Share)을 의미하기도 한다. 그래서 주주를 영어로는 'Stockholder' 혹은 'Shareholder'라 하고, '지분보유자', '자본제공자', '투자자'라는 의미가 있다.

주식회사는 이익을 목적으로 한다. 주주들의 목적은 원래 회사가 내는 이익을 나누어 받는 것, 즉 배당이다. 좋은 회사의 지분을 가지고 있으면 오래도록 계속해서 돈이 나올 것이다. 화수분이라 할 수 있다. 이 화수분은 당연히 사고팔 수 있고, 좋은 화수분일수록 비싸게 매매될 것이다. 좋은 화수분이란 돈이 많이 나올 것 같은 화수분이다.

화수분을 사고파는 데 어려운 것은 불확실한 가치를 예측해서 값을 매길 수밖에 없다는 점이다. 지금까지 얼마가 나왔건 그건 이전 소유자가 이미 다 가져간 것이고, 앞으로 얼마가 더 나올지는 아무도 알 수 없다.

복권을 보면 알 수 있듯이 사람들은 행운을 과하게 기대하고, 위험을 과하게 무시하는 경향이 있다. 마찬가지로 주식의 가치도 위험보다 행운을 과하게 상상하면서 고평가되는 경향이 있다.

원금이 보장되는 은행에 1억 원을 맡길 때, 1년 후 1억 1천만 원이 되어 돌아온다고 가정하면, 원금을 날릴 수도 있는 회사에 1년 후 1억 1천만 원이 될 것을 기대하고 1억을 맡길 사람은 없을 것이다. 원금을 날릴 위험에 대한 값을 1천만 원이라고 하면, 최소한 1년 후 1억 2천만 원이 기대되어야 은행을 대신한 투자처가 될 수 있다. 이때, 원금 1억 원으로 산 지분(주식, 화수분)은 언제 매매해도 그냥 1억 원일 것이다. 이 화수분의 가치는 누가 봐도 은행 통장이라는 화수분보다 특별히 더 이로울 것이 없기 때문이다. 하지만 거짓으로라도 1년 후 2억 원이 기대된다면, 위험값을 감안하더라도 은행 이자 이익 대비 8천만 원의 추가 소득이 생기므로 이 화수분의 값은 1억 8천만 원이 될 것이다. 반대로 아무런 배당도 기대할 수 없는 상황에 놓인 회사의 지분이라면 위험값은 증가하고 기대이익도 없으므로, 이 화수분의 값은 8천만 원 아래로 떨어질 것이다.

재밌는 것은 주식 시장에 참여하는 매매자들이 이런 논리를 가진 사람으로만 구성되어 있지 않다는 점이다. "1억 원을 투자하면 1년 후 100억 원이 된대."라는 식의 터무니 없는 허풍을 믿어 주는 사람도 많고, 엉뚱한 수식을 들이밀어도 과학적이라고 믿는 사람도 많고, 간밤에 꾼 꿈을 믿거나, 무당의 부적을 믿는 사람들도 뒤섞여 장을 형성하고 있기에, 실제로 1억 원에 대한 배당이 천만 원인 화수분의 논리적 적정 가격이 1억 2천만 원이라 해도 수억 원 이상이 되는 경우도 많이 발생한다. 그런 경험칙에 근거해 비논리는 더욱 활기를 띠며, 원리라든가 논리 혹은 계산이나 근거 따위는 상관없는 시장이 되었다.

나는 그렇게 된 책임이 한정된 상품과 통제된 시장 그리고 그런 시장의 제한과는 모순되게 참여자의 규모가 너무 큰 데서 발생한다고 본다.

1억 주를 발행한 회사에서 1주를 가진 주주가 과연 투자자로서의 어떤 위치나 권리를 느끼기나 할 것인가? 그들에게 1주는 오락실의 토큰 1개와 다를 바 없다. 따면 좋고 날려도 그만인 존재인 것이다. 그런 사람들이 다수를 이루어 가치를 형성하다 보니 주식시장은 도박장과 다름없다.

혹자는 말하기를 그런 매력에 많은 사람이 몰리니 기업이 자본을 조달하기 더 쉬워 결국 사회 전체로는 이로운 것 아니냐고 하기도 한다. 하지만 그것은 큰 오해다. 『국부론』에서도 수없이 언급되었다시피, 국가가 투입할 수 있는 자본의 총량은 어차피 매 시점 정해져 있다. 그것이 어느 분야에 투입되는지는 전적으로 각 개인의 이익추구에 따르며, 그렇게 결정될 때 사회에 가장 이롭다. 주식 거래에 도박성을 더해가며 끌어들이지 않아도, 어차피 그 돈들은 흐르고 흘러 국가의 생산 활동에 재투자되게 되어 있다. 오히려 투자 시장이 갖는 도박성과 불확실성 때문에 정상적인 투자를 저해하는 면도 있다. 그토록 근거 없이 널뛰듯 하지만 않는다면 적당히 건전해 보이는 기업에 투자할 수도 있을 것인데, 언제든 크게 떨어질지도 모르는 위험을 감내할 수 없기에 그냥 은행에 맡기고 마는 경우도 많을 것이다.

동적 계층형 민주주의처럼 동적 계층형으로 회사의 주주 체계를 구성하는 것은 어떨까?

떡볶이집의 주식도 100주, 삼삼전자의 주식도 100주로 한정한다. 100이라는 숫자는 별 의미 없다. 10도 좋고, 30도 좋다. 다만, 지나치게 많아서 1주의 의미가 사실상 없어지는 상태가 아니었으면 하는 것이다.

떡볶이집의 1주당 가격은 5년 전 최초 출자 시의 300만 원에서 500만 원으로 올랐고, 주주는 12명이 있으며 1대 주주가 51주, 2대 주주가 20주, 3대 주주가 10주, 나머지가 골고루 19주를 나눠 갖고 있다. 주주총회는 연간 2회 소집되어 주주들끼리 이런저런 이야기를 주고받으며, 경영진에 대한 재신임을 묻고 친목을 도모한 후 헤어진다.

삼삼전자의 1주당 가격은 50년 전 최초 출자 시의 5천 원에서 1조 4천억 원으로 올랐고, 주주는 100명이 있으며 각 1주씩을 갖고 있다. 주주들은 자연인이 3명이고 나머지 97명은 모두 법인인데, 그중 92명은 모두 오로지 삼삼전자의 주주가 되는 것을 목적으로 하는 투자 법인이다. 그 중에서도 ㈜팔팔투자라는 회사를 살펴보면 1주당 가격은 20년 전 최초 출자 시의 1억 원에서 140억 원으로 올랐고, 주주는 70명이 있으며, 매년 삼삼전자가 배당하는 배당 소득 1천여억 원을 순수입 겸 순이익으로 하는 회사다. 사무실도 없고, 직원도 없고, 경영진도 없고, 의사 결정이라고 해 봐야 매번 삼삼전자 주주총회에서의 회의 내용에 대한 의견을 온라인상에서 나누고 삼삼전자 주총에 보낼 대표자를 선출하는 것 정도다. 회사 운영 비용은 0원이고, 수입은 고스란히 주주들에게 나누어진다. 이 회사의 주주 중에는 ㈜칠칠투자라는 회사가 있는데 1주당 가격은 최초 5년 전 출자 시의 1억 원에서 1억 4천만 원으로 올랐다. 이 회사는 오로지 ㈜팔팔투자의 주주가 되는 것만을 목적으로 존재하는 회사이고 관심사는 삼삼전자의 실적이다.

이렇게 하자는 이유는 모든 회사의 주주가 소수정예가 되어 각자 발언과 생각에 영향력을 갖도록 하기 위함이다. 100만 명의 주주 중에서 1인은 아무것도 아니지만, 100명 중 1인은 큰 의미가 있다. 또한, 주당 가격을 높여 어중이떠중이들이 주식을 도박의 매체로 쓸 수 없게 하려는 목적도 있다. 위의 삼삼전자의 예에서 보듯이 1조 4천억 원짜리 주식은 누군가 장난을 칠 수 있는 금액이 아니며, 삼삼전자의 1차 투자 회사, 2차 투자 회사 등은 전적으로 회사의 목적과 실적이 삼삼전자에 연동되므로 엉뚱한 기대나 거짓에 의해 지분의 가치가 폭·등락할 일이 없어진다.

증자는 100명의 주주를 통해서만 할 수 있다. 필요한 증자의 규모를 주총을 통해 의결하고, 각 주주가 추가로 투자하면 된다. 증자에 참여하지 않는 주주는 지분을 매각하고, 새로운 주주는 주식매매 대금과 더불어 증자금도 준비해야 할 것이다. 증자에 참여하지 않은 주식은 증자에 참여한 주식에 비해 지분으로서의 온당한 요건을 갖추지 못한 것이니 의결권과 배당받을 권리도 행사할 수 없다. 그러니 의결사항에 대해서는 참여하든지 아예 탈퇴하든지를 결정할 수밖에 없을 것이다.

주식 시장은, 1,000여 개의 상품으로 제한된 사실상의 도박판으로부터 수십 수백만 개의 회사를 대상으로 당당하게 투자자로서의 역할을 할 곳을 물색하는 거래의 장이 될 것이다.

개인사업자

KOEM 체계에서 세금은 없다. 따라서 사업자를 등록해야 할 이유도 없다. 개인사업자라는 개념은 사라지고, 그냥 개인이 장사하고자 하면 하는 것이다.

하지만 개인으로서 장사하는 것보다는 주식회사의 형태를 취하는 것이 여러모로 훨씬 이롭다. 투자자를 모아 더 큰 자본을 형성할 수 있고, 혹시 모를 여러 가지 상황에서의 책임이 개인의 인생 전체로까지 번지지 않을 수 있기 때문이다.

다만 현재의 법체계 아래에서는 법인에 동반하는 여러 가지 귀찮은 책임과 의무 사항이 있다. 투자자들이 속아서 피해를 입는 일이 없도록 방지하여, 활발한 투자가 방해받지 않도록 하기 위함일 것이다.

KOEM 체제 아래에서는 모든 경제 활동이 기록되므로 속고 속이는 염려에서 자유롭다. 그래서 법인이라도 특별히 따로 회계를 작성하고 보고할 의무를 둘 필요가 없다(물론 주식 시장에 상장하고 투자자들에게 투명성을 어필하기 위해서는 회계전문가의 감사를 거쳐 적당한 형식을 갖춰 보고해야 하겠지만 말이다). 따라서 이사회를 구성해야 할 의무 등 다른 번거로운 법 제도만 없어진다면, 개인사업자들이 법인화하지 않을 이유가 없다.

2016년을 기준으로 보면 대한민국에는 1,000여 개의 상장사와 70만여 개의 주식회사 그리고 5백만여 개의 개인사업자들이 등록되어 있다. 이 600만여 개의 사업자들이 모두 주식회사가 되고 모두 상장되어 돈이 격렬하게 움직인다면, 지금보다 훨씬 역동적인 기업 활동을 기대할 수 있고, 결국 우리의 삶은 더욱 풍요로워질 것이다.

20

부동산

　인간뿐 아니라, 동물, 아니, 식물조차도 경제 활동을 한다. 더 적은 노력으로 더 좋은 것을 더 많이 먹으려는 그 자체가 경제다. 위치가 좋은 곳에서는 힘을 덜 들일 수 있고, 좋은 것을 얻을 수 있으며, 많이 얻을 수도 있다. 경제에서 좋은 위치를 확보하려는 노력은 매우 중요하다.

　부동산은 주택, 농토, 상가로 구분해서 생각할 수 있다. 주택은 소비형 부동산이고, 농토와 상가는 생산형 부동산이다. 공장의 경우는 설비와 노동과 자본에 의해 생산되는 것이지 부동산이 공장의 생산에 의미를 갖는 것이 아니기 때문에 부동산으로써 고려할 대상은 아니다.

　주택은 필수품이며 안락함을 위한 상품이다. 때문에 좋은 주택을 사용하기 위해서는 더 큰 비용을 지불하는 것이 당연하다. 그런데 언젠가부터 국가가 개입하면서 원하는 곳에 맘대로 집을 짓지 못하게 했다. 그렇게 공급에 제한이 걸리면서 가격은 오르고, 가격이 오르다 보니 오를 것을 기대하고 또 올리는 투기 현상이 빈번히 발생하게 되었다.

　좋은 곳을 소비하기 위해 비용을 더 지출하는 것이 아니라, 좋은 곳을 소비할수록 오히려 돈을 벌기까지 하는, 경제적 이치에 반하는 현상이 생겼다.

　게다가 국가는 국민 모두로부터 걷은 돈을 좋은 주택지의 환경을 더 좋게 하는 데 쓰고, 더 좋아진 환경의 집값은 또 오르는데, 이것은 공공의 돈으로 가치를 올리고, 오른 가치는 일부 개인들이 가져가는 모순이 된다.

소유하지 않고 임차해서 쓰는 경우는 좋은 집일수록 더 큰 비용을 지불하게 되는데, 이것은 여러모로 매우 자연스럽다.

상가는 손님을 끌어당겨 돈을 벌게 해준다. 좋은 상가는 더 많은 손님을 끌어당긴다. 좋은 상가에는 더 큰 이익을 기대하게 되고, 따라서 더 큰 비용을 지불하게 된다. 보통 임대차계약을 맺고 비즈니스 기회에 합당한 임대료를 지불하며 사용하지만, 공공의 돈으로 상가의 가치를 올리고, 오른 가치를 고스란히 상가 주인이 가져가는 모순은 마찬가지다. 때로는 임차인이 가치를 올리고, 오른 가치는 상가 주인이 가져가는 경우도 빈번하다. 더 큰 모순이다.

토지는 식량을 생산한다. 중세 이전의 사회에서는 거의 모든 생산이 토지에서 나오는 것이었고, 토지의 가격은 그 생산성에 비례했다. 땅의 주인들은 생산성을 높여 땅의 가치를 올리기 위해 땅을 고르고 울타리를 치는 등의 투자를 했다. 자기 돈으로 땅의 가치를 올리고, 오른 가치를 가져가는 합당한 체계였다.

하지만 앞선 주택과 상가의 모순이 토지에도 영향을 미치게 된다. 비정상적으로 높아진 주택과 상가의 가격 때문에, 토지에 집을 지을 수만 있다면 엄청난 이익을 챙길 수 있고, 그런 기대가 토지가격에 반영되며 생산성과는 상관없이 가격이 형성되는 모순이 발생했다. 예를 들어, 서울 근교에 상가를 지을 수 있는 토지가 있는데 그 면적이 600㎡에 가격이 20억 원이라고 하자. 농지 600㎡에서는 쌀이 300kg 정도 생산된다고 하며, 쌀을 팔면 52만 원 정도가 되고, 원가는 30만 원으로 대략 20여만 원의 소득을 기대할 수 있다고 한다. 농부가 이 땅을 빌려 농사를 지으려 할 경우, 원가로 투입되는 자본에 대한 이익과 자신의 품값 등을 제하고 나머지에서 임대료를 지불할 수 있게 되는데 이를 대략 10만 원이라고 하자.

연간 10만 원의 임대료 외에는 아무것도 기대할 수 없는 땅을 매매한다면, 은행으로부터 같은 금액의 이자소득을 기대하고 맡기는 금액과 크게 다르지 않을 것이다. 은행이자가 2.5%라면 400만 원을 예금할 때, 연간 10만 원의 이자를 기대할 수 있고, 결국 농지 600㎡의 매매가도 400만 원 정도가 적당할 것이다. 하지만 이 농지에 상가를 지을 수 있기만 하면, 400만 원짜리 땅이 20억 원이 되는 것인데, 실제로 어떤 땅에 상가를 지을 수 있는지는 순전히 사회제도가 정하는 것이고, 사람의 주관에 달린 것이라 얼마든지 농지는 상가 부지가 될 수도 있으며, 실제로 그렇게 많이 된다. 따라서 어떤 농지라도 그런 기대가 반영되어 가격을 형성하는데, 연간 10만 원의 소득밖에 기대할 수 없는 땅이 매매 가격은 10억 원씩 하는 경우도 발생한다. 게다가 이 땅에 도시개발 계획이 있다느니 하는 소문만으로도 엄청난 돈이 오르락내리락하고, 더군다나 아무짝에도 쓸모없는 정치꾼들의 세 치 혀 놀림이 많은 것을 결정하기에 온갖 더러운 거래가 동반되고는 한다. 수십억 원이 오락가락하는 상황에서 10만 원은 전혀 고려할 금액이 아닌 게 되고, 누구도 10만 원을 15만 원으로 올리려 노력하는 따위는 생각하지도 않으니, 농토는 농토로서 개발되지 않으며 국가의 농업 생산성은 발전하지 않는다.

국가 전체로는 수없이 많은 다양한 산업이 서로 교차하여 작용하므로 특정 분야의 모순이 곧바로 국가 전체 경제의 붕괴로 이어진다거나 하지는 않지만, 해당 분야의 모순을 걷어내면 더욱 좋아질 것이라는 데에 특별히 이의를 제기할 사람은 없을 것이다.

부동산 국유화

모든 부동산을 유상몰수하여 국가의 소유로 한다.

주택이든, 상가든, 농지든 국가에 월세를 내고 사용한다. 월 임대료는 경매 방식으로 정해지며, 임차권은 영원하다.

국가는 개발 계획에 의거하여 임차인들을 강제로 내보낼 수 있으며, 보상은 없다.

몰수 가격은 공시지가로 하면 되겠다. 정책이 가시화되면 몰수를 전제로 공시가를 올리려는 시도가 생길 수 있으므로, 그 이전 시점의 공시가를 기준으로 해야 할 것이다.

비용은 앞서 은행 계좌에 있는 개인의 돈을 KOEM 계좌로 옮겨주기 위해서 임의로 마이너스계좌를 생성했듯이, 부동산을 몰수하기 위한 돈을 마이너스로 생성한다. **[부동산 몰수 보상 및 회수]** 계좌를 생성하여, 이 계좌는 특별법에 의거하여 마이너스 계상이 가능하도록 한다. 전국에 등기된 모든 부동산에 대하여 소유자에게 공시가대로 돈을 이체한다. 가령, XX 아파트 101동 102호의 공시가격이 4억 2천만 원이었다면, **[3912739812 / 부동산 몰수 보상 및 회수 계좌로부터 / 이모 씨 계좌로 / 4억 2천만 원 / XX 아파트 101동 102호 인수 대금 / …]**이라는 거래원장을 발생시키고 4억 2천만 원을 이체한다. **[부동산 몰수 보상 및 회수]** 계좌의 잔액은 **[-420,000,000원]**이 되고, 이모 씨의 계좌로 해당 금액이 들어간다. 이 작업은 모든 부동산에 대하여 일괄처리되며, 그 시점부터 대한민국에 부동산을 소유한 사람은 없게 된다.

KOEM이 없이는 부동산 유상몰수를 할 수 없다.

최초의 월 임대료는 몰수 가격을 30년분으로 나눈 것으로 한다. 앞선 예에서 이 씨는 '4억2천만 원÷30년÷12개월=116만 원'을 매월 임대료로 국가에 내야 하고, 이것은 KOEM을 통해 매월 자동으로 이체된다. 물론, 이 씨는 중간에 더욱 저렴하고 좋은 곳으로 이사를 할 수도 있고, 살던 곳에서 계속 살 수도 있다. 116만 원은 영원히 고정이며, 받았던 돈이 모두 월세로 나간 30년 후에는 모두가 그러하듯이 소득에서 내면 된다.

언뜻 보기에 국가가 수천조 원의 빚을 진 것으로 보이지만, 실제로는 KOEM을 통해 임의로 생성된 개념에 불과하다. 설령 빚이라고 해도 100% 회수가 보장된 빚일 뿐만 아니라 30년 후에는 어마어마한 소득원이 되는 것이므로, 누구도 국가의 신용이나 체계의 신용을 의심할 일은 없다. 아마도 30년 후에는 KOEM의 거래에서 발생하던 1% 수수료 개념의 세금도 모두 사라지고 국가는 임대료를 받아서 운영하는 형태가 될 수도 있다. 그렇게 되기를 기대한다. 2016년 기준 전국 3천 230만 필지에 대한 공시지가의 합은 4천 59조 원이라 한다. 이것을 30년으로 나누면 매년 135조 원이 되고, 건물에 대한 것까지 합치면 얼추 유일한 국가 수입원이 되어도 충분할 것으로 보인다.

국가의 소유가 되면서 부동산의 가치라는 개념은 없어지고, 투기나 투자의 매개체로서의 역할은 사라지게 된다.

앞선 예에서, 농지를 몰수당한 사람이 보상금으로 10억 원을 받은 후, 월 277만 원씩 임대료를 내면서 농지를 임차할 이유는 없다. 그는 곧 농지의 임차를 포기할 것이고, 곧바로 진짜 농부가 농사를 지을 목적으로 임차받게 될 것이다. 월 임대료는 앞선 예에서 계산했듯이 어디까지나 쌀생산에 비례한 가격이 될 것이고, 월 1만 원 남짓이 될 것이다. 이 농부 혹은 농업 회사는 농부 이외에는 관심을 갖지 않을 쏟아져 나온 농지 수백만 ㎡를 임차하여 큰 규모로 농사지으며 큰 이익을 가져갈 것이다. 그리고 국가적으로 농산물 가격은 저렴해져서 도시 근로자들은 생활비부담이 덜어지며, 남는 식량은 해외로 수출되면서 더욱 발전하게 될 것이다.

공장도 마찬가지다. 생산할 장소일 뿐 아니라 언제나 부동산에 대한 투자처이기도 했던 공장이 이제는 순수하게 상품을 생산할 장소로서의 의미만 남게 된다. 급속도로 현재의 장소를 포기하고 저렴한 곳으로 이주하려는 움직임이 활발해질 것이다.

주택 역시 투자의 수단으로써 갖는 의미가 사라지면, 급속하게 실속을 차리는 쪽으로 움직일 것이다. 강남의 17평 아파트에서 월 300만 원을 내며 사느니, 용인의 멋진 40평 아파트에서 200만 원을 내고 사는 쪽을 택하는 사람이 많아질 것으로 예상된다.

서울 근교의 농지 임대료가 277만 원에서 1만 원이 되는 정도로 하락하는 등 많은 부동산에 대한 임대료가 몰수할 때의 가격에 현저히 모자라게 되면, **[부동산 몰수 보상 및 회수]** 계좌의 마이너스 금액이 언제 채워질지 요원해지며, 국가 신용이나 KOEM 체계상의 신뢰에 문제가 생길 가능성도 있을 수 있다(일단은 그런 가능성이 안 보이지만). 또한, 어찌 됐든지 부동산 몰수에 대한 보상으로 급격하게 통화량이 증가하는 것이 경제에 알 수 없는 큰 파장을 가져올지도 모르고, 변혁의 소용돌이에서 혼란이 가중될 수도 있어서 그 혼란이 두려워 해외로 급속히 빠져나가려는 움직임이 생기며 외환에도 큰 영향을 줄 수 있을지도 모른다. 만약 이런 것들이 염려되면 부동산 몰수에 대한 보상은 KRW로 하지 않고, 오로지 부동산 임대료로만 사용할 수 있는 별도의 통화 체계로 하여, **[부동산 몰수 보상 및 회수]** 계좌가 채워질 때까지 한시적으로 운영할 수도 있다. 지엽적인 문제들은 상세한 설계 시에 고려하면 될 일이다.

임차권

현재 가격으로 현재 장소에 계속 살고 싶은 사람은 계속 살 수 있도록 방해하지 말아야 한다. 임대계약이란 것은 필요 없다. 임대료를 잘 내는 한 영구히 임차권을 갖는다. 전세든, 월세든 현재의 입주자가 임차권을 갖도록 하여 혼란을 방지한다.

여러 가지 이유로 이사를 하고자 하는 사람은 환경부 산하의 '한국토지건물관리과'의 홈페이지에 접속해 원하는 장소의 원하는 물건을 검색한다

(너무 흔한 시스템이라 굳이 시스템적인 부연설명은 생략하겠다). 원하는 물건이 몇 건 있으면 입찰한다. 예를 들어, 서초동 ○○아파트 401동 110호와 □□아파트 1204동 407호, 이렇게 2건이 맘에 든다고 하면, 전자의 현재 입찰가격이 234만 원인데 235만 원을 입찰하고 자동 입찰 한도를 320만 원으로 설정하고, 후자는 현재 276만 원인데 277만 원으로 입찰하며 자동 입찰 한도를 330만 원으로 설정해 놓는다. 며칠 후, 전자는 278만 원에 낙찰되었고, 후자는 306만 원에 낙찰되었다. 아무래도 앞의 것이 가격대비 맘에 들어 나중 것은 포기하기로 하고, '임차 종료' 버튼을 누르고 종료일을 '즉시'로 설정한다. 아직 임차개시일 이전이라 임대료가 나간 것도 없다. 마찬가지로 현재 사는 집도 '임차 종료'를 한다. 그리고 현재 집의 임차 종료일 이전에 이사하면 된다.

보증금은 필요 없다. 어차피 임대료는 KOEM 계좌를 통해 자동으로 빠져나간다. 앞서 언급했듯이 KOEM 계좌의 잔고가 0이 되면 생활이 불가능하기에, 이 이상 강력한 보증 수단도 없다.

국가에 임대료도 내지 않으면서 고급 주택을 배 째라는 식으로 점유하는 얌체가 있을 수도 있다. 그러나 소유와 관리의 주체가 국가이기에, 임대료를 내지 못한 점유자에 대해서는 소송 절차 없이 즉시 강제로 집을 비우는 공권력 행사가 가능하다.

사람들은 본인의 경제 상황에 맞추어 언제든 적당하고 저렴한 집으로 옮겨가면 된다. 사무실도 입찰이고, 공장도 입찰이고, 상가도 입찰이고, 논밭도 입찰하여 임차권을 얻는다. 가격은 좋고 나쁜 상황에 맞게 정해지고, 생산성에 맞게 정해진다.

임차권은 영구히 보장되므로 상가, 논밭, 공장 등 생산 활동을 위한 임대료가 고정되어 안정적이며, 이런 안정은 기업 활동에 도움을 준다. 일시적 분위기로 임대료가 올라가거나 하지도 않기 때문에 ─옆 가게 임대료가 평생 100만 원인 것을 알고도 200만 원 임대료를 내며 경쟁을 도모할

리는 없을 것이다- 새롭게 비즈니스를 시작하려는 사람들의 부담이 적어 역동적인 창업 환경을 만들 수 있을 것이라 기대한다.

KOEM 체제에서의 필연적 디플레이션 때문에 명목 임대료는 점점 내려갈 것이기에 임차 기득권이 형성되지도 않는다.

임차권을 양도할 수는 없다. 현재의 자리가 뭔가 더 좋아졌다면, 임차인은 있는 동안 좋아진 것을 만끽하는 것으로 충분하다. 자리에 가치가 올랐다면 공공의 노력이요, 오른 가치는 공공의 소득으로 할 일이다.

임차권을 회사가 가지고 있을 경우, 회사의 주인이 바뀌어 실질적 임차인이 바뀔 수는 있다. 어떤 전철역 앞의 옷가게 자리에 떡볶이집을 하고 싶을 때, 옷가게 주인인 ㈜○○유통의 지분을 인수해서 업종을 바꾸면 된다. 옷가게가 주식회사가 아니라 개인의 것이었다면 자리를 양도할 수 없다. 임차권의 매매 금지보다 기업의 활발한 매매가 사회에 훨씬 이롭기 때문이기도 하고, 논리적으로도 합당하며, 자리 하나 때문에 기업을 매매하는 경우란 사실 별로 없어서 영향도 크지 않을 것이기 때문에 기업의 매매를 통한 임차권의 실질적 양도는 괜찮다. 비즈니스의 매매는 활발할수록 좋다.

재개발

시대가 변하고 생활 수준이 변함에 따라 요구 수준이 달라지기도 하고 기존의 시설과 환경이 점점 노후화되기도 해서, 지속적인 국토재개발은 불가피하다. 사람이 사는 주택도, 사무용으로 쓰는 건물도, 공장도, 관광지도, 공원도 심지어 농토까지도 재개발의 필요성은 늘 있다.

부동산 가격이 비싼 지금 국가 차원의 국토재개발은 점점 비용이 많이 들고 어렵다. 그런데 그렇게 어려운 가운데서도 필요한 땅을 높아진 가격에 수용해 주니, 그것을 믿고 부동산 가격은 또 높아지는 악순환에 빠져 있다.

재개발이 용이하면 우리 사회의 건설 산업은 좀 더 활력을 띄게 될 것이고, 우리의 생활 환경은 더욱 좋아질 것이다.

개인에 대한 간섭이 최소화된 국가 체제를 만들고, 국가의 의사결정 구조가 합리적이라면 -이 책은 그것부터 시작했다- 공권력은 무자비하게 강해도 된다. 이 공권력은 누군가 특정인의 것이 아니고, 함께 살기 위해 우리가 만들고 우리가 복종하는 개념이기 때문이다.

동적 계층형 민주주의 체계에서 어느 누군가가 가령 종로 일대 4㎢ 면적에 공원을 만들자는 아이디어를 냈다고 하자. 이 아이디어는 상위 의회로 넘어가면서 경제성과 환경 영향 및 파급효과 등에 대해 다양하게 논의되며 점점 상위 의회로 넘겨지든가 아니면 중간에 탈락하고 만다. 여하간 최상위 의회로 넘어가면 그때까지의 필요한 정보와 자료들이 정리되어 다수의 판단으로 가부를 결정할 것이다. 일단 결정되면 현재 해당 면적에 입주 중인 모든 사람을 내보내야 하는데, 이것은 강제다. 매우 엄한 강제여야 한다. 국가 소유이기에 보상할 필요도 없다.

국가 차원의 개발은 대체로 세련미를 갖추기 어렵다. 직접적인 이해 당사자가 세우는 계획과 관망자가 세우는 계획은 품질이 다르다. 이해당사자는 계획의 구석구석 모두가 자신의 이익으로 연결되기에 꼼꼼히 살피는 반면, 공무원은 모양새만 갖추면 된다. 목적에 차이가 있으니 품질이 다르다. 반면, 민간업자가 주도하는 개발은 대체로 시장의 요구에 부합하고, 자본의 투입과 회수에 대한 책임을 자기들이 알아서 지므로 공공이 일일이 논의하고 판단하느라 피로할 일이 없다. 그래서 민간 주도의 개발이 권장되어야 한다. 국가가 할 일은 전체적 윤곽과 부지 확보 정도이고, 건축물을 짓는 것은 민간이 부지를 임차하여 건설하는 것이 좋겠다. 예를 들어 서해안의 어느 섬을 통째로 휴양지로 만들겠다는 계획이 서면,

그 공간에 입주 중인 사람들을 내보내고 휴양지로 지목을 설정하고 놔두면 된다. 그러면 수많은 기업이 대규모 리조트를 기획하고, 합당한 수익을 감안하여 부지를 임차하고, 자기 자본을 들여 리조트를 건설할 것이다. 건설 중에도 임대료는 계속 내며, 건설이 완료되면 손님을 받으며 수익 사업을 시작하게 된다. 설령 엉뚱한 기업가가 휴양지를 만드는 것보다 주거용 건물을 만들어서 손님을 받는 척하고 월 임대료를 챙기는 것이 더 이익이라고 판단하여 휴양지를 싸게 임차받아 사실상의 주택을 건설할 수도 있다. 그러나 그가 간과한 것은, 국가는 그 지역을 다시 재개발할 권한을 가지고 있다는 사실이다. 그런 꼼수는 강력한 공권력 아래서는 통하지 않는다. 휴양지를 너무 후지게 지어서 손님이 없다면, 자연스레 파산하여 다시 다른 기업에 의해 재개발되는 수순을 밟을 것이다.

부지는 점점 합쳐지고 대형화될 것이다.

사무실도, 공장도, 주택도, 민간 건설회사가 부지를 임차하여 건물을 멋지게 올리고 재임대를 놓게 될 것이다. 사람들은 '한국토지건물관리과'를 통해 직접 살 집을 임차하여 살아도 되지만, 민간 회사들이 임대하는 최신의 멋진 집에서 살 수도 있다. 각자 알아서 할 일이다. 아니면, 현재 임대료의 합을 상회하는 임대료 일부를 개발사에 주기로 하고 재개발을 기획할 수도 있겠다. 예를 들어, 낡은 △△아파트의 월 임대료 총합은 12억 원이었는데, ○○건설이 그 아파트를 리모델링한 후 임차인을 모집했더니 월 임대료의 합이 19억 원이 되었다. 차액 7억 원 중에 6억 원을 건설사의 몫으로 하여 30년간 가져갈 수 있도록 하면, 6×12×30=2,160억 원이 되어 투자비 800억 원에 대한 적절한 이익이 될 수 있다.

21
건설

새로운 국가 체계에 걸맞은 미래의 환경을 상상해 본다. 세세한 것은 놔두고, 건물과 교통에 대한 상상이다.

교통

레일을 따라 차량이 다닌다면 지금의 기술로도 완벽하게 자율주행이 가능하다. 운전이 필요 없고, 사고 확률이 0에 가까우며, 막힘이 없고, 고속주행이 가능하다. 레일의 건설 비용은 아스팔트 도로보다 저렴하고, 차량에 조향 장치가 없어지는 만큼 구조가 단순해지며 제어가 용이하고, 차량 제작비도 적게 든다.

여러 가지 이점에도 불구하고, 레일이 수송 기반의 주력이 되지 못하고 한정적으로만 사용되었던 이유는 다음과 같다.

첫째, 레일이 놓여야만 다닐 수 있다는 점이다. 자동차는 굳이 포장된 길이 아니더라도 이미 있는 길 위를 어떻게든 갈 수 있는 반면, 철도 차량은 철도가 놓여야만 갈 수 있는 한계가 있다. 그러니 즉각적으로 기계화된 운송 수단이 필요한 곳에서는 자동차밖에 선택지가 없었다. 그런 늘어나는 자동차를 위해 포장도로를 놓아주니 자동차의 이점은 더 늘어나고, 다시 선택되고 늘어나는 순환이 이루어졌다 하지만, 이제 어차피 도로도 포장되지 않으면 안 되는 시대니까 양자 간에 비용과 효율에 대해 다시 따져 이후의 수송 기반 시설에 대한 방향을 논의해 봄 직하다. 가정이지만 길이 있는 모든 곳에 레일을 깐다면, 레일이 가진 제약은 사라지게 된다.

둘째, 운전자가 방향을 바꿀 수 없다는 점이다. 레일을 따라가면 그 특성상 레일을 바꿔주지 않는 이상 방향은 바꿀 수 없다. 결국, 차량을 멈추고 내려서 레일을 바꾸든가, 밖에 레일을 바꿔 줄 사람이 존재하든가 해야 할 수밖에 없으니 운행 효율이 많이 떨어졌다. 이는 개인 차량이 존재할 수 없는 이유가 되었다. 하지만 여러 방면에서의 기술적 진보로 인해, 현재는 운전자가 없어도 되고, 레일을 바꿔 줄 사람도 없어도 되고, 차량 쪽에서 방향을 바꾸는 것도 얼마든지 가능하다.

이렇게 두 가지 문제만 해결할 수 있다면 레일이 도로에 비해 모든 면에서 우수하므로 레일을 사회 기반시설로서 건설하는 것을 고려해 봄 직하다.

레일을 지상으로부터 위로 올려 자연의 식물과 동물이 지면을 점유하도록 하자. 사람이 거주하는 지역 외에는 동식물이 풍부할수록 여러모로 쾌적할 것이다.

건설의 신속함과 저렴함을 위해 조립식으로 레일을 놓을 수 있다면 좋겠다.

레일을 달리는 차량의 동력원이 무엇일지 지금 논의할 필요는 없지만, 근시일 내에 자기 부상식으로 고속운행이 가능하지 않을까 생각한다. 건설해 놓은 레일은 어디까지나 기반이고, 그 위를 달리는 동체는 동력원이나 추진 방식이 무엇이든 언제든 쉽게 해당 형태로 적용이 가능하다.

[그림 3]

　삼각형 교각을 크기별로 공장에서 대량생산한다. 삼각형인 이유는 하중을 잘 받고, 조립이 쉬우며, 좀 과장해서 아무렇게나 던져놓아도 될 정도로 시공이 용이하기 때문이다.

　상부의 레일이 교각 간의 연결을 겸한다.

　삼각형 교각은 전선, 상수관, 하수관, 통신선 등을 설치하는 용도로도 겸할 수 있다. 이렇게 배관과 전선을 노출 설치하면 유지·보수 및 관리가 매우 용이하다.

　레일을 지상에서 10㎜ 정도로 높이 올리면 지상의 동물은 방해받지 않고 오갈 수 있어 좋고, 시설의 파손염려도 덜 수 있다. 또한, 홍수나 폭설이 있어도 차량의 운행에는 영향이 없으며, 운행 중에는 전망이 좋고, 멀리서 관제하기도 좋다.

[그림 4(이미지 출처: 유튜브 Dahir Insaat-자이로 열차)]

　자이로스코프로 균형을 잡으며 모노레일 위를 질주하는 운송수단에 대한 상상과 연구는 이미 많은 곳에서 진행되고 있다.

　모노레일의 경우 따로 경사를 주지 않아도, 차량이 스스로 기울이며 고속주행의 원심력을 버텨낼 수 있다.

[그림 5]

　[그림 5]와 같이, 주행선과 분선(分線)을 두어 주행선의 속도를 유지하면서 분선을 통해 방향을 바꾼다.

　가장 빠른 고속주행선의 속도는 진공 튜브를 설치할 경우 시속 1,000㎞를 넘어 운행할 수 있으며, 자기 부상식으로 할 경우 500㎞, 바퀴식으로 할 경우엔 300㎞가량의 속도를 낼 것이다.

　분선으로 넘어오면 속도를 줄여 지방주행선의 속도에 맞추어 합류하게 되며, 다시 원하는 방향의 분선으로 갈아타며 단계적으로 속도를 줄여 집 앞까지 가는 식이다.

　사람이 운전하지 않고, 자동 제어된다. 사람은 이동하는 동안 잠을 자거나 책을 보거나 영화를 볼 뿐이다.

앞 차량과 거리를 유지할 필요 없이 그냥 도킹하여 운행하면 훨씬 안전하고 제어도 용이하며 에너지 소모도 효율적일 것이다. 분선으로 빠져야 할 차량이 있을 경우, 도킹을 해제하여 해당 차량만 빠져나가면 된다. 이 경우 레일을 바꾸는 것은 시간이 소요될 수밖에 없으므로 해당 차량이 분선으로 나갈 준비를 갖추는 체계여야 한다. 예를 들어, 레일을 벗어나지 않게 유도해 주는 가이드를 주행선에서는 양쪽 모두 내렸다가 분선으로 빠질 때는 한쪽을 들어주는 식으로 제어가 가능할 것이다.

주행선이든, 분선이든 목적지까지 멈춤 없이 달리게 되니 속도가 빠르다. 그림 같은 풍경의 남해안 집에서 서울 회사까지 가볍게 출퇴근할 수 있을 것이다.

인건비가 들지 않아서 운행 비용이라고 해 봐야 전기료가 거의 전부이니, 서울에서 부산까지 기껏해야 2, 3천 원 남짓한 비용으로 다닐 수 있을 것이고, 전국의 관광지는 언제나 관광객들로 북적대는 활기를 맞이할 것이다.

차량은 승객용, 화물용 등등 여러 형태로 운영 가능하고, 탑승 인원과 적재물의 형태에 따라 길이도 다양하다.

'도어 투 도어'가 가능하도록 한다. 완전한 자율주행이 가능한 차량이므로 군이 소유할 것 없이, 필요한 때에 호출하면 문 앞에 와서 문을 열어주는 것도 가능하다. 화물도 문 앞에서 혹은 실내에서 싣고 목적지를 세팅하면 알아서 도착하며, 소량의 짐도 바로바로 저렴하게 배달할 수 있다면 생활과 업무가 매우 편리해질 것이다.

가까운 미래에는 진공 튜브가 올려진 국제선을 통해 마하의 속도를 넘나들며 외국으로 다니는 시절도 생각해 볼 수 있겠다.

건물

　도시의 편리함과 경쟁력은 굳이 언급하지 않아도 모두가 잘 알고 있으며, 시골의 평온함에 공감하지 않을 사람도 없다. 각자의 장점은 또한 상대의 단점이기도 한데, 둘 모두의 장점만 갖는 방법도 있다. 고층 건물을 지으면, 밀집성과 녹지를 다 가질 수 있다.

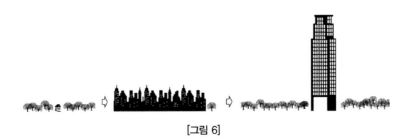
[그림 6]

　건물을 극대화하는데, 구조적 안정성을 위해 피라미드형으로 짓는다. 300층 정도에 지상에서 1km 정도의 높이로 짓는다. 한 개 건물에 100만 명 정도의 인구가 거주하고, 20만 개의 사무실이 있고, 10만 개의 가게와 100여 개의 관공서 등이 입주한다. 5천만 명의 인구를 가진 한국에 이런 건물이 대략 100개 정도 있고 나머지 면적은 농토 아니면 모두 그냥 아름다운 강산이다.

[그림 7]

피라미드 한 개 동이 곧 한 개의 도시이며, 직장, 주거, 쇼핑이 한 건물 안에서 이루어진다. 서민이든 재벌이든 같은 건물에 산다(물론, 부자는 더 좋은 자리, 더 좋은 인테리어, 더 넓은 공간에서 살겠지만 말이다). 누구라도 집 앞으로만 나가면 대자연과 접하고 다양해진 레저 활동을 즐기며 노동으로 피곤해진 심신을 달랠 수 있을 것이다.

또, 여러 가지 상상을 해 본다.

국가는 피라미드의 뼈대만 짓는다. 뼈대뿐이기는 해도 300층짜리 건물이라 대공사다.

앞선 '부동산 국유화'에서 언급했듯이 사람들은 부동산을 소유할 수 없다. 하지만 집이 동산이 될 수는 있고, 동산은 소유할 수 있다. 컨테이너 하우스를 상상해 본다. 개인은 자동차를 소유하듯이 컨테이너 하우스를 소유하고, 원하는 자리를 임차하여 그곳에 컨테이너 하우스를 장착하여 산다. 컨테이너 하우스는 어디까지나 뼈대일 뿐, 그 인테리어는 각자의 능력껏 충분히 아름답고 편리하며 넓을 수 있다. 흡기와 배기를 위한 시설이 잘되어 있어 답답함을 느끼지 않고, 소방관제가 잘되어 안전하다.

밀집될수록 에너지 효율은 좋아진다. 10,000㎡짜리 건물 10만 개보다 10억㎡짜리 건물 1개가 같은 용적이지만 훨씬 적은 에너지로 유지될 수 있으며, 같은 비용이라면 훨씬 좋은 삶을 누릴 수 있게 된다.

피라미드는 아무리 높아져도 추락의 위험이 없다.

피라미드의 외부 쪽은 전망도 좋고, 테라스도 있고, 냉난방 에너지 손실도 많아 유지비가 많이 들어가므로 주로 부자들이나 상업시설들이 임차하고, 안쪽은 저렴하여 서민들과 사무실들이 주로 임차해서 사용한다.

이사를 할 때마다 새로운 가구나 인테리어에 돈을 쓰지 않아도 된다. 집을 통째로 들고 다니니 시간이 갈수록 대체로 점점 좋은 인테리어를 갖추며 살 수 있다. 기껏 대리석으로 깔아놓고 이사를 하거나 폐업할 때 뜯어서 버리는 사회적 낭비가 사라지면, 같은 부를 가지고도 더 윤택하게 살게 되는 것이다.

컨테이너 하우스를 매매할 때는 자동차를 매매하듯이 한다. 헌 하우스를 팔고 신모델을 사거나, 구모델 중에 상위 등급으로 바꾸거나, 돈이 필요할 때는 하위 등급의 하우스로 바꾼다.

컨테이너 한 칸짜리 방, 주방, 욕실이 완비된 모델이 있는가 하면, 100칸짜리 저택 컨테이너 하우스도 있다. 모듈형으로 그때그때 레고 블록 붙이듯이 늘려나가는 모델도 있을 것이다.

세상에 존재하는 모든 이에게 집(컨테이너) 하나씩을 준다. 태어나면서 국가로부터 집 한 칸 받는 것이고, 죽으면 반납하는 것으로 하자. 국가는 집을 돌릴 뿐이니 별로 비용이 들 것도 없다. 이 한 칸 집은 매매가 불가능한 것으로 하자. 그래서 살다가 실수로 모든 것을 날리더라도 최소한 집 한 칸은 남아 지낼 수는 있도록 하자.

아이가 태어나 아이에게 할당되는 기본 주택을 국가로부터 받은 부부는 컨테이너 하우스 매매 단지에 가서 모듈형 아기방으로 바꾸어 온다. 부부는 현재 사는 모듈형 컨테이너 5칸짜리 집도 아예 이참에 9칸짜리 모듈로 바꾸어 이사를 하기로 한다. 컨테이너 모듈은 언제나 사고팔 수 있지만, 최소한 인원수만큼은 갖고 있어야 하니 3식구가 2칸 집에서 살 수는 없다. 개인에게 등기되어있는 마지막 한 칸은 매매상이 취급할 수 없기 때문이다.

앞서 말했던 레일이 피라미드의 각 층, 각 통로를 통하는 것도 좋다. 집 문 앞 혹은 집 안에서 차를 타고 레일을 따라 목적지 문 앞에서 내린다. 이 레일을 통해 컨테이너 하우스도 이동한다.

22

경제

경제를 살린다 어찌한다고 하는 것은 국가의 역할이 아니다.

국가의 경제관에 대해서, 『국부론』에서 언급된 가장 적절한 구절 두 가지를 되새겨 보자.

"관료나 정치인은 해당 분야 종사자에 비해 무지할 수밖에 없고, 관심도 덜 할 수밖에 없으며, 때로는 부패하기까지 하여 절대로 목적한 바를 이룰 수 없다."

"개인 노동의 결과물을 누릴 수 있게 보장하는 법들이 영국 번영의 유일한 이유이다. 각자의 개인이 더 나은 상황을 누리려고 자유롭게, 그리고 빼앗기지 않는다는 보장과 더불어, 노력하는 것이야말로 사회의 부와 번영을 가져오는 유일한 원리이다."

국가는 개인들이 뭘 하든 좀 놔둬라.

국가는 어딘가 있을지 모를 갈취와 억압으로부터 개인들을 보호해야 한다. 그런 입장이거늘, 오히려 국가가 갈취하려 해서야…

실제로 국가가 경제에 대해 하는 일은 지금의 손실을 뒤의 정권 때 드러나도록 가리는 일과 후손들이 누릴 부를 당겨쓰는 파렴치한 행위의 두

가지뿐이다.

국가는 그 어리숙하고 둔한 머리로 생각을 좀 하지 말아야 한다. 그 모자란 머리로 영특한 개인들을 지도하겠다는 발상 자체가 한심할 뿐이고, 아무리 열심히 해봐야 방해만 될 뿐이다.

국가가 경제에 기여할 수 있는 것이라고는 행정업무의 효율화로 비생산 인구(공무원)를 줄여 생산 인구를 늘리는 것밖에 없다.

정책

모든 정책 자금은 브로커가 가져가고, 정작 대상자들은 그런 게 있는지도 모르고 지나간다. 국가는 각종 지원 정책의 당사자가 아니고, 누군가 종사자들로부터 요청을 받아 집행하는 입장일 뿐이다. 그러다 보니 당연히 내용을 잘 모르고, 잘 모르니 부정의 개입 요소가 많고, 나름대로 이를 방지하려고 노력하지 않을 수 없다. 정책 하나하나마다 수없이 많은 예외상황이나 사기꾼들의 협잡을 고려하다 보면, 챙겨야 할 서류도 많고 증명해야 할 것도 많다. 무척 비효율적이다. 또한, 해당 분야에서 열심히 종사하는 진정한 기업가들과 노동자들은 본인들의 업무로도 너무도 바쁜 나날이기에 정책 공고를 볼 시간도, 관심도, 여유도 없다. 결국, 그런 정책 공고를 열심히 보고 서류를 꾸미는 능력이 발달하는, 그런 직군이 새로 생긴다. 이들은 생산 인구가 아니므로 이들이 열심히 해 봐야 국가의 부는 증대되지 않는다. 이들은 정책 자금을 챙기는데 점점 전문성을 키우며, 자금을 받아먹고, 심지어는 그런 자금을 새로 만드는 데도 크게 기여한다. 다시 말하지만, 이들로 인해 국가의 부는 증대되지 않는다.

도움을 바라는 자보다 스스로 헤쳐나가는 자가 더 잘사는 것이 옳다. 더군다나 둘이 경쟁 관계에 있는 상태에서 헤쳐나가려 하지 않는 자에게 도움을 준다면, 그래서 헤쳐나가려는 다른 하나가 진다면 이는 매우 불합리하다.

　누구든지 고군분투하는 과정에서 발전하며, 그 발전은 우리 모두의 삶을 풍요롭게 만들어 주는 것이다. 때로는 경쟁에서 뒤처져 아픔을 느끼는 경우도 있겠지만, 그의 아픔은 이긴 자가 챙겨가는 과실의 기쁨과 상쇄되어 사회 전체로는 아픔만이 아닌 것이다. 또한, 아픔을 위로하기 위해 기쁨을 없애야 한다고 주장할 것이라면 애초에 이 세상의 삶은 시작조차 말았어야 한다.

　이런 모든 불합리에도 불구하고 어떤 분야를 도와야 하는 당위성을 억지로 찾아 도왔다고 한들 이는 일시적인 처방일 뿐 점점 상황은 나빠질 뿐이고 사회 전체에도 지속적인 악영향을 끼치게 되는 것을 『국부론』의 많은 예시를 통해서도 알 수 있다.

　농업을 지원했더니 여전히 후진국처럼 손으로 농사를 짓고 있고, 영화에 지원을 끊었더니 부흥기를 맞는 것을 보았다. 좋은 회사에 다니며 맹활약하던 청년들을 창업을 지원한다는 명분으로 꼬셔내 인생을 망쳐놓고, 한식을 세계화한다며 불성실한 영상 제작자에게 돈을 듬뿍 안겨 주고 창피만 당했다. 중소기업을 지원한다고 대기업이 되는 것을 방해하며, 소상공인을 지원한답시고 빚쟁이를 만들어 회복 불능으로 만든다.

　경제와 관련한 모든 정책은 사라져야 한다.

관세

　관세의 목적은 크게 두 가지가 있다. 하나는 세수입이고 다른 하나는 자국의 특정 산업을 보호하려는 목적이다.

　2016년을 기준으로 250조 원가량의 세수입 중 관세는 8조 원가량으로

3% 정도의 비중을 차지하고 있다. 세원으로서 대체 불가능한 정도의 중요함을 갖지는 않는다. 또한, 앞서 KOEM 체제하에서 모든 세수는 확보된 것으로 하였기에, 세수입원으로서의 관세는 이미 의미를 상실했다고 보자.

자국의 특정 산업을 보호하기 위해서 관세를 매기는 것이 얼마나 무의미한 것인지는『국부론』의 여러 곳에서 이미 상세히 기술하고 있다. 애덤 스미스만이 모든 정답을 알고 있을 리는 없겠지만, 관세를 통해 특정 산업을 보호하려는 시도는 국가의 자본이 가장 이로운 곳으로 투입되는 것을 방해한다는 논리는 매우 적절하다.

또한, 중화학 공업이나 첨단 산업이 발달하지 않고서도 고수준의 삶을 영위하는 유럽의 많은 국가를 보면 특정 산업을 보호해야 한다는 논리는 무색해진다. 특정 산업을 보호하기 위해 관세를 매기는 것은 앞서 얘기한 지원 정책과 전적으로 동일한 논리이며, 불합리하다.

중국으로 인해 망해가는 봉제 산업을 살려보고자 지원금을 주든 중국 수입품에 관세를 매기든 해 봐야, 어차피 이미 차원이 달라진 인건비로 인해서 동일한 수준의 제품을 만들어내는 것으로는 경쟁이 불가하다. 오히려 고급품을 만들어내는 회사의 입장에서는, 죽을 회사들이 죽지 않으니 필요 이상의 경쟁을 해야 하므로 곤혹스럽다. 국가가 아무것도 하지 않았다면 국민들은 중국산 의류를 저렴하게 소비할 수 있었을 것이며, 그렇게 남는 여윳돈을 모아 고급품도 소비할 수 있었을 것이다. 국내의 봉제 산업은 이런 시장의 자연스러운 흐름대로 재편되어 고급품을 기획하고 디자인하는 능력이 배양되었을 것이며, 단순기능공들이 일자리를 잃어가는 대신에 숙련공들은 더욱 좋은 대우를 받아가며 일자리를 유지할 수 있었을 것이다.

정부는 경제에 관한 한 모든 것을 망치는 존재임을 알고 간섭을 멈춰야 한다.

독점과 담합

흔히 무식하거나 현장 경험이 없는 사람들은 '공급자들끼리 작당하여 폭리를 취할 수 있고, 그만큼 소비자가 피해를 볼 수 있다'고 오해한다. 하지만 독점이나 담합은 전적으로 정부의 부당한 시장 개입에 의해 생기는 것이지, 시장의 어떤 공급자가 감히 시도하거나 이루어낼 수는 없다.

간혹, 새로운 발상이나 발명에 의해 상당 기간 평균적인 자본 이익을 초과하는 이익을 기대할 수는 있겠으나, 이것을 독점이라 칭하지는 않는다. 또 간혹, 어떤 상인이 다른 상인의 진입을 물리적으로 방해하거나 소비자가 다른 시장으로 이동하는 것을 방해할 수는 있겠으나, 이것은 타인의 자유를 방해한 것으로 엄하게 처벌되어야 하는 것이지 독점의 문제가 아니다.

대개의 경우, 특정 업종이 그 사회의 평균적인 이익을 웃돌게 되면 곧 그쪽으로 자본과 노동이 몰려 경쟁을 유발하고 이내 좋았던 이익률은 사라지고 만다. 이것은 자본과 노동의 이동이 자유로운 시장 환경일 경우에만 그러하다. 즉, 시장이 자유로운 곳에서는 부당한 이익은 존재하기 어렵다. 사람들의 꾀는 특별한 이익을 좇는 것이 아니라 부단히 효율을 개선하는 방향으로 발전하며, 상품의 가격을 저렴하게 만들어 모두가 풍요를 누릴 수 있게 해 준다.

하지만 정부가 자유로운 상행위를 방해하면서 독점이나 담합이 생긴다. 무역에 각종 규제를 도입하거나 관세를 매기고, 보조금 장려금 등의 지원 정책을 도입하여 특정 상인의 독점이나 담합이 발생할 수 있는 환경을 만들어 놓고는 독점이나 담합을 하면 처벌한다고 으름장을 놓는다. 각종 사업에 면허 제도를 도입하여 스스로 독점 환경을 만들어놓고는 담합하면 처벌한다고 한다. 정부가 이렇게 정신 분열적인 행태를 벌이는 이유가 개인들의 활동을 통제하며 스스로 존재 이유를 가지기 위함인지, 아니면 그냥 시장에 대한 이해가 부족한 무식함 때문인지 나는 모른다.

정부만 가만히 있으면 독점도 있을 수 없고 담합도 있을 수 없으며 물가는 합리적인 선에서 늘 머물러 있을 것이다.

작은 정부

정부가 경제에 기여할 수 있는 유일한 방법은 쓸데없이 먹을 것이나 축내는 노는 공무원들을 쳐내는 것이다.

공무원 200명, 근로자 800명인 나라에서 근로자들이 뼈 빠지게 일해 만 원씩 생산했을 때, 국가 전체로는 800만 원의 생산이다. 그런데 각 근로자는 공무원을 먹여 살리느라 2,000원을 빼앗기고, 8,000원밖에 쓰지 못한다. 반면, 공무원 100명, 근로자 900명인 나라에서는 같은 인구로 900만 원을 생산하며, 1,000원밖에 빼앗기지 않고 남은 9,000원을 쓸 수 있다.

더욱 중요한 것은 다음 생산을 위해 재투자되는 자본 역시 늘어나 풍요가 풍요를 낳는 선순환에 빠지게 되어 공무원이 200명인 나라에 비해 급속도로 부유해져 간다는 것이다.

200명이 하던 일을 100명이 하게 되어 100명의 노동 강도가 증가하는 상황으로 가자는 것은 아니다. 또한, 공무원의 일이 필요 없다는 말도 절대 아니다. 개개인의 이익 관계와는 직접적으로 상관없지만 꼭 필요한 일들을 공무원들이 해 주고 있는 것은 맞다. 하지만 안 해도 되는 업무는 없애고, 쓸데없이 낭비되는 시간을 줄이고, 근무 시의 집중도를 높이자는 것이다. 올바른 분업 체계로 그렇게 하는 것이 업무생산성 및 전문성도 고도화되며, 공무 종사자들의 직업적 만족도도 높아지게 한다. 사람들은 먹고사는 문제가 해결되고 난 후에는 정신적인 풍요를 누리며 즐거움을 느낀다. 전문화되어가는 업무에 보람을 느끼며, 사회에 더욱 충실히 기여한다는 자존감이야말로 더할 나위 없는 즐거움이다.

작은 정부는 모두에게 좋다.

농업

한국의 농업 인구는 전체 인구의 5%에 불과하다. 5%를 보호하기 위해 나머지 95%가 비싸게 농산물을 사 먹고 있다. 농산물 시장을 전면적으로 개방하여, 도시 근로자들이 저렴하게 식량을 살 수 있도록 해야 한다.

농산물 시장이 개방되면 가격 경쟁이 안 되니 상당수의 농업인구는 농사일에서 떠날 수밖에 없을 것이며, 나머지 소수가 큰 땅을 경작하며 점차 경쟁력을 찾게 될 것이다. 미국의 농업 인구는 1.7%에 불과한데도 자국민을 모두 먹일 뿐 아니라, 세계에서 제일 많이 농산물을 수출하고 있다.

한국은 여전히 후진국과 같은 방식으로 손 농사를 짓고 있는 반면, 비슷한 경제 수준의 다른 나라들은 대형화하여 기계로 농사를 짓고 있다. 이 아이는 홀로서기 힘든 아이라면서 한 번도 걷는 연습을 시키지 않아 결국 걷지 못하게 만드는 한심한 부모 짓을 정부가 해 온 것이다.

시장 개방으로 국내 농업이 완전히 소멸한다 해도 괜찮다. 땅이 있고, 자본이 있고, 노동력이 있는데 영구히 농업이 소멸상태로 있을 리도 없지만, 설령 그렇다고 해도 시장의 선택일 뿐이다.

식량 안보를 위해 반드시 우리가 농사를 짓고 있어야 한다는 논리는 그 이상으로 중요한 에너지 안보를 설명하지 못하고, 농업 없이 잘살고 있는 도시 국가들을 설명하지 못한다.

농산물 시장은 개방되어야 하고, 정부는 모든 농업 정책에서 손을 떼야 한다. 그것이 근로자들에게 이롭고 진정한 농부들에게도 이롭다.

23

노동

노동은 모든 가치의 원천이다.

모든 직업은 존경받아야 한다. 우리는 서로가 서로를 위해 일하고 있으며, 그렇게 일하는 자체가 이 사회에 내가 존재하는 이유다.

사회적 관점에서 노동을 바라볼 때, 모든 사람이 안정적으로 직업을 갖고 있는 것은 매우 중요하다. 사람들의 생존과 번영이 모두 그것에 달려있기 때문이다. 직업의 안정을 도모하려 할 때는 갖고 있는 직업을 잃지 않도록 하는 방법과 언제든지 새로운 직업을 얻을 수 있도록 하는 방법이 있을 것이다. 언뜻 두 가지 모두 유효한 방법으로 보인다. 전자는 정치인에 의해서, 후자는 시장에 의해서 실현된다.

언제나 어디서나 그렇듯이 정치인은 무식하고 악하다. 그들이 열심히 노력할수록 상황은 악화된다. 그들이 사람들의 직장을 지켜주려고 노력할수록 새로운 직장은 잘 생겨나지 않으면서 직업 안정은 악화되어 간다. 상황은 악화되어 가지만, 정치인들은 무식하기에 애초의 목적은 잘 모른다. 직업 안정을 위해 직장을 지키려 했건만, 그들에게 이미 직업 안정의 목적은 보이지 않고 오로지 왜인지도 모른 채로 직장을 지키려는 집착만 남아있다.

직업의 본질은 이 사회가 필요로 하는 노동이다.

이 사회가 별로 필요로 여기지 않는다면 사라져야 하고, 해당 종사자들은 이 사회가 새롭게 필요로 하는 노동으로 옮겨가야 한다. 트럭이 생긴 마당에 지게꾼을 위해 짐을 할당해 주는 어리석은 짓을 정치인들은 늘 만들어 낸다. 그냥 놔두면 지게꾼들은 자연스레 트럭을 몰거나 창고에서 일하며 보람찬 나날을 보낼 수 있을 것인데, 정치인들 덕분에 평생 떼만 쓰며 보내는 사회의 방해물로 살아가게 되었다.

직업의 존속 여부를 결정하는 것과 그 직업의 가치에 대한 평가는 너무 쉽다. 아무도 신경 쓰지 않아도 된다. 시장이 그냥 알아서 결정해 주기 때문이다.

쌀 10kg을 생산하여 마트에 가져다 놓는 데 들어간 수고와 소고기 1kg을 생산하여 마트에 가져다 놓는 데 들어간 수고가 같으면 그 값은 같다. 악어 고기 100g을 생산하여 마트에 갖다 놓는 수고도 같다면 값도 같다. 악어 고기 업자로서는 그렇게 수고를 하고서 쌀 10kg을 가져가지 못할 것이면 애초에 악어 고기를 만들 이유가 없었기 때문이다. 하지만 마트에 들른 소비자들로서는 소고기 1kg 대신 악어 고기 100g을 살 필요를 못 느낀다. 결국, 악어 업자는 그 직업을 지속할 수 없고, 시장에서 악어 고기는 사라지게 된다. 악어 고기가 인간 사회에 필요한 것인지 아닌지는 이렇게 시장이 알아서 결정해 준다. 그런데 이것을 막아서고 나서는 게 정치인이다. 제멋대로 악어 고기가 필요하다고 소리를 질러대며 마트 주인을 윽박질러 악어 업자에게 돈을 주라고 한다. 마트 주인은 그 부담을 쌀과 소고기에 얹어 손님들이 돈을 내도록 만든다. 누가 봐도 어리석고 우스꽝스러운 전개지만 사실 모든 국가가 그렇게 하고 있다.

모든 노동법은 철폐되어야 하고, 국가는 시장의 노동 행위에 대한 관심조차 끊어야 한다. 정부는 시장보다 효율적, 합리적으로 노동의 가치를 평가할 능력이 없다. 정부의 모든 노력은 오히려 노동 활동을 방해할 뿐이다.

노동법과 노동운동의 근거는 산업화 초기에 벌어진 빈부격차와 노동

착취에 있다. 당시의 관점에서도 지나치게 배부른 부자와 상대적으로 빈곤에 허덕이는 노동자들의 삶은 보기에 불편한 것이었으며, 이것을 개선하기 위해 부자로부터 빼앗아 가난한 자들에게 나누어주는 방법을 모색해 왔다. 하지만 여기에는 논리적으로 큰 결함이 있다. 가난한 노동자들은 대체 왜 그러고 있었던 것인가? 왜 그렇게 처참한 삶을 살기 위해 고향에서 뛰쳐나왔던 것인가? 답은 하나다. 그래도 고향보다는 낫기 때문이었다. 18세기 런던의 노동자들이나 1970년대 구로공단 여공들의 삶이란 것이 각기 당대의 시골 농부의 삶보다는 나은 것이어서 그렇게 도시로 몰려들었던 것이다.

지금도 많은 사회운동가(비생산 인구이자 원외 정치인)가 다국적 대기업들이 저개발국가 아동들의 노동력을 착취하고 있다며 분개한다. 하지만 그 아동들에게 실질적으로 도움을 주는 것은 저임금일지라도 그들을 고용하여 돈을 주고 있는 기업들이며, 사회운동가들이 분개하는 이유는 그들이 특별히 아름다운 마음씨를 갖고 있어서가 아니라 자기들이 누리는 안락함에서 정신적인 약간의 불편함마저 제거하려 몸부림치는 이기심에 불과하다.

우리의 삶을 풍요롭고 안락하게 하는 방법은 노동만이 유일하다. 노동의 대가는 기하급수적으로 늘어나는 것이기에 가난한 시절의 변화는 미미할지라도 해를 거듭할수록 확연하게 좋아진다. 미미한 시절만을 쳐다보고 -주로 노동을 하지 않으며 놀고먹는 자들이 그런 관점에서 쳐다본다- 왜 노동의 대가가 없냐고 닦달하는 어리석은 자들이 있는 것이다.

선진국의 노동운동은 더욱 뻔뻔하다. 더이상 노동자와 기업가 사이의 정당한 분배를 논하는 것도 아니고, 막무가내로 뻔뻔하게 다른 노동자의 것을 빼앗아 자기 배를 채우려 든다. 선진국의 노동조합들은 과거 선배들이 투쟁하여 얻어낸 제도적 장치를 발판삼아 빼앗고, 빼앗고 또 빼앗아 배를 채운다.

현대 민주주의는 인원수가 곧 힘이고, 조직력이 곧 인원수다. 돈이 많은 노동자들은 조직을 짜는 데 유리하며, 잘 짜인 조직은 효과적인 힘을 갖게 되고, 다른 노동자를 착취하는 데 매우 능숙하게 작동한다. 자유로운 노동시장에서라면 연봉 2,000만 원밖에 얻을 수 없는 직무이거늘, 떼를 써서 1억 원씩 가져가고, 그만큼 가격이 오른 그들의 생산물을 다른 가련한 노동자들이 사 주고 있는 것이다. 더욱 기가 막히는 것은 그마저도 일을 게을리해서 망하려 할 때, 언제나처럼 무식하고 악한 정치인들과 한편이 되어 억지로 살려놓는다. 이때 그들에게 지급되는 터무니 없는 급여는 연봉 2,000만 원짜리 근로자들에게서 걷은 세금으로 지급한다. 이렇게 뻔뻔해도 지나치게 뻔뻔한 그들의 공생 체계는 온갖 아름다운 말들로 포장되고 반복된다.

기업가들과의 소득 차이에 주목하는 것도 우습다. 모든 노동자가 동일한 수준의 급여를 받지 않는 것처럼, 모든 기업가가 동일한 수준의 이익을 가져가지는 않는다. 기업가 역시 그들이 선택한 직업의 하나일 뿐이며, 때로 높은 수준의 소득을 가져가는 기업가가 있다는 것은 수없이 많은 낮은 수준의 소득을 올리는 기업가가 존재한다는 것을 증명할 뿐이다. 급여 소득자는 아무리 소득이 떨어져도 생계를 유지할 수 있는 수준은 유지하지만(누군가 그들에게 특별한 혜택을 줘서가 아니라, 생계가 곤란한 수준의 급여로는 종사할 이유 자체가 없다는 노동의 근원적인 이치 때문이다), 기업가는 무소득은커녕 빚을 지는 경우도 다반사다. 아무도 빚을 진 기업가의 소득을 보전해 주지 않는 것처럼, 큰 이익을 본 기업가의 소득을 빼앗는 것도 안 된다.

최저임금제도는 없어져야 한다. 임금은 전적으로 사용자와 노동자 간에 알아서 할 일이다. 노동자의 가치를 무식하고 악한 정치인들이 알 필요도 없고, 알 수도 없다. 노동의 내용은 일일이 카테고리화할 수 없을 정도로 다양하기에 그 가격을 일일이 표시하는 것은 불가능하다.

최저임금제도가 사라지면 노인들도 일자리를 얻게 된다. 기업가들이 생각하는 노동 임금은 단순히 투자한 금액으로 얼마의 이익을 기대하는가에 있을 뿐이다. 즉, '생산량÷임금=노동생산성'인데, 임금이나 생산량이 얼마가 되었든, 기업가의 입장에서는 원하는 수준의 노동생산성에 주목할 뿐이다. 생산량이 100개에 임금이 10,000원이든지, 생산량 10개에 임금이 1,000원이든지, 기업가의 입장에서는 동일한 것이다. 젊은 노동자가 시간당 100개를 조립하면서 시급 10,000원을 달라고 할 때, 70세의 노인이 20개를 조립할 테니 1,500원만 달라고 하면, 기업가는 기꺼이 노인을 채용하게 된다. 이것은 기업가들이 착취하려는 것이 아니라 자신이 가져갈 몫을 최대화하려는 누구나의 본성이고, 그런 본성은 노동자나 기업가나 모두 마찬가지다.

기업가에게 몫을 챙기는 것을 금지하면 답은 간단하다. 그냥 안 하고 만다. 안 하면 모든 일자리는 사라지고 만다. 기업가 원하는 노동생산성의 최저수준은 이미 정해져 있는데 국가에서 임금을 정해버리면, 그 역시 답은 간단하다. 생산량의 최저수준마저 정해져 버리는 것이다. 노인에게 1,500원을 주는 것을 금지하면? 역시 답은 간단하다. 노인을 채용 안하면 그만인 것이다. 그렇게 일자리가 없어지는 것이다. 답은 단순했지만, 선택지가 줄어든 기업가에게도 나빴고, 일자리가 사라진 노인에게도 나빴고, 그런 노인을 부양해야 하는 청년들에게도 나빴다. 모두에게 나쁜데 언제나처럼 무식하고 악한 정치인들 입만 신났다.

노동으로 자신의 가치를 인정받고 싶은 노인들이 할 수 있는 것이라고는 자기 자신을 고용하는 고된 농사일밖에 없다. 엄청난 노동량임에도 소득이라고는 시급으로 따져 1,000원도 안 된다. 폐지를 줍는 노인은 시급으로 몇백 원가량이다. 일하고 싶은 사람이 있고, 쓰고 싶은 사람이 있는데 언제나처럼 무식하고 악한 정치인들 때문에 만날 수 없다.

퇴직금도 없어져야 하고, 각종 수당 및 휴가제도 역시 없어져야 한다.

그런 것들 모두 당사자들이 알아서 할 일이다. 없어진 퇴직금은 급여로 나가게 되어 있다. 기업가는 퇴직금을 추가로 줘 왔던 것이 아니다. 급여로 줄 것을 빼놓았을 뿐이다. 어차피 같은 돈을 가지고 괜히 사람들을 귀찮고 복잡하게만 한다. 무식하고 악한 정치인들에 의해 사회는 괜히 피곤해진다. 게다가 돈이 있을 때 주는 것은 어렵지 않은데, 어려운 상황에 봉착했을 때 주려면 쉽지 않다. 근로자들은 못 받아 괴롭고, 사용자들은 못 줘서 벌을 받아야 한다. 또한, 상황이 좋을 때 기분 따라 임금을 올려주고 싶어도 복잡하게 연결된 퇴직금이 무서워 함부로 할 수 없게 만든다.

임금이 오르는 것은 사악한 정치인들이 올려 줄 때가 아니라 -그렇게 오른 임금은 그냥 물가가 오르는 것으로 상쇄되어 노동자 입장에서도 이익은 없다- 경제 규모가 성장할 때다.

모든 생산은 소비하는 만큼이다. 소비와 생산의 양이 증가 상태에 있는 것을 경제가 성장하고 있다고 말한다. 생산이 증가하기 위해서는 노동력이 더 필요하게 되고, 그런 노동력을 고용하는 것은 자본이다. 자본은 노동자를 위해 고용을 하는 것이 아니라 더 많은 이익을 가져가기 위한 목적일 뿐이다. 더 많은 이익을 가져가기 위해 고용을 하는 것이고, 성장 중인 경제, 즉 소비시장의 수요가 강해서 만드는 족족 팔린다는 확신을 기업가들이 가지면 자신들의 이익을 늘리고자 능력이 닿는 대로 자본을 조달해 생산에 투입하게 되고, 노동자들을 고용하려 서로 경쟁 상태에 놓이게 되면서 노동 임금은 올라가게 된다. 올라간 노동 임금은 소비할 수 있는 여유를 만들며 다시 생산 증대 요인으로 작용한다. 더군다나 주변의 노동자들까지 끌어당기며 더 큰 소비시장을 만들고 다시 생산을 증대시키는 선순환이 이루어진다. 이것은 역사상 예외가 없는 자연스러운 이치다.

회사의 이익은 하늘에서 떨어진 것이고 사장은 그것을 꿀꺽하는 악마가 아니다. 회사의 이익은 회사를 구성하는 모두가 노동과 투자를 해서 벌어들인 돈이고, 사장은 그걸 합리적으로 배분하는 역할을 할 뿐이다.

배분의 기준은 자비심이 아니라 과거의 기여도와 앞으로의 기여 예상에 따른 배분이며, 무엇보다 우선하는 것은 사업의 영속성에 재투자하는 것이다. 수익이 났다고 해서 난대로 나눠 주고 어려울 때 파산한다면 경영자라 할 수 없다.

해고도 자유로워야 한다. 해고가 어려우면 고용도 어렵다. 고용이 어려우면 해고당한 노동자의 재취업이 어렵다. 재취업이 어려우면 해고당하지 않으려 애쓰게 된다. 반대로, 해고가 자유로우면 고용도 자유롭다. 고용이 쉬우면 해고당한 노동자의 재취업도 쉽다. 재취업이 쉬우면 해고가 두렵지 않다. 해고가 두렵지 않은 노동자와 사용자는 서로 동등한 입장에 놓이며, 노동의 가치는 합리적으로 정해진다.

노조 활동 역시 자유로워야 한다. 누구라도 자신들의 이익을 극대화하려는 행위는 매우 정당하다. 노동자들끼리 힘을 합쳐 한꺼번에 일을 하지 않겠다는 것은 매우 합리적 위협이며, 기업가는 허락하는 범위 내에서 손실을 최소화하고자 노동자들의 요구에 부응할 수밖에 없다.

이런 상황에서 제삼자가 나서서 어느 한쪽의 손발을 묶는 따위의 행동은 상황을 복잡하게 만들 뿐이다. 다만, 노조든 회사든 다른 쪽을 폭력으로 압박하는 것은 고용 관계와는 상관없는 형법상의 범죄고, 그런 위법 행위는 공권력이 강력하게 처벌해서 노동자든, 기업가든, 그 누구라도 부당한 갈취와 억압을 받지 않도록 보호해야 하는 것이 국가 본연의 임무다.

법 제도와 상관없이 문화적으로도 고용을 막는 것이 있다. 예를 들어, 나이를 따지는 문화에서는 나이가 많은 사람은 신입으로 채용되기 어렵다. 한국에서는 나이 40대에 직장을 잃으면 갈 곳이 없어진다. 그들이 나이가 먹을수록 자연스럽게 높은 임금을 기대해왔던 대가로 직업의 안정성은 나빠진 것이다.

직업의 가치는 전적으로 생산성에 비례해야 한다.

나이가 들었다고 급여가 올라서는 안 된다. 나이가 들었다고 관리직으로 빠지는 것도 바람직하지 않다. 모든 직업에서 오랫동안 쌓이는 기술과 노하우는 매우 중요한 생산성 증대 요소이고, 누구든 오랫동안 직업에 종사한 사람들은 자연스레 급여가 올라가게 되어있거늘 무턱대고 나이에 맞게 급여를 맞춰 줘야 한다는 식의 관념은 고용시장을 매우 경직시키고 취업을 어렵게 한다.

국가가 경제에 개입하지 않는다면, 경제는 무조건 성장하게 되어 있다. 그런 상황에 국가가 노동시장에 관여하지 않는다면, 일하고자 하는 사람은 반드시 일자리가 있는 완전 고용상태에 놓이게 된다. 국가는 노동문제에 관여하지 말아야 한다.

여담으로 기술의 발전과 직업의 관계에 대해 많은 사람이 오해하는 것이 있다. 최근 인공지능(Artificial Intelligence, AI)이 곧 사람을 대체할 것이라는 막연한 공포심을 가진 사람들이 있는데, 결론부터 말하자면, 절대 그런 일은 없다.

직업이란 것은 하늘에서 정해준 몇 가지로 고정된 것이 아니다. 끊임없이 사람들이 요구하고 그런 요구에 서로가 부응하고 있는 것이 바로 직업이다.

인공지능 때문에 직업은 사라질 것이라는 말은 곧 인공지능 때문에 인간의 욕구가 사라질 것이라고 염려하는, 즉 최소한의 논리력조차 갖추지 못한 자들의 기우에 불과하다. 세탁기가 생기면서 주부가 할 일이 없어지는 게 아니라, 한 달에 한 번 하던 빨래를 매일 두 번씩 하게 되는 것이다. 괜히 안 해도 될 일을 하는 것이 아니라, 깨끗한 것을 선호하는 사람 본연의 마음을 상황이 받쳐줌에 따라 실현하게 되는 것이다. 자동차가 생기면서 지게꾼이 직업을 잃는 것이 아니라 자동차를 만들고, 여행업이 생기고, 도로를 만드는 등 수없이 많은 새로운 직업이 이전에는 없던 인간의 새로운 요구를 들어주려 생겨나는 것이다.

다른 측면에서도 바라보자. 중세시대에 갑자기 농사를 대신해 줄 로봇이 대량 유입되었다고 가정하자. 모든 농부는 직업을 잃을 것이다. 그럼. 뭐가 문제인가? 농부들도 귀족들처럼 놀고먹으면 되는 일 아닌가?

매니지먼트

해고가 자유롭다면 어차피 정규직과 비정규직의 차이는 없어진다.

연예인들의 고용은 대체로 매니지먼트 회사를 통해 이루어진다. 매니지먼트 회사란 인재 파견 회사와 같은 것이지만, 전자는 왠지 고소득의 상징처럼 여겨지고 있고, 후자는 낮은 수준이나 임금 착취 등 안 좋은 이미지로 자리잡혀 있다. 이 세상의 모든 고용이 매니지먼트 회사를 통해 이루어진다면 더욱 합리적인 노동 환경이 조성될 것이라 본다.

고용시장은 물건시장과 동일하지 않을 이유가 없는데도 현실은 여러모로 다르다. 인간으로서 감정을 가졌기 때문일 테고, 취업 중에는 시장에 놓이기 어려운 물리적 한계 때문이기도 할 테고, 여러 가지 법적인 제약 때문이기도 할 것이다.

수요와 공급이 아무리 서로 충분해도, 중간상인이 없으면 서로 만나지 못한다. 고용시장 역시 원만하고 합리적으로 공급과 수요를 맞추고 합당한 보수가 주어지기 위해 중간상인이 필요하다.

열악한 환경을 감내하며 노동을 제공해 봐야 어차피 기업의 의사결정권은 기업주에게 있다. 열악할 때는 간도, 쓸개도 다 내줄 것처럼 말하지만, 사람은 늘 변하고, 기업주도 변하며, 근로자가 과거에 보여준 인내는 무시되고, 어려울 때의 희생은 불화의 원인으로 작용하는 게 보통이다. 감정과 윤리를 가진 사람들이 서로 마주할 때는 원칙적인 입장만을 내세우기가 어렵다. 이럴 때 대체로 늘 자기 몫을 우선하는 사람도 있고, 늘

피해를 보는 쪽도 있다. 하지만 중간자가 있다면 감정에 호소해 이익을 챙기거나 착해서 손해를 보는 경우는 사라질 것이다. 매니지먼트 회사는 노동자의 요청을 사무적으로 기업주에 전달할 수 있으며, 반대의 경우도 마찬가지다. 어려운 상황을 함께 극복해 가며 결국에 꽃을 피우는 눈물겨운 성공담도 있기는 하다. 그래서 사무적인 노사관계가 확립되면 이제부터는 그런 드라마를 볼 수 없는 것 아닌가 묻는 사람도 있을 것이다. 하지만 그런 감동 이전에 우선하는 가치는 노동의 대가다. 급여를 줄 돈이 없으면 지분이라도 주어야 한다. 그리고 기업이 망하는 것은 경제 활동의 자연스러운 현상이며, 많이 망하고 많이 생기는 것이 조금 망하고 조금 생기는 것보다 사회적으로는 좋은 것이다. 근로자의 임금은 단 한 달도 희생되어서는 안 된다. 그것으로 망할 회사 같으면 그냥 망하는 것이 모두를 위해 이롭다.

매니지먼트 회사는 노동자를 늘 시장에 놓고 팔 것이기에, 노동자는 자신의 진정한 가치를 언제든지 알 수 있다. 대부분의 건전하고 성실한 근로자들에게는 정확한 시장 가치가 무조건 좋은 것이다. 시장이 작동하지 않는 사회에서는 편법을 일삼는 것들과 얄미운 것들이 더 좋은 대우를 받는 경우가 많다.

성실한 자가 더욱 대우받는 정의로운 사회는 시장이 제대로 기능할수록 더 잘 이루어진다.

컴퓨터 프로그래머인 권 씨라는 사람이 있다고 하자. 그는 프로그래머들을 전문적으로 취급하는 몇몇 매니지먼트 회사와 계약되어 있고, 현재 ○○테크를 통해 월 600만 원씩의 보수를 받으며 1년 동안 고객사의 개발 프로젝트에 참여하기로 했다. ○○테크는 수수료로 매월 10%씩 가져가기로 계약되어 있어, 권 씨의 계좌로 들어오는 돈은 매월 540만 원이다. 3개월 정도 지난 어느 날 □□테크에서 제안이 온다. 월 800만 원의 2년짜리 프로젝트가 있는데 꼭 와달라고 한다. 하지만, 권 씨는 현재의 프로젝트에서 그런 식으로 빠지면 자신은 책임감이 없는 개발자로 낙인찍히게 될 것이고, 훗날 더 큰 피해가 예상되므로 거절했다. 다행히 현재 프로젝트가 완성된 즈음에 ○○테크를 통해 월 900만 원짜리의 새로운 프로젝트에 투입되었다. ○○테크는 권 씨의 성실함과 똑똑함에 투자를 하기로 했다. 1,000만 원짜리 교육 프로그램에 권 씨와 반반씩 부담해서 등록하였고, 교육이 끝날 때, 권 씨는 월 1,500만 원짜리의 노동자가 되었다. 개인으로서는 그런 일자리를 알아보는 데 한계가 있지만, 매니지먼트 회사인 ○○테크는 전 세계를 상대로 권 씨를 팔고 다니므로 일자리는 늘 이어진다.

건물청소부인 장 씨라는 사람이 있다. 그는 단순노동 업무에 특화된 매니지먼트 회사들의 영업사원들로부터 소개를 받아 여러 회사와 계약을 했고, 현재 △△용역이라는 매니지먼트 회사를 통해 ◇◇환경이라는 청소 용역 회사에서 월 150만 원씩 받으며 일하고 있다. △△용역은 요새 수요가 늘고 있는 건물 외벽 청소의 노동 수요에 맞추느라 장 씨를 설득해 회사의 비용부담으로 해당 기술을 습득하게 하고, ○○환경이라는 회사에 파견하여 월 250만 원씩 받게 해 줬다. 물론 △△용역의 수입도 월 15만 원에서 25만 원으로 늘었다. 투자했던 교육비 20만 원은 두 달 만에 회수되었다.

<u>24</u>
교육

    교육의 목적은 무엇일까? 누군가는 직업을 가르치는 것이라 할 테고, 누군가는 인성을 가르치는 것이라 할 테고, 또 누군가는 학문을 가르치는 것이라 할 것이다. 저마다 자기 마음대로 정의를 내리는 만큼 교육 제도 역시 중심을 못 잡고 제멋대로인 상황이다. 교육의 목적이 무엇인지는 상관없다. 직업을 가르치려는 사람은 직업을 가르치고, 인성을 가르치려는 사람은 인성을 가르쳐라. 학문을 가르치려는 사람은 그냥 학문을 가르쳐라. 다만, 배우는 쪽에서도 맘대로 선택할 수 있어야 한다. 직업을 배우려는 사람은 직업을 배우고, 인성은 인성을, 학문은 학문을 배우려는 사람이 배우면 된다.

    사실 대부분의 교육이 이미 그렇게 되어있지만, 유독 국가가 관리하는 학교 교육만큼은 누군가 멋대로 가르칠 것을 정하고 국민들에게 강제하고 있다. 국어 교육이, 역사 교육이, 과학 교육이 그렇다. 나에게 필요한지 여부는 상관없다. 누군가 제멋대로 그런 교육들이 나에게 필요하단다. 혹은 과거부터 그렇게 배워오던 것이니까 그냥 가르치고 배운다. 얼마나 필요한지는 별로 중요하지 않다. 이미 국·영·수보다 컴퓨터 활용 능력이 훨씬 중요한 시대가 되었고 모두가 그것을 잘 알지만, 학교는 대응할 수 없다. 기존의 과목들과 그 과목들을 통해 먹고사는 교사들을 갑자기 내보낼 수도 없고, 새로운 과목들의 교사들을 갑자기 채울 수도 없다. 해마다 급속도로 발전하는 첨단의 기자재를 갖출 돈도 없다.

가르치는 사람도 식량이 있어야 먹고살 수 있다. 하루를 가르치면 하루 치 먹을 것이 나와야 비로소 직업으로 성립한다. 한 학생에게 하루 치의 먹을 것을 받든, 100명의 학생에게 1/100씩 받아 하루 치의 먹을 것을 만들든, 하루 치의 먹을 것은 반드시 있어야 한다. 교육비를 내는 입장에서 개인 교습 비용과 단체교습 비용은 그렇게 100배의 차이가 난다. 효과 면에서 개인 교습이 우수하지만, 학교가 교육의 중심이 될 수밖에 없는 이유다.

미디어가 발달한 21세기에는 학생 수십 수백만 명을 한 사람의 교사가 가르칠 수 있다. 그 교사와 학생이 만나기 위해 물리적인 장소가 필요한 것도 아니다. 교육에 드는 비용은 거의 0원에 근접해간다. 이제 더 이상 학교가 필요 없는 이유다.

많은 사람이 '교사가 지도해 주지 않는 상황에서 과연 어떤 학생이 열심히 공부하겠는가?'라고 걱정할 것이다. 그 사람들에게 되묻고 싶다. '교사가 지도해 주고 있는 현재는 모든 학생이 열심히 공부하고 있는가?'라고.

교육에 있어 학교의 존재 이유는 앞서 말한 경제적 이유가 전부이고 몇 가지 부가적인 득과 실이 공존할 뿐이다. 그런데 대개는 이 부가적 요소에 집착하느라 본질을 외면한 채 큰 비용을 써가며 정작 얻고자 하는 것을 얻지 못하고 있다.

공부를 잘하는 학생은 공부를 못 하는 학생을 잘 이해하지 못한다. 그 반대의 경우도 마찬가지다. 선천적으로나 후천적으로 점점 달라지는 능력의 차이와 스타일의 차이로 인해 각각의 학생마다 외울 수 있는 양이 다르고 외우는 데 걸리는 시간이 다르다. 이해하는 깊이가 다르고 범위가 다르며, 집중의 정도도 다르고, 학습에 할애할 수 있는 여건도 모두 다를 수밖에 없다. 그래서 공부법에 대한 의견도 제각각 다를 수밖에 없는

데도, 학교란 제도는 좋은 여건에 좋은 머리를 가지고 무난하게 엘리트의 과정을 밟은 극히 일부 사람들에 의해 일률적으로 만들어지고, 또다시 극히 일부의 학생들에게만 좋게 적용되며, 나머지 대다수의 학생들은 학교 교육으로부터 소외된다.

충분한 교재가 있다는 전제하에, 공부는 전적으로 스스로 할 수밖에 없다.

교사가 필요한 경우는 교재가 충분치 않거나, 교재가 학생과 어울리지 않아 원활하게 지식의 전달이 어려울 때 학생과 교사의 1:1 질의응답으로 보완할 수 있는 경우다. 하지만 1:1을 전제로 하는 한 이미 학교의 존재 이유와 배치되고, 실제로도 모르는 것을 가르치는 역할로서의 교사는 극소수의 학생에게만 의미를 가질 뿐이다.

인터넷이라는 매체는 무제한으로 충분한 단계별 교재를 생산할 수 있다. 특히나 학교 교육으로 행해지는 과목들에 대해서는 이미 넘쳐나는 교재가 있고, 충분한 경쟁으로 매일같이 더욱 새롭고 좋은 교재들이 생산되고 있다.

많은 학생이 공부에 흥미를 잃는 직접적인 계기는 진도에 결함이 발생하는 것이다. 더하기를 배운 후 곱셈을 배워야 하는데, 어쩌다가 더하기를 배우지 못한 학생에게 곱셈을 가르치면 알아듣지 못하고 금세 흥미를 잃게 되는 것이다. 때로는 같은 내용에 너무 오래 머물러 있어도 흥미를 잃는다.

진도와 관련해 해답을 줄 수 있는 것이 바로 인터넷의 하이퍼링크(Hyperlink)라는 개념이다. 잘 모르는 부분에 클릭만 하면 해당 설명으로 넘어가 주니까 학생들은 사실상 개인 교습의 효과를 누리게 되는 것이다. 예를 들어, 화학을 공부하다가 "분필은 칼슘양이온 Ca^{2+}과 다원자이온인 탄산음이온 CO_3^{2-}으로 구성된 탄산칼슘 $CaCO_3$로 만들어진다."는 문장을 접했을 때, 앞의 진도를 놓치거나 잊어버려서 '다원자이온'이 뭔지 모를 때, 개인 교사가 있으면, 질문을 하고 답을 쉽게 구할 수 있지만, 그렇지 않은 경우에는 처음부터 교재를 뒤지는 많은 수고를 들이든가 해야 하고, 교재가 좋지 않은 경우에는 개인적으로 답을 얻지 못하는 경우도 많다. 그러면 이후의 진도를 나갈 수 없게 되고, 짜증이 나면서 공부에 곧 흥미를 잃고 만다. 예를 들었지만, 사실상 거의 모든 학습에 거의 모든 학생이 이런 패턴으로 나가떨어진다. 하이퍼링크가 된 문장에서는, '다원자이온'을 클릭하여 다원자이온에 대한 내용으로 연결(링크)되므로 개개인이 쉽게 자신의 진도에 맞춰서 학습할 수 있다. 학교가 포기할 수밖에 없었던 대다수의 학생도 제대로 자기의 진도와 수준에 맞춰 학습할 수 있게 된다. 하이퍼링크 되어 있는 교재의 가장 좋은 예로 위키피디아(Wikipedia)가 있다.

공부의 흥미와 관련해서, 만약 흥미라는 교육 수요에 대응하는 교육 서비스를 제공할 수 있다면, 교육에 참여하는 모두는 상당히 즐거운 시간을 가질 수 있을 것이다. 원래 공부라는 것, 뭔가 안다는 것은 그 자체로 즐거운 일이기 때문이다. 또한, 내가 하고자 하는 행위에 필요한 지식을 습득하는 것은, 설혹 즐겁지 않은 때가 잠깐 있을 수는 있어도 뚜렷한 목적을 가지고 있기에 견디기 용이하다. 하지만 학교 교육은 내가 필요로 하는지, 흥미를 가졌는지를 묻지 않는다. 고리타분한 사람들끼리 모여서 그들보다 훨씬 영리하고 최신 문명에 익숙한 어린 세대들에게 필요한 것이 이것과 저것이라고 마음대로 결정한다. 그조차 그들끼리도 의견이 분분해 매일같이 싸워댄다. 게다가 아주 빈번하게 정치적인 이슈도 적극적으로 개입한다. 언제나처럼 무식하고 악한 정치인들이 자신들의 사상을 목적으로 교육 과목의 내용을 결정하기도 한다. 어떤 과목은 필요성보다 해당 과목에 종사하는 교사들의 생계가 고려대상이 되기도 한다. 즉, 어떤 학생에게는, 아니, 사실상 대개의 학생에게는 학교 교육이 흥미도 없고 필요도 없는 것이 되고 만다. 그 학생들의 거의 20년에 가까운 시간 낭비는 무엇을 위한 것인가? 교육 관계자들의 생계를 위한 것인가? 정치꾼들의 거드름을 위한 것인가? 부모들의 면책을 위한 것인가? 그 어느 것도 학생들의 인생에 비견할 가치가 되지는 못할 것이다.

학교를 없애야 한다.

배우고 싶은 것을 배울 수 있도록 한다. 방법은 단순하다. 그냥 학교를 없애면 된다.

무엇을 배울지는 스스로 정하지만, 사회나 희망하는 직장으로부터 요구되는 지식이 있고, 하고자 하는 모든 행위가 요구하는 전제 지식이 각기 있을 것이다. 그에 맞춰 스스로 커리큘럼을 짜고 학습을 진행한다.

교육 서비스를 제공하는 사업자는 현재도 많지만, 학교가 사라진 후에는 더더욱 활성화될 것이다.

사교육이 교육의 주체가 되는 것에 가장 염려되는 것은 비용문제일 것이다. 하지만 여태 우리가 무료인 줄 알고 있던 학교 교육 역시 절대 무료가 아니었다는 점을 우선 깨달아야 한다. 우리는 우리가 따로 교육 서비스를 선택해서 듣는 것보다 훨씬 고비용을 지출하고 있었고, 낮은 교육 성과를 얻고 있었다는 점을 알아야 한다. 참고로 한국이 2017년에 교육비로 지출한 돈은 57조 원으로 1,500만 가구가 각기 380만 원씩 낸 돈이다. 학교를 안 다녀도 내야 하는 돈이다. 개인으로 따지면 매년 100만 원씩 평생 70년 동안 7천만 원을 교육비로 낸 꼴이다. 학교 교육과 동일한 내용과 수준의 교육을 인터넷으로 받을 수 있는데, 지금도 월 10만 원 정도에 가격이 형성되어 있으며, 이것은 교육을 받는 중에만 내는 것이니 초·중·고등학교에 다니는 기간인 12년으로 환산하면 1,440만 원을 교육비로 지출하는 것이다. 7,000만 원:1,440만 원이니 더 저렴해진다고 할 수 있다. 아이러니한 것은 학교 교육을 받는 와중에도 대부분 학생이 이런 형태의 보충 교육을 이미 받고 있다는 점이다. 중복 지출일뿐더러, 학교 교육이 제대로 기능하지 못하고 있음을 의미하는 것이다.

공교육이 사라지면, 가난한 자와 부유한 자가 받는 교육의 질이 차이가 발생해서 불평등을 심화시킬 것이라 우려하는 사람도 많을 것이나 사실은 그렇지 않다. 공교육이 존재한다고 부자들이 사교육을 안 하는 것도 아니니 불평등은 이미 있었던 것이고, 학교에 앉아있는 자체로 학습이 되는 것도 아니니 교육받은 정도가 같았던 것도 아니다.

오히려 획일화된 학교 교육은 괜히 사람을 우열로 나누어 놓으며, 대체로 부자들에게 우월함을 반복하여 누릴 수 있게 해 주는 면도 있다. 세상에서 배워야 할 과목은 백만 가지가 넘을 테고, 각자 필요와 취향에 따라 과목을 선별하여 학습한다면 굳이 비교할 이유가 없어지고, 소년 시기에 대학이라는 틀에서 전체 인생의 행로가 정해지는 답답함도 사라질 것이다.

교육 정도나 지적 수준 및 성취에 대한 평가 혹은 인증 서비스를 제공하는 사업자도 나타날 것이다.

지금은 각 단계의 학교 교육을 무사히 마쳤는지의 여부와 출신 대학의 수준이 어느 정도인지로 개인의 지적 수준을 가늠한다. 하지만 같은 해 고등학교를 졸업한 수십만 명의 지적 수준이 얼마나 편차가 큰지 모르는 사람은 없을 테고, 같은 대학 출신이라도 그 학업의 성취 정도는 또 얼마나 차이가 나는지 모를 사람은 없을 것이다.

과목별 협회가 인증을 하든, 사설 교육 기관이 인증을 하든, 사설 평가기관이 설립되든, 각 기관의 신뢰도와 명예를 걸고 개인의 지적 수준에 대한 평가 서비스를 제공하는 것이다. 예를 들어, 태권도는 국기원이라는 기관에서 '~1급', '1단', '2단', '3단' 등의 평가 절차를 거친 후 인증서를 내어 준다. 바둑은 여러 기관에서 평가와 인증을 실시 중인데 인터넷 게임 회사의 급수만으로도 충분히 신뢰를 받는다. 영어 실력을 보려면 토익이나 토플 등의 기관으로부터 받은 점수를 보면 되고, 컴퓨터 프로그래밍 실력은 'Sun Micro Systems'나 'Micro Software' 등 컴퓨터 관련 유수의 기업들이 평가와 인증제도를 갖고 있으며, 이런 민간의 인증제도는 현실 채용 시장에서 크게 신뢰를 얻고 있다. 이런 식으로 한국어 능력이나, 수학, 과학, 역사, 철학 등 모든 인문학이나 기초학문에도 각기 적합한 평가와 인증 서비스가 민간 사업자에 의해 제공된다 하여도 이상할 것이 없으며, 오히려 지금보다 훨씬 구체적이고 신뢰할 수 있는 제도가 될 수도 있다. 예를 들어, 한국어를 평가하고 인증해 주는 신뢰 있는 기관 중의 어떤 곳은 주로 정형화된 한국어를, 또 어떤 곳은 세련되고 문학적인 한국어를, 또 다른 곳은 트렌디한 한국어를 평가하는 기관일 수 있다. 또 각기, 문법, 작문, 독해 등등에 대해 단계별 평가 체계가 있고 인증 체계가 있을 수 있다.

인증 기관이 너무 많아서 복잡하다는 불만이 생기면 시장은 이에 즉시 반응하여 인증 기관을 보기 쉽게 정렬해 주는 서비스를 제공하는 사업자가 곧 나타날 것이다. 기업이 막연하게 '엑셀을 잘 다뤄서 업무 개선을 할 수 있는 고급 인재가 필요해.'라는 요구 사항을 갖는다면, 매칭되는 인증 기관과 레벨에 대해 알려주는 서비스가 생겨나서, 'ㅇㅇㅇ사의 VBA 프로그래밍 Lv. 3 이상, ㅁㅁㅁ사의 엑셀 함수 활용 7급 이상' 등 스펙이 구체화되며 구직자와 의사소통이 이루어지게 된다. 지금 이 글을 읽는 비관련자에게는 뜬금없고 낯설고 어려울지 모르지만, 당사자들에게는 매우 익숙하고 합리적인 요구사항으로 다가올 것이다.

이런 인증 서비스나 교육 서비스들은 제각각의 생존을 건 경쟁하에서 학생들이 성취할 수 있도록 다양한 방법을 발명하고 동원할 것이다.

그리고 나아가 기존의 학교나 교사가 가졌던 학생을 이끄는 역할을 효율적으로 대체하게 될 수도 있다. 목표를 잘게 쪼개는 것이 성취를 위해 절제하고 분발하는 가장 효율적인 방법이라고 믿는 업체는 그에 맞는 체계를 가지고 학생들에게 어필할 것이다. 또는, 맞아가며 배워야 빠르다고 믿는 업체는 또 그렇게 하는 방법을 찾아 집중력을 끌어낼지도 모른다. 아마 어떤 교육 서비스 제공 업체에서는 어떤 단계를 막 통과한 선배 학생이 그 단계를 준비하는 후배 학생을 직접 가르치도록 할지도 모른다. 가르치는 입장에서는 가르치면서 해당 지식을 더욱 공고히 할 수 있고, 배우는 입장에서는 지식의 차이가 큰 선생이 가르치는 것보다 비슷한 수준에서 약간 더 나은 선배가 훨씬 나의 상황을 잘 이해하며 잘 가르칠 수도 있기 때문이다.

선택은 교육소비자의 몫이다.

학교의 집단교육에 따른 교우관계가 너무 중요하기 때문에, 학교는 없어지면 안 된다고 주장하는 사람이 있을지도 모르겠다. 언제나 본질은 외면하고 부가적 요소에 집착하는 사람들이 꼭 있기 마련이다. 이런 경우는 뭐라고 설득할 방법도 없다. 배우기 위해 간 곳에서 굳이 교우관계를 찾으니 뭐라고 한다는 말인가. 사람이 사람을 이해하고 어울리는 것은 지식의 습득 이상으로 중요한 것은 맞다. 하지만 그 중요한 것을 굳이 학교를 통해서 얻어야 할 이유는 없다. 수없이 많은 형태의 관계를 통해 저절로 형성되는 것이지, 인간관계를 위해 사람을 모아 억지로 대화를 시킨다고 되는 것이 아니다. 학교가 없어져도 사람이 살아가는 한, 그만큼의 시간 동안 다른 형태로 다른 사람들과 만나고 어울리게 된다. 걱정하거나 논할 일이 아니다.

사는 데 직업은 꼭 필요하다. 직업의 정의를 '식량을 구하는 방법'으로 보아도 되겠다. 직업을 통해 노동을 제공하고 남의 노동과 교환해 가며 사는 데 필요한 것들을 얻는다. 그것이 인간이 살아가는 방식이다. 어떤 직업을 선택하는가는 전적으로 개인들에게 달려있다. 쉽게 택할 수 있지만, 노동의 내용이 맘에 들지 않기도 하고, 노동의 내용은 맘에 들지만 쉽게 택할 수 없는 직업도 있다. 이런 직업을 선택하는 구직 경쟁 때문에 각 직업이 요구하는 기본소양을 갖추느라 다들 여러 경로를 통해 배운다. 하지만 정작 배움의 효율이 가장 좋은 것은 직업에 바로 투입되어 일하면서 스스로의 효율을 개선하기 위해 배울 때다. 그토록 하기 싫고 외워지지 않던 영어도, 정작 외국의 바이어와 접촉할 일이 생기고 그 일로 본인의 삶이 나아진다고 여겨지기만 하면, 매우 짧은 시간에 상당한 수준까지 배워진다. 엑셀의 함수는 복잡해서 배울 엄두도 나지 않다가 몇몇 기교로 인해 자신의 업무량이 줄어든다면, 그래서 잔업을 하지 않게 된다고 하면 금세 배운다.

어린아이들도 하루속히 직업을 가질 수 있도록 해야 한다. 그 아이들은 직업을 통해 매우 효율적으로 배운다. 또, 정확하게 필요한 것을 배운다.

아이들의 노동을 부정적으로 보는 것은 첫째, 노동의 신성함을 모독하는 것이고, 둘째, 21세기이거늘 아직 노동이란 것을 험악한 육체노동으로 연상하는 후진적 관념이고, 셋째, 자기들이 착한 척하겠다고 남들의 형편이 좋아지는 것을 방해하는 훼방이다. 아이들은 아이들에게 걸맞은 직업에 종사하며, 더 잘 배우고, 그 가족의 삶을 더욱 풍요롭게 할 수 있다. 또한, 사회적으로 직업 숙련도가 십수 년이 늘어나는 것은 상대적으로 고품질의 상품을 생산할 수 있게 되는 것을 의미하며, 그 사회의 경쟁력을 높이고, 더욱 풍요로울 수 있음을 의미한다.

학교는 없애고, 아이들은 일찍부터 직업을 가져야 한다.

아이들이 공사판이나 주조공장에서 쇳물을 푸는 모습을 연상하지 말라. 조그만 책상에 놓인 모니터를 바라보며 각종 데이터를 입력하고 수집하는 단순직에 종사하는 모습을 연상하라. 아이들은 24색 크레파스로 도화지에 그림을 그리던 시간에 '포토샵(Photoshop)'을 켜 놓고 수천만 가지 색상의 조합을 알게 될 것이다. 시대에 어울리는 지식을 습득할 것이며, 습득하는 족족 사회에 공헌하고 합당한 보수를 받아 갈 것이다.

아이들이 더 이상 보육의 짐이 아니라 소득 증가의 요인이 되면 인구는 증가한다.

이렇게 너무도 뻔하고 명확한 사실관계를 대놓고 말하기 껄끄럽다고 해서 인구 감소에 대해 엉뚱한 얘기들만 늘어놓는다. 언제나처럼 무식하고 악한 정치꾼들은 그런 대중의 입바른 소리에 부응해 엉뚱한 정책들만 늘어놓고 있다. 출산이 감소하는 유일한 이유는 애를 낳아서 득이 되는 게 작을 때이고, 출산이 증가하는 유일한 이유는 애를 낳아서 득이 되는 게 클 때다. 가난한 국가의 출산이 많은 이유는 아이들이 노동원이 되기 때문이고, 한국의 출산이 감소하는 것은 서른 살까지도 용돈을 줘야 하는 괴로움 때문이다.

아주 어릴 때부터 일할수록 더 좋은 사회가 된다.

노동은 인간과 동물의 구분점이기도 하다. 노동을 통해 인간은 비로소 존재의 가치를 갖는다. 노동은 신성하고 위대하다. 일찍 일할수록 사람들은 더욱 빠르게 지혜로워지고, 더욱 실질적인 지식이 깊어진다. 또한, 삶이 보람과 자부심으로 가득 차며, 사회는 더욱 번성하게 된다. 번성하는 사회의 구성원들은 소득이 높아지고 시간적 여유가 생기면서 놀이를 즐기게 되는데, 그런 놀이 역시 인간의 필요이고, 필요에 따른 공급이 활발해지면서 일할 분야가 다시 많아지는 풍성한 사회가 된다. 그런 삶 속에서 직업뿐만 아니라 놀이에 대해서도 원하는 교육을 원하는 대로 언제든지 저렴하게 받을 수 있어야 한다.

학교가 사라지면, 무엇을 어떻게 해야 할지 모르겠는 혼돈의 상황이 올 거라 생각하겠지만, 사실 지금도 대부분의 학생은 혼돈 상태라서 그런 우려는 모순일 뿐이다. 오히려 무엇을 모르는지 알고, 무엇이 내게 필요한가를 고민해 보게 만들기에, 혼돈의 측면에서도 지금보다는 좋아지는 것이다.

25

보건

　방역과 질병 통제와 같은 기능은 '안전부'로 이관하고, 그 나머지 의료, 제약 등에 관여하던 업무는 모두 없앤다.

　국가는 개인들의 의료 행위 수요와 공급에 개입하지 말아야 한다. 국민건강보험과 같은 제도도 폐지한다. 국가는 개인들의 건강에 관여하지 않는다. 개인들의 건강은 개인들이 알아서 한다. 국가는 개인들의 건강을 챙겨 줄 능력도 없고, 직접적인 이해관계도 없어서 사실상의 관심도 없다. 각자의 건강에 가장 관심을 두는 것은 그 각자 자신들이다. 또한, 그런 각자에게 가장 적합하게 서비스를 제공해 줄 수 있는 것은 의료인 당사자들이다. 각각의 의료인들은 자신들의 노동으로 다른 사람을 돕는다는 보람을 찾고, 합당하고 좋은 보수를 받는다. 그런 직접적인 이해관계가 가장 좋고 합리적이며 효율적인 체계를 만든다.

　보험이란 어쩔 수 없이 드는 비용의 크기 편차를 줄이는 목적으로만 존재한다. 사회 전체로 보면 보험이 있거나 없거나 의료에 들어가는 비용은 동일하다. 다만, 누군가에게 들어가는 비용 부담 1억 원과 대다수의 비용 부담 0원을 고르게 하여 모두에게 골고루 10만 원씩 부담케 하자는 것이 보험의 목적이다. 합계는 동일하다. 그렇게 하여, 혹시 나에게 불행이 당첨되더라도 견딜 수 있도록 하자는 것이 보험의 취지다. 사실, 보험을 운영·관리하는 비용이 더해지고, 보험으로 인해 수요가 늘어나는 등의 세세한 차이는 있지만, 지금의 논제는 아니고 여하간, 보험이란 그런 것이라고 전제하자.

이런 보험을 국가가 운영하든, 민간이 운영하든, 또는 아예 보험이 없든, 사회 전체가 필요로 하는 비용의 합은 동일하다. 그리고 수없이 많은 주제에서 논했듯이, 운영이라는 측면에서 보면 국가는 전적으로 민간보다 무능하다. 그래서 민간이 보험을 운영하는 것이 더 좋다.

그럼에도 민간 보험사를 마냥 신뢰하지 못하는 이유는 영리 목적의 그들이 피보험자들의 건강을 희생시켜가며 그들의 이익을 극대화하려 할 것이라는 의심 때문이다. 그건 그렇다. 그들은 어떻게든 나가는 돈을 줄이고 들어오는 돈을 늘리려 노력할 것이다. 다만 대부분의 비즈니스가 그러하듯, 이 역시 나가는 돈을 줄이면 들어오는 돈도 없다는 이치에서 벗어날 수는 없으므로(보험료 지급이 인색하면 가입자가 줄어들 것이다), 무제한적인 보험사에 대한 의심은 기우일 뿐이다.

의료 서비스 공급자의 입장은 어떻게든 고급 서비스를 제공하여 많은 이익과 높은 치료율을 가져가려 하는 입장이고, 피보험자의 입장도 어떻게든 고급 서비스를 받으려 하는 입장인데, 이런 입장 차이를 가장 잘 조율할 수 있는 것은 바로 시장뿐이다. 절대로 국가가 운영하는 보험은 이런 입장의 차이를 조율할 수 없다. 국민건강보험은 수없이 많은 문제와 부조리를 선동과 거짓말로 덮어가며 다음 정치꾼에게 넘기고 있을 뿐이다.

의료보험 체계는 사람들이 매우 민감하게 생각하는 문제이기도 하고, 워낙 여러 나라가 제각각의 제도를 가지고 있기도 하며, 이해 당사자들의 주관이 크게 작용하는 등 그 복잡성이 일반적인 상품을 매매하는 것과는 여러모로 다르기는 하다. 일반적인 상품이 가격 대비 성능을 논하는 편이라면, 의료시장은 무조건 성능 우선주의가 적용되는 편이다. 실제로 병을 고칠 수 있는가보다는 병을 고치기 위해 할 수 있는 것은 다 했다는 관념이 더 의미가 있는 면도 있다. 이성과 논리보다는 기분이 크게 작용할 수밖에 없는 시장이다. 또 선택의 차이로 이어지는 손실과 이익이 극단적으로 크게 차이를 불러오는 독특한 시장이기도 하다.

시장이라는 개념 자체를 사람이 모두 이해하기에는 복잡하다. 그래서 정부가 함부로 개입하지 말라는 것인데, 하물며 더더욱 복잡해 보이는 의료 시장이기에 국가는 능력 범위 밖에 있음을 인정해야 한다. 복잡함으로 인해서 발생하는 예외적인 불화가 마치 국가가 개입하지 않아서 생긴 문제인 양 호도하는 것은 옳지 않다.

국가가 의료 행위를 주도하는 국가의 의료 서비스는 모두 다 상당히 저질이다. 그럼에도 민중들은 그 환경에서 할 수 있는 것은 다 했다는 안도감에 크게 불만을 갖지 않고, 그런 국가의 특권층은 외국의 서비스를 이용한다. 반면, 민간이 의료 행위를 주도하는 국가에서는 고품질의 의료 서비스를 받을 수 있지만, 그런 비용을 댈 수 없는 계층은 상대적인 박탈감이 극대화되기에 문제다. 예를 들어, 암에 걸려 죽게 생긴 상황에 전자의 경우는 그냥 죽음에 이르지만, 후자의 경우는 적절한 보험만 있으면 살 확률이 있다. 그래서 전자의 경우는 그냥 운명으로 여기고 말지만, 후자의 경우 적절한 보험을 갖지 못한 사람은 돈이 없어 죽는 억울한 경우가 되는 것이다. 각자에게 있어 삶과 죽음의 차이는 세상 모든 것에 우선하는 큰 가치이기에 억울함의 정도도 클 수밖에 없다.

우리가 정책적으로 선택해야 할 것은 모두 죽을 것이냐, 가난한 자만 죽을 것이냐의 문제이고, 그 어느 쪽도 모두를 설득하기는 힘든 가치관의 문제이기에 고민이 된다. 하지만 의료의 질을 높이는 문제와 그런 의료의 혜택을 가난한 자도 받을 수 있도록 하자는 것을 서로 떼어서 접근하면 방법이 생길 수도 있을 것이다. 일단 의료의 질을 높이기 위해서는 국가의 개입을 막고 각 종사자가 각자의 이익을 위해 열심히 노력하도록 놔둬야 한다. 그 후 어떻게 하면 가난한 자들도 좋아진 의료 혜택에서 소외되지 않도록 할까를 연구해 보자.

일단, 병원이라는 체계로 뭉쳐져 있는 의료 서비스를 세분화하여 따져 보자. 의료 서비스는 대략 검사, 처방, 간호, 투약, 수술로 나눌 수 있다.

상황마다 다르겠지만, 대개의 경우는 환자가 의사를 찾아가 증상을 얘기하는 것으로 의료 행위는 시작된다. 이것을 굳이 직접 찾아가지 않고 인터넷상에 증상을 올리는 것으로 시작하도록 하자. 소위 원격진료라고 명명된 체계인데, 여러 형태로 서비스를 제공하는 업체가 생겨날 것이다. 간단히 생각해서, 어떤 사이트에 접속해서 증상을 쓰면 해당 분야의 의사 몇 명이 소견을 제시하는 것이다. 의사끼리 이견이 있는 경우에는 적절한 절차를 거쳐 결론을 얻고 처방을 받는다.

1차 진료의 과정에서 필요한 검사가 생길 수 있다. 분야별 검사 기관이 동네 병원처럼 여기저기 있어서 그곳에 가서 검사를 받고 기록을 업로드하도록 한다. 혈압, 혈액, 엑스레이, 심전도, CT, MRI 등, 의사가 필요하다고 하는 검사를 여기저기 가격과 품질을 비교해 가며 적당한 곳에 가서 받도록 한다.

처방에 따라 필요한 약은 마찬가지로 인터넷을 통해 여기저기 가격과 품질을 비교해가며 구입할 수 있도록 한다.

이런 과정들이 환자에게 번거로운 일을 만드는 것은 아니다. 적절한 서비스를 제공하는 업체가 많이 생겨날 것이고, 환자들은 전혀 어렵지 않게 그리고 지금보다 훨씬 명확하게 의료 서비스를 구입하게 된다.

어떤 처방은 수술이 필요할 것이다. 환자는 필요한 약을 사고 해당 수술을 집행할 수 있는 기관을 품질과 가격을 비교해가며 고른다. 이때 해당 기관이 직접 운영하는 입원실도 있겠지만, 그 옆에 다양한 형태와 가격을 장점으로 내세우며 영업하는 입원실들이 있을 것이고, 그 중 적당한 것을 골라 입원 및 간호서비스를 받도록 한다.

여행을 갈 때, 패키지로 일괄구매하던 것을 비행기, 호텔, 차량 렌트, 식당 등 모두 따로따로 구매하는 것을 연상하면 비슷할 것이다. 다만, 의료 행위처럼 민감한 것을 그렇게 해도 되는가에 대한 의문이 들 텐데, 정보통신기술의 발전으로 이 모든 것들을 지금보다 훨씬 효율적으로 관리할 수 있게 되었기에 적용하여 누리자는 것뿐이다.

보험도 다양한 상품이 나올 것이다. 아마도 약값 한도 얼마, 입원비 한도 얼마, 수술비 한도 얼마 등 이런 식의 상품일 것이다.

의사에게 있어서는 어떤 약을 처방할 때 직접적인 이해관계가 존재하지 않게 되므로 괜히 비싼 약을 처방할 요인이 사라진다. 처방은 필요한 약의 카테고리를 지정할 뿐이고, 선택은 환자가 하는 것이다. 또한, 처방에는 서로 모르는 사이인 복수의 의사가 관여하므로 괜한 시빗거리는 애초에 만들지도 않을 것이다.

의사는 오로지 의학적 지식과 수술하는 기술로 인정받고 합당한 보수를 받게 될 것이다.

병원은 없어지고, 병원이 가졌던 각 기능이 세분화·전문화되어 매우 다양한 형태의 의료기관이 새로 생기게 될 것이다.

국민건강보험은 없어지고 다양한 형태의 보험 상품을 이용하면 된다.

자동차보험에 책임보험과 종합보험이 나누어져 있듯이 수술보험과 약값보험에도 책임보험 형태의 강제가입 상품을 둔다. 강제라는 표현을 썼지만, 이 기본보험료를 국가가 부담하는 것으로 하여 보험 혜택을 받지 못하는 사람을 없게 하자는 것이다. 다만, 이 기본 상품을 제공하는 보험사는 여러 군데가 있고, 여러 형태로 판매하며 소비자는 돈이 오갈 것 없이 가장 좋은 상품을 선택만 하면 된다. 보험사로서는 가입자 수만큼 국가로부터 보험료를 지급받는다. 경쟁은 유지하면서 모두에게 혜택을 주는 방법이다. 기본보험이 의무적으로 보장해야 하는 치료의 종류와 범위는 적절한 논의과정을 거쳐 결정하면 될 것이다.

의료 행위를 세분화하여 특정 치료의 약값과 수술비용에 한하여 보험 적용을 하므로 비용이 최소화되었고, 세분화된 분야별 경쟁으로 품질은 좋아졌고, 누구라도 아플 때 최상의 치료를 받을 수 있게 된다.

보험사가 나쁜 마음을 먹고 혜택을 과하게 설정해 많은 가입자를 모아 보험료를 잔뜩 챙기고는 파산하는 상황을 염려할 수도 있겠으나, 가입자를 선별할 수 없도록 하면, 즉 가입자가 보험사를 선택하는 것만으로 가입이 성립되는 간단한 제도로 하면, 논리상 맞지 않는 과한 혜택은 곧바로 환자들을 불러모아 지출을 급속히 늘릴 것이므로 균형을 유지하지 않을 수 없게 된다.

금전적인 여유가 좀 더 있는 사람들이 원하는 의료 서비스는 그런 고수준의 치료에 더해 안락한 입원 시설과 세심한 간호 서비스 그리고 모든 시설을 감싸고 있는 인테리어의 고급스러움과 같은 것들이다. 사설보험들은 그런 개인들의 천차만별인 요구 사항에 구석구석 부응하는 상품들을 내놓을 것이다. 입원실이 6인실인지 2인실인지 구분하는 것만으로도 업무가 벅찬 국가의 능력으로서는 상상도 할 수 없는 다양한 요구가 이 세상에는 존재하며, 그런 요구에 대응하는 방법은 민간의 자율에 맡기는 것 말고는 없다.

수술 기관끼리도 서로 경쟁하여 더 좋은 실력과 더 저렴한 비용으로 환자를 끌어모으려 애쓰게 된다. 지금도 보험 혜택이 없는 분야의 수술들은 그렇게 발전하고 있다.

26

복지

우리 대부분은 일하는 자들이고, 모든 일하는 자들은 자기가 먹을 것을 자기가 만든다.

교환을 통해 원하는 것을 얻게 되면서 분업이 시작되었고, 분업으로 인해 급격하게 생산성이 증가하면서 소비를 다 못 하고 남는 것이 생기자 생산에 직접 종사하지 않고도 먹을 수 있는 사람이 생겨났고, 그런 사람들 대부분은 구석구석 인간 사회를 보다 세련되고 윤택하게 하는 일에 종사하며 살아가게 되었다. 그 후 기계와 기술의 발전으로 생산성은 더욱 폭증하였고, 아예 놀고먹으려 드는 사람들도 생겨났다.

복지 제도의 역사적 시작점은 남의 것을 빼앗으려 드는 성난 폭도들을 달래기 위해 지배층이 거짓말을 한 것이고, 현대 사회의 복지란 노동자들을 잘살게 해 줄 듯이 거짓말을 하면서 기실은 노동자의 것을 빼앗는 것이다. 속은 노동자들도 순수하지는 않다. 남의 것을 빼앗아 나에게 줄 줄 알고 좋아했던 것뿐이고, 내 것을 빼앗아 자기들끼리 나눠 먹고 있다는 것을 모를 뿐이다.

지극히 평범한 직장인 김 씨가 평생 번 돈이 8억 원이라고 하자. 그는 건강보험료로 1억 원을 냈고 연금으로 1억 원을 냈으며 소득세와 부가세로 1억 원을 냈다. 과연 그가 1억 원어치 의료혜택을 받았는가? 답은 "아니오."이다. 단순히 시장에 의료 서비스 공급자와 소비자만 존재한다면 낸

만큼 가져갔겠지만, 건강보험공단이 떼어 써야 하고, 이상한 수급자들도 많고 해서, 일반적인 일하는 자들은 절대로 낸 만큼 가져갈 수 없다. 연금이란 애초부터 폰지사기(Ponzi Schem, 다단계 금융사기)에 지나지 않는다. 빼앗아가며 약속한 연금액은 후대로부터 빼앗아 주겠다는 것인데, 후대가 거부하면 그것으로 끝이다. 지금 우리로부터 빼앗은 것은 선대들에게 지급하고 있는 중이다. 폰지사기다.

나를 잘살게 해 주려고 나에게서 2억 원을 빼앗아 간다는 논리는 이해하기 어렵다. 2억 원을 빼앗아 가지 않는 것과 어려울 때 도와주기로 약속하는 것 중에 무엇을 선택할 것인가? 대부분의 사람들은 2억 원을 선택할 것이라 본다. 어려울 때를 대비하는 것은 내가 알아서 할 일이고, 나 스스로가 더 잘할 수 있다. 연금이란 나한테 돈을 거두어 잘 운영해서 돌려주는 것이라 설명하지만, 국가가 그런 식으로 부를 창출할 능력이 있었다면 애초부터 국민들이 노동을 하지 않아도 되는 것 아닌가? 국가가 정직하다면 기대할 수 있는 최대의 수익은 시장 평균의 이자 수익일 뿐이다. 그것은 개인들도 각자 알아서 올릴 수 있는 수익 정도일 뿐 애초부터 부를 창출하는 데 있어 국가의 역할이란 없는 것이다. 보다 똑똑한 운영 요원을 둠으로써 고수익을 낼 수 있다고? 아무리 똑똑하다 한들 '하이리스크, 하이리턴(High risk, High return)'이라는 세상의 이치를 넘을 수는 없다. 그리고 그보다 더 큰 문제는 지금도 그런 그럴싸한 거짓말을 들이대며 똑똑한 사람들을 표면에 내세워 개인들이 모은 기금들을 훔쳐 가고 있다는 것이다.

고수익을 낸다는 핑계로 수없이 많은 금융전문가에게 보통 사람들로서는 상상도 할 수 없는 고액 연봉을 줘 가며 투자처를 물색하고, 그중에서 부패한 자들은 투자라는 명목으로 돈을 빼돌리고 있다. 세상 누구도 고수익을 기획할 수는 없지만, 눈먼 돈을 빼돌리는 것은 조금만 똑똑하면 되는 일이기 때문이다. 수십조 원의 돈에서 수천억 원 정도야 '투자 실패는 있을 수 있는 일이라는 핑계로 덮을 수 있는 규모임을 그들은 잘 안다. 나중을 생각하는 따위는 어차피 그들에게는 없다. 그런 악마 같은 것들의 난동을 막을 가장 확실한 방법은 그런 기금을 마련하지 않는 것이다.

남의 불행에 측은지심으로 돕고자 하는 것은 복지와는 별개로 따져야 할 문제다. 각 개인의 자비심으로 어려움에 빠진 자들을 도울 수 있는 것이고, 만약 그런 착한 사람들이 부족해 어려운 자들이 충분한 도움을 받지 못한다면 그것은 그냥 그런 것이다. 남의 자비심이 부족하다고 따질 수는 없는 일이다. 자비심이 풍부한 사람들이 느끼는 대로, 생각하는 대로 어려운 사람들을 도우면 되는 것이다. 이기적인 놈이 나중에 불행해져 남들로부터 자비의 혜택을 보는 경우가 있겠고, 열심히 자비를 베풀며 살았는데 막상 불행해지고서는 자비의 혜택을 못 받는 경우도 있을 수 있다. 하지만 그런 것을 따지기 시작한다면 이미 자비와는 상관이 없는 일 아닌가? 그런 식의 주고받기 거래라면 저축도 있고 보험도 있다. 남을 돕는 기쁨과 어려울 때를 대비한 보험을 한꺼번에 해결하고 싶다는 것인가? 참으로 이기적이기도 하다.

국가는 국민의 복지를 개선해 줄 능력도, 의지도 없다. 그러니 손을 놓아야 한다.

모든 개개인은 스스로 자신들의 처지를 개선하기 위해 끊임없이 노력하며 누군가의 방해만 없으면 실제로 점점 그렇게 좋아진다. 그렇게 점점 좋아지기 위해 가장 필요한 것은 노력한 만큼 보수를 받을 수 있는 직장이고, 그런 직장이 언제든 있으려면 국가가 개입하지 않아야 하는 것이다.

오래 살며 보살핌을 받는 것보다 사회 구석구석 다양한 분업 체계로 아무리 노쇠해도 할 일이 있는 사회, 그래서 죽을 때까지 자신의 생계는 스스로 책임질 수 있는 사회, 그렇게 살면서 즐길 거리가 가득해 죽는 순간까지 삶을 만끽하며, 그런 세상에 감사할 수 있는 사회가 바람직한 사회다.

국가는 제발 개인들이 잘살든 못살든 신경을 꺼야 한다. 무능한 존재가 나서면 모두가 괴로울 뿐이다.

한 가지 더 이야기하고자 한다.

정치인이라는 이름의 사기꾼들이 마치 성장을 하기 위해 경쟁하는 모습이 불행한 것이고, 가난해도 알콩달콩 아름다운 마음으로만 모여있으면 행복할 수 있다고 입바른 소리를 하는 사람이 있다. 하지만 세상의 모든 개체는 생존을 위해 서로 싸우는데, 성장하지 않고 있다가는 성장한 국가들에 의해 잡아먹힐 뿐이다.

복지라는 개념 자체를 없애야 한다.

27

국무부

Department of State

우리는 우리 공동체의 존재 그 자체를 위한 일을 해야 하는데, 국무부가 그 심부름을 한다.

국방, 외교, 통상 등이 그런 일이다.

국방

60만 명의 상비군은 필요 없다.

국방에 소요되는 비용의 대부분은 비생산 인구인 이 상비군이 생활하는 데 소모되고 만다. 이 상비군이 가진 거의 모든 에너지도 국방과는 상관없이 그냥 생활하는 데 소모된다. 매우 비효율적이다.

평시에 단 한 명도 예외 없이 전 국민이 필요한 군사 기술을 익혀, 전시에 5천만 명의 병력을 갖도록 하자.

20대 남성이 2년간 복무하고 8년간 예비군으로 편성되는 의무로부터, 모든 국민이 복무 기간 없이 예비군으로만 편성되어 있기로 하자.

필요한 군사 교육은 개인적으로 알아서 받도록 하고, 국가로서는 개개인의 전술 능력을 종목별로 평가하자. 예를 들어 사격술의 경우, 일반 육군 보병의 보직을 갖고 있다면 1분 안에 소총을 조립하고 분해하기, 100m

사격 90% 이상 명중시키기 등을 필수 과목으로 하여 매년 평가하고, 수류탄, 클레이모어, M60 등등 무기별로 선택 과목으로 하여 1년에 한 가지 이상씩 평가받기 등 각자의 전력 수준을 평가 및 관리한다.

개인들은 각종 교재와 사설 교육 기관을 통해 교육을 받을 수도 있고, 소속 부대에 교육 프로그램이 있을 수도 있다. 각급 부대가 각 병사에게 요구하는 과목들이 있을 수도 있다.

부대의 편성은 무작위로 배치하는 것이 아니라, 각 부대가 부대의 명예와 전력 유지를 위하여 필요한 수준의 예비군을 임의로 뽑아 편성할 수 있도록 하자. 각 하급부대장은 좋은 병력으로 부대를 편성하기를 원할 테고, 상급부대들은 좋은 하급부대들을 거느리기 원할 것이다. 그러기 위해서는 각급 부대 스스로가 여러모로 매력을 어필할 수 있어야 할 것이다.

개인화기는 각자 개인들이 알아서 장만하도록 하고, 소속부대에 보관토록 한다. 분대급 혹은 중대급 공용화기도 해당 부대가 갹출하든지 소유자를 영입하든지 해서 부대의 화기를 갖춘다. 나머지 개인 장구는 모두 각자 개인들이 알아서 장만한다. 부대가 유니폼을 입는 부대면 개인들은 유니폼도 장만해야 할 것이고, 유니폼이 없는 부대는 없는 대로 좋다. 그런 모든 요소가 각급 부대를 타 부대와 구분 짓는 요소들이고, 개인들은 전시에 강한 부대에 속해 있을수록 생존율과 전공을 세울 확률이 높아지므로 되도록 잘 갖추어진 부대에 소속되고 싶어 할 것이다. 그런 요구들이 상호작용하여 각급 부대와 각 병사는 더 좋은 부대가 되려고 경쟁하고, 더 좋은 병력이 되려고 경쟁하여 국가 전체의 전력은 상승하게 될 것이다.

개인들이 국방의 의무에 복무하는 시간은 지금의 '24시간×365일×2년=대략 14,000시간 정도'에서, 전쟁이 없다는 가정하에 500시간 정도로 줄어들게 된다. 국방에 들어가는 비용은 현재 대략 40조 원에서 15조 원가량으로 줄어들게 되고, 그마저도 엉뚱한 곳에 낭비되지 않고 첨단의 대형

무기를 구비하는 데 집중해서 사용할 수 있게 될 것이다. 또한, 50만 명가량의 어린 사병들이 군복무 대신 산업 현장에 투입되어 국가로서는 15조 원가량 소득이 증대될 것이다. 어떻게 보면 국방에 소요되는 비용이 거저 얻어지게 되는 격이다.

전쟁이 발생했을 경우 훨씬 많은 인적자원을 갖게 되었을 뿐 아니라, 지켜야 할 민간인이 없고 모두가 스스로 지킬 수 있는 병력들이니 국가적으로 전력은 배가된다.

평가 체계에 의해 각 병력은 무기를 다룸에 있어 훨씬 숙달되어 있을 것이다. 개인화기들은 개인들의 소유물이기에 매우 잘 관리되어 있을 것이고, 개인 장구들도 언제나 시대에 맞게 가볍고 효율적인 기능들을 갖추고 있을 것이다. 괜히 수십년 전의 무겁고 이해할 수 없는 물통과 밥통들을 들고 다니느라 지칠 필요가 없다. 발에 물집이나 잡힐 비싼 전투화 대신 3~4만 원이면 구입할 수 있는 트레킹화가 훨씬 전투에 유리할 것이다.

이런 체계가 가능해진 이유는 정보통신기술의 발달로 이전 시대와는 차원이 다른 관리적 효율이 생겼기 때문이다.

물론, 군병력이 예비군으로만 편성되는 것은 아니다. 각 부대의 행정을 담당할 공무원도 있어야 하고, 군 작전을 수립할 능력을 갖춘 전문 군인도 있어야 한다. 전투기, 전함, 전차 등 고급무기를 운영할 군인도 있어야 하고, 군사 훈련을 매일 받아야 할 특수부대원들도 있어야 한다. 그들은 직업이 군인이며, 전문직이다. 괜히 사병들의 생활을 관리하느라 힘을 빼앗기지 않는다.

행정업무는 그냥 사복 차림의 공무원이 하면 된다. 고급무기의 유지·보수 업무는 전문업체에 외주를 주면 된다. 사설 업체의 효율은 언제나 우수하다.

상비군이 없으니 취사에 필요한 인력과 시설도 필요 없다. 직업군인들의 식사는 계약된 급식 업체가 제공하면 되고 전시에도 마찬가지다. 수송과 관련해서도 민간의 물류회사들과 계약해서 진행하면 된다.

휴전선에서 근무해 본 사람들은 지금과 같은 형태의 근무가 얼마나 무용한지 알 것이다. 그들은 적에 대한 경계를 서기보다 상급자의 방문에 대한 경계를 서고 있을 뿐이다. 그런 식으로 10만 명의 병력을 DMZ 철책에 일렬로 펼 것이 아니라, 사설 업체에 외주를 주어 늘 첨단장비로 경계를 서도록 하며, 사태가 발생했을 때 전문 군인이 투입되도록 하자. 그편이 훨씬 믿을 수 있는 체계다. 관제실에 앉아서 비무장지대 250㎞를 샅샅이 살펴볼 수 있는 시대이기 때문이다.

단순히 사고의 전환만 하고도, 우리가 얼마나 적은 비용으로 안전해질 수 있는지 알아야 한다. 시대에 맞춰 신속하게 변할 수 있는 것은 매우 큰 힘이다. 변해야 한다.

모두가 달려들어 싸우던 원시 시절이 있었고, 농사를 짓기 시작하면서 농번기를 피해 싸우던 시절도 있었다. 산업화 이후에는 상비군을 따로 두고 생산 인구는 계속 생산에 매진하는 것이 사회에 유리하니 그렇게 해왔던 것이다. 이제 또 기술이 발전해서 상비군을 그렇게 두지 않고도 원하는 만큼의 안전이 확보될 수 있기에 그런 방법을 제시하는 것뿐이다. 본질에 집중하면 해법은 나오기 마련이다.

국방이 국가를 고려할 때 제1의 중요사항인 것은 모두가 공감할 것이다. 그렇기에 신성시되거나 불가침적으로 되기 쉽다. 군인이란 직업이 갖는 장엄함으로 인해 감히 국방의 영역에 시민사회가 왈가왈부할 수 없게 만드는 면도 있을 것이다. 하지만 국방이란 그냥 우리가 우리를 지키는 것에 다름 아니고, 그 방법은 그때그때 가장 효율적인 것을 택하는 것이 바람직하다.

군대 조직은 명령 체계인 것은 맞지만, 이는 상하 지위에 따른 명령이라기보다 기능별 수평 조직으로서 의사결정 체계에 따른 지시여야 한다. 사병 간의 관계 역시 고참과 신참 혹은 나이로 따지는 위아래가 아니라 어디까지나 각자 개인이 가진 능력별, 기능별 분담 체계가 되어야 한다. 상급자의 명령이니 따르는 것이 아니라, 의사결정권자의 지시라 따르는 것이다. 명령 불복종에 대한 처벌이 아니라, 지시를 어김으로 조직 질서를 어지럽힌 것에 대한 처벌인 것이다.

장교는 없다. 대신 이러저러한 군사 기술을 갖춘 개인을 각급 지휘관으로 임명하고 권한과 책임을 준다. 그들은 전문직 군인일 수도 있고, 예비군일 수도 있다. 신분에 집착하기보다 필요에 따른다. 장교란, 귀족과 평민 혹은 양반과 상놈으로 계급이 뚜렷했던 시절에 전쟁을 치르면서도 잠자리와 먹는 자리를 함께할 수 없었던 문화에 기인할 뿐이다. 지금 시대에 전혀 어울리지 않고 부작용만 가득한 체계다. 회사에서 팀장과 임원을 임명하듯 해도 조직은 매우 효율적으로 운영된다. 장교와 사병으로 구분하지 않고 전문군인과 단순군인으로 나눈다. 전문군인은 군의 각 지휘부문과 첨단무기 장비에 배치되어 더 좋은 보수와 함께 전문성을 키워나가며, 애꿎은 사병 관리에 진을 빼지 않도록 한다.

현대전의 사령관에게 요구되는 덕목은 용맹이 아니라 빠른 두뇌 회전일 것이다. 용기와 무모함 사이에서 줄타기하는 위험을 짊어질 것이 아니라, 정확하게 통계를 읽을 줄 알며, 자원 배분의 수학적 이치에 정통한 자라야 할 것이다. 국가에서 가장 똑똑한 사람이 근무해야 할 곳은 군 지휘실일지도 모른다. 인물에 의존하던 조직 체계에서 직무 중심의 체계로 바뀌면, 용맹한 자는 전투 지휘를 하고, 똑똑한 자는 전략 지휘를 하게 된다. 둘 사이의 상하 관계는 없다. 그냥 각자 그런 직무를 수행할 뿐이다.

어떤 부대는 아예 용병부대일 수도 있다. 국가로서 전투 경험은 끊임없이 있어야 하고, 예비군 체제에서 그렇게 할 수 있는 방법은 용병부대일 것이다. 그들은 회사가 곧 부대고, 그 경험들이 곧바로 다른 부대들을 지휘할 수 있는 능력으로 이어질 것이다. 그렇게 국가의 전력은 유지될 것이고, 우리는 보다 안전하게 삶을 영위할 것이다.

모든 부대가 소총수로 구성되는 것은 아닐 것이다. 어떤 부대는 드론 등 로봇을 조종하는 부대도 생길 수 있다. 어떤 부대는 상당히 많은 시간 참여를 요구할지도 모르겠다. 그런 부대에 입대하든 말든 그것은 개인의 선택이다. 어떤 형태의 부대가 절대로 필요한데 자율 모집으로는 형성이 안 된다면, 그런 분야에 직업군인을 투입하여 배치하면 된다.

외교

이념적으로, 외교는 이익보다 명분을 더 중요시해야 한다. 우리 각자는 우리 공동체에 자부심과 긍지를 가질 수 있어야 하고, 그런 이념에 동조하는 국가들과 긴밀히 협조하는 체계를 갖춰야 한다. 늘 거짓을 일삼고 자국민을 학대하는 정권이 돈 몇 푼짜리 공사를 맡긴다고 거기에 아양을 떨어서는 안 된다. 싸움에도 가장 중요한 것은 일단 명분이듯이, 우리가 국가라는 울타리 안에서 견고해질 수 있는 요소는 명분이다.

통상에 관해서 국가는 이제 할 일이 없다. 아니, 해서는 안 된다. 사실 현대국가에서 통상을 논하는 자체가 어색할 정도로 이미 세상은 거의 완전하게 자유로이 교역하고 있고, 앞으로도 이런 움직임이 역행할 일은 없을 것이다. 게다가 이 책에서 논하는 새로운 체제에서는 국가가 무역에 개입하여 특정 분야를 지원하거나 금지하는 모든 개입을 부정적으로 보고 있고, 관세마저도 모두 없애야 한다고 주장하는 바라서 그런 전제로는 통상에 대해 논할 것 자체가 없어진다.

거대한 대사관은 필요 없다. 대부분의 민간인 대상 업무는 인터넷상으로 이루어질 것이고, 현지에 근무하는 외교관도 그 수가 대폭 줄어들 것이다. 소소하게 중심가 사무용 건물에 적당한 면적을 임대하여 세련되게 꾸며놓고 업무를 보는 것으로 족하다.

대표자

　국가를 대표하는 사람은 여하튼 현실적으로 필요하다. 국무부의 대표가 그 역할을 하면 될 것이다. 의회는 그런 역할을 감안하여 국무부장을 선택할 것이다.

　권력이 없으니 위협도 없고 경호도 필요 없다.

의전

　권력도 없고, 서열도 없고, 의전도 없다. 특히나 무식하고 악한 정치인도 없다. 다만 누군가 특별한 존경과 대우를 받아야 한다면, 전적으로 전쟁에서 희생한 정도가 그 기준이 되어야 한다. 예를 들어, 첫째, 전사자, 둘째, 전상자, 셋째, 무공횟수, 넷째, 교전횟수, 다섯째, 출전횟수의 순으로 국가의 공식행사 등에 순위를 매길 수는 있다. 가슴에 그런 사실들을 드러내는 표장을 다는 것도 영광스럽겠다.

28

재무부

Department of Financial Affairs

우리는 각자로부터 걷은 돈을 관리하는 일을 해야 하는데, 재무부가 그 심부름을 한다.

이 책에서 언급한 화폐 체계에서 세금(?)은 저절로 걷히는 것이니 딱히 모금을 위해 할 일은 없다. 다만, KOEM을 운영·관리하는 역할은 재무부가 할 일이다.

의회가 결정한 일에 각각의 행정 기관이 집행할 것이고, 여기에 소요되는 돈을 지출하고, 지출에 관하여 감시하고 조사하는 등의 업무까지도 이 부서가 할 일이다.

너무도 뻔한 업무라서 딱히 언급할 것도 없다.

29

안전부
Department of Security Affairs

　우리는 각자 자유롭고 안전하게 지낼 수 있도록 일을 해야 하는데, 안전부가 그 심부름을 한다.

　경찰, 검찰, 소방, 구급 등의 기능을 모두 이 부서에서 총괄한다. 각 기능이 별도의 조직으로 있을 필요는 없다. 그냥 가칭 사회안전원이라는 직무를 두고, 평소 순찰 업무자가 소방과 구급의 기초 기능을 모두 겸할 수도 있다. 예를 들어, 각 순찰차에 기초 소방 장치와 구급 장치를 두어, 사태 발생 시 가까운 곳에서 신속히 접근해 기초적인 수습을 하고, 좀 더 어려운 상황에는 대기 중인 상위 등급의 소방이나 구급 기능을 하는 팀이 출동하는 식으로 운영하면 효율적일 것이다.

　수사와 기소 등에 대해서는 지금과 별반 다르지 않겠다.

　이념적으로는 질서유지나 사회의 안녕에 초점을 맞추기보다, 그 어떤 개인이라도 자유와 안전이 침해받지 않도록 도와주는 데 초점을 맞춘다. 가령, 시위나 집회를 통해서 하고 싶은 말을 할 자유도 보장되어야 하지만, 그들이 도로로 나와서 누군가 정당하게 지나갈 자유를 방해받았다고 호소한다면, 강력히 시위대의 도로 진입을 막아야 한다. 도로에 속도제한을 두는 식으로 모든 개인의 안전을 도모하기보다, 자유롭게 다니도록 두되, 남의 안전한 주행을 방해하는 운전자를 적극적으로 처벌하는 식으로 모든 개인의 자유의지가 방해받지 않도록 한다.

개인과 개인간의 이해가 상충하는 것에 대한 균형의 기준은 법이다. 안전부는 단순히 법의 집행을 할 뿐이겠지만, 이념적 지향점에 대한 공감이 있다면 법 집행에 있어서의 행동도 좀 더 명확해질 것이다.

공공 서비스를 집행하는 데 들어간 비용도 명확한 수혜자나 가해자가 있는 경우 그들에게 비용을 부담시켜야 할 것이다. 앰뷸런스를 불러 급한 상황을 모면했다면 그것으로 공공 서비스의 혜택을 충분히 본 것이다. 비용까지 무료일 필요는 없다. 폭력을 휘둘러 경찰이 출동했다면, 신고자가 아닌 폭행범에게 경찰의 출동비용을 부담시켜야 한다.

cctv같은 첨단장치는 되도록 적극 활용해 공공안전의 취지에 더욱 다가서고, 동시에 사회적 비용을 감소시키려 애써야 한다. 국가는 더이상 누군가 권력자가 운영하는 것이 아니라, 우리 스스로 운영한다는 사실에 공감한다면, 이제 cctv를 국가 권력의 감시라며 기피할 일은 없겠다.

30

환경부

Department of Environment Affairs

우리는 편리하고 깨끗한 환경에서 지낼 수 있도록 일을 해야 하는데, 환경부가 그 심부름을 한다.

환경부에서는 환경, 건설, 교통, 통신, 주택, 즉 물리적인 기반시설들을 갖추며, 우리가 살아가는 환경을 좋게 하는 일을 한다.

국토 구석구석을 청소하고 가꾸는 일도 한다.

예를 들어, 의회에서 우리에게 새로운 공항이 필요하다고 결정이 나면 그에 대한 예산을 짜고, 계획을 세우고, 승인을 받아 건설하는 그런 일련의 업무가 모두 환경부의 일이 되겠다.

건설을 논할 때는 지방자치단체와 긴밀히 연결될 수밖에 없는데, 지방의 소소한 필요물들은 중앙정부로서는 멀고 작아서 관심 밖의 일이고, 설령 관리를 파견 보낸다고 해도 그의 입장에서는 세세한 필요성을 살피기보다는 관리로서 어떻게 공을 세워 눈에 띄고, 어떻게 책임질 실수를 하지 않는가가 더 직접적인 이해관계일 수밖에 없어서 적절한 건설을 할 수 없기 때문이다. 그러므로 지방의 필요는 지방에서 결정하는 것이 옳다는 것이 지방자치의 정당성이다(물론, 지방자치의 취지나 목적이 그것만은 아니다). 하지만 새로운 국가 체제에서 공금이 사용되기 위해서는 반드시 최고 의회의 승인을 얻어야 한다. 그 누구도 공금의 사용을 임의로 결정할 수 있는 권한을 갖지 못한다. 가져서도 안 된다. 그래서 권력이 없는 것이다.

일부 지역민만을 위한 사업이라면 대부분 최고 의회로 안건이 올라가기도 전에 다른 지역의 반대로 기각되고 말 것이다. 그렇다면 지방의 소소한 다리 하나를 놓는 데도 이것을 국가의 최고 의사 결정 기구의 안건으로 다뤄야 하나? 아마 그렇지는 않을 것이다. 개별적인 다리 하나를 논하는 일은 없는 대신 가령 "군산 앞바다에 우리 모두를 위한 휴양지를 하나 건설하도록 하자." 이런 식으로 계획이 수립될 것이고, 그 거대한 계획 내에 소소한 다리를 포함하는 각종 건설 계획들이 포함될 것이다. 그런 대략의 계획을 의회가 결정하고 나면, 환경부가 계획에 따라 설계를 하고 건설을 할 업자를 선정할 것이다. 선정된 업체로부터 구체적인 제안을 받고, 예산을 짜고, 실제로 건설이 시작되면 그것들을 관리·감독하는 등의 업무를 환경부가 진행하게 될 것이다.

이미 존재하는 시설의 유지·보수도 당연히 환경부의 업무가 될 것이고, 거기에 소요되는 비용은 환경부가 매년 의회에 청구할 것이다. 그리고 그에 따라 비용이 지출될 것이다.

31

인권부

Department of Human Affairs

우리는 각자가 인간으로서의 존엄을 지킬 수 있도록 보살펴야 하는데, 인권부가 그 심부름을 한다.

누군가의 인권을 지켜주기 위한 것이 아니라, 우리 인간의 존엄, 즉 각자가 나의 존엄을 지키기 위해서 나와 같은 존재인 타인들도 최소한의 품위를 유지하고 있도록 도와주고, 때로는 강제하기도 할 필요도 있다.

인권부는 사회 구석구석에서 법으로는 어쩌지 못하는 인간답지 못한 부분을 찾아내어 개선하고 운영하는 업무를 담당한다.

누군가 바닥을 기어 다니며 흙을 퍼먹고 있다면, 그것이 자유의지라 하더라도 못하게 해야 하며, 자유의지가 아니라면 그를 그렇게 하도록 만든 요인을 찾아 제거해야 한다. 폭행이나 강제가 없었다고 하더라도 마찬가지다. 어리숙한 자를 노예로 삼아 부린다거나, 아랫사람이라고 인간 이하의 대접을 한다던가, 하물며 부모와 자식 간이라도 인격을 무시한 대우는 그들 자유의지와는 상관없이 제제해야 한다. 인간으로서의 모습을 갖추지 못한 채 살아가는 노숙인들의 존재는 그들 스스로만의 문제를 벗어나 다른 사람들에게도 모욕감을 주는 문제다. 그들은 책임을 갖고 씻어야 하고, 단정한 옷을 입고 있어야 한다. 그것이 인권이다. 그들이 어쩔 수 없이 그러고 있다면, 인권부는 시설을 만들고 운영해서 그들이 더이상 바닥에서 밥을 먹거나 잠을 자지 않도록 도와주고 때로는 강제해야 한다.

앞서도 말했지만, 새로운 국가 체제에서는 모든 국민이 최소한의 집 한 칸은 어떤 상황에서도 가질 수 있도록 한다. 그런 것이 인권이다.

우리 각자가 죽을 때, 최대한 존엄한 예식을 거칠 수 있도록 예법을 다듬고 시설을 만들고 이를 운영하도록 한다. 후손들이 안락하고 의미 있는 시설을 통해 돌아가신 부모님과 만날 수 있도록 시설을 만들고 운영하도록 하자. 현재는 언제 망할지도 모르고 어떻게 사기를 당할지도 알 수 없는 사설 봉안시설들에 의해 수없이 많은 사람이 피해를 보고 있다. 난잡하고 영세한 공장 지대를 통해 진입하는 추모공원들도 거슬린다. 좀 더 단정하고 예쁜 시설에 저렴한 비용으로 부모님을 모실 수 있다면 큰 걱정을 덜 것이다. 죽은 사람이 연고가 없다 해서 함부로 쓸쓸히 보내서도 안 된다. 이런 것이 인권의 문제다.

인생의 마지막 단계에서 치매나 암에 걸린다면 이것은 보건의 문제가 아니라 인권의 문제다. 치료를 위해 남은 가족들의 삶이 파괴되도록 방치할 것이 아니다. 이를 공공의 영역으로 가지고 들어와 최대한 존엄하게 마지막 길을 걸을 수 있도록 보살펴야 하고 그 부담을 개인들이 짊어지지 않도록 해야 한다. 인권부가 운영하는 요양시설을 두고, 치료의 목적보다는 존엄을 지키며 편안하게 갈 수 있도록 돕는 데 중점을 둔다. 이런 것은 시장의 효율과는 상관없는 일이다.

독거인들이 혹시라도 쓸쓸히 죽어가지 않도록 살펴보는 체계도 갖춘다. 전력 소모의 변화를 감지하든가, 데이터 전송량이 장시간 멈춰있는 것을 감지하여, 이상 징후가 발생할 때는 즉시 그에게 연락을 취하는 체계를 갖추는 것은 어렵지 않다. 또한, 우울하게 죽은 사람을 쓰레기 치우듯이 하지 않도록 예법체계와 형식을 갖춰 운영해야 한다.

스스로를 보살피기 어려운 장애인들의 용변과 목욕을 도와 언제나 단정히 있을 수 있도록 한다. 고아들을 위한 시설을 짓고 운영하며 훌륭히 자립할 수 있도록 보살핀다. 어려운 자들을 돕자는 취지가 아니라, 그들이 인간으로서의 최소한의 존엄과 권리를 누리도록 해야 하는 것이다.

이런저런 이유로 심하게 어려운 형편에 봉착한 사람들을 보살피고, 일반인들의 후원과 연계할 체계를 만들고 관리한다.

망해서 돈이 한 푼 없어도 최소한 잠만큼은 편하게 잘 수 있어야 하고, 몸을 깨끗하게 씻을 수 있어야 하며, 품위 있게 식사를 할 수 있어야 한다.

KOEM 계좌에 마이너스 잔고를 허락하는 것으로 이런 것들이 가능하다. 하루 3번 5,000원씩, 식당에 한하여, KOEM 잔고가 마이너스라도 결제할 수 있도록 한다. 아무리 무일푼이어도 최소한 하루 3번은 정상적인 식당에 들어가 밥을 먹을 수 있다. 이 비용은 사회적으로 크지도 않을뿐더러, KOEM 계좌에 잔고를 남기고 사망한 경우들과 얼추 상쇄될 정도에 불과하다. 무엇보다도, 새로운 체제에서는 대책 없이 큰 빚에 노출되는 일도 없으며 재취업과 재기가 용이한 노동 환경이 조성되어 있어서, 무일푼이 되어도 잠시일 뿐, 금세 정상적인 삶으로 돌아와 마이너스 잔고를 곧 채워 넣을 수 있을 것이다.

32

헌법

헌법은 법이 아니다. 공동체를 정의하는 근간(Constitution)이다. 법이 아니기에 사법기관에 의해 해석되지 않는다. 입법기관에 의해 변경되지도 않는다.

이미 너덜너덜해진 지금의 헌법은, 그냥 최상위법 혹은 고쳐지기 어려운 법 정도로 의미를 축소해 놔두던가, 아니면 필요한 내용만 일반법체계 속으로 녹여서 넣고 소멸시켜도 좋을 듯하다.

내 생각대로 헌법을 새로 작성해 보려 한다. 이름도 헌법 대신 '대한민국 이념'으로 바꾸겠다.

대한민국 이념

대한민국은 모든 국민 개개인이 각자의 자유의지대로 안전하게 살 수 있도록 제도를 갖추어, 그들이 노력한 대로 얻는 것에 일절 방해받지 않도록 하며, 국제평화와 인류번영에 이바지한다.

○ 대한민국의 국민은 각자 그 지위가 최상위에 위치하며, 국가 기구를 포함한 어떠한 존재도 국민 개개인에게 명령할 수 없으며, 또한 이끌

려고도 하지 않는다. 다만 남의 자유와 안전을 침해하는 경우와 국가 방위에 필요한 경우에는 개인의 자유를 제한할 수 있다.

○ 대한민국은 정치, 종교, 문화, 경제적 활동을 어떠한 형태로도 제한하지 않으며, 특히 어떤 상황에서도 말과 글에 대한 자유를 제한할 수 없다.

○ 대한민국의 국민은 법률에 의하지 아니하고는 체포, 구속, 압수, 수색, 심문 및 처벌을 받지 아니하며, 어떠한 경우 어떠한 형태로도 진술을 강요받지 않고, 형사소추되었을 때 신속하게 재판받을 권리를 가지며, 유죄가 확정될 때까지는 무죄로 추정된다.

○ 대한민국은 특정인, 특정 집단을 대상으로 법을 제정할 수 없으며, 과거의 행위를 대상으로 법을 제정할 수 없다.

○ 대한민국의 모든 의사결정은 의회를 통해 이루어진다. 행정기관은 의회의 결정사항과 법에 의거해 집행할 뿐이고, 사법기관은 법에 의거해 판단할 뿐이다.

○ 대한민국은 누구도 개인의 범위를 넘어서는 권력을 가질 수 없다. 그러기 위해 행정기관은 다섯 부문 이상으로 분리하고, 그 각 수장과 사법기관 수장의 임명권은 의회가 가지며, 언제든지 해임할 수 있는 권한도 가진다. 또한, 의회의 구성은 국민 전원으로 하며, 의사결정의 효율화를 위해 계층적 구조를 갖지만, 누구도 특별한 지위를 가질 수 없다.

○ 대한민국은 다양한 이해를 가진 개인들의 집합이기에 어떠한 형태로도 특정 개인이나 특정 집단에 경제적으로 보상하거나 지원할 수 없다.

○ 대한민국은 국제법과 조약을 준수하며, 국제평화의 유지에 노력하고, 침략적 전쟁을 부인한다.

마치며

이 글은 오랜 연구의 결과물이 아니다. 근거와 논리를 모두 맞추어놓은 단계가 아니기에 다소 허점도 있다. 머릿속에서만 앞뒤를 맞춰온지라 다소 두서없고 거칠 수도 있다. 그런데도 세상에 없었던 몇 가지 아이디어를 소개했고, 이는 꽤 논리적인 체계를 갖추었다고 자신한다.

이 책에서는 수없이 많은 기존의 질서를 부정하고 있지만, 사실은 그 질서의 본류를 찾아 들어가려는 노력이라고 본다. 학교 제도보다는 교육의 목적에 다가가려 했고, 법 제도보다는 인간 사회의 갈등을 보다 효율적으로 해소하는 방법을 고민했다.

현존하는 질서도 수백만 년 인류의 역사 과정을 통해 다듬어진 훌륭한 체제임을 부정하지 않지만, 그래 봐야 100여 년 전에 누군가에 의해 제안된 여러 아이디어의 실현에 불과한 것이다. 현존하는 질서가 결코 완성일 수는 없다. 계속해서 모순을 제거하고 효율을 개선하려는 노력은 점점 우리 공동체를 좋게 할 것이다. 더 풍요롭고, 덜 억울하고, 덜 답답하고, 더 재밌을 수 있다면, 얼마든지 변화의 피곤함은 감내할 수 있다.

만물은 늙으면 죽는다. 사회도 늙으면 죽는다. 우리 사회 구석구석도 무척 늙었다. 이 사회를 신나게 만들어낸 세대가 이제 늙었기 때문이다.

지금의 젊은이들은 늙은이들이 만들어 놓은, 한때는 옳았지만, 지금은 그렇지도 않은 수도 없이 많은 틀 속에 자신들의 몸뚱이를 구겨 넣느라 힘겨워한다. 그래서 사는 게 재미없다. 그것이 늙은 사회에서의 젊은이들이 가지는 답답함이다.

틀을 부숴야 한다. 있는 틀은 부숴야 하고, 새로운 틀을 만들어서도 안 된다.

혁명이 시작된다면 다른 건 몰라도 동적 계층형 민주주의, 전자화폐, 부동산 국유화만큼은 반드시 되었으면 좋겠다.

누구라도 나와 함께할 동지를 만날 수 있었으면 좋겠다.